国际贸易实务与惯例书系

国际结算——实务与操作

（第三版）

（精简本）

PRACTICE OF INTERNATIONAL SETTLEMENT

姚新超　编著

对外经济贸易大学出版社
中国·北京

图书在版编目（CIP）数据

国际结算：实务与操作：精简本 / 姚新超编著
. —3 版. —北京：对外经济贸易大学出版社，2018. 1
（国际贸易实务与惯例书系）
ISBN 978-7-5663-1783-4

Ⅰ. ①国… Ⅱ. ①姚… Ⅲ. ①国际结算 Ⅳ.
①F830. 73

中国版本图书馆 CIP 数据核字（2017）第 317091 号

国际结算——实务与操作（第三版）（精简本）
PRACTICE OF INTERNATIONAL SETTLEMENT

姚新超 **编著**
责任编辑：郭华良 崔紫方

对 外 经 济 贸 易 大 学 出 版 社
北京市朝阳区惠新东街 10 号 邮政编码：100029
邮购电话：010-64492338 发行部电话：010-64492342
网址：http://www.uibep.com E-mail：uibep@126.com

北京时代华都印刷有限公司印装 新华书店经销
成品尺寸：185mm×260mm 23.25 印张 537 千字
2018 年 1 月北京第 3 版 2018 年 1 月第 1 次印刷

ISBN 978-7-5663-1783-4
印数：0 001-3 000 册 定价：46.00 元

前　言

鉴于不同院校、不同专业对国际结算教学要求的不同，笔者将拙著《国际结算——实务与操作》（第三版）予以简化和精练，并定名为《国际结算——实务与操作》（第三版）（精简本），使其能够满足有关院校及相关专业的实际需要。

此精简本与拙著《国际结算——实务与操作》（第三版）相比较，两者的篇目及章节安排基本相同，体系与结构也保持一致。除了将相关内容予以精炼之外，作者还将部分“案例分析”中的案例予以更新，选择了更具代表性和最新发生的法院、仲裁及国际商会等中外机构作出的相关案例判决。读者和业界相关人员可根据需要，选择性地阅读两种不同的版本。

此版拙著的修订完成，得益于以下同仁的大力帮助，他们是马艳、姚尧、王静、安欢欢、柯梦频、赵俊淇、任飞飞、张茜、韩方园、赵斐然、姚新丽、张玉岩、张培龙、张明超、康鑫、张恒志、汪进艳、费峰、丁峰、罗劢哲等，笔者在此对其一并深表谢意。

随着时间的推移，国际结算及其相关惯例和规则也将不断变化和发展，因而拙著中的某些内容有可能变得不妥。笔者将会及时将发展和变化的内容吸收到拙著中，使之更臻完善。囿于笔者的学术水平，拙著中的疏漏和不足之处在所难免，尚祈读者和业者不吝指正。笔者的电子信箱：yxinchao@163.com。

姚新超

2017年10月于北京励博斋

目　录

第一章　国际结算概论

本章对国际结算的基本概念、分类、种类及国际结算适用的惯例与规则予以概括性陈述。

第一节　国际结算的概念及分类

一、国际结算的概念（The Definition of International Settlement）

国际间因经济、政治及文化交流等原因，产生了不同国家政府间、企业间或个人间的以货币表示的债权债务关系，用货币的收付结清国际间的债权债务关系的行为，称之为国际结算（International Settlement）。

伴随着国际交往的日益增加以及经济全球化的深入发展，国际间发生的货币收付越来越频繁。国际结算在促进各国经济和国际贸易的不断发展，加强国际政治、文化等交流，促使国际金融一体化等方面发挥了越来越重要的作用。与此同时，开展国际结算业务还可以为参与国引进外资、输出资本、创收和积累外汇、稳定本国货币汇率、加强对外支付能力创造良好的条件。

二、国际结算的分类（Classification in International Settlement）

产生国际间债权债务关系的原因可归结为贸易原因和非贸易原因。由贸易原因而产生的货币收付主要是为结清位于不同国家的当事人因货物进出口、国际贸易运输、国际贸易保险等经济贸易活动而发生的债权债务关系所引起的货币结算行为，这种国际结算称为国际贸易结算。国际贸易结算是国际结算的最重要组成部分。除国际贸易以外的其他经济行为以及政治、文化交流等活动，如由于不同国家的当事人之间发生的资金调拨或转移、国际援助、国际借贷、利润汇出汇入、侨民汇款、捐赠、旅游、通信、建筑等活动而发生的货币转移，称为非贸易结算。非贸易结算的适用范围很广，种类繁多。近年来，由于国际投资的不断加强、国际游资的流动性不断加大，资金的交易量迅速增加，其金额大大超出了贸易金额，因而非贸易结算在国际结算中的地位不断提高。但由于贸易结算业务复杂，涉及多方面的问题，因此，贸易结算在国际结算中仍处于重要地位。

第二节　国际结算业务种类

国际结算的产生与发展同国际贸易、国际运输、国际金融和国际通信科学技术的发展和进步有着密切的联系，并随着后者的不断发展而产生了不同的业务种类。归纳起来，国际结算通常有以下几种类型。

一、现金结算（Cash Settlement or Cash on Delivery，COD）

现金结算，又称货币结算，是最原始的国际结算业务。在早期的国际贸易中，卖方一手交货，买方一手交钱，货款两清。随着国际贸易量的不断增加，这种结算业务的弊端越来越多，如运送货币的风险较大、成本过高、点数和识别真伪较难等。因此，在当今的国际贸易中极少使用这种结算业务，它通常适用于金额较小的非贸易结算。

二、票据结算（Settlement by Negotiable Instruments）

票据结算，是指以票据（如汇票）流通代替现金流通，债务人（如受票人、出票人）以票据清偿其债务。例如，在国际贸易中，卖方发货后，开立汇票指示买方付款；某债务人开立以银行为付款人的即期付款汇票，向债权人支付一定金额。

汇票、本票和支票均为可流通票据，可以背书转让。远期汇票和远期银行本票可以贴现，因而可将其作为一种融资手段。

在贸易结算中，多采用逆汇法结算，即票据的流动方向与资金的流动方向相反。例如，在信用证和托收业务中，债权人（卖方或受益人）开立汇票，通过银行将其传递给债务人（开证银行、付款银行或买方）指示其付款；债务人将票款以相反方向再传递给债权人，履行其付款义务。

在非贸易结算中，一般采用顺汇法结算，即票据的流动方向与资金的流动方向相同。例如，在汇付的票汇业务中，债务人的代理人（汇出银行）收取债务人的资金，并开立以银行（汇入银行）为付款人的汇票，连同债务人的资金，以相同方向传递给债权人和汇入银行，结清债权债务关系。

三、凭单付款结算（Payment against Documents for Trade）

在采用票据结算的发展过程中，贸易、运输、保险等逐渐成为各自独立的行业，运输单据（如海运提单）、保险单、产地证明也逐渐问世，成为贸易中的主要商业单据，贸易商的履约则实行了单据化。因此，凭单付款结算是指卖方凭商业单据要求买方付款，买方也只凭商业单据而非凭货物向卖方履行付款义务。在多数信用证和托收业务中，作为受益人或卖方通常将票据结算与凭单付款结算相结合，即受益人或卖方开立汇票，指示开证银行或买方付款，同时还必须提交履行交货义务凭证的商业单据，开证银行或买方凭汇票和商业单据履行付款义务。在即期付款信用证和延期付款信用证业务中仅采用凭单付款结算。

四、电讯化结算（Settlement through Electronic Means）

随着科学技术的不断发展和进步，国际结算已开始进入电讯结算阶段，即在国际结算过程中的各个环节，采用电子方法处理业务，如使用 SWIFT 或 CHIPS 方式开立信用证，使用 EDI 制作和传递发票、提单等商业单据，以电子方式审核有关单据，传递一切有关的信息，结清债权债务关系。

第三节　国际结算适用的惯例与规则

由于国际结算涉及不同国家的法律，而目前各国法律对此的规定并不完全统一，因此，在处理国际结算问题时，很少适用某一当事人或某一银行所在国的法律。为了保证国际结算的顺利进行，充分发挥其在国际贸易或其他国际活动中的功能和作用，国际社会已发展和形成了国际结算的统一做法和相关规则，以消除各国在此方面的分歧。这种统一做法和规则就是目前国际结算中广泛适用的国际惯例与规则。

国际结算中适用的国际惯例与规则，通常包括以下几种。

一、英国《票据法》（Commercial Instrument Law in U. K.）

英国于 1882 年制定了《票据法》，此后对其少部分内容作了适当修改。虽然该《票据法》属于英国的国内法，但由于其具有权威性且历史悠久，在涉及国际结算问题时，许多当事人通常约定援引该法作为依据，因此，该法具有国际惯例的性质和特点。

二、日内瓦《统一汇票本票法》及《统一支票法》

1930 年和 1931 年国际联盟在日内瓦召开国际票据法会议，通过了《统一汇票本票法》（Uniform Law on Bill of Exchange and Promissory Notes）和《统一支票法》（Uniform Law on Cheques）。上述公约现在已被法国和德国等大多数国家所接受，因此，大陆法系各国的票据法基本趋于统一。

三、国际商会《托收统一规则》（URC522）

为了在全球范围内统一托收的做法，减少各有关当事人之间可能产生的争议，国际商会早在 1958 年就制定了《商业单据托收统一规则》。为了适应国际贸易发展的需要，国际商会在不断总结实践经验的基础上，对上述规则进行了多次修订。现行的《托收统一规则》（Uniform Rules for Collection，ICC Publication No. 522，URC522）是 1996 年 1 月 1 日开始实施的。该规则自实施以来，已被各国银行和贸易商广泛采用，它已成为托收业务的国际惯例。

四、国际商会《跟单信用证统一惯例》（UCP600）

国际贸易结算的国际性要求信用证规则在国际间的一致性。为此，1929 年国际商会制定了《商业跟单信用证统一规则》，此后经过多次修改，定名为《跟单信用证统一惯例》（UCP）。目前正在使用的是国际商会颁布的 UCP600。UCP 已成为国际间各国银行和贸易商处理信用证业务的基本规则，对信用证的争议或纠纷乃至诉讼通常援引它作为依据。UCP 促进了国际结算业务的标准化与统一化，使国际贸易与金融活动更加融合与合理结合。

五、国际商会 eUCP600

近年来，随着电脑网络的飞速发展，电子商务迅速普及，在国际贸易中普遍使用的信用证交易方式中也产生了电子提示和电子签章。于是跨国性的电子交易成为国际贸易的一种新模式，使用网络传递信用证逐渐成为国际潮流。为适应新的贸易模式，规范电子信用证交易，国际商会于 2006 年年底在 UCP600 的基础上，对电子信用证交易中的电子提示等问题制定了一个补充规则，即《跟单信用证统一惯例电子提示补充规则》（Supplement to UCP600 for Electronic Presentation Version I · I，简称 eUCP），eUCP 将与目前使用的 UCP600 共同适用于信用证交易。

六、国际商会《跟单信用证项下银行间偿付统一规则》（URR725）

当信用证开立后，开证银行根据受益人提示的相符单据向受益人或其指定银行付款。这种付款也可以通过开证银行指定的其他银行来完成，此时被开证银行指定的付款银行称之为偿付银行。在此情况下的结算就涉及开证行、偿付行及出口地索偿行之间的授权及款项转移等一系列问题。1996 年，国际商会制定了《跟单信用证项下银行间偿付统一规则》（Uniform Rules for Bank-to-Bank Reimbursement under Documentary Credits，URR525）专门作为处理上述结算业务的统一惯例。为了使 URR 与 UCP600 相适应，国际商会于 2008 年 7 月对 URR525 予以修订，定为 URR725，并于 2008 年 10 月 1 日起实施。

七、国际商会《国际备用证惯例》（ISP98）

自 UCP 实施以来，备用信用证的使用一直适用跟单信用证统一惯例。尽管备用信用证与跟单信用证有许多相似之处，但两者在实际操作中毕竟有许多不同之处。因为 UCP 并非专为备用信用证而制定的，这就导致了有别于一般跟单信用证的备用信用证的特点在 UCP 中得不到体现，从而使许多问题无从解决。因此，制定一部专门适用于备用信用证的国际统一规则势在必行，尤其是广泛使用备用信用证的美国更感到形势的紧迫性。

1998 年在美国国际金融服务协会、美国国际银行法律与惯例协会和国际商会银行技术与实务委员会的共同努力下，国际商会以第 590 号出版物（ICC590）颁布了《国际备用证惯例》（International Standby Practices，ISP98），并于 1999 年 1 月 1 日起开始实施，从此国际间有了专门规范备用信用证的统一惯例。

八、国际商会《审核跟单信用证项下单据的国际标准银行实务》（ISBP）

由于各国对 UCP 的理解以及各银行审单标准的不统一，导致大量的信用证业务首次交单时被银行拒付，从而出现了大量争议甚至诉讼。这一问题已严重影响了信用证作为国际贸易最重要结算方式的作用的发挥。为此，国际商会在 2002 年通过了《审核跟单信用证项下单据的国际标准银行实务》，简称《国际标准银行实务》（ISBP）。ISBP 是国际商会依据 UCP 的规定而制定的，其目的是明确银行审单标准，减少对单据不符点的争议，巩固和加强信用证在国际贸易中的地位和作用。2013 年，国际商会通过了 ISBP 最新版本，即 ISBP745。ISBP 中所反映的国际标准银行实务与 UCP600 以及 ICC 银行委员会发布的意见和决定是一致的，它并不修订 UCP600，而仅是解释 UCP600 中所提及的实务惯例如何为信用证的当事人和关系人所使用，即 ISBP 是 UCP600 的组成部分。因此，ISBP 应与 UCP600 一起整体使用，而不能单独地、孤立地解读。

九、国际商会《跟单票据（金融产品）争议解决专家意见规则》（DOCDEX）

在信用证争议中最常见的是瑕疵单据被拒付的问题。一般情况下，解决的方法不外乎由当事人自行协商、仲裁或提出诉讼由法院判决。但当事人自行协商很难达成和解，而诉讼所花的费用和时间有可能得不偿失，且由于各国法院与律师对国际贸易惯例的理解和适用存在差异，误判的情况在所难免，也不易使当事人信服。为此，国际商会曾于 1996 年制定了《跟单信用证争议解决专家意见规则》（简称 ICC DOCDEX RULES），以解决由于适用 UCP 和 URR 而引发的争议。随着国际贸易的不断发展，以及信用证争议和有关结算单据纠纷的大量增加，2002 年 3 月，国际商会对 DOCDEX 规则进行了修订，将其适用范围由原来的 UCP、URR 扩大到其他的国际商会规则，包括《托收统一规则》和《见索即付保函统一规则》。DOCDEX 规则的名称也由原来的《跟单信用证争议解决专家意见规则》改为《跟单票据争议解决专家意见规则》（简称 ICC DOCDEX 规则），从而使该规则被确定为以专家意见为基础的解决国际结算纠纷的机制。

2015 年 5 月 1 日，国际商会又发布了最新版 DOCDEX，其适用范围扩大到贸易贷款、银团贷款、议付工具、风险参贷等国际商会银行规则尚未覆盖的领域，制定了标准化处理流程，提高了争端解决的透明度和处理效率。

十、独立保函惯例与规则（Customs and Rules for Independent Guarantees）

为了向国际贸易和国际结算的有关当事人在国际商事中使用的信用担保提供统一的指导规则，国际商会自 20 世纪 60 年代就开始致力于此项工作。到目前为止，国际商会先后制定并实施了以下相关的惯例与规则：《合同保证统一规则》《见索即付保函统一规则》《合同保函统一规则》等。1996 年联合国国际贸易法委员会正式通过了《联合国独立担保与备用信用证公约》。上述惯例与规则对国际贸易和国际结算中常用的保函问题进行了统一规范。

除上述惯例与规则外，国际商会的其他出版物，如各种答疑和意见汇编、案例分析与研究等，都是国际结算可适用的统一惯例与规则，均可作为处理相关结算业务的依据。

复习思考题

1. 国际结算的概念及其作用是什么？
2. 国际结算可分为哪几类？国际贸易结算在国际结算中的地位如何？
3. 简述国际结算业务的种类。
4. 目前适用于国际结算的国际惯例与规则有哪些？

第二章 国际结算的信用工具：票据

本章主要介绍和分析国际结算中最常用的信用工具，即票据。在非现金结算中，票据是最基本的信用工具，它充分发挥了货币支付作用、结算作用、流通作用和信用保证作用。但由于各国票据法的差异，有关票据的规范也存在较大的差别。

第一节 票 据 概 述

在国际结算中，票据是重要的工具，但因各国法律的差异，票据的概念也不完全相同，但多数认为，票据是指出票人自己承诺或委托他人（付款人）在见票或指定日期向收款人或持票人无条件地支付一定金额，且可流通转让的一种有价证券，如汇票、本票和支票。

在国际贸易结算中，人们通常将以支付一定金额为目的，可以自由流通转让的证券称之为票据（或金融单据）。票据可以替代现金流通，并且，随着国际贸易的不断发展，票据在国际贸易结算中的作用越来越明显。

一、票据的特性

票据虽然可代替现金流通，但它本身并不是货币，不具有法定货币的强制通用效力，债务人以票据清偿其债务时，必须征得债权人的同意，否则，债权人可以拒绝接受。如，卖方通常不接受买方以支票清偿货款。但以汇票等票据作为国际贸易结算的工具已成为普遍接受的做法，且能充分发挥它的作用。其原因就在于票据具有以下特性，也正是具有这些特性，它在国际结算中的作用才得以发挥。①

（一）票据为设权证券（Rights of a Holder）

它是指持票人凭借票据上所记载的权利内容来证明其票据权利，即票据权利的产生必须做成票据。票据并非证明已存在的权利，而是创设权利，因此无票据，即无票据上的权利，票据权利与票据是不可分的。卖方发货后，开立汇票要求买方或银行付款，即创设了货款债权，但必须向买方或银行提示汇票要求其付款。当汇票转让给第三方时，这一特性对持票人而言更为明显。

① 梁宇贤．票据法新论．北京：中国人民大学出版社，2004（第一章第二节：票据之性质）．

（二）票据为有价证券（Valuable Documents，Papers，Securities）

所谓有价证券就是代表财产权的证券。有价证券通常分为不完全有价证券和完全有价证券。不完全有价证券是指在不占有证券时，虽然不容易行使其权利，但仍有其他方法主张权利，如海运提单、仓单等就是此类证券。而完全有价证券是指其权利的行使或处分，必须占有证券。由于票据是代表一定金额给付的证券，票据上权利的行使以票据的占有为必要条件，若丧失票据，则无法行使票据债权。因此，票据为完全有价证券。

（三）票据为金钱证券（Pecuniary Benefits）

票据以一定金额的货币给付为标的，而不以金钱以外的给付为标的，如劳务等。若以金钱以外的给付为标的，虽然形式上为票据，但与票据行为无关，不适用票据法的有关规定。因此，票据是以金钱为标的的有价证券。如买方不得以货款以外的其他行为履行金钱给付义务。

（四）票据为债权证券（Rights of Creditor）

有价证券一般分为物权证券、团体证券和债权证券等。物权证券是指占有证券者可享有证券上的物权，如提单等；团体证券是指某一组织成员享有该组织成员权的证明；而债权证券是指持票人占有票据即可依票据记载的金额向特定债务人行使其请求支付金钱的权利，所以，票据属于债权证券。如卖方向开证银行或买方开立了远期汇票，承兑后卖方则成为该票据的债权人。

（五）票据为文义证券（Written Confirmation）

这是指票据上的权利义务必须依票据上记载的文字含义为准，不得以此之外的其他事项确认票据权利义务。凡是在票据上签名的人即对票据文义负责，即承担到期付款责任。票据上所记载的文义，即使有错误也不得依票据之外的其他方式变更或补充。其目的是保护善意持票人的权利，维护交易的安全。但票据上金额以外的记载若有变更时，应在开立时予以变更，且于变更时签名或盖章。如，买方不得以汇票金额有误拒绝向持票人支付款项。

（六）票据为要式证券（Requisite in Form；Solemnity）

这是指票据行为必须符合票据法的法定形式，即票据上所记载的绝对必要项目必须严格遵守票据法的规定填制，否则不产生票据的效力；必须按照票据法规定进行票据行为。例如，出票、背书、提示、转让或追索等票据行为必须符合票据法的要求，否则，票据及票据行为无效。但票据法没有规定的事项，可由有关当事人或关系人约定。

（七）票据为无因证券（Abstract，Unconditional Contract）

它又称不要因证券、无条件支付证券。这是指票据必须无条件支付。票据是否有效，不受出票或转让原因的影响，只要符合法定要式，在票据到期日，付款人必须无条件支付款项。另外，持票人无须调查出票或转让原因，也没有义务明示其原因，只要票据合格，他即可获得票据文义载明的权利；除非持票人以恶意或欺诈取得票据外，出票人不得以自己与持票人的前手所存在的抗辩理由对抗持票人。其目的是保护持票人，确保票据的流通性。

（八）票据为流通证券（Negotiability）

流通（或转让）是票据的最基本特性。这是指票据上的权利可依背书或交付的方式自由转让而不必通知原债务人。受让人取得票据后即取得了其全部权利，有权以自己的名义行使这些权利；对善意而支付了对价的受让人而言，其权利不因其前手对票据的权利有瑕疵而受影响。要成为票据权利拥有者，受让人通常要符合以下条件：① 受让人必须是支付了对价的；② 受让人必须是善意地取得票据；③ 票据完整而合格；④ 票据处于可交付的状态。

（九）票据为提示证券（Presentation）

票据的持票人在行使其票据权利时，必须向票据债务人提示票据，票据债务人才能知道票据内容，进而履行其债务。因此，向付款人请求承兑时，必须提示票据；向付款人或承兑人要求付款时也必须提示票据；对前手行使追索权时，同样要向其提示票据。若票据债权人丧失票据，经法院判决，则可以此判决替代票据而行使票据权利。

（十）票据为缴回证券（Returnability）

票据债权人在受领了票据金额之后，应将票据缴回给其付款的人，以便使票据关系消灭（如向自己付款的人为承兑人或付款人）或向前手再行使追索权（如付款人为权利人的前手）。票据债权人若不缴回证券，债务人有权拒绝支付票据金额。若付款人虽然可因付款而免除债务，但若不收回票据，持票人恶意再转让，一旦票据再转让给另一善意第三人，则付款人仍然可能承担付款责任。

二、票据的分类

关于票据的分类，因各国票据立法的分歧，其分类也不完全相同。通常有法律上和学理上两种分类。①

（一）法律上的分类

票据在法律上的分类因各国的立法不同而有所差别。依英国《票据法》的规定，票据可分为汇票、本票和支票三种；美国《统一商法典》将票据分为汇票、本票、支票及存款单等四种；《中华人民共和国票据法》（以下简称中国《票据法》）也将票据分为汇票、本票和支票三种。尽管存在着各国立法上的差异，一般认为票据应分为汇票、本票和支票三种。

（二）学理上的分类

票据在学理上的分类也因划分标准不同而有所不同，常见的分类有以下几种。

1. 依出票人是否直接对票据付款，票据分为自付票据（预约票据）和委托票据

自付票据是指，出票人同时又是付款人，必须对其出具的票据无条件地付款的票据，如本票；委托票据是指，出票人自己不充当付款人，而是在票据上记载他人为付款人的票据，如汇票、支票。

2. 依票据的信用，票据分为支付票据和信用票据

支付票据是指，以金融机构为付款人，在见票时无条件付款的票据，如支票；信用票据是指，票据的持票人在票据到期日之前，信赖出票人的信用而接受的票据，如汇票

---

① 梁宇贤．票据法新论．北京：中国人民大学出版社，2004（第一章第三节：票据之分类）；王小能．中国票据法律制度研究．北京：北京大学出版社，1999（第二章第二节：票据的分类）．

和本票。

3. 依票据对权利人的记载方式，票据分为记名票据、无记名票据和指示票据

记名票据是指，在票据上明确载明特定的人为权利人的票据；无记名票据是指票据上不载明权利人的名称，而只记载“持票人”或“来人”为权利人的票据；指示票据是指，在票据上载明“特定人或其指定的人”为权利人的票据。记名票据的出票人可以在票据上注明“不得转让”字样，从而限制票据的流转；无记名票据依直接交付即可转让；指示票据必须依背书和交付而转让，出票人不得注明“不得转让”。

第二节 汇　票

汇票是国际结算中使用最为广泛的一种信用工具和支付工具。在使用信用证、托收或票汇的结算方式中，通常需要提示汇票，特别在承兑信用证、议付信用证业务中则必须有汇票。

一、汇票的概念

依英国《票据法》第3条，汇票（Bill of Exchange，B/E；Draft）是由一个人向另一个人签发的，要求即期或于一定日期或在可以确定的将来的时间，向某人或其指定人或持票人无条件支付一定金额的书面的支付命令。

日内瓦《统一汇票本票法》（以下简称《统一法》）第1条规定，汇票必须包括下列内容：票据必须注明“汇票”字样、无条件支付一定金额的命令、付款人（受票人）姓名、付款期限、付款地点、受款人或其指定人姓名、开立汇票日期和地点以及出票人的签名八项内容。

中国《票据法》第19条规定：汇票是出票人签发的，委托付款人在见票时或者在指定日期无条件支付确定的金额给收款人或者持票人的票据。

从上述定义看，尽管其表述的文字有所差异，但汇票的概念是相同的，且汇票有三个基本当事人，即出票人（Drawer）、付款人（受票人）（Drawee，Payer）和收款人（受款人）（Payee）。所谓基本当事人即汇票一经开立就存在的当事人。

出票人就是签发命令或委托付款的人。在国际贸易结算中，出票人一般为出口商或信用证中的受益人；付款人（受票人）就是接受出票人命令或委托支付汇票金额的人。在国际贸易结算中，付款人一般为进口商或信用证中的开证申请人、开证银行或付款行或承兑行；收款人（受款人）就是凭汇票享有受领票据金额的人。在国际贸易结算中，收款人一般为出口商或信用证中的受益人或议付银行。

二、汇票的种类

根据不同的标准，汇票通常可分为以下几种。[①]

---

① 梁宇贤．票据法新论．北京：中国人民大学出版社，2004（第二章第一节第二项：汇票之种类）；王小能．中国票据法律制度研究．北京：北京大学出版社，1999（第十一章第一节：汇票的分类）．

1. 依出票人的不同，汇票可分为银行汇票和商业汇票

(1) 银行汇票（Banker's Draft）。它是指出票人和付款人均为银行的汇票。银行汇票一般用于汇付（款）业务，即票汇。在信用证业务中的索汇可以使用银行汇票，即议付银行议付单据后，根据信用证的规定，开立一张由指定银行（偿付行或付款行）为付款人的汇票，凭以索取垫款。

(2) 商业汇票（Trade Bill）。它是指由企业、商号或个人签发的，付款人可以是企业、商号、个人或银行的汇票。在国际贸易中，出口商开立的汇票就是商业汇票，若采用托收方式，则该汇票的付款人为进口商；若采用信用证方式，该汇票的付款人一般为开证行或其指定银行。

2. 依汇票是否随附单据，汇票可分为光票汇票和跟单汇票

(1) 光票汇票（Clean Bill）。它是指由出票人开立的不随附任何货运单据的汇票，银行汇票多为光票汇票。光票汇票的付款完全凭当事人的信用。在国际贸易中支付佣金、代垫费用、收取货款尾数时常常使用光票汇票。

(2) 跟单汇票（Documentary Bill）。它又称押汇汇票或信用汇票，是指随附与贸易有关的货运单据才能获得承兑、付款的汇票。商业汇票多为跟单汇票。在国际贸易中，跟单汇票又可分为三种：信用证押汇汇票；付款交单汇票（用于 D/P 付款方式）；承兑交单汇票（用于 D/A 付款方式）。

跟单汇票除了汇票当事人的信用外，还有货物作保证，在转让汇票时，其随附的货运单据与汇票一起转让，因此，这种汇票的转让在一定程度上取决于货运单据（物权凭证的提单）所代表的货物的价值。

3. 依付款时间不同，汇票可分为即期汇票和远期汇票

(1) 即期汇票（Demand Draft/Sight Bill）。它是指持票人提示汇票时，付款人应立即付款的汇票。这种汇票又有三种类型：汇票上明确载明"见票即付"字样的、汇票上未记载付款日期的以及汇票上载明的到期日与出票日相同的即期汇票。

(2) 远期汇票（Usance Bill/Time Bill/Time Draft）。它是指付款人在将来一定期限内付款的汇票。

依约定日期方法的不同，远期汇票又可分为：

① 定日付款汇票。它又称为定期汇票、板期汇票或定日汇票，是指出票人签发汇票时，载明一个固定日期为到期日的汇票，如"于某年某月某日付款"。

② 出票后定期付款汇票。它又称计期汇票，是指以出票日后一定时间为到期日的汇票，如"自出票日后 30 天付款"（at thirty days after date of draft sight）。

③ 见票后定期付款汇票。它又称注期汇票，是指出票人载明见票日后一定期间付款的汇票，如"见票后 60 天付款"（at sixty days after sight）。"见票"是指持票人请求付款人承兑时，付款人记载"承兑"（accepted）并签名的行为，即该汇票的到期日自承兑日起算，因此，付款人承兑时必须在汇票上记载承兑日期，否则到期日无法确定。

④ 提单签发日后若干天付款汇票。它是指出票人在汇票上记载在提单签发日后一定期间付款的汇票，如"提单签发日后 60 天付款"（at sixty days after date of Bill of Lading）。

4. 依承兑人的不同，汇票可分为银行承兑汇票和商业承兑汇票

（1）银行承兑汇票（Banker's Acceptance Bill）。它是指由企业、商号或个人开立的以银行为付款人并经银行承兑的远期汇票。银行承兑汇票是建立在银行信用基础上的，通常比商业承兑的汇票信用高，因而易于流通转让。这种汇票一般用于远期信用证付款方式。

（2）商业承兑汇票（Trader's Acceptance Bill）。它是指以企业、商号或个人为付款人并由其进行承兑的远期汇票。商业承兑汇票是建立在商业信用基础上的，若承兑人拒付，持票人的权利可能难以得到保障。这种汇票一般用于托收付款方式。

5. 依记载权利人方式的不同，汇票可分为记名汇票、指示汇票和无记名汇票

（1）记名汇票。它又称抬头汇票，是指出票人在汇票上明确载明收款人的姓名或商号的汇票。出票人签发这种汇票后，必须将汇票交付给票载的收款人才产生票据的效力。同时，收款人若要转让票据仅能依背书交付的方式进行。但该汇票可记载“禁止转让”等文句。

（2）指示汇票。它是指出票人不仅明确载明收款人的姓名和商号，而且还要附加“或其指定的人”字样的汇票。这种汇票，持票人可以背书转让，在国际贸易中使用较广。出票人对这种汇票不得禁止持票人背书转让，否则与其记载相矛盾。

（3）无记名汇票。它是指出票人在出票时没有在票据上载明收款人姓名或商号，或仅载明将票据金额付给“来人”或“持票人”字样的汇票。收款人仅凭交付而无须背书即可转让该汇票，持票人也可以在此汇票上记载自己或他人的姓名，使之变为记名汇票。在此应注意，依中国《票据法》第22条的规定，未载明“收款人名称”的汇票无效，因此，在中国不承认无记名汇票。另外，中国《票据法》对指示汇票没有明文禁止。

6. 依汇票当事人的不同，汇票可分为一般汇票和变式汇票

（1）一般汇票。它是指汇票关系中的三个基本当事人，即出票人、付款人（受票人）和收款人（受款人）分别由三个不同的人充当，互不兼任。

（2）变式汇票。汇票关系中的某个当事人同时充当两个以上的汇票当事人，如出票人同时兼任收款人，该汇票为变式汇票。

三、汇票的记载事项

汇票是一种要式和文义证券，汇票上的权利义务必须依据其记载事项的文义而定。各国票据法和《统一法》均对汇票记载事项作了详尽规定。汇票记载的事项通常分为绝对必要记载事项、相对必要记载事项和任意记载事项三大类事项。但各国票据法对汇票记载事项的内容及规定不完全相同。现将汇票事项及在国际贸易结算中的具体要求做以下论述。[①]

---

① 刘舒年，严思忆．国际贸易结算与融资．北京：对外经济贸易大学出版社，1996（第二章第三节：汇票）；梁宇贤．票据法新论．北京：中国人民大学出版社，2004（第二章第二节第二项：发票之款式）；王小能．中国票据法律制度研究．北京：北京大学出版社，1999（第十一章第二节：汇票出票的款式）．

(一) 绝对必要记载事项 (Requisites for a B/E)

绝对必要记载事项，是指出票人必须记载于汇票的事项，缺少一项，该汇票无效。各国票据法和《统一法》对此的规定不完全一致，但通常包括以下几项内容。

1. 表明“汇票”(Bill of Exchange; Draft) 的字样

根据《统一法》的规定，汇票上必须标明“汇票”字样，这样易于认清它的性质，以免发生混淆，方便实务处理。但只是要求文字有汇票字样出现即可，且实务中不是非用“汇票”(Bill of Exchange) 不可，其同义词（如 Exchange 或 Draft）均可，但必须用做成汇票的同种语言表示，如“Exchange for”中的 Exchange。与此相反，英美法系各国则不要求必须注明“汇票”字样，只要能反映出票据的含义即可。中国《票据法》规定必须有“银行汇票”或“商业汇票”字样。

2. 无条件支付命令或委托 (Unconditional Order to Pay)

所谓支付命令或委托，是指出票人命令或委托付款人支付汇票金额的意思表示。无条件则是指仅为单纯的命令或委托，不得附加其他行为或事件为前提；若附加了前提条件来限定金额的支付，如“交付合格货物后付款”“从 5 号账户付 1 万美元”等，则为有条件的付款，是各国票据法所不允许的，因而该汇票无效。为了简化票据关系，提高票据的流通性及付款的确定性，各国票据法都强调付款不得带有任何条件。汇票的支付命令或委托通常用“pay ×× or order”或“pay to the order of ××”等形式表示。

在中国，无条件支付委托的文句已统一印制在汇票上，无须出票人自己填写，如在银行承兑汇票上，出票人签章处已印有“本汇票请你行承兑，到期无条件付款”字样；在商业承兑汇票上已印有“本汇票请予承兑，于到期日付款”字样。若汇票上没有记载任何条件，则视为无条件。

3. 一定（确定）的金额 (a Sum Certain in Money)

汇票为金钱证券，其支付标的必须是金钱，而不能为金钱之外的其他行为或物品，因而汇票上必须有可以确定的金钱的记载，即不论出票人、付款人和持票人，任何人根据其文义的记载都可以得到同样的结果，如 USD 100，USD 100 plus interest at 5%；USD equivalent for GBP100 at prevailing rate in New York；pay to the order of ABC Co., the sum of ten thousand US dollars plus interest at the rate of 9% per annum from the date hereof (5 April) to the date of payment (4 May) ($10\ 000 \times 9\% \times 30/360 = 75$，$10\ 000 + 75 = 10\ 075$) 等。若对金额作选择的记载（如 5 万美元或 6 万美元）、浮动的记载（如约 10 万美元）或未定的记载（如美元若干元）等都是不确定的金额，该类汇票无效。关于汇票金额的记载，必须有货币名称（通常以缩写表示，如 USD 等）和金额数字。为防止金额数字被涂改，货币金额数字应使用文字和数字同时记载，如在汇票栏的“exchange for...”中以数字（小写）填写金额，在“the sum of...”中以文字（大写）填写金额。若仅有小写代替大写金额，经使用机械办法防止涂改，一般视同文字记载。在此应注意，大小写金额应一致，若不一致时，依中国《票据法》第 8 条，该汇票无效；依英国《票据法》第 9 条，汇票金额应同时以文字和数字表示，当两者不一致时，应以文字表示的金额为应付金额；依《统一法》第 6 条，汇票金额也应同时以文字和数字记载，若大写或小写金额先后多次出现且有差异时以金额较小的为应付金额。

4. 付款人（受票人）（Drawee，Payer）

多数国家的票据法将付款人名称规定为绝对必要记载事项，《统一法公约》也是如此。付款人是受出票人的委托而支付汇票金额的人，但收款人不能强迫付款人付款或承担到期付款的责任。但付款人一经对汇票承兑后，即成为汇票的主债务人，承担汇票到期付款责任，而出票人则退居次债务人地位。英国《票据法》允许有两个以上的人为付款人，且没有主次之分，即承担连带责任。依中国台湾票据法，汇票未记载付款人名称时，出票人为付款人，此时与记载出票人自己为付款人的对己汇票相同。汇票上的付款人应具有确定性，因此，在汇票上应注明其详细地址，开立汇票时，将付款人填在"To..."一栏中。在国际贸易中，若采用信用证支付方式，付款人一般为开证行、付款行、承兑行等。若采用托收方式时，付款人一般为进口商或其指定人。

5. 收（受）款人（Payee）

收款人，又称为最初的权利人。收款人有权向付款人要求付款，若遇拒付则有权向出票人行使追索权；若在汇票上背书，则须承担付款或承兑的保证责任。如前所述，汇票上记载权利人，即收款人的方式有三种：

（1）记名收款人（Pay A Company only；Pay A Company not transferable）；

（2）指示汇票上除了记载收款人名称外，还附有"或其指定的人"（Pay to the order of A Company；Pay to A Company or order）字样；

（3）无记名汇票上则记载"来人"或"持票人"（Pay bearer；Pay to A Company or bearer）字样。

因此，根据是否承认无记名汇票，收款人名称则可能为绝对必要记载事项或相对必要记载事项。在英美国家，当收款人为选择记载（如A或B）时，只有现实占有汇票的收款人才成为权利人，汇票权利的行使或转让也由该人单独进行；当收款人为重叠记载（如A和B）时，则汇票权利的行使或转让应由全体进行。若出票人以自己为收款人，则该汇票为"指己汇票"，国际贸易中常用此种汇票。在信用证业务中，汇票一般采用指示汇票，若为议付信用证，收款人一般为信用证指定的议付行或受益人选定的议付行；若付款信用证下则一般受益人自己是收款人。如何确定收款人应依信用证条款办理；在托收中，汇票的收款人通常为出口商或其指定的人。

6. 出票日期（Date of Issue）

多数国家的票据法和《统一法》都将出票日期规定为绝对必要记载事项。出票日期是指形式上记载于汇票上的开立日期。汇票的出票日期在汇票中具有重要作用：（1）为决定出票人是否具有行为能力和代理权的标准；（2）为决定见票即付汇票的付款提示期限的标准；（3）为决定出票后定期付款汇票的到期日的标准；（4）为决定见票后定期付款汇票的承兑提示期限的依据；（5）为决定利息起算的依据；（6）为决定保证成立日的依据等。

关于出票日期应注意以下几点：（1）出票日期是形式上记载于汇票上的开立日期。依多数国家的票据法和《统一法》，汇票记载的出票日期不必与实际的出票日期完全一致，即出票日期是否真实，与汇票的效力无关。如，根据实际的出票日期，付款提示或承兑提示期限已过，甚至汇票的有效期限已过，但根据汇票上记载的出票日期上述期限未过；或者，反之，都应以记载的出票日期为准。（2）出票日期在无反证时，推定为实际出票日期。（3）出票日期的记载方式只要是可以确定的日期即可，但所记载的日期不是日历上的日期，如2月30日、4月31日等，一般应解释为该月的末日是出票日，才符合当事人的真实意思。（4）但英美法律则认为，出票日期并不是汇票的绝对必要记载事项，若汇票上没有记载出票日期，汇票仍然可以有效，持票人可以将其认为正确的日期补上；若持票人所补日期有误，只要该汇票在善意的持票人手中，则将错就错，即不得以日期有误为由被认为无效，而应将所补日期视为真实日期，并按此于到期日付款或进行其他票据行为。（5）在国际贸易中，若采用信用证支付方式，汇票的出票日期不能晚于信用证的有效期，同时不得早于随附的各种单据的出单日期。

7. 出票人签字（Signature of the Drawer）

出票人签字是汇票的绝对必要记载事项，依票据法，根据某人在汇票上的签字来确定其汇票责任，出票人签字则意味着他承担签发汇票的责任。若汇票上没有出票人签字或签字是伪造的，则该汇票无效；若某一被授权的人代表出票人签字，该签字就作为出票人的签字；若由未经授权的人代表出票人签字，则该汇票不能被视为由出票人所签。在中国，银行汇票的出票人在票据上签章，应为经中国人民银行批准使用的该银行汇票专用章加上其法人代表或其授权经办人的签名和盖章；其他人的签章为：单位在票据上的签章应为该单位的财务专用章或公章加其法人代表或其授权的代理人的签名或盖章；个人在票据上的签章应为该个人的签名或盖章。在国际贸易中，若使用信用证支付方式，汇票的出票人只能是信用证的受益人（出口商）；信用证项下的汇票必须有出票条款，即开立汇票的依据，一般在信用证中都有此规定，这时应按来证规定出票。若信用证中没有规定具体的出票文句，可以在汇票上注明开证行名称、地点、信用证号码及开证日期。如 Drawn under THE HONGKONG AND SHANGHAI BANKING CORPORATION, HONGKONG, L/C NO. WFH90049 dated 12JAN . 2016。

（二）相对必要记载事项（Relative requisites for a B/E）

相对必要记载事项，是指出票人应当在汇票上记载的，但若没有记载并不影响汇票的效力，而是依据票据法的相关规定进行补充或推定的事项。各国票据法和《统一法》对此的规定也不完全相同，通常包括内容：（1）出票地（Place of Issuing）；（2）付款地（Place of Payment）；（3）到期日（付款期限）（Tenor）。

各国票据法及《统一法》均规定，若汇票没有记载付款时间，均视为见票即付汇票。汇票付款到期日的作用是：确定汇票种类，从而决定汇票的各种期限；确定汇票权利最终消灭的时间，如中国《票据法》规定，持票人对出票人和承兑人的权利，自票据到期日起两年不行使而消灭。大陆法系国家的票据法均规定，不得记载数个到期日或分期付款；而英美法系国家的票据法和中国台湾票据法则允许汇票记载数个到期日或分期付款。汇票到期日通常在汇票的“At . . . Sight”一栏内填写。

（三）任意记载事项

任意记载事项包括，可以记载事项（即是否记载由出票人决定，一旦出票人记载则产生票据法上效力的事项）；记载不产生票据法上效力的事件；记载无效的事项以及记载使票据无效的事项等。

四、汇票行为及其使用

票据行为是指能够产生票据债权债务关系的要式法律行为。汇票行为通常包括汇票的出票、背书、承兑、保证、付款、拒付与追索等。在国际结算中，汇票行为（Acts of a B/E）实际上主要表现为有关当事人或关系人如何使用汇票（Use of a B/E）的问题。现将汇票行为及其使用作如下分析。

（一）汇票的出票（Issue）

汇票的出票是指出票人签发（或开立）汇票并将其交付给收（受）款人，从而产生汇票权利义务关系的票据行为。汇票的出票又称汇票的发票、签发或开立。从本质上讲，汇票的出票是出票人创设票据关系、委托付款人向收款人无条件支付一定金额的基本票据行为，通常称之为“主票据行为”，而背书、承兑等称为“附属票据行为”。若主票据行为无效，则附属票据行为自然也无效。

汇票的出票包括“制作汇票”和“交付汇票”两个行为。制作汇票是指出票人依票据法的规定在汇票上记载前述的各种事项；交付汇票是指出票人出于自己的意愿将汇票脱离自己占有交付给受票人。出票是以创设票据权利义务为目的，这种行为完成后即产生票据法上的效力，但它对各当事人的效力不同。[①]

1. 出票对出票人的效力（Effect of Issuing on Drawer）

出票行为使出票人成为票据的义务人，其义务是担保其所签发的汇票能够得到付款或承兑，即出票人必须保证汇票权利得以实现。若持票人未能获得支付或遭到拒绝承兑，则出票人有义务负偿还持票人的责任。但持票人必须在票据法规定的时效内（中国为两年）向出票人行使权利。出票人的上述担保责任能否在出票时约定免除，即约定不得对出票人行使追索权，对此各国有不同的规定。因此，若汇票上记载“无追索权”（Without Recourse），其效力因票据法的规定不同而有所不同。

2. 出票对付款人的效力（Effect of Issuing on Drawee）

出票行为是使付款人取得对汇票进行承兑和付款的资格，即付款人可以对汇票予以承兑或付款，但没有义务必须对汇票承兑或付款，是否承兑或付款由付款人自由决定。但若付款人一旦对汇票承兑，则成为承兑人，是汇票的债务人，承担到期付款责任。若付款人不对汇票承兑或付款，则他并不负任何票据法上的责任，即此时付款人只是汇票的关系人，而不是债务人，收款人不能强求或起诉他付款。付款人可能与出票人之间存在一定的资金关系（基础关系），但这种资金关系并不影响付款人在汇票上的地位。换言之，资金关系存在与否，付款人均可以对汇票进行承兑、付款，或拒绝承兑、付款。

3. 出票对收（受）款人的效力（Effect of Issuing on Payee）

收款人取得汇票后成为持票人，他便取得了汇票的付款请求权和追索权。付款请求权是持票人向付款人请求支付汇票金额的权利。在付款人承兑汇票之前，这种请求权仅仅是一种期待权而已，只有在付款人承兑汇票后，期待权才成为现实的请求权。此外，收款人还有将汇票转让的权利。

---

① 梁宇贤．票据法新论．北京：中国人民大学出版社，2004（第二章第二节第三项：发票之效力）；王小能．中国票据法律制度研究．北京：北京大学出版社，1999（第十一章第二节：汇票出票的效力）．

（二）汇票的背书（Endorsement）

汇票的背书是指，持票人将汇票权利转让给他人或将一定的汇票权利授予他人行使，在汇票的背面或粘单上记载有关事项并签名，然后，将汇票交付被背书人（受让人）的一种附属票据行为。汇票是一种流通证券，转让是使其流通的手段。汇票的转让方式有两种：交付与背书。但背书的适用范围比交付更为广泛。记名汇票和指示汇票的转让必须以背书的方式进行，而交付的方式仅适用于无记名汇票的转让。《统一法》和中国《票据法》不承认无记名汇票的效力，因此，背书便成为汇票转让的唯一方式。通常认为背书是一种单方法律行为，因此被背书人（受让人）无须签名。一般被背书人可以再作背书，这样持票人可将一张汇票持续转让下去，从而实现汇票的流通。

1. 背书的种类及其转让记载方法

背书主要是以票据权利的转让为目的的，但有时背书人也将背书用于其他目的。因此，可将背书分为转让背书和非转让背书两大类。

（1）转让背书

转让背书即以转让票据权利为目的的背书，通常所说的背书多属此种。转让背书（又称正则背书或固有背书）又可分为一般转让背书和特殊转让背书。若票据经背书后，其权利转让的效力是充分的、不受任何限制的，则属一般转让背书。若经背书，汇票的权利转移效力和权利担保效力受到限制，则属特殊转让背书，包括限制背书、无担保背书、回头背书和期后背书等。

1）一般转让背书

一般转让背书，是指在各方面都没有特殊情形的背书，也是最常见的一种背书。它依背书的方式可分为完全背书和空白背书。完全背书又称之为记名背书或正式背书。

依票据法的规定，完全背书不仅要求记载背书人的姓名和签章，并且要求背书人记载被背书人的姓名，其记载方法（格式）可以是文句形式，如：Pay B（被背书人），A（签章）××××年××月××日，或 Pay to the order of B（被背书人），A（签章）××××年××月××日。这是第一次背书。若 B 转让给 C，则 Pay C（被背书人），B（签章）××××年××月××日，或 pay to the order of C（被背书人），B（签章）××××年××月××日。这是第二次背书。

也可以采用表格形式的背书，见表 2-1。

表 2-1

Endorsee（被背书人）	Endorser（背书人）	Date（日期）	
B	A（签章）	××××年××月××日	（第一次背书）
C	B（签章）	××××年××月××日	（第二次背书）
D	C（签章）	××××年××月××日	（第三次背书）

完全背书的汇票，其持票人再转让时，必须再以背书形式转让，无论是以记名背书或空白背书均可，但不得仅以交付转让而无背书。空白背书又称不完全背书、略（简）

式背书或无记名背书，即背书人仅在汇票背面签上自己的名字（或签章）而不记载被背书人的名称，因此，空白背书只有一项绝对必要记载事项，即背书人的签名。在此应注意，依中国《票据法》第30条，不承认空白背书的效力，即在中国，汇票背书时必须要有被背书人的记载（完全背书），这是绝对必要记载事项。而《统一法》、美国《统一商法典》、中国台湾"票据法"等大多数国家或地区承认空白背书的效力。在国际贸易中，汇票的背书多采用空白背书。这种背书的优点是，其持票人转让汇票的权利时，仅将汇票交付即可，而不必签名，使汇票易于流通，同时可不负背书人的责任；付款人拒绝付款时，行使追索权的范围不至于扩大，容易执行，这是其实际益处。

空白背书的记载方法（格式）同样可以采用文句形式或表格形式，如：Pay to the order of（Blank），A（签章）××××年××月××日；或汇票经空白背书后即成为不记名或来人汇票，受让人（持票人）可不经背书而仅凭交付即可再次转让汇票权利，形式上不产生背书的连续问题；空白背书汇票的持票人也可以再以空白背书方式转让汇票，如A以空白背书转让给B，B也可仅签章而成为空白背书，再转让给C；空白背书汇票或最后背书为空白背书汇票，其持票人可以在原有空白背书汇票的背书空白内，记载自己为被背书人，再次转让。这样，空白背书就变成了记名背书，记名背书的被背书人在再次转让汇票时可以空白背书方式进行，即仅签上自己的名字，而不记载受让人名字。这样，记名背书的汇票又变成了空白背书汇票。最后背书为空白背书，是指已经多次背书，其前的背书既有记名背书又夹杂空白背书，但最后的背书必须为空白背书。持票人在最后背书空白内记载自己为被背书人的作用是，可以再转让（记名背书或空白背书）；为防止汇票遗失而记入自己的名字以资保障。另外，持票人在空白内记载他人为被背书人，再次转让时，即指将汇票受让人的名字记入空白背书的被背书人栏内，使原空白背书变为记名背书。同时将该汇票直接交付给受让人，持票人自己并未背书，即可完成转让手续。此时，汇票实际上虽然曾经其手，但形式上未作背书，这样，他就不负背书的责任。

一般转让背书，背书人通常可以记载以下任意记载事项。

① 背书日期的记载。背书年月日可以记载，也可不记载，这是多数国家，包括中国票据法的规定；依《统一法》第20条，背书未记载日期的，推定其在做成拒绝证书期限未过前所为，除非有相反证明；依中国《票据法》第29条，没有记载背书日期时，推定背书在到期日前做成，使背书有效，保护持票人的权利。依中国《票据法》的规定，汇票被拒付、拒绝承兑或超过付款提示期限后不得背书。因此，依背书日期是否超过上述期限，可以确定背书的效力；依背书日期可以确定背书人在背书时是否具有行为能力；汇票上记载的背书日期并不必须和实际背书日期一致，当两者不一致时应以汇票的记载为准。

② 限制转让的记载。是指背书人在背书时记载"不得转让"字样。依多数国家票据法，背书人在汇票上记载了"不得转让"字样，其后手再转让，原背书人对后手的被背书人不负担保责任。

2）特殊转让背书

特殊转让背书在形式上与一般转让背书并无不同，只是其效力有所不同。这种背书通常包括限制背书、无担保背书、回头背书和期后背书等。

(2) 非转让背书

非转让背书，又称变则背书或非固定背书，是指背书人以将一定的票据权利授予他人行使为目的背书，这种背书一般又分为委托取款背书和设质背书。

2. 汇票背书的连续与不连续

《统一法》及各国票据法均规定，在汇票权利转让中，汇票的持票人必须以背书的连续性证明其对汇票的权利，即汇票的持票人若能通过连续的背书证明其对汇票的权利，则视其为合法持票人。若背书不连续，即间断背书，持票人不得主张汇票权利。

汇票背书的连续，是指汇票上所记载的背书，自收款人至最后被背书人的持票人，在形式上必须无间断地连续，即在汇票上作第一次背书的人应当是汇票上记载的收（受）款人，从第二次背书起，每一次背书的背书人必须是前一次背书的被背书人，最后的持票人必须是最后一次背书的被背书人。例如，A 背书给 B，B 背书给 C，C 背书给 D，D 背书给 E……。若 A 背书给 B，B 背书给 C，而 D 背书给 E，则出现了背书间断，即不连续。因此，一般情况下，连续是指前一背书的被背书人与后一背书的背书人一致。由于一张汇票往往在很多主体之间流通，为了保证流通的安全，票据法都要求背书必须具有连续性。

汇票上的背书是否连续，必须以下列标准认定：① 形式上必须连续。背书的连续仅以背书形式上有效即可，即使背书中有伪造或无权代理等实际上无效背书的存在也无碍其连续性。② 背书连续是指转让背书的连续。若背书中夹有设质背书或委托取款背书，不碍于转让背书的连续。③ 记名背书与空白背书的连续不同。记名背书时，前背书的被背书人为后背书的背书人，则连续，否则不连续。若有背书日期时，也作为判断是否连续的标准。即使前背书的被背书人与后背书的背书人，实质上为同一人，但形式上的记载不能认为同一人时，则背书不连续；在背书中，除有记名背书外，若夹有空白背书时，其后的背书人视为前空白背书的被背书人；全部为空白背书时，若有背书日期，是否连续可以参考背书的年月日及背书人是否为同一人，若无背书日期和同一性，则此时视为连续。④ 各背书连续且有同一性。判定背书的连续，须先判定背书的顺序连续，再判定背书上背书人与收款人或前背书的被背书人是否为同一人。

依各国票据法，若背书是连续的，则对票据权利的转让具有以下证明效力：① 持票人所持汇票即为行使票据权利的证明，无须再以其他证据表示自己为真正的票据权利人；② 票据付款人在向背书连续的持票人付款时，无须审查对方是否为真正的票据权利人；③ 依连续背书而取得汇票的人，当然享有汇票权利。另外，背书还必须是无条件的，否则背书无效，如：Pay to the order of N company on delivery of Bill of Lading NO. ×××××××

(For) H company, Beijing

(signed)

（三）汇票的承兑（Acceptance）

汇票的承兑是指远期汇票的付款人同意并记载于汇票正面上的在到期日支付汇票金额的一项承诺。

承兑是汇票所特有的法律制度。[①] 在汇票的关系中，由于出票人签发汇票是单方面的命令或委托付款人向持票人付款，而付款人并不绝对受其约束，即没有绝对付款的义务。因此，付款人是否对持票人支付汇票金额是不确定的，即持票人的票据权利是一种期待权。为了使汇票权利确定下来，票据法特设承兑制度，即由付款人自己作出承担付款义务的承诺并将其记载于汇票正面上，从而使持票人的权利得到保障，并有利于汇票的转让流通。

由上述可知，承兑具有以下意义：（1）承兑是一种附属票据行为。承兑以出票这一基本票据行为为前提，即只有在出票行为有效时，承兑才有效力。（2）远期汇票可承兑，即期汇票无须承兑。由于即期汇票持票人可即时请求付款，付款人要么同意付款，要么拒付，因而无须承兑。而远期汇票则不能随时请求付款，在付款前持票人的权利不确定，因此需要承兑加以确定。付款人之所以可以接受承兑请求，是由于他与出票人之间存在某种基础关系或付款委托协议。（3）承兑是承诺承担汇票金额支付义务的票据行为。汇票付款人并不因出票人的命令或委托而当然成为票据债务人，只有经承兑才承担绝对的付款责任，从而成为汇票的主债务人。（4）承兑须由付款人在汇票正面记载“承兑”（Accepted）字样并签名和注明日期。因此，承兑是要式法律行为。

1. 汇票承兑的种类

汇票依不同的标准可分为不同种类的承兑。

（1）汇票依其形式，可分为正式承兑与普通承兑（略式承兑）

① 正式承兑又称完全承兑，是指在汇票正面记载“承兑”字样或其类似的文义，并由付款人签字（签章）。

② 普通承兑（略式承兑），是指仅由付款人在汇票的正面签字（章）而不必记载任何文义。若汇票正面有付款人的签字（章），不论签字人是否有承兑的意思表示均视为承兑。但依中国《票据法》第 42 条的规定，付款人承兑汇票，必须在汇票正面记载“承兑”字样。因此，在中国不承认普通承兑（略式承兑）的效力。

（2）汇票依有无限制，可分为单纯承兑和不单纯承兑

① 单纯承兑，是指付款人完全依汇票文义予以承兑，而不附加任何条件的限制，一般情况下，汇票承兑多为单纯承兑。

② 不单纯承兑，是指付款人对汇票文义加以限制或变更而进行的承兑。这种承兑又分为部分承兑和附条件承兑。

部分承兑，是指付款人只承兑汇票金额的一部分。中国《票据法》不允许对汇票金额做部分承兑。附条件承兑，是指付款人承兑时附加了一定条件。例如，付款人承兑时附加了“到期日前收到出票人的资金才予以付款”，或“到日期后××天内不请求付款，则承兑失效”，或“此汇票承兑后禁止背书”等条件。大多数国家的票据法规定，附条件的承兑视为拒绝承兑，但承兑人仍应依所附条件承担责任。换言之，持票人可以选择据以向其前手行使追索权或愿意依所附条件行使付款请求权。中国《票据法》不

① 梁宇贤．票据法新论．北京：中国人民大学出版社，2004（第二章第四节：承兑）；王小能．中国票据法律制度研究．北京：北京大学出版社，1999（第十一章第四节：汇票的承兑）．

承认附条件承兑，即视为拒绝承兑。

2. 汇票承兑所适用的范围

汇票承兑是为了确定汇票当事人的权利和义务，但并非所有汇票均需承兑。因此，持票人在取得汇票后应对承兑所适用的范围有所认识，即哪些类型的汇票需要承兑，哪些类型的汇票无须承兑。根据国际惯例及各国票据法的规定，汇票承兑所适用的范围有以下几种情形。

（1）应当承兑的汇票

《统一法》和包括中国在内的各国票据法均规定，见票后定期付款的汇票应承兑，否则无法确定汇票的到期日，进而无法行使汇票权利。但中国《票据法》第 39 条和第 40 条规定，定日付款汇票和出票后定期付款的汇票也应当提示承兑，否则持票人丧失对其前手的追索权。这一点与大多数国家票据法的规定不同。

（2）可以承兑的汇票

这类汇票是指法律允许其承兑，但即使持票人不提示承兑也不影响汇票权利的行使。《统一法》和大多数国家票据法都规定，提示承兑是持票人的权利而非义务，若不提示承兑，持票人的权利不因此受到影响。可以承兑的汇票主要是指定日付款汇票和出票后定期付款的汇票。依上述说明，这两类汇票按中国《票据法》也必须承兑，否则将影响持票人的追索权。

（3）无须承兑的汇票

这种汇票是指见票即付的汇票。由于见票即付汇票第一次向付款人提示时，付款人即应付款或拒付，因此承兑没有任何意义。在中国，银行汇票均为见票即付，因而无须承兑。

（4）禁止承兑的汇票

《统一法》和有些国家的票据法允许出票人在汇票上记载“禁止请求承兑”。这实质上是免除出票人担保承兑的责任，而且效力及于背书人。但见票后定期付款的汇票不能做这种记载。对于禁止承兑的汇票，持票人仍然有权请求付款人承兑；若付款人承兑了这种汇票，则产生承兑效力；若付款人拒绝承兑这种汇票，则持票人不能进行期前追索。依中国《票据法》，不允许做禁止承兑的记载。

3. 汇票承兑程序

汇票的承兑程序包括提示承兑、承兑或拒绝承兑和交还汇票三个环节。

（1）提示承兑

提示承兑，是指汇票的持票人在汇票到期日前，向付款人出示汇票，请求其在汇票上表示在到期日愿意支付汇票金额的行为。提示承兑有两个目的，一是向付款人显示实际占有汇票以及对方是汇票记载的付款人，二是请求付款人承诺在到期日支付汇票金额。

（2）承兑或拒绝承兑

持票人按上述时间向付款人提示汇票请求承兑后，付款人也应在规定时间内作出承兑或拒绝承兑决定。若付款人决定承兑，则应在规定的时间，按规定的款式完成承兑行为。若付款人决定承兑汇票，付款人必须在汇票正面记载承兑的文句，如“承兑”“照付”“兑付”（accepted）等类似文句，并签字（章）。若从外观上看，签章与汇票记载的付款人并非同一人，但实质上为同一人时，签章仍然有效。付款人承兑时通常在汇票正面记载，若付款人仅在汇票正面签字，而未记载“承兑”等字样，依《统一法》和大多数国家票据法规定也视为承兑，但此时仅限于汇票正面，以免与背书混淆。关于承兑日期的记载，惯例和大多数国家票据法规定为相对必要记载事项。

（3）交还汇票

付款人收到持票人提示承兑的汇票后占有汇票，在其承兑或拒绝承兑后应将汇票交还给持票人。但在没有交还汇票前，付款人可以涂销其承兑，使之不产生效力。付款人一旦承兑并交还了汇票，汇票的承兑程序完成，承兑产生效力，承兑人将成为汇票的主债务人，承担无条件支付汇票金额的义务。

4. 汇票承兑的效力

汇票被付款人承兑后将产生承兑效力。依惯例和各国票据法，对承兑人而言，即承担了到期付款的责任，即使承兑人与出票人并不存在资金关系，换言之，承兑人不得以任何理由对抗持票人的付款请求。同时，汇票的其他债务人（如出票人、背书人、保证人等）被追索或主动清偿了汇票债务而取得汇票时，均可对承兑人行使再追索权。另外，当持票人未按期提示付款时，则使其对背书人、保证人等的追索权因此而丧失，但持票人仍有权对承兑人主张权利。

5. 汇票承兑的撤回

汇票承兑的撤回是指付款人在汇票上完成承兑记载后，在将汇票交还给持票人之前，改变主意不想对汇票给予承兑，即收回其承兑的行为。这种行为是在汇票承兑没有产生效力时进行的，因此，《统一法》和多数国家票据法允许撤回承兑。

（四）汇票的保证（Guarantee）

汇票的保证，是指汇票债务人以外的第三人，以担保汇票债务的履行为目的，在汇票上记载有关事项并签字的一种附属票据行为。英美法系国家一般没有专门规定票据保证问题，仅规定凡未以出票人或承兑人名义在票据上签字的，则对善意持票人应承担背书人的义务；而大陆法系国家的票据法通常对此专设规定。

（五）汇票的付款（Payment）

汇票的付款分为狭义和广义的付款。[①] 狭义的付款是指汇票付款人、承兑人或代理付款人（担当付款人）所进行的消灭汇票关系的付款。这种付款在付款之后，票据关系绝对消灭。至于付款人与出票人之间的资金关系，虽然可以行使清偿权，但这并非票据关系，所以不是汇票的付款。广义的付款是指包括狭义的付款以及一切票据关系人，依票据文义，向汇票债权人支付汇票金额，它们包括参加付款人或偿还义务人（出票人、背书人及保证人）所进行的付款。汇票的付款通常仅指狭义的付款，是以消灭票据关系为目的的付款。付款人支付金钱后票据关系最终消灭。其他人付款后，可依民法的规定向有关当事人请求补偿，这项请求权不属于票据关系中的法律问题。

---

① 梁宇贤．票据法新论．北京：中国人民大学出版社，2004（第二章第八节：付款）；王小能．中国票据法律制度研究．北京：北京大学出版社，1999（第十一章第六节：汇票的付款）．

1. 汇票付款的程序

汇票的付款最终消灭汇票关系，其过程包括汇票的持票人向付款人或承兑人提示汇票，要求付款；付款人或承兑人付款并收回汇票，从而使汇票关系消灭。

（1）付款提示。付款提示，是持票人向付款人或承兑人出示汇票，请求其支付汇票金额的行为。付款提示能够确认持票人的权利，是行使追索权的程序要件，也是确定汇票到期日的依据。

（2）付款提示的期限。由于付款提示是持票人的义务，并由其自己决定，因此，为了促使持票人早日行使汇票权利，也为了消灭汇票关系，票据法规定了付款提示的法定期限，持票人应依照该期限进行提示。

付款提示的期限因汇票的期限不同分为即期汇票的提示期限和远期汇票的提示期限。

① 见票即付汇票的提示期限。《统一法》第 34 条规定，见票即付汇票应自出票日起 1 年内提示付款。英国《票据法》规定，见票即付汇票应在出票日后"合理期限"内提示付款；经背书转让的汇票应在背书日后"合理期限"内提示付款。中国《票据法》规定，见票即付汇票其提示付款的期限为自出票日起 1 个月。

② 定日付款、出票后定期付款、见票后定期付款的汇票的提示期限。《统一法》第 38 条规定，此类远期汇票的持票人应在到期日或其后二个营业日之一提示付款，即共有 3 天的提示日。依英国《票据法》，远期汇票的付款提示应在到期日进行，所以提示日只有 1 天。中国《票据法》规定，远期汇票的付款提示期限为到期日起 10 日内。

（3）付款提示的免除。持票人向付款人请求付款时，原则上必须依法或依约定提示付款，以保全其对出票人及其他前手的追索权，但在例外的情况下，持票人可以免除付款提示。《统一法》第 44 条和第 54 条对此作出了规定：拒绝承兑证书做成后，无须再作付款提示，也不需要再请求做成拒绝付款证书；由于不可抗力事件等原因导致无法在规定期限内提示付款，其期限可延长，事件终止后，持票人应立即提示付款；若不可抗力事件延长至到期日后 30 天以外时，持票人可直接行使追索权而无须再提示。中国和其他国家的票据法对此都作出了类似的规定。

（4）付款提示的地点。汇票上通常记载付款地，持票人应在该地提示付款。若汇票未记载付款地，则以付款人的住所或营业地为付款提示地点。

（5）付款提示的当事人。付款提示的当事人包括提示人和被提示人。提示人通常为持票人，如无记名汇票的持票人、未经背书汇票的收款人以及以背书连续证明其权利的持票人；背书不连续的实际持票人，但另行证明其为合法的持票人；持票人的代理人。被提示人是汇票的最终债务人，一般包括付款人或承兑人，若他们破产则为破产清理人；代理付款人（担当付款人）；票据交换所。

（6）付款提示的效力。持票人依法进行付款提示后，将在汇票有关当事人之间产生法律效力。① 行使付款请求权。持票人在到期日进行付款提示，即行使付款请求权，具有保全偿还请求权的效力，若付款人支付了汇票金额即发生了清偿效力。② 延迟责任产生。持票人在法定或约定期限内进行付款提示时，如汇票债务人不在期限内付款，则使债务人承担延迟责任。此时持票人可以对汇票债务人请求票面金额及自到期日起的利息。若在提示期限过后，直接向出票人提示时，当出票人不付款，也应自提示日起负延迟责任。③ 保全追索权。持票人在法定或约定期限内进行付款提示后，则履行了追索权的保全程序。若持票人不在期限内提示付款，则丧失了对出票人和其他前手的追索权。但汇票承兑人因是主债务人，即使持票人没有在规定的期限内提示，承兑人仍应承担责任。

2. 汇票金额的支付

（1）到期付款的时间。持票人按照规定的期限向付款人做付款提示后，付款人应依法或依约定向其付款。中国《票据法》第 54 条规定，付款人必须在提示日当天足额支付。

（2）期前付款。它是指持票人在汇票到期日前提示，请求付款人付款。在到期日前付款的情况下，由于付款人并不承担在规定期限到来之前付款的义务，付款人有权对此拒绝，这不属于拒付，因而持票人不得行使追索权。而持票人也有权拒绝在到期日前受领票款。若双方都愿意在到期日前付款，法律并不禁止。

（3）期后付款。它是指付款提示期限已过，或拒绝证书做成后的付款。期后付款的效力，因付款人是否承兑汇票而有所不同。① 承兑人的期后付款。汇票经付款人承兑后，付款人（承兑人）成为汇票的主债务人，除时效已经完全消灭可以免责外，应承担绝对付款的责任，并不因提示期限已过而受影响，因而承兑人的期后付款与到期付款的效力相同。承兑人在时效消灭前，随时有被请求付款的可能，但承兑人可以请求持票人受领票款，否则也可以将票款依法提存，以使其责任免除。对持票人而言，若期后提示付款将丧失对前手的追索权，但其付款请求权依然存在。依中国《票据法》第 17 条的规定，持票人对出票人和承兑人的权利的时效为自票据到期日起 2 年；见票即付的汇票、本票，自出票日起 2 年。② 未承兑汇票的付款人的期后付款。未经承兑的汇票，持票人仅有追索权而无付款请求权，但追索权的行使，以履行保全汇票上权利的义务为要件；若持票人没有在规定的期限内提示付款或保全汇票上的权利，将丧失对其前手的追索权，付款人也没有义务对其付款。

（4）支付汇票的金额及货币。汇票为文义证券，付款人的付款必须依汇票记载的金额和货币支付给持票人。依《统一法》和大多数国家或地区票据法的规定，付款人可以全部也可以部分支付票面金额，持票人不得拒绝部分支付，否则将丧失该部分付款的追索权。部分支付不产生票据关系消灭的效力，因此，持票人不交回汇票，可在汇票上记载所收金额并出具收据，持票人可对未获付款的部分行使追索权。依中国《票据法》第 54 条规定，付款人必须在持票人提示付款的当日足额付款，因此，付款人的付款应为全部付款，而不允许部分付款。多数国家票据法通常规定，表示票据金额的货币可以为本国货币，若货币是付款地不通用的，可依付款日的行市，以付款地通用货币支付。

（5）汇票金额的提存与汇票的缴回。提存是指当持票人不在规定的期限内做付款提示，票据债务人可以将相应的汇票金额提交给有关机构保存，提存后视为票据债务人已履行了付款人的义务。这是保护债务人的一种制度和国际惯例。由于汇票为缴回证券，付款人付款后，可以要求持票人在汇票上记载收讫字样，并签字收回汇票，否则票据权利仍未消灭，若该汇票被善意的第三者占有，付款人有可能仍承担再付款的风险。

（六）汇票的拒付、追索权及拒绝证书（Dishonor；Right of Recourse；Certificate of Protect）

当汇票的持票人依票据法的规定向付款人要求付款或要求承兑时，却不获付款或承兑，这种拒绝付款或承兑一般称为“拒付”或“退票”（Dishonor）。由于拒绝承兑表明付款人拒绝承担汇票的付款义务，所以，持票人无须等到汇票到期日再作付款提示，拒绝承兑本身就说明拒绝付款，因此，拒付实际上包括拒绝付款（dishonor by non-payment）和拒绝承兑（dishonor by non-acceptance）两种情况。此外，在付款人逃匿、失踪、死亡、破产等情况下，持票人也无法获得付款或承兑，也属于拒付。在出现了上述情况下，持票人则具有了汇票追索权。①

追索权是指汇票到期不获付款或期前不获承兑或有其他法定原因时，持票人在依法履行了保全手续后，有向汇票的出票人、背书人或其他汇票债务人等前手请求偿还汇票金额、利息及有关费用的权利。

持票人拥有的汇票追索权是一种票据法上的特别权利，这种权利具有以下性质：第一，连带性或共同性。出票人、承兑人、背书人及其他汇票债务人，对持票人负连带责任。第二，飞越性或选择性。持票人可以自行选择追索对象，而不必依债务的前后顺序依次向前追索，同时既可向一个债务人，也可向几个债务人进行追索，或向全体债务人追索。第三，变向性或变更性。持票人对于汇票债务人中的一人或数人已经进行追索的，对于其他尚未被追索的汇票债务人仍可行使追索权。第四，移转性或代位性。持票人行使追索权在获得清偿后，追索权并未消灭，而是转移给被追索人；被追索人在清偿债务后，即与持票人享有同一权利，可以继续向其前手追索，同时也拥有上述飞越请求权和变向请求权。

依法拥有追索权之人为追索权人或追索人。通常追索权人分为最初追索权人和再追索权人。最初追索权人是最后的持票人，也称基本追索人。最后持票人也是汇票最终债权人，当其在到期不获付款或在到期前不获承兑及其他法定原因产生时，可以行使追索权，即最初追索权。但持票人为出票人时，对其前手无追索权。再追索权人是指已清偿的汇票债务人，与持票人享有同一权利，可以向其他债务人再行使追索权。再追索权人包括背书人、保证人和参加付款人。

被追索人又称为偿还义务人，该义务人负有偿还汇票金额、利息和费用的责任。被追索人一般包括以下三种人：（1）出票人。由于出票人应依照汇票文义担保承兑和付款，因此，出票人将成为被追索人。但汇票出票时，出票人有免除担保承兑的特约时，持票人不得在到期日前对其行使追索权，同时持票人为出票人时，对其前手无追索权。（2）背书人。汇票背书人因负担保承兑和付款的责任，所以成为被追索人。但背书人有免除担保责任的特约时，持票人不得在到期日前对其行使追索权；同时，持票人为背书人时，对于该背书人的后手无追索权；禁止背书的背书人，对于自己的直接被背书人

① 梁宇贤．票据法新论．北京：中国人民大学出版社，2004（第二章第十节：追索权）；王小能．中国票据法律制度研究．北京：北京大学出版社，1999（第十一章第七节：汇票的追索权）．

以外的后手，不承担票据责任，因此不能成为被追索人；委托取款背书的背书人所作背书的目的并非转让票据权利，其背书并不产生担保付款责任，因此，该背书人不能成为被追索人。(3) 其他票据债务人。这些被追索人包括保证人、承兑人或参加承兑人。

汇票追索权的行使必须同时具备实质要件和形式要件，持票人才能依法行使追索权。实质要件包括两方面，首先，汇票持票人必须为合法的持票人以及背书连续。其次，必须具备法律规定的可引起追索权发生的客观原因存在。形式要件是指持票人必须履行保全手续或行为，包括汇票的提示、拒绝证书的做成和拒绝事由的通知。若持票人未履行票据提示和做成拒绝证书义务，则将丧失追索权。

持票人取得或做成拒绝证书是保全追索权的重要程序之一。拒绝证书是指由法律规定的，对持票人依法提示承兑或付款而被拒绝的事实具有证明效力的文件。但各国关于拒绝承兑或拒绝付款的证明方法不完全相同。多数国家的票据法规定，拒绝证书由一定机关做成才能作为法定的证明形式。

为了行使追索权，原则应先做成或取得拒绝证书，但国际惯例和大多数国家票据法又规定在下列情况下，无须做成或取得拒绝证书或以其他合法证明替代拒绝证书：① 拒绝证书的约定免除。② 因不可抗力等事件而免除拒绝证书。③ 以其他合法证明替代拒绝证书。

追索权人因行使追索权而受清偿后，其票据权利归于消灭；持票人同时负有向被追索人交付汇票、拒绝证书和收据的义务。所有被追索人对持票人负有连带责任；被追索人清偿债务后，其责任解除；被追索人基于清偿而取得汇票，与持票人享有同一权利，可再向其前手追索，但背书人为持票人时，对其后手无追索权；出票人为持票人时，对其前手无追索权；背书人进行清偿后，可以涂销自己及其后手的背书，以防汇票落于善意第三人手中再进行追索；被追索人有权请求持票人交回汇票、拒绝证书；当被追索人进行再追索时，票据债务人不得以自己与出票人或被追索人的前手之间的抗辩理由，对抗被追索人，但该被追索人未履行与票据债务人之间约定的义务，以致两者之间存在直接的债权债务关系的，则不在此限。

第三节　本　　票

本票作为一种票据，同样具有支付功能和信用功能，因此它可以成为一种国际结算工具。

一、本票的概念

依英国《票据法》第 83 条，本票是指一个人对他人所作的无条件书面承诺，经出票人签名，承担即期或在一定的日期或未来的特定期间内，向特定人或其指定人，或向持票人支付一定金额的票据。

中国《票据法》第 73 条规定，本票是出票人签发的，承诺自己在见票时无条件支付确定的金额给收款人或者持票人的票据。

根据大多数国家的票据法，本票（Promissory Notes）是一个人向另一个人签发的，保证即期或定期或在可以确定的将来时期，对某人或其指定人支付一定金额的无条件的书面承诺。本票也称期票。

本票的基本当事人是出票人和受款人。出票人（Maker）是本票的承诺付款的人，受款人（Payee）是本票的收款人，一般又称本票的抬头人。本票的受款人或抬头通常有三种写法：限制性抬头，如“Pay ×× Co. Only.”（仅付给××Co.）；指示性抬头，如“Pay ×× or Order.”（付给××或其指定人）。××或其指定人取得本票后可以背书转让；来人抬头，如“Pay ×× Co. or Bearer.”（付给××Co. 或来人）。这种本票不加背书即可转让。

二、本票的特征

本票与汇票一样具有票据的共同特性，但也有以下自身的特征。

（一）本票是无条件的支付承诺

本票的付款人就是出票人本人，其付款承诺对出票人本人具有法律约束力，即一旦出票人开立了本票，他必须无条件地向受款人付款。

（二）本票的基本当事人只有出票人和受款人

这一特征与对己汇票和指己汇票不同。在对己汇票中，出票人和付款人为同一人；在指己汇票中，出票人和受款人为同一人。这两种汇票在本质上只有两个当事人，但在形式上，仍然是三个当事人，且只能在特定情况下使用。而本票无论是形式上，还是本质上只能有两个当事人，且这两个当事人不能为同一人。

（三）本票为自付票据

由于本票的出票人就是付款人，即出票人出票后由自己承担无条件的付款责任，因而又称为自付票据。

（四）本票无须承兑

由于本票是出票人自己无条件付款的票据，受款人或持票人向出票人要求付款是确定的权利，且该权利在出票时已经确定，因而不像汇票是一种期待权利。因此，即使远期本票也无须承兑。

三、本票的种类

本票依其区别标准不同，一般可分为以下几种。

（一）记名本票、无记名本票和指示本票

这种分类是以本票上是否记载权利人为标准。记名本票（又称抬头本票），是指在出票时记载受款人的名称的本票，持票人在转让时必须背书；无记名本票（又称来人本票），是指在出票时不记载受款人名称，或记载为“来人”“持票人”的本票，持票人转让时只需交付无须背书；指示本票是指，出票时除了记载受款人名称外，还记载“或其指定人”的本票，出票人开立这种本票时，不得禁止持票人背书转让。依中国《票据法》第76条，本票必须记载收款人名称，否则本票无效。据此，在中国不存在无记名本票和指示本票，只有记名本票。

（二）银行本票和商业本票

这种分类是以出票人的身份不同为标准。银行本票的出票人为银行，商业本票的出票人为除银行以外的其他企业、团体、事业单位等。依中国《票据法》第 73 条的规定，在中国能够签发本票的只有银行，其他企业等不能签发本票，即在中国只有银行本票，而没有商业本票。这一做法与国际惯例不一致。

（三）即期本票和远期本票

这种分类是以本票到期日的不同为标准。即期本票是指见票即付的本票，其持票人自出票日起可随时要求出票人付款；远期本票是指其持票人只能在票据到期日才能请求出票人付款的本票。远期本票又分为定期本票、出票后定期付款本票和见票后定期付款本票。依中国《票据法》第 78 条，在中国，本票均为见票即付的本票，不承认远期本票的效力。这一点也与各国的法律规定不同，因此，在中国，本票的功能仅为支付工具，其信用功能下降。

（四）定额本票和不定额本票

依中国《支付结算办法》，定额本票的面额有 1 000 元、5 000 元、10 000 元和 50 000 元四种；不定额本票的金额由出票人和受款人约定。

此外，以票据行为发生地为标准，本票还可分为国内本票和国外本票；以付款方式为标准，本票又分为现金本票和转账本票。

四、本票的出票

《统一法》和各国票据法一般并没有对本票出票人的资格进行限制，即银行和企业等单位以及个人均可签发本票。但依中国《票据法》，在中国，本票的出票人受到严格限制，只有经中国人民银行批准办理银行本票业务的银行机构才能签发本票。需要使用本票的企业或个人等只能向银行申请签发本票，即委托银行签发银行本票。

根据《统一法》及各国票据法的规定，签发本票时，出票人在本票中记载的事项一般分为绝对记载事项、相对记载事项和不得记载事项，其内容与汇票类似。

五、本票准用汇票的规定

本票与汇票有许多共同之处，因此，在国际惯例以及各国的立法中，通常将汇票和本票统一在一起制定规则或统一立法，如，《统一法》。在各国的票据法或公约中，通常都用较大篇幅对汇票进行规范，而对本票仅仅规定其与汇票不同的问题，即凡是与汇票相同的问题，则规定准用汇票的规定，不再重复。中国《票据法》第 81 条规定，本票的背书、保证、付款行为和追索权的行使，除有规定外，适用有关汇票的规定；本票的出票行为，除有规定外，适用汇票的规定。

第四节 支 票

支票也是国际结算中使用的一种结算工具，它通常是由进口商签发的委托银行从其存款账户中支付一定金额给出口商的一种票据。

一、支票的概念

依各国票据法，支票（Check；Cheque）是出票人签发的，委托银行或其他金融机构，在见票时无条件支付一定金额给受款人或持票人的票据。英国《票据法》将支票视为汇票的一种，即支票是以银行为付款人的即期汇票。

依各国票据法，若要求支票的付款银行履行付款，则出票人必须在该银行有存款，而且，出票人必须事先与该银行订有支票付款协议。支票的三个当事人是：出票人、付款人和受款人。出票人是支票的签发人，他在付款银行开设存款账户并订有支票协议；付款人是出票人的开户银行；受款人可以在支票上注明，也可以不注明，而将支票做成来人抬头。

二、支票的功能与特征

与汇票、本票相比，支票的职能主要是支付功能，即发挥现金在空间上的使用功能；而汇票、本票除了具有支付功能外，还具有信用功能，即发挥现金在时间上的使用功能。

支票作为一种票据，与汇票、本票具有许多共性，但它还有不同于汇票、本票的特征：

（1）支票的付款人是特定的，即仅限于银行等法定金融机构。

（2）支票均为即期付款的票据，即见票即付的票据。

三、支票的种类

支票依其区别标准不同，一般可分为以下几种。

（一）记名支票、指示支票和无记名支票

这种分类是以支票对受款人的记载方式不同为标准。这种区别与汇票、本票的分类标准及实际作用完全相同，兹不赘述。在中国，虽然不允许签发无记名的汇票和本票，但依中国《票据法》第 85 条的规定，可以签发无记名支票，而且其第 87 条规定，支票上未记载收款人名称的，经出票人授权可以补记。

（二）对己支票、指己支票和受付支票

这种分类是以支票的当事人资格是否兼任为标准。支票与汇票均属于出票人委托或命令他人向持票人付款的票据。因此，通常情况下，支票也有三方当事人。但在特殊情况下，该三方当事人中的任何两个当事人可能产生资格重合，即由一个人充当两个当事人，这样就产生了上述三种变式支票。

1. 对己支票

对己支票又称已付支票，是指出票人签发的以自己为付款人的支票。这种支票，出票人和付款人由一个人充任。但由于支票的付款人只能是银行和其他法定金融机构，因此，对己支票（己付支票）只能由银行等金融机构签发，其他单位或个人不可能签发这种支票。这一点与对己汇票不同。

2. 指己支票

指己支票又称己受支票，是指出票人以自己为受款人而签发的支票。这种支票与指

己汇票相似，任何人只要在银行等金融机构开设支票存款账户，均可签发该支票，没有任何限制。中国《票据法》第 87 条也规定，出票人可以在支票上记载自己为收款人。

3. 受付支票

受付支票是指出票人签发的以付款人为受款人的支票，即付款人同时也是受款人。因支票的付款人限于金融机构，所以这种支票的受款人也只能是金融机构。

（三）普通支票、保付支票和划线支票

这种分类是以支票付款有无特殊保障为标准。普通支票在付款上并无特殊保障，而保付支票和划线支票则不同。关于保付支票和划线支票将于此后详述。在中国，普通支票是指支票上没有印就“现金”或“转账”字样的支票，这种支票可用于支取现金，也可用于转账。

四、支票的出票

支票的出票是指由出票人做成支票并交付给受款人的行为。依国际惯例和各国票据法，出票人在出票时除了签名或盖章外，还需在支票正面记载一定事项。支票的记载事项与汇票相同，兹不赘述。

五、保付支票

在国际结算中，有时还出现保付支票（Certified or Accepted Check）。[①] 多数国家票据法对此均有规定，但中国《票据法》对此没有规定。

保付支票是指，付款人因出票人或受款人的请求，在支票上记载“照付”或“保付”或其他类似文字并签名，其付款责任与汇票的承兑人相同的支票。即支票经付款人保付后，付款人应承担绝对付款的责任，出票人及背书人均免除其责任。由于支票为支付票据，并无承兑及保证制度，因此支票能否兑现，无法预测，为了弥补这一缺陷，支票的保付制度应运而生。但各国对保付支票的保付责任的规定并不完全相同。依美国和中国台湾等的法律，保付支票的出票人和背书人均免除债务，但日本支票法规定，保付支票的出票人和背书人也不免除其债务，应与保付人共同负责。

依多数国家票据法的规定，保付行为属于一种票据行为，除了须记载“保付”（Certified to Pay）或类似文字外，并须由付款人签名，“保付”文字可以记载于支票正面或背面。至于保付日期，则非为必要记载事项，即使未记载，也属有效。保付附加条件时，视为拒绝保付，但保付人仍应依所附加的条件负其责任。在实务中，保付人在作出保付行为后，通常从出票人的存款账户中将该支票金额另列入保付支票账内，以供该保付支票提示时付款。

支票一经保付则具有以下效力：

（一）对付款人的效力

付款人保付支票后，则对支票的付款承担绝对责任，即使支付的效期届满，付款人仍负付款的责任；付款人不得对存款额以外或信用证所规定金额以外的金额进行保付。

---

① 梁宇贤. 票据法新论. 北京：中国人民大学出版社，2004（第四章第四节：保付支票）.

但若有违反而进行了保付，仍具保付效力，付款人可能被罚款。

（二）对出票人的效力

支票一经保付，出票人免除其责任，即使保付人不付款，持票人通常也不得对出票人行使追索权；支票经保付后，出票人不得撤销付款的委托，即使出票人破产也不影响保付的效力。

（三）对背书人的效力

付款人在支票上保付后，背书人通常免除其责任，即使保付人不付款，也不得对背书人行使追索权。

（四）对持票人的效力

持票人在付款期限内未作提示的，仍有权请求付款；若保付支票遗失，持票人应自负责任，而不得作止付通知，但可通过公示催告程序解决。

六、划线支票

划线支票（Crossed Cheques），又称平行线支票、横线支票，是指出票人、背书人或持票人在支票正面划两条平行线，或在两条平行线中记载某银行的名称或其他内容，付款人仅对银行支付支票金额的一种支票。①

因支票为支付票据，限于见票即付，所以无论是记名或无记名支票，一经付款，不易查究提款人是何人，倘若支票遗失，应立即向付款人通知止付，否则付款人不得拒绝付款，容易导致意外损失。但划线支票，一般的持票人不得要求银行付款，只能委托银行代为取款。因此，若发生纠纷，付款人即可查明委托提款人，对出票人与付款人的交易安全很有好处，因此，多数国家的票据法或支票法都对划线支票的有关问题作出了规定。

依日内瓦《统一支票法》和大多数国家的票据法，划线支票分为普通划线支票和特殊划线支票。

（一）普通划线支票

它是指出票人、背书人或持票人在支票正面划两条平行线，两条平行线内不记载任何文字的支票。这种划线支票，持票人委托任何银行取款均可。

（二）特殊划线支票

它是指出票人、背书人或持票人在支票正面划两条平行线，并在两条平行线内记载委托取款的银行的名称或其他内容的支票。

在实务中，有时在平行线中加注“Not negotiable”（不可转让）字样。此时，出票人仅对受款人负责，若支票转让了，出票人对后手不负责。有时在平行线中加注“Account Payee”或“A/C Payee only”字样。这种划线支票，收款银行仅将收取的票款记到收款人账户而不得直接付现。也有在平行线中同时加注“Not negotiable”和“A/C Payee only”字样。普通划线支票的付款银行，若将票款付给了非银行业者，则该付款银行应对真正的所有人承担由此发生损失的赔偿责任，但其金额以支票上的数额为限。

---

① 梁宇贤．票据法新论．北京：中国人民大学出版社，2004（第四章第四节：平行线支票）．

平行线的记载方式，依《统一支票法》和多数国家票据法，出票人、背书人或持票人等均可在支票上记载平行线，其效力相同。而且平行线要记载于支票的正面，若记载于支票的背面无效。在实务中，两条平行线通常记载于支票正面的左上角。《统一支票法》和多数国家票据法规定，支票上若有多处特殊划线，付款人不得付款。但若仅有两处特殊划线，其中之一是经由票据交换所收款，则不在此限。因此，除了委托取款的原因外，支票不得超过一个以上特殊划线的记载，但普通划线即使有几处划线也不影响其效力。有权记载划线的人，均可以在未经划线的支票上记载普通划线或特殊划线；对于已经记载普通划线的支票，也可以再作特殊划线记载；但特殊划线记载不得变为普通划线。若将特殊划线内的收款银行涂销，则应视为未涂销，包括两条平行线也不得涂销。若支票左上角被撕破，致使无法判定该支票是否为划线支票，付款人一般应先查询出票人，倘若有平行线的记载，则应按照出票人的意见处理；若无法查询，则以记载平行线支票处理。划线支票的唯一目的就是在支票遗失时，防止被人冒领，保证交易安全。

（三）划线支票的效力

支票一经划线则具有以下效力：

1. 普通划线支票的效力

支票经在其正面记载了两条平行线后，付款人只能对银行支付票据金额；若持票人为非金融业者，则应委托银行代收取票款；划线支票不能请求支付现款，持票人如在委托银行已开有账户，则将该项票款记入其账户。

2. 特殊划线支票的效力

若支票的平行线内记载了特定的银行，则付款人仅能向该银行支付票据金额，即只有该特定银行代为收取票款，并将该票款存入委托银行的账户。

付款人若违反上述两种划线支票付款的规定而付款，给出票人或真正权利人造成损失的，应负赔偿责任，但以支票金额为限。若付款人违反上述规定，但其确已向真正权利人付款了，其付款仍然有效。

七、支票准用汇票的规定

从《统一支票法》的内容看，其很多规定与日内瓦《统一汇票本票法》存在着重复，因此，为了避免重复，许多国家的票据法规定，准许支票适用汇票的有关规定。中国《票据法》也采取这种规定。根据国际惯例和多数国家票据法，支票一般在出票、背书、付款、追索权、拒绝证书等方面准用汇票的规定。

案例分析

1. 汇票出票人责任案

A公司（卖方）与B公司（买方）签订了一笔贸易合同。B公司因资金困难，于是向C公司借款用于向A公司付款。C公司同意借款后，B公司从T银行取得了一张汇票交付给A公司。当A公司持该汇票向H银行要求付款时，该银行拒付，其理由是该银行已经接到T银行转来B公司通知：货物质量有问题，要求停止支付汇票。A公司多次与B公司协商无果，于是A公司向法院起诉T银行，要求该银行无条件支付汇票金额，并赔偿其延期付款损失和有关费用。

试分析法院应如何判决。

（提示：法院判决A公司是正当持票人，T银行应承担出票人的责任，向A公司支付汇票金额和有关损失及费用。）

2. 汇票承兑人责任案

A公司与B公司达成购销协议。A公司同意远期付款，并开立了一张远期汇票，其付款人为B公司，但受款人为C公司。该汇票经B公司承兑，C公司于汇票到期时向B公司要求支付款项，但B公司拒付，其理由是A公司没有向B公司交付货物。

试分析A公司和B公司应承担何种责任。

（提示：B公司承兑汇票后是该汇票的主债务人，应首先向C公司支付汇票款项，不得以买卖合同对抗正当持票人；A公司是该汇票的出票人，承担担保责任。B公司向C公司支付后，可依据买卖关系向A公司追索。）

3. 汇票转让纠纷案

某年8月，中国T公司（进口商）与新加坡商人G公司（出口商）签订了进口纤维板合同，货款800万美元。合同约定：共分八批交货，八次付款，D/P远期支付，T公司开立八张汇票，其受款人为G公司，汇票承兑人为中国J银行S市分行。合同签订后，G公司按时发来第一批货物，要求T公司开立汇票，并请求承兑汇票。于是T公司按合同约定开立了八张汇票，并要求J银行予以承兑。J银行的业务人员接到汇票后，一次全部承兑了八张汇票。G公司接到八张承兑了的汇票后，不再向T公司发货。T公司多次联系G公司毫无结果。一年后，新加坡的美国CB银行以八张承兑了的汇票的善意受让人的身份要求J银行支付汇票款项。但J银行以该笔业务存在欺诈为由，拒绝美国CB银行的付款请求。美国CB银行宣称J银行若拒不付款，将采取法律措施解决。由于金额巨大，报请国务院批准后，J银行向美国CB银行支付了八张汇票的全部金额，导致中方巨大损失。

试分析美国CB银行的要求是否合理，中方应接受哪些教训。

（提示：（1）美国CB银行的要求合理，它是汇票的善意持票人和受让人。（2）中方的教训：选择贸易伙伴不当，缺乏对贸易伙伴资信的了解；贸易公司和银行的业务人员汇票知识贫乏，不应一次开立全部汇票及承兑全部汇票，应在收到货物后再分批开立、分次承兑汇票，或不允许汇票转让。）

4. 本票转让纠纷案

2006年6月12日，A企业（买方）与B企业（卖方）签订购销合同，双方约定货款以本票支付。合同生效后，B企业按时向A企业发货，A企业向其开户银行申请开立了银行本票，并转交B企业作为货款。由于B企业先期拖欠C企业的款项，其与该本票金额相当，于是B企业将该本票背书转让给了C企业。但C企业没有按时向银行支取该本票款项，直到9月才向银行请求支付本票金额。但银行以该本票已经过期为由拒付。于是C企业转向B企业要求支付款项，但遭到拒绝。多次交涉无果后，C企业向法院起诉B企业和银行，要求它们共同承担赔偿责任。

试分析法院应如何判决。

（提示：法院判决银行支付本票金额给C企业，但应承担延期取款责任；B企业免责。C企业作为正当的持票人，未在法定期限内提示付款，其前手背书人B企业不再承担保证本票付款的责任。但作为本票出票人的银行，则不能免除其付款责任。）

5. 汇票制作不规范案

南美洲某国G公司欲向中国H公司订购一批货物，并表示愿意预付50%的货款。不久G公司寄来一张汇票，其金额为货款的50%。该汇票的出票人注明为美国一家著名银行，而汇票的付款人为G公司。该汇票同时注明：PAYING AGAINST THIS DEMAND DRAFT UPON MATURITY。但该汇票又表明付款期限为出票日后3个月，并无“AT ____ DAYS AFTER SIGHT OF THIS SECOND OF EXCHANGE（FIRST OF EXCHANGE BEING UNPAID）PAY TO THE ORDER OF...”之类的语句。

试分析出口商可否接受该汇票并与之签订贸易合同。

（提示：不可贸然与之签订合同。汇票存在问题：无法断定该汇票是即期还是远期汇票；汇票付款规定的写法不规范；该汇票的付款地点应在美国纽约。）

6. 支票付款纠纷案

中国B企业与香港S公司签订了一笔交易合同，贸易条件为FOB，金额为200多万港币，并约定信用证付款。但S公司迟迟不开来信用证，在B企业的多次催促下，港商答应改为银行支票付款，在装运港一手交货，一手交支票。在出口商已备妥装运货物，准备装船时，港商却提交了一份支票复印件。对此，出口商予以拒绝。同时，港商也对货物包装提出新的要求，并要求将海运改为空运，答应立即寄来支票原件。当出口商改换包装后并准备空运后，要求港商前来验货，但港商以该批货物价格过高为由拒绝验货，最终导致出口商巨大损失。

试分析B企业应吸取哪些教训。

（提示：对进口商资信缺乏深入了解；不应答应将信用证付款改为支票付款，即使进口商开来真实的支票，也难免为空头支票；若改为航空运输，出口商难以控制货权。）

第三章 汇 付

汇付（或汇款）业务是国际结算的主要方式之一，它既可适用于贸易结算和非贸易结算，也可适用于外汇资金的划拨。本章主要介绍汇付的业务程序、相关当事人的权利和义务及汇付在贸易中的应用。

第一节 汇付概述

国际结算方式，又称国际支付或付款方式，主要包括汇付、托收和信用证。在目前的国际结算中，绝大多数采用非现金结算方式。汇付具有手续简便等特点，因此成为国际结算的主要方式之一。

一、汇付的概念

国际结算中的汇付（Remittance）又称汇款，是指银行接受客户的委托，通过银行自身的通汇网络，使用适当的支付凭证，将款项交付给收款人的一种付款方式。

在汇付业务中，债务人主动将资金和汇款申请书交给当地一家银行，由其根据债务人的要求，制作付款委托书作为结算工具寄送债权人所在地的银行，同时将资金转移给该银行，委托其转交给债权人。在这一过程中，资金和结算工具的流动方向均为同一方向，即由债务人流向债权人，因此，汇付业务属于顺汇。汇付业务不仅适用于贸易和非贸易的结算，凡是外汇资金的转移都可以采用汇付方式。

在国际贸易中，买卖双方订立合同后，通常卖方先将货物发运给买方，买方则通过银行将应付款项汇给卖方，因而产生了汇付。

二、汇付的性质

汇付是一种商业信用的支付方式，即银行只提供服务而不提供信用。在汇付业务中，银行只负责按债务人的指示将资金转交给债权人，汇出银行对邮递过程中的延误、遗失及邮电部门的其他过失不承担责任；汇入银行则仅依据汇出银行的指示并在代理协议范围内，对汇出银行承担解付款项的义务。无论是汇出银行还是汇入银行对贸易中的货物及与货物有关的单据不承担责任，而是由出口商在发货后，自行将有关的单据寄送给进口商，因此，汇付业务又称为“单纯付款”业务。

三、汇付的当事人及其权利义务

在汇付业务中，通常有四个当事人，即：汇款人、汇出行、汇入行和收款人。他们分别拥有以下权利和义务。

（一）汇款人（付款人）(Remitter)

汇款人是委托汇出行向国外债权人支付款项的债务人。在国际贸易中，汇款人通常为进口商。作为贸易合同的买方，其权利为要求出口商提供合格的货物。作为汇付的一方当事人，其义务是，填制汇款申请书，向汇出行交款付费，履行付款义务。

在汇款业务中，进口商填写银行提供的格式化申请书（“汇出汇款申请书”），该申请书是汇款人与汇出行之间的合同。“汇出汇款申请书”一式两联，其中一联为申请书，另一联为汇款回执。申请书的内容一般包括：收款人名称、地址、国别、开户行名称、账号；汇款货币、金额；使用的汇款方式（电汇、信汇或票汇）；汇款用途；汇款人的名称、地址等信息。汇款人必须如实填写上述内容，若因申请书内容填写错误而导致延误或差错等，则由汇款人承担其后果。若因货币不同而需套汇的，如汇出款是英镑，而汇款人要求在其美元存款中支取美元后套成英镑汇出，若其套汇有损失，则由汇款人承担。

此外，汇款人还应提交外汇管理部门要求的有关材料，以供审核。完成上述手续后，汇款人向汇出行交付与汇款金额相当的现金或支款凭证，并支付汇出汇款费用。

（二）收款人（或受益人）(Payee or Beneficiary)

收款人是指接受汇款人所汇款项的债权人。在国际贸易中，收款人通常为出口商。作为贸易合同的卖方，收款人的权利是凭证据取得货款。在汇付业务中，收款人是汇款业务的受益人，在接到汇入行的通知或款项已入收款人账户的通知时，应该履行以下责任：查明这笔款项确实应该属于他的款项，或者他作为债权人在收到这笔款项后，该笔债权已经全部或部分得到清偿，从而债权人的地位与权利已经全部或部分得以终止；若对汇款的内容不明，或汇款金额不足以了结全部债权时，应及时向汇入行提出，由其转由汇出行向汇款人查询，待得到满意答复后再予收款；汇出行、转汇行、汇入行确实完全按汇款人的汇款申请书办理了该笔汇款，款项亦已收入收款人账户或收款人已根据汇款通知领取了汇款而并未提出异议，该笔汇款对汇出行、转汇行、汇入行而言，其责任应予终结。债权人与债务人之间再有任何纠纷，应由他们自行解决；对有条件付款的汇入款，收款人有责任按条件要求办理交单或其他手续，直到符合条件，汇入行认可为止。此外，收款人应依据国家外汇管理机构的要求，提交相关资料。

（三）汇出行（Remitting Bank）

汇出行是接受汇款人的委托，办理汇出汇款业务的银行。汇出行办理的汇付业务称为汇出汇款。该银行通常为汇款人所在地的一家银行。若汇出行接受了汇款人的汇款申请，则与汇款人之间确立了合同关系，该银行应按照“汇出汇款申请书”的相关内容以及汇款方式办理款项汇出业务，向汇入行转交资金。作为汇款人的受托人，汇出行有权收取相关费用，同时更有义务按申请书的要求正确办理汇出款项。汇出行在办理汇出业务时应做到以下几点。

（1）审核“汇出汇款申请书”。汇出行首先应对汇款人填写的申请书予以审核，对不符合国家规定的款项不予受理；对需要修改的内容应及时退还汇款人，请求修改、补充后再予办理。

（2）审核相关材料。汇出行依据国家外汇管理机构的有关规定，审核汇款人提交的相关资料和有关单据，以保证汇出业务的顺利进行。

（3）收取资金或支款凭证。汇出行在审核上述申请书和相关材料后，收取汇款人的资金或支款凭证，办理汇出款项，严禁透支汇出款项。

（4）制作“支付授权书”（Payment Order，P. O.）。汇出行依据汇款人的“汇出汇款申请书”内容，制作“支付授权书”（P. O.）。该授权书中必须明确表示头寸的偿付办法。如果汇出行与汇入行之间相互开立了与汇款货币相同的账户，则往账（Nostro Account/Due from Account）用“请借记我账”（Please debit the sum to our account with you.）方式办理；来账（Vostro Account/ Due to Account）用“已贷记你账”（We have credited the sum to your account with us.）方式办理。如果汇出行与汇入行之间并未相互开户，须经其他中转银行拨交头寸，则在“支付授权书”中应明确表明“头寸已通知××银行拨交你账”，并通过使用“银行划拨报单”（Bank Transfer，B. T.）授权账户行将头寸拨交汇入行。如果头寸须由汇入行主动向汇出行的账户行索偿的，则应在“支付授权书”中明确表示“头寸请径向××银行索偿”，并同时向账户行发出偿付授权书，以便汇入行向其索偿。

（5）寄发“支付授权书”。汇出行制作“支付授权书”后，将其寄发给汇入行，授权汇入行向收款人解付款项。

（四）汇入行（Paying Bank）

汇入行是接受汇出行的委托，依“支付授权书”内容，向收款人解付款项的银行。汇入行办理的汇付业务称为汇入汇款（Inward Remittance：The remittance which those are handled by foreign paying bank）。该银行通常为收款人所在地的银行，一般为汇出行的联行或代理行，又称之为解付银行。作为汇出行的受托银行，它有权向委托人收取业务费用，其主要义务是证实汇出行委托付款指示的真实性，通知收款人并向其解付款项。汇入行在办理解付业务时，应做到以下几点：

（1）核验“支付授权书”（P. O.）的真伪性。汇入行收到“支付授权书”后，应依据必要措施核验其真伪性。若为信汇、票汇，则需核对其印鉴；若为电汇，则需核对密押；若使用 SWIFT 方式，则需检查所使用的报文格式是否为有效的加密格式。

（2）严格执行 B. T. 指示。确认“支付授权书”的真实性后，汇入行应严格依照 B. T. 的指示办理解付业务，不得擅自更改其内容。收妥款项后，向收款人解付，即坚持收妥解付原则。

（3）正确处理不同的解付。若“支付授权书”中的收款人在汇入行开立了账户，在收到款项后，汇入行可将其直接入账；若收款人没有在汇入行开立账户，在收到款项后，汇入行可通知收款人取款或转入其账户银行。

（4）依据国家外汇管理规定解付。根据中国国家外汇管理的规定，在贸易项下，汇入行必须在收款人提供出口核销单的号码后才能入账；同时要求收款人填报国际收支申报单后交给汇入行输入相关申请系统。

（5）及时处理无法解付的款项。若因收款人名称、账号等内容不符，或已通知但收款人不来取款，或收款人拒收款项，或头寸没有落实等等原因，导致汇入行无法解付时，汇入行应及时与汇出行取得联系，说明情况，请求汇出行给予进一步的指示。待收到汇出行指示后，再视情况处理。

（6）谨慎处理有条件的解付。汇付业务中的解付通常是无条件的。若为有条件解付，如 B. T. 中表明"在收款人提交合同项下的全套单据后解付"，此时汇入行应谨慎处理。

第二节 汇款的偿付与退汇

一、汇款的偿付[①]

汇出行授权汇入行解付汇款时，将汇款金额拨付给汇入行，称为汇款的偿付（Reimbursement of Remittance of Cover），俗称头寸偿付，即汇款资金的调拨与抵补偿付。通常，不论汇出行采用哪种方式向汇入行发出付款授权书，按照通行的惯例，在发出授权书的同时，必须以同样方式将头寸拨付给汇入行，使汇入行不致因执行付款指示而垫付头寸。因此，每一笔汇付业务都要有一笔相同金额的头寸偿付业务。关于头寸偿付的办法，有些银行在相互建立业务代理关系时，就已在代理协议中订明；若没有订立代理协议，则逐笔在付款授权书或开立的汇票通知书中加以注明。

在汇付业务中，头寸调拨一般有两种方式，一是解付前拨交头寸，即汇款时汇出行就将头寸拨付给汇入行。这是最主要的头寸调拨方式。二是解付后拨交头寸，即解付后汇入行向汇出行索偿。

总之，汇出行一般应将头寸及时拨付汇入行。如果汇出行不及时汇出头寸，则可能引起汇入行拒绝解付汇款，或加收利息或者造成对汇出行的不良影响。汇入行检查头寸收妥与否，若没有头寸划来而解付汇款，等于是买入汇款单据，自行垫款，资金存在一定的风险。若与汇出银行有先解付、后拨交头寸的代理协议，则应按协议办理，一般应先拨交头寸。

汇付业务中，根据开户情况不同，汇款头寸的偿付一般有以下几种做法：

（1）汇款双方银行之间建立往来账户，即一方在另一方开有账户，则可直接通过账户收付来偿付汇款头寸。

若汇入行在汇出行开有存款账户，汇出行在委托汇入行进行解付时，即贷记汇入行账户，汇出行应在支付授权书上注明："偿付方法：我们已在你行的账户上贷记了这笔款项"（In cover, we have credited the sum to your account with us.）。

例如：The paying bank has maintained an USD account with the remitting bank. Suppose an outward remittance in USD is made, the remitting Bank should write "cover instruction" as follows: In cover, we have credited the sum to your account with us.

---

① 刘舒年，严思忆. 国际贸易结算与融资. 北京：对外经济贸易大学出版社，1996：109-111；张红. 国际结算. 南京：南京大学出版社，1993：56-59.

汇入行接到支付授权书后，知道汇款头寸已划拨到自己的账户，此时即可使用头寸向收款人解付汇款。

若汇出行在汇入行开有存款账户，汇出行应在授权汇入行解付时，授权汇入行借记汇出行账户。汇出行应在支付授权书上注明："偿付方法：请将这笔款项借记我行在你行的账户上"（In cover，please debit the sum to our account with you.）。

例如：The remitting bank has maintained a GBP account with the paying bank. Suppose an outward remittance in GBP is made，the remitting bank should write "cover instruction" as follows：In cover，please debit our account with you。

在上述情况下，汇入行在按支付授权书解付款项时，立即借记汇出行账户，并在寄给汇出行的借记报单（Debit Advice）上注明"your a/c debited"。汇入行接到支付授权书后，则被授权凭以借记汇出行账户，拨出头寸解付给收款人，并以借记报单通知汇出行，该笔汇款即告完成。

（2）汇款双方没有在对方开设账户，但在同一家代理行开有账户，则可通过这一家代理行转账以完成汇款头寸偿付。

汇出行在汇出款项时，主动通知代理行将汇款拨付汇入行在该代理行的账户，即借记汇出行账户，贷记汇入行账户。如"致偿付行：请借记我账并贷记 ××× 行账"（To the Reimbursing Bank：Credit cover to ×× Bank's A/C with you，debiting our account）。汇出行应在支付授权书上注明已经授权某某银行贷记汇款头寸在汇入行存款账户：In cover，we have authorized ×× bank to debit our account and credit your account with the above sum. 汇入行接到汇出行的拨交头寸指示后，同时也收到代理行寄来的头寸贷记报单，则可使用该头寸向收款人解付。

例如：Both the paying bank and the remitting bank have maintained USD account with Y Bank，New York. Suppose an outward remittance in USD is made，the remitting bank should write "cover instruction" as follows：In cover，we have authorized Y Bank，New York to debit our account and credit your account with them。

若汇出行授权汇入行解付汇款时没有主动拨付汇款头寸，汇入行可在解付汇款时，向代理行索偿，即向代理行要求将汇款头寸从汇出行在该行的账户拨入汇入行账户。

（3）若汇款双方没有共同的账户行，则汇出行必须事先了解汇入行在哪家银行开户，找到与汇出行的账户行有关系的汇入行的代理行。具体偿付头寸可以由汇出行在汇款时通过其代理行将汇款头寸拨付到汇入行在其代理行的账户。汇入行接到汇款后，则可使用该头寸向收款人解付。

例如：The remitting bank and the paying bank have not maintained account with each other，nor have kept both the accounts with a third Bank. Suppose an outward remittance is made，the remitting bank should write "cover instruction" as follows：In cover，we have instructed ×× Bank to remit proceeds to you。

（4）汇款双方国家如订立支付协定，设有清算账户（Clearing Account），汇款的偿付应按双方银行间的规定办理。有些是由汇出方的国家银行贷记汇入方清算账户，也有些是在解付后通过由汇入方国家银行借记汇出方清算账户。

在进行汇款头寸偿付时，除上述通过账户收付办法外，业务中还存在用汇票偿付汇款头寸的做法，即汇出行在寄送付款授权书时，随付一张以付款行为收款人、以自己的账户行为付款行的相同金额的汇票，以偿付汇款头寸。此外，还有一种做法是，汇入行解付汇款之后，再开立一张汇票向汇出行收款，此张汇票汇出行为付款人，汇入行为收款人。这种类型的汇票还可以在市场上进行资金融通、抵押或转让。

二、汇款的退汇

汇款的退汇是指汇款在解付以前的撤销。[①] 退汇可能由收款人提出，也可能由汇款人提出。

（一）收款人退汇

收款人退汇比较方便，在信汇、电汇时，只要他拒收信汇、电汇，通知汇入行，汇入行可以将汇款授权书退回汇出行，必要时说明退汇原因，然后由汇出行通知汇款人前来办理退汇，取回款项。在票汇时，收款人退汇，只要将汇票寄给汇款人，然后汇款人自己到汇出行办理退汇手续。

（二）汇款人退汇

首先，对电汇、信汇，汇出行应立即通知汇入行停止解付，撤销汇款。若收款人不同意，应向汇款人交涉，不能强求汇出行和汇入行付款。但汇款人的退汇要求在撤销通知到达汇入行时，该行尚未付款才能实现。汇出行接受汇款人电汇、信汇的退汇要求后，应使用信函或电文通知国外汇入行办理退汇，汇入行接到汇出行要求电、信汇的通知后，如尚未解付款项，一般可以同意照办；如果汇入行已经解付汇款款项，汇入行不能向收款人追索，汇款人也不能要求退汇，只能由汇款人直接向收款人交涉要求退款。其次，在票汇的情况下，汇款人要求退汇，汇出行处理很慎重。因为汇出行自己开出汇票，自己即为出票人，对任何合法的、善意持票人均要负保证付款责任，如无理退回汇票，一方面增加手续，另一方面还可能丧失信誉，或引起纠纷与争执。因此，如果是汇出行开立汇票交付款人，汇款人尚未寄出汇票，其可以持汇票到汇出行申请注销汇款。若属于寄送时遗失，或其他不可抗力事件而造成的毁灭，一般在了解到汇票收款人确已无法收取款项时，可以接受办理退汇。若汇款人已将汇款寄出，汇票款项已被收款人领取，或者虽未领款但估计汇票已在市场上流通，则不论汇出行还是汇入行都不会办理退汇。汇票若遗失、被窃，应办理挂失、止付手续，即由汇款人向汇出行出具担保书，担保若发生重付，由汇款人负责。

（三）汇入行退汇

电汇、信汇汇出后，如果收款人迟迟不来取款，超过一定时期，汇入行有权主动通知汇出行注销，办理退汇。

---

① 刘舒年，严思忆．国际贸易结算与融资．北京：对外经济贸易大学出版社，1996：112；张红．国际结算．南京：南京大学出版社，1993：59-61.

第三节 汇付的种类及其使用

按资金转移方法或支付工具的不同，汇付可分为信汇、电汇和票汇三种形式。

一、信汇（Mail Transfer，M/T）

（一）信汇的概念

信汇是汇出行依汇款人的申请，使用航空信函指示汇入行解付一定金额给收款人的一种汇付方式。其程序是，汇款人填写汇款申请书，交款付费给汇出行并取得信汇回执。汇出行根据申请书内容，制作信汇委托书（M/T Advice）或支付授权书（Payment Order，P. O.），然后通过航空邮寄将其寄给汇入行。汇入行核对印鉴无误，通知收款人，并向其解付。

（二）信汇委托书（Mail Transfer Advice）

信汇委托书是汇出行向汇入行发出的委托其向收款人解付一定金额的书面通知（汇入行在汇出行开立账户）。

（三）支付授权书（Payment Order，P. O.）

支付授权书也是汇出行向汇入行发出的授权其向收款人解付一定金额的书面通知。

（四）信汇（Mail Transfer，M/T）业务流程

（汇出行在汇入行开立账户）

信汇业务流程可用图 3-1 表示。

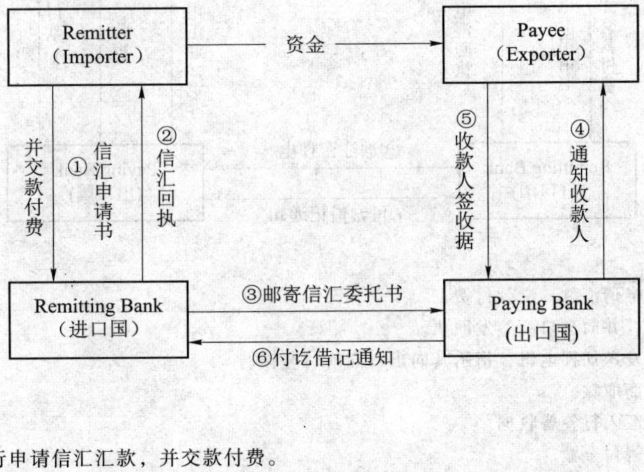

图示说明：

① 进口商向汇出行申请信汇汇款，并交款付费。

② 汇出行接受汇款申请，并签发信汇回执。

③ 汇出行向汇入行邮寄信汇委托书（M/T advice 或 payment order，P. O.）。

④ 汇入行通知出口商取款。

⑤ 出口商收款并向汇入行签署收据。

⑥ 汇入行向汇出行通知货款付讫。

图 3-1 信汇流程图

（五）信汇的特点

与其他汇付方式相比，信汇具有以下特点：

（1）资金转移速度慢。信汇采用航邮方式传递信息，汇款在途时间较长，收款时间也较长。

（2）银行可短期占用资金。信汇在途时间较长，银行可以占用一个邮程时间的资金。

（3）邮费较低。与其他汇款方式相比，信汇的费用较低。

二、电汇（Telegraphic Transfer，T/T）

（一）电汇的概念

电汇是汇出行依汇款人的申请，拍发加押电报、电传或 SWIFT 给国外汇入行，指示其解付一定金额给收款人的一种汇付方式。对汇出行而言，电汇业务程序与信汇基本相同。其不同之处是，汇出行根据汇款人申请书内容，以电报、电传或 SWIFT 通知汇入行授权解付时，为了使其得以证实电讯内容，汇出行要加列双方银行约定使用的密押（Test Key）。汇入行收到电文后，核对密押，确认无误后办理解付手续。

（二）电汇（Telegraphic Transfer，T/T）业务流程

电汇业务流程与信汇的流程基本相同，其流程可用图 3-2 表示。

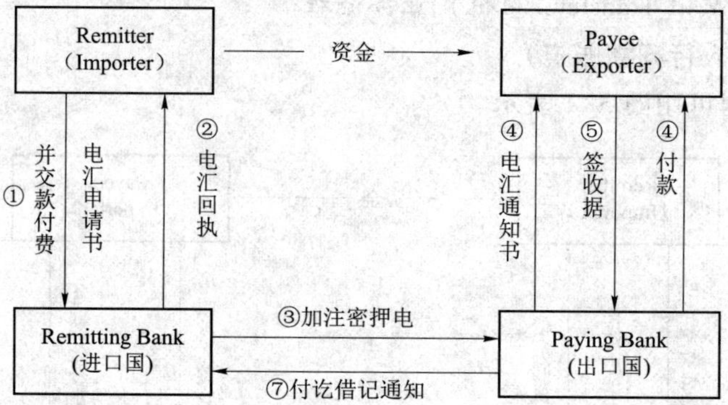

图示说明：

① 进口商向汇出行申请汇款，交款付费。

② 汇出行接受汇款，并向进口商签发回执。

③ 汇出行向汇入行发送加押电讯，指示其向出口商解付金额。

④ 汇入行通知出口商取款。

⑤ 出口商取款并向汇入行签署收据。

⑥ 汇入行向出口商解付金额。

⑦ 汇入行通知汇出行付讫。

图 3-2 电汇流程图

（三）电报、电传汇付业务

若采用电报、电传方式进行汇款，电文通常包括以下内容：[①]

① 苏宗祥，景乃权，张林森．国际结算．3 版．北京：中国金融出版社，2004：101.

1. FM：（汇出行名称）

2. TO：（汇入行名称，一般用电报挂号表示）

3. DATE：（发电日期）

4. TEST：（密押）

5. OUR REF NO.：________（汇款编号）

6. NO ANY CHARGES FOR US（我行不负担任何费用）

一般在电文后加注：YOUR CHARGES FOR BENEFICIARY（收款人承担你方费用）。

7. PAY ________（付款金额）VALUE ________（起息日）TO ________

8. BENEFICIARY（收款人）

收款人依不同情况可按下列方式表示：

（1）收款人的账户行为汇入行：

PAY TO YOURSELVES（账户行）FOR CREDIT OF A/C NO. ________ OF MR. ××（OR ________ CO., LTD.）（收款人名称）

（2）收款人的账户行为第三家银行：

PAY TO ________ BANK（账户行）FOR CREDIT A/C NO. ________ OF MR. ××（OR ________ CO., LTD.），或 PAY TO ________ BANK（账户行）FOR A/C OF NO. ________ FAVOUR ________.（收款人名称）

9. MESSAGE ________（汇款附言）

通常加注：DETAILS OF PAYMENT。

10. ORDER（汇款人）

即 BY ORDER OF 或 B/O

11. COVER ________（拨交头寸）

通常为汇出行在汇入行开立账户：PLEASE DEBIT OUR A/C WITH YOU（借记我行账户），即可拨交头寸。拨交头寸应按照账户设置情况的不同，分别处理，详见前述"汇款的偿付"。

电汇实例：

FM：CITIBANK，BEIJING

TO：CATHAY UNITED BANK HONG KONG BRANCH，HONGKONG

DATE：6TH OCTOBER

TEST 9870 OUR REF. 987TT0765 NO ANY CHARGES FOR US PAY USD 90 000. VALUE 6TH OCTOBER TO YOUR 47/F CENTRAL PLAZA 18HARBOUR ROAD，WANCHAI，HONG KONG FOR ACCOUNT NO. 008-976-234571-003 FAVOUR MACHINE LTD. HONG KONG MESSAGE CONTRACT NO. H12457 ORDER ABC CO., LTD. BEIJING COVER DEBIT OUR DC A/C.

（四）SWIFT 电汇业务

SWIFT 是"环球银行间财务电讯协会"的英文简称，该协会是国际银行同业间的合作组织，它采用计算机数据通信网络处理国际结算业务。其特点是：安全可靠、准确快速、费用较低、自动加押，为客户提供快捷、标准化和自动化的金融服务。

目前，中国的多家银行已加入SWIFT，成为该协会的成员。这些银行及其识别代码分别是：中国银行（BKCHCNBJ）、中国人民银行（PBOCCNBJ）、中国工商银行（ICBKCNBJ）、中国建设银行（PCBCCNBJ）、中国农业银行（ABOCNNBJ）、中国投资银行（IBOCONBJ）、交通银行（COMMCNBJ）和中信实业银行（CIBKCNBJ）等。

表3-1给出了SWIFT关于汇付的适用格式。

表3-1　　SWIFT关于汇付的适用格式①

报文格式	MT格式名称	描　述
MT 100	客户汇款	请求调拨资金
MT 200	单笔金融机构头寸调拨至发报行自己账户	请求将发报行的头寸调拨至其他金融机构的该行账户上
MT 201	多笔金融机构头寸调拨到它自己的账户上	多笔MT 200
MT 202	单笔普通金融机构头寸调拨	请求在金融机构之间的头寸调拨
MT 203	多笔普通金融机构头寸调拨	多笔MT 202
MT 204	金融市场直接借记电文	用于向SWIFT会员银行索款
MT 205	金融机构头寸调拨执行	国内转汇请求
MT 210	收款通知	通知收报行，它将收到头寸记在发报行账户上

例如，客户汇款时，应使用下列MT 100报文格式（见表3-2）：②

表3-2　　MT 100 CUSTOMER TRANSFER

M/O	Tag 项目编号	Field Name 项目名称
O	15	Test key（密押）
M	20	Transaction Reference Number（TRN）（交易编号）
M	32a	Value date, currency code, amount（起息日、货币、金额）
M	50	Ordering customer（付款客户）
O	52x	Ordering bank（付款银行）
O	53s	Sender's correspondent bank（发报银行）
O	54s	Receiver's correspondent bank（收报银行）
O	57s	"Account with" bank（账户行）
M	59	Beneficiary customer（收款客户）

① 苏宗祥，景乃权，张林森. 国际结算. 3版. 北京：中国金融出版社，2004：104.

② 同上。

续表

M/O	Tag 项目编号	Field Name 项目名称
O	70	Details of payment（支付细目）
O	71a	Details of charges（费用细目）
O	72	Bank to bank information（银行间信息）

注：M 必选项目，O 可选项目。

MT 100 实例：

银行业务员可将下列汇款电文内容输入计算机自动显示的项目栏内，即成为 SWIFT MT 100 电文：

TO：CITIBANK（NEW YORK STATE）BUFFALO，NEW YORK，U. S. A.

FM：BANK OF CHINA，BEIJING

DATE：12 OCT. 2005

TEST××××OUR REF TT117760/05 PAY USD800 000. 00 VALUE 12 OCT. TO CATHAY UNITED BANK HONG KONG BRANCH FOR CREDIT OF A/C NO. K14-675-099643 OF CORPORATION INTERNATIONAL ×××× MESSAGE REMIT FOR CUSTOMS DUTY ETC ORDER CHINA INTERNATIONAL TRADE CORP. BEIJING YOUR CHARGES FOR BENEFICIARY COVER DEBIT US.

SWIFT MT 100 电文：

MT 100 CUSTOMER TRANSFER

Date

051012

sent to

CITIBANK（NEW YORK STATE）BUFFALO，NEW YORK，U. S. A.

：20/ transaction reference number

TT117760/05

：32a / value date，currency code，amount

051012USD800 000. 00

：50/ ordering customer

CHINA INTERNATIONAL TRADE CORP. BEIJING

：57/ account with bank

CATHAY UNITED BANKHONG KONG BRANCH

：59/ beneficiary customer

K14—675—099643

CORPORATION INTERNATIONAL××××

：70/details of payment

REMIT FOR CUSTOMS DUTY ETC

: 71/ details of charges

FOR BENEFICIARY

: 72/ bank of bank information

COVER DEBIT US

（五）电汇的特点

与其他汇付方式相比，电汇具有以下特点：

（1）速度快。电汇是汇付业务中速度最快的付款方式，也是目前使用最广泛的付款方式。

（2）费用高。电汇是汇付业务中费用最高的付款方式。金融市场上的外汇汇率通常是指电汇汇率。

（3）安全可靠。由于电汇业务必须使用密押证实电文内容的真实性，欺诈的可能性较小，因此，电汇是汇付业务中最为安全可靠的付款方式。

（4）银行无法占用资金。由于电汇业务速度快，资金在途时间很短，因此，各有关银行无法占用客户的资金。

三、票汇（Remittance by Banker's Demand Draft，D/D）

（一）票汇的概念

票汇是汇出行依汇款人的申请，由汇出行开立以其国外联行或代理行为付款行的即期汇票（Banker's Demand Draft），指示其将票面金额付给汇票上指定的收款人或由收款人背书转让给持票人的一种汇付方式。其程序是，汇款人填写票汇申请书，交款付费给汇出行，后者开立银行即期汇票交给汇款人，由其自行寄给收款人，收款人在付款地向付款银行提款。

（二）票汇业务流程

在票汇业务中，当汇出行收到付款人的资金后，开立银行即期汇票，该汇票的出票人就是汇出行，其付款人是汇入行，其收款人是该笔资金的债权人。该即期汇票通常可由收款人背书转让给他人，因此，向汇入行要求付款的人可以是汇票上的收款人，也可以是汇票的受让持票人。如果付款人不希望汇票转让流通，则可指示汇出行开立限制性的汇票。票汇业务流程可用图 3-3 表示。

此外，在票汇业务中经常使用中心汇票进行国际结算。所谓“中心汇票”是指，汇票的付款银行是在货币清算中心城市的汇票（Draft on Centre），即汇票付款地点使用的货币与票面货币一致的汇票。如以纽约某银行作为汇票的付款行，且汇票的货币为美元；以伦敦某银行为汇票的付款行，且汇票的货币为英镑，这种汇票称为中心汇票。

中心汇票的出票人为汇出行，付款人为汇出行在货币清算中心城市的联行或代理行，即汇出行在中心城市开立中心账户的银行。若汇票收款人的地址与付款行的地址不同，汇出行将汇款人的交款付费视为购买汇票，使用中心汇票支付给购买汇票的人（汇款人）。购买汇票的人将中心汇票寄交给汇票收款人，由收款人委托当地某银行代收票款，

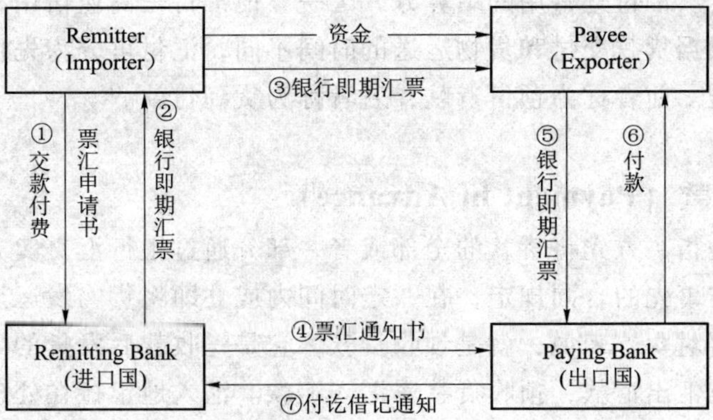

图示说明：
① 进口商向汇出行申请票汇付款，交款付费。
② 汇出行接受票汇，向进口商开立银行即期汇票。
③ 进口商将银行即期汇票寄给出口商，或自行带到出口国。
④ 汇出行向汇入行发出汇票通知书。
⑤ 出口商自行向汇入行提示汇票要求付款。
⑥ 汇入行核对汇票并向出口商付款。
⑦ 汇入行通知汇出行票款付讫。

图 3-3 票汇流程图

也可将该汇票转让给某银行或其他人。

使用中心汇票付款时，汇出行一般不寄票根，也不拨交头寸，只使用其在中心账户的资金解付票款。当中心汇票提交付款行时，它借记汇出行的中心账户予以付款，并将借记报单寄回给汇出行，该笔汇款业务完成。因此，使用中心汇票付款不占用汇出行的资金，但汇出行可利用汇款资金。①

（三）票汇的特点

与其他汇付方式相比，票汇具有以下特点：

（1）取款灵活。汇票的收款人既可自己向银行取款，也可委托其他银行取款，还可将该汇票转让他人。

（2）手续简便。汇入行无须通知收款人取款，减少手续和环节，节省时间和费用。

（3）银行可占用汇款人的资金。因出票、寄送或转让汇票需要一定时间，在此时间内银行可无偿占用客户的资金。

（4）可能发生汇票纠纷。若汇票遗失、毁损、转让等，则有可能产生票据纠纷和麻烦，如挂失、止付等。

第四节 汇付在国际贸易中的应用

在国际贸易中，买卖双方在磋商交易时，必须对交易款项的支付作出明确规定，并

① 苏宗祥，景乃权，张林森. 国际结算. 3版. 北京：中国金融出版社，2004：112.

在合同中加以确定。汇付是常用的结算方式之一。但汇付是商业信用，它取决于买卖双方的信任程度。根据货款交付和货物运送的时间不同，汇付可分为先付款后交货和先交货后付款两种类型。前者称为预付货款，后者称为货到付款。[①]

一、预付货款（Payment in Advance）

预付货款，是指买方先将货款的全部或者一部分通过银行汇交卖方。卖方收到货款后，根据买卖双方事先的合同规定，在一定时间内或立即将货物发运至买方。预付货款是对买方而言，若对卖方来说，就是预收货款，它是先收款后发货的方式。同时，在银行方面预付货款属汇出汇款，预收货款属汇入汇款。汇入地银行在处理这项汇入汇款业务时，先结汇给卖方，然后再由卖方将货物运出，故又称“先结后出”。

预付货款是建立在买卖双方已签订了买卖合同的基础上，买方应按合同规定，通过银行用电、信或票汇方式，将款项部分或全部汇出。同时，在汇款附言栏中说明款项的销售合同号码，如有要求或条件，也应在此处注明。汇入行接到预付货款后应立即通知卖方，并立即解付该汇款。

二、货到付款（Payment after Arrival of the Goods）

货到付款是卖方先发货、买方后付款的结算方式。这种方式实际上是属于赊账交易（Open Account Transaction）或延期付款（Deferred Payment）性质。

货到付款在国际贸易结算中有售定和寄售两种形式。

（一）售定（Goods Sold）

售定的前提是买卖双方成交条件已经谈妥，并已签订了成交合同，此时货价确定，买方付款的时间通常是货到即付款或货到后一定时间再付款。因此，付款的时间也是确定的。买方收到货物后，用汇款方式将货款汇交卖方。这种特定的延期付款方式习惯称为“先出后结”，又因价格事先已确定，又称为售定。

（二）寄售（Consignment）

寄售对于卖方来说，是先将货物运至国外，委托国外商人在当地市场，按照事先规定的条件代为出售，买方要等到货物售出后才将货款汇给卖方。国外商人只是作为卖方在当地的代理人或经纪人，有关价格涨落、售货盈亏等风险均由卖方负责。货物卖完后出口商还须支付一定佣金或手续费给代理商。实务中，一般称委托寄售货物的卖方为委托人，接受寄售的国外代理商为受托人，委托人与受托人之间通常订有寄售货物协议。在此协议中，一般对货物价格高低和定价方法都作了详细的规定。有的销售货物协议或销售合同中，还规定一段时间后（如三个月）货仍未售出，货价降低多少百分点，再过一段时间售不出，货价再降多少。总的来说，寄售方式出口商品，价格是无法事先确定的，这种方式对卖方来说是最差的收款条件。

---

① 张红．国际结算．南京：南京大学出版社，1993：61-67.

案例分析

1. T/T 电汇案

中国某进口公司与中东M公司签订合同进口一批货物，合同约定使用即期信用证付款。同时，出口商要求在即期信用证中加列两天内电索（T/T），中国进口公司对此没有反对。随后进口商按时向出口商M公司开出信用证。此后不久，中国开证银行收到议付银行的索偿电信通知，立即向M公司电汇了该批货款。当开证银行收到议付单据后，发现多处不符点，银行立即征求进口公司意见，该公司也认为不符点成立。于是开证银行向议付银行追索货款，同时进口商也向M公司提出质疑。但议付银行与M公司均不予答复。在卸货时，进口公司又发现货物包装严重破损，且重量还有短量现象。于是，进口公司又向M公司提出索赔，M公司仍然不予答复。

试分析中国进口公司在交易中有何失误。

（提示：进口时尽可能不使用即期信用证，应争取采用承兑信用证或凭单付款，以保证有时间检验货物质量；即使使用即期信用证，一般不能接受电索条款，因为开证银行和进口商没有时间审核单据，付款后发现不符点再追索非常麻烦；T/T仅是电汇，不是电索。）

2. 部分 T/T 部分信用证结汇案

国外某进口商欲进口中国一批货物，双方对合同数量、价格、品质、规格等均已谈妥，当谈到货款支付方式时，进口商提出T/T支付50%的货款，另50%的货款使用信用证结算，以节省开证保证金。同时进口商要求收到正本提单传真5天内，先使用T/T支付50%的货款。

试分析出口商应采取何种方式避免货款两空的损失。

（提示：出口商应请进口商通过同一银行电汇出款项（50%）并开出信用证，信用证中加列下列条款：Please release this set of documents to the applicant only upon the whole invoice value has already been paid (including 50% of invoice value, i. e., USD ×××× has been prepaid to the beneficiary according to the contract No. ×××× by T/T)。出口商还应在信用证中要求进口商电汇货款后，立即将付款凭证、银行扣款证明或银行的记账凭证传真给出口商；出口商确认进口商已汇出50%的货款后，再到银行交单议付。）

3. 进口 T/T 融资与远期结售汇产品组合案①

2006年，中国F银行与中国进口商I公司正式开始业务合作。I公司的贸易特点是处于贸易链的中间环节，上下游客户相对固定，回款有保证。企业间的结算方式为T/T结算，回款期及付款均为60天。

2007年，随着该公司订单的减少，其融资需求也越来越少。F银行进行了认真的调研和分析，综合企业的经营状况以及市场动态，适时向企业推出了进口贸易融资与远期结售汇的产品组合，为企业降低了财务成本。该组合产品的流程为：（1）企业采购原材料阶段，在取得进口报关等单据后，向F银行申请进口T/T融资。（2）企业将自有

① 原擒龙．国际结算与贸易融资案例分析．北京：中国金融出版社，2010：212-213.

人民币存款通过开户银行开立单位定期存单，作为进口 T/T 融资的质押物。签订进口 T/T 融资协议、担保合同（人民币存单质押），签订远期购汇协议。(3) 发放融资，贷款到期后，F 银行解付存单办理远期售汇交割偿还进口 T/T 融资。

自 2007 年 8 月以来，该方案为该企业大大降低了财务成本，进一步巩固了 F 银行在 I 公司业务合作中的地位。在融资组合的带动下，F 银行 2007 年和 2008 年国际结算量、贸易融资量、结售汇业务量、中间业务收入及人民币存款等各项业务得到了较快发展。

试分析该案例的成功之处。

（提示：对银行而言，客户就是资源，需要及时掌握企业的经营状况及市场环境的变动，为企业提供合适的产品和服务，才能促进双方合作，达到银企双赢。该产品的推出是 F 银行在结算、贸易融资、结售汇、中间业务收入及人民币存款综合领域中一次成功的应用，是 F 银行强调银企合作双赢思想的体现。在企业自有资金充足及人民币预期升值的背景下，推出该融资组合产品，可为企业带来较好的收益。）

4. 进口 T/T 融资与远期售汇组合案[①]

A 公司为专业从事对外经济技术合作与国内外贸易的综合性企业集团。A 公司 2008 年的业务重点主要在进口方面，付汇方式主要采用 T/T 货到付款。

2008 年年初，人民币升值趋势明朗，I 银行了解到 A 公司对当前的汇率走势比较担心，欲通过银行的相关业务产品，达到规避汇率风险、节约财务成本的目的。于是，I 银行向 A 公司推荐了进口 T/T 融资与远期售汇组合的理财产品，办理流程如下：

(1) 到货后，A 公司将相关凭证及全套商业单据提交 I 银行，供其审核业务的真实性及合规性；

(2) A 公司将预备购汇的人民币以定期存单方式存入 I 银行用于质押，人民币存单质押率 100%，人民币存单本息合计除以远期购汇汇率等于 I 银行外币融资本息；

(3) I 银行同时为 A 公司办理一笔与融资本息金额、期限相匹配的远期购汇交易；

(4) I 银行为 A 公司办理进口 T/T 融资后即期对外支付；

(5) 融资定期，I 银行以人民币定期存单派生的本息办理远期购汇交割后归还融资本息。

试分析该案例的成功之处。

（提示：在该案例中，I 银行抓住时机，在汇率走势比较明朗、人民币加速升值且升值预期不断加强的市场前景下，积极推广贸易融资与资金业务相结合的理财产品，有效地帮助进口企业降低了财务成本，规避了汇率风险，同时为 I 银行带来了可观收益。

A 公司通过办理此项理财产品，一是节约了购汇成本，二是提前锁定了购付汇成本，锁定了收益，三是该组合产品项下的贸易融资属于 I 银行低风险融资业务，不会占用企业授信额度。

I 银行通过为客户量身定制金融服务方案，一方面满足了客户日益增长的金融服务需求，另一方面也获得了可观的业务收益，最终形成了与客户共赢的合作关系。）

---

① 原擒龙．国际结算与贸易融资案例分析．北京：中国金融出版社，2010：214-215.

第四章 托　收

托收是国际结算中最为重要的方式之一。本章主要依据托收国际惯例介绍和分析托收的业务程序及其使用，以及防范其风险的措施等。

第一节　托收概述

一、托收的概念与性质

国际商会《托收统一规则》（URC522）第 2 条规定：托收是指由接受托收指示的银行依据所收到的指示，处理金融单据和/或商业单据以便取得付款或承兑，或凭付款或承兑交出商业单据或凭其他条款或条件交出单据。

上述托收定义所涉及的单据，包括金融单据和商业单据。金融单据通常包括汇票、支票、本票、付款收据或其他用于取得付款的类似票据；商业单据通常包括发票、运输单据、权利凭证或其他类似单据，或非金融单据的其他任何单据。“凭其他条款或条件”一般是指凭信托收据或承诺付款书等。

在托收中，票据或单据的流动方向与资金的流动方向正好相反，故称之为逆汇法。

根据国际商会的上述定义，托收（Collection）的概念可概括为：托收是银行（托收银行）依据委托人（债权人）的指示，通过该行在付款人（债务人）所在地的联行或代理银行（代收行）向付款人取得付款和/或承兑，或在取得付款和/或承兑或其他条款、条件之后，向付款人交出单据的一种结算方式。

托收是建立在商业信用（Commercial Credit）基础上的一种结算方式。尽管银行参与结算，但银行不提供信用，即委托人最终是否能取得付款或承兑，依赖于付款人的信用，银行仅提供服务而不承担责任，只要其本身没有过失。

二、托收的当事人

在托收业务中，主要涉及四个当事人，即委托人、托收银行、代收银行和付款人。

（一）委托人（Principal）

在托收中，委托人通常是指委托银行（托收行）办理取得付款和/或承兑的一方。他可以是光票托收中的债权人，也可以是跟单托收中的出口商（卖方）。若有汇票，他往往也是该汇票的收款人。

委托人在委托银行办理托收时，应填制由银行提供的“托收指示书”，以及向该银行提交相关的金融单据或商业单据，并交付有关的托收费用。

（二）托收行（Remitting Bank）

托收行是指接受委托人的委托办理托收的银行。一旦接受委托，托收行负责将有关单据寄送代收行，因而托收行又称寄单行。该银行通常为债权人所在地银行。若有汇票，托收行可以是该汇票的收款人或被背书人。

（三）代收银行（Collection Bank）

代收银行是指接受托收行的委托，依照托收行指示，向付款人取得付款和/或承兑，或在此之后向付款人交单的银行，它包括除托收行之外的参与办理托收的任何银行。该银行一般为托收行在付款人所在地的联行或代理行。若有汇票，该银行可以为该汇票的被背书人或收款人。

（四）付款人（Drawee or Payer）

付款人是指依照托收指示，由代收银行向其提示单据并要求其付款的人。若有汇票，该付款人为汇票的受票人，应立即支付汇票金额（即期汇票），或应承兑汇票（远期汇票），并于到期日付款。在跟单托收中，付款人一般为进口商（买方）。

此外，在托收中有时还涉及提示行。提示行（Presenting Bank）是指，向付款人提示汇票和/或其他单据的银行，一般又称之为交单行。代收行可以选择另一家银行为提示行，此时，代收行与提示行分别为两家银行。这种情况一般发生在代收行与付款人没有往来关系，但与付款人的往来银行却有账户往来时，为了方便其往来银行向付款人融资，并如期取得付款、承兑、交单，代收行主动或依付款人的请求，委托与代收行有账户关系的付款人的往来银行充任提示行。但在大多数情况下，由代收行兼任提示行。

三、托收指示（Collection Instruction）

托收指示是由托收行依据委托人的申请书而制作的寄送单据的面函（Collection Instruction; Covering Letter）。代收行按其指示办理代收业务。

依照 URC522 第 4 条的规定，所有托收单据必须附有托收指示书，且表明该托收适用 URC522，并给出完整明确的指示。银行只被允许根据托收指示书中的指示及 URC522 行事；代收行没有义务在其他地方寻找指示，也没有义务通过审核单据获得指示；除非托收指示书中另有授权，否则代收行对任何第三方的指示将不予理会。

（一）托收指示的格式

每一银行通常都有自己的格式化托收指示，其形式和内容大致相同。现将常见的银行托收指示列举如下。[1]

① 苏宗祥，景乃权，张森林．国际结算．3版．北京：中国金融出版社，2004：123.

×× BANK
COLLECTION INSTRUCTION

TO:	ORIGINAL

Date ________________

Dear Sirs, Our Ref No. __________

We send you herewith the under-mentioned item (s) /documents for collection.

Drawer:					Draft No.: Date:		Due Date/Tenor	
Drawee (s):					Amount:			
Goods:	From			To				
By Par				On	Ins.			
Documents	Draft	Invoice	B/L	Policy/ Cert.	W/M	C/O		
1st								
2nd								

Please follow instructions marked "×":

☐ Deliver documents against Payment/acceptance.

☐ Remit the proceeds by airmail/cable.

☐ Airmail/cable advice of payment/acceptance.

☐ Collect charges outside __________ from drawer/drawee.

☐ Collect interest for delay in payment __________ days after sight at __________% P. A.

☐ Airmail/cable advice of non-payment/non-acceptance with reasons.

☐ Protest for non-payment/non-acceptance.

☐ Protest waived.

☐ When accepted, please advise us giving due date.

☐ When collected, please credit our account with __________.

☐ Please collect and remit Proceeds to __________ Bank for credit of our account with them under their advice to us.

☐ Please collect proceeds and authorize us by airmail/cable to debit your account with us.

Special Instructions

This collection is subject to

Uniform Rules for Collections

(1995 Revision) ICC Publication No. 522

For ×× Bank of China

____

Authorized Signature (s)

（二）托收指示的内容

URC522 第 4 条建议，托收指示应包括以下内容：

（1）交办托收的银行的详细资料，包括完整的名称、邮政地址和 SWIFT 地址、电传、电话、传真号码和业务参考号；

（2）委托人的详细资料，包括完整的名称、邮政地址，电传、电话和传真号码；

（3）付款人的详细资料，包括完整的名称、邮政地址或者提示的地点，电传、电话和传真号码；

（4）若有提示行，提示行的详细资料，包括完整的名称、邮政地址，电传、电话和传真号码；

（5）托收的金额和币种；

（6）所附单据清单以及每种单据的份数；

（7）付款和/或承兑的条款或条件；单据的交付条件：付款和/或承兑；其他条款和条件；

（发出托收指示的一方有责任确保单据的交付条件表述清楚、明确，否则银行对由此产生的任何后果不负责任）

（8）待收取的手续费，并表明是否可以放弃；

（9）待收取的利息（若有），并表明是否可以放弃，包括利率、计息期、计息基础（如一年是360天还是365天）；

（10）付款的方法和付款通知的形式；

（11）对于在不付款、不承兑和/或不遵从其他指示时，如何处理的指示。

依照URC522的规定，如果委托人、托收行没有提供所需的资料，则代收行对延迟或不符之处不承担责任；代收行对缺少资料应发出通知，在收到完整资料前，代收行没有义务采取行动办理托收。

（三）托收指示中的收款指示

托收指示除了上述内容外，还应包括收款指示，即托收行指示代收行如何收取和传递托收款项。依据托收行与代收行之间开立账户的情况，收款指示通常有以下几种：①

（1）托收行在代收行开立账户的收款指示。若托收行在代收行开立了账户，则托收行应在出口托收指示中表明："收妥款项，请贷记我方在你行的账户，并以电报或航邮通知我行"。（When collected please credit our account with you under your cable/airmail advice to us.）当代收行将收妥的款项贷记托收行账户后，应向托收行发出贷记报单，托收行接到贷记报单，获悉款项已收妥，则将其贷记委托人账户，该笔托收业务结束。

（2）代收行在托收行开立账户的收款指示。若代收行在托收行开立了账户，则托收行应在出口托收指示中表明："请代收款项，并以电报或航邮授权我行借记你方在我行的账户。"（Please collect the proceeds and authorized us by cable/airmail to debit your account with us.）当代收行收妥款项后，向托收行发出"支付授权书"（Payment Order），授权其借记自己的账户。托收行接到支付授权书后，将该款项借记代收行账户，取出款项，将其贷记委托人账户，该笔托收业务结束。

（3）托收行与代收行之间没有开立账户，但托收行在国外第三家银行开立了账户的收款指示。若托收行与代收行之间没有账户关系，但托收行在国外第三家银行开立了

---

① 苏宗祥，景乃权，张林森．国际结算．3版．北京：中国金融出版社，2004：134.

账户，则托收行应在出口托收指示中表明：“请代收款项，并将其汇至××银行贷记我行在该行的账户，并请该行以电报或航邮通知我行。”（Please collect and remit the proceeds to ×× Bank for credit of our account with them under their cable/airmail advice to us.）当代收行收妥款项，并将其汇至该××银行贷记托收行，托收行获悉款项已收妥，则将其贷记委托人账户，该笔托收业务结束。

四、跟单托收的汇票

在跟单托收中，若开立托收汇票（Collection Bill/Draft），则该汇票的出票人通常为出口商，付款人通常为进口商，而收款人可以是出口商、托收行或代收行。汇票收款人不同，其背书转让的做法也有所不同。现将跟单托收项下，汇票的不同收款人的背书转让做法作以下介绍。[①]

（一）出口商（委托人）是汇票的收款人

出口商开立以自己为收款人（Payee）、进口商为付款人的汇票，当其向托收行提交单据时，应将该汇票做成空白背书，此时，出口商为第一背书人和持票人，托收行寄单给代收行时，再将该汇票做成记名背书，且限定代收行为被背书人。

（二）托收行是汇票的收款人

出口商开立以托收行为收款人（Payee），进口商为付款人的汇票，将其提交给托收行，当托收行接到该汇票时，将其做成记名背书，此时，托收行为第一背书人和持票人，且指定代收行为被背书人。

（三）代收行是汇票的收款人

出口商开立以代收行为收款人（Payee）、进口商为付款人的汇票，并将其提交给托收行，托收行再将其寄送给代收行。此时，委托人（出口商）和托收行均无权背书，只有代收行成为该汇票的持票人（收款人）。

第二节 托收的种类及业务程序

托收按其是否附带商业单据分为光票托收和跟单托收。

一、光票托收的概念

光票托收（Clean Bill for Collection）是指仅开立汇票而不附带商业单据（或货运单据）的托收。光票托收并非不附带任何单据，若一张汇票仅附带一些非货运单据，如垫款清单等，这种托收仍视为光票托收。

光票托收的适用范围较广，它主要适用于非贸易的结算，如赠款、知识产权使用费及其他债权债务关系的结算等；它也可适用于贸易结算，如小额贸易货款、贸易项下的保险费、运费、赔偿金、佣金等从属费用。

---

① 苏宗祥，景乃权，张林森．国际结算．3版．北京：中国金融出版社，2004：124-125.

二、光票托收的业务程序

在光票托收中，汇票的出票人既可以是债务人，也可以是债权人。这两种情况下的业务程序有一定的差别。

（一）债务人开立汇票的光票托收

债务人开立汇票的光票托收业务，其程序见图 4-1。

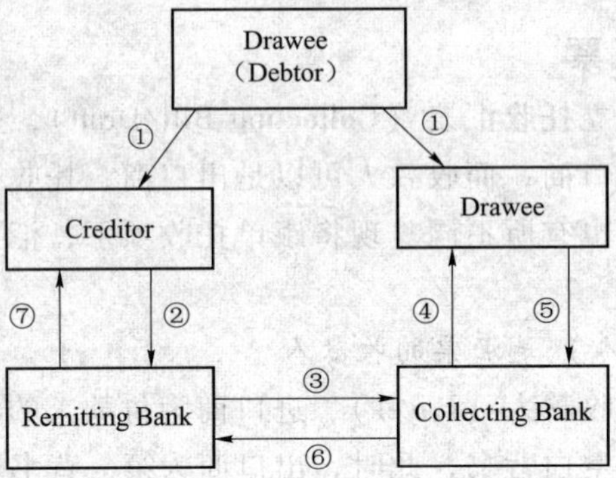

图示说明：

① 出票人（债务人）签发以受益人（债权人）为收款人的汇票，同时向付款人（银行）拨交头寸。

② 受益人填写托收申请书并提交光票（汇票）委托托收行取款或取得承兑。

③ 托收行依据托收申请书制作托收指示书并将光票交代收行，委托其收款或取得承兑。

④ 代收行向付款人（银行）提示光票。

⑤ 付款人付款或承兑汇票，或拒付。

⑥ 代收行向托收行发出贷记通知书或退票。

⑦ 托收行向委托人付款或退票。

图 4-1 债务人开立汇票的光票托收流程

（二）债权人开立汇票的光票托收

债权人开立汇票的光票托收业务，其程序见图 4-2。

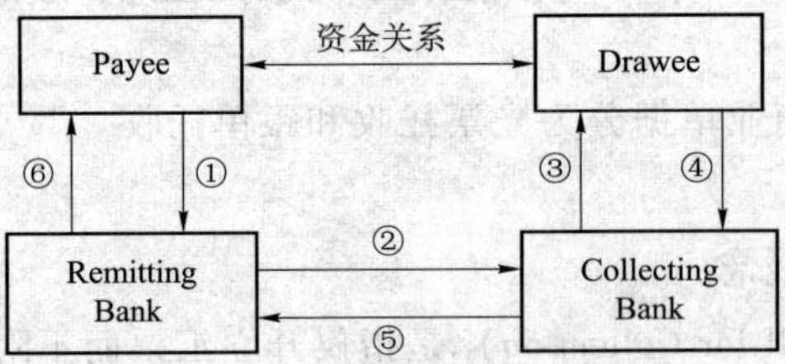

图示说明：

① 债权人开立以自己为收款人、债务人为付款人的汇票，填写托收申请书并提交汇票，委托其当地的一家银行（托收行）办理光票托收。

② 托收行根据托收申请书制作托收指示书，委托代收行收款或取得承兑。

③ 代收行接受托收行的委托，并依托收指示向付款人提示光票。

④ 付款人付款或承兑汇票或拒付。

⑤ 代收行向托收行发出贷记通知或退票。

⑥ 托收行向委托人付款或退票。

图 4-2 债权人开立汇票的光票托收流程

(三) 光票托收的优缺点

光票托收的优点是，手续简便，费用低廉。由于光票通常不涉及货运单据，即银行没有审单的程序，仅仅涉及汇票本身的业务，与跟单托收相比，其程序和手续比较简单。另外，由于光票托收的金额多为小额金额，银行一般集中办理，成本较低，因而银行收取的费用也较低。

光票托收也存在一定缺点和风险，表现为以下几方面：① 收汇速度慢。与电汇业务相比，光票托收需要将汇票寄送国外代收行，这需要一定时间。如果托收行与代收行无法直接办理业务则需要中间银行参与，其所花费的时间更长。因此，一笔光票托收业务有时需要 30～40 天的时间。② 存在拒付风险。由于托收本身就是商业信用，收款人是否能收回款项或取得承兑完全依赖于付款人的商业信用。与跟单托收相比，光票托收中没有付款的抵押（如海运提单），若付款人拒付，收款人通常无法制约付款人。③ 银行对收妥款项具有追索权。在光票托收中，其金融单据（如汇票）的操作必须遵守相关票据法的有关规定。但各国票据法的相关规定差异较大，这给结算业务带来极大的不确定性。然而，国际惯例和各国票据法均规定，正当的持票人对票据具有追索权。在光票托收中，银行在接受托收的申请时，通常规定即使已收妥的款项若被追索时，代收行、托收行均可向收款人再行使追索权。因此，光票托收的收款人面临被追索的风险。

三、跟单托收的概念

跟单托收（Documentary Bill for Collection）是指，开立或不开立汇票，但附有货运单据（商业单据）的托收。因此，跟单托收分为金融票据附带商业单据的托收和商业单据不附带金融票据的托收。

金融票据附带商业单据的托收，一般都是商业汇票后面随附发票、提单、装箱单、品质证书，需要时还有保险单和其他单据。这种跟单托收是凭汇票付款，也就是托收的标的是汇票，其他单据是汇票附件，起支持汇票的作用。托收是由付款人根据汇票上指定的收款人或经其背书转让的持票人，即期或远期或板期支付汇票上所列的货币与金额。因此，这类托收的对象就是收取汇票的票款，在托收业务中是最常见的。

商业单据不附带金融票据的托收，与上述托收的标的是汇票相比较，失去了无条件支付命令这一重要票据。这类托收主要是有些国家对汇票必须贴有按税法规定的印花税才能有效引起的。为了减免（或避免）印花税，在跨国分支机构、联号或往来多年彼此信任的客户间，不需要利用汇票作为流通工具，或都是即期付款，不必利用汇票进行远期承兑，而形成了只有商业单据不附带金融票据的托收。这种托收通常按照商业发票的金额付款，托收也就收妥。

跟单托收而又要求分批付款、分批提货时，则比较复杂。根据 URC522 第 19 条第 2 款规定，关于跟单托收、分批付款，仅在托收指示书中有特别授权的情况下，才可接受。除了另有指示外，提示行仅在全部付款已经收到时，才能把单据交给付款人。

四、跟单托收的种类及业务程序

跟单托收主要适用于国际贸易项下的货款结算。通常情况下，卖方依据贸易合同，先行发货，然后委托银行办理货款的收付。跟单托收的业务程序，见图 4-3。

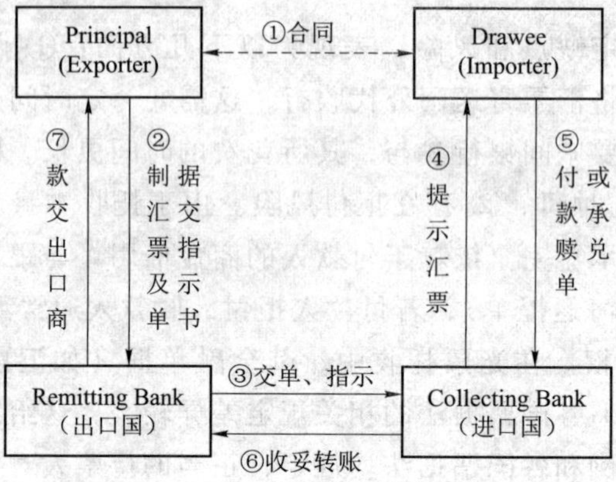

图示说明：

① 合同规定采用托收方式。

② 委托人（出口商）按期装运，制作汇票及有关单据，填写托收指示书送交托收银行。

③ 托收行接受委托后，将有关单据寄交代收行，并说明指示书中的各种指示（如 D/P、D/A 等）

④ 代收行根据指示向进口商提示汇票。

⑤ 若为 D/P 即期，进口商付款赎单；若为 D/P 远期，先办承兑，到期付款赎单；若为 D/A，承兑取单，到期付款。

⑥ 代收行收款后，通知托收行，收妥转账。

⑦ 托收行将货款交出口商（委托人）。

图 4-3　跟单托收流程

跟单托收根据付款人取得货运单据的方法及时间不同，分为付款交单和承兑交单两种方式。

（一）付款交单（Documents against Payment，D/P）

付款交单是指，出口商（或代收银行）以进口商付款为条件交单，即被委托的代收银行必须在进口商付清货款之后，才能将货运单据交给进口商。

付款交单又可分为即期付款交单和远期付款交单两种类型。

1. 即期付款交单（D/P at Sight）

即期付款交单是指，由出口商开立或不开立即期汇票，将货运单据及/或汇票通过托收行寄到进口地代收行，代收行提示给进口商，进口商审核有关单据无误后，立即付款赎单，货款和物权单据两清。付款交单主要是指这种即期付款交单。

即期付款交单的业务程序，见图 4-4。

即期付款交单的付款条件下，进口商应在单据提示时立即付款，凭付款取得单据。但在实务中，有些付款人为了将风险减小到最低限度，往往坚持在货物到达后才予以付款。有些非洲国家甚至以法令规定，即期 D/P 一律要等货物到达后才可以付款。

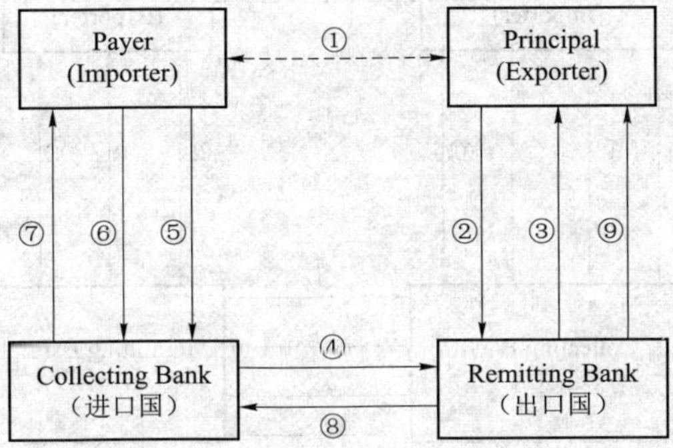

图示说明：

① 买卖双方订立合同，规定采用即期付款交单方式结算货款。

② 出口商交货后缮制托收申请书或开立即期汇票，连同货运单据交托收行。

③ 托收行审核申请书和单据无误后，开出回单给出口商。

④ 托收行按申请书的要求，缮制托收指示书，连同全套单据寄交代收行。

⑤ 代收行向进口商提示单据或汇票。

⑥ 进口商验单无误后付清货款。

⑦ 代收行将全套单据交给进口商。

⑧ 代收行通知托收行，款已收妥并贷记银行账户。

⑨ 托收行将货款付给出口商。

图 4-4 即期付款交单流程

2. 远期付款交单（D/P after Sight）

远期付款交单是在远期付款交易下，出口商开立远期汇票，将其与随附的货运单据通过托收行寄到进口地代收行。代收行提示给进口商见票，进口商见票并审单无误后，立即承兑汇票，于汇票到期时付款后赎单。

远期付款交单的业务程序见图 4-5。

采用远期付款交单的方式，目的在于给进口商一段时间以准备或筹备资金。在到期付款前，单据仍由代收行掌握，以维护出口商权益。但如果远期付款的期限较长，而有关货物运抵目的地时间相对较短，若坚持到期日付款赎单，则影响进口商提货，进口商多不愿意接受。在这种情况下，进口商可以提前付款赎单，代收行可以交单。另外，进口商还可以向代收行申请，经代收行征得托收行同意后开立一张信托收据（Trust Receipt，T/R），凭此信托收据向代收行借出单据，提取货物。待货物出售取得货款后，再付款给代收行，换回信托收据。

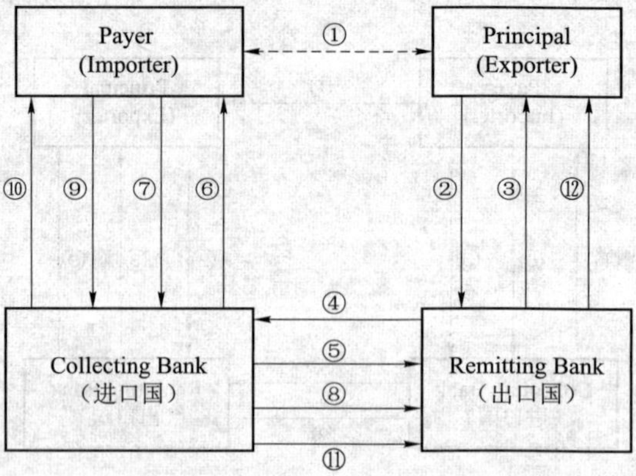

图示说明：

① 买卖双方订立合同，规定采用远期付款交单方式结算货款。

② 出口商交货后，缮制托收申请书、远期汇票，连同货运单据交托收行。

③ 托收行审核申请书及单据无误后，开立回单给出口商。

④ 托收行按申请书的要求缮制托收指示书，连同全套单据寄交代收行。

⑤ 代收行向托收行寄发收到单据的回单。

⑥ 代收行向进口商提示汇票和单据。

⑦ 进口商承兑汇票，代收行保留汇票和全部单据。

⑧ 代收行向托收行签发承兑通知书。

⑨ 汇票到期，进口商向代收行付清货款。

⑩ 代收行将全套货运单据提交进口商。

⑪ 代收行通知托收行货款已收妥，并贷记托收行账户。

⑫ 托收行将货款付给出口商。

图 4-5　远期付款交单流程

附：信托收据格式

TRUST RECEIPT

TO：________________

Received from the Said Bank a full set of shipping documents evidencing the merchandise having an invoice value of ____________ say ____________ as follows：

MARKS AND NUMBERS	QUANTITY	DESCRIPTION OF MERCHANDISE	STEAMER

and in consideration of such delivery in trust, the undersigned hereby undertakes to land, pay customs duty and/or other charges or expenses, store, hold and sell and deliver to purchasers the merchandise specified herein, and to receive the proceeds as Trustee for the said Bank, and the undersigned promises and agrees not to sell the said merchandise or any part thereof on credit, but only for cash and for a total amount not less than the invoice value specified above unless otherwise authorized by the said Bank in writing.

The undersigned also undertakes to ....

The undersigned further acknowledges assents and agrees that in the event the while or any part of the merchandise specified herein is sold or delivered to a purchaser or purchasers any proceeds derived or to be derived from such sale or delivery shall be considered the property of the said Bank and the undersigned hereby grants to the said Bank full authority to collect such proceeds directly from the purchaser or purchasers without reference to the undersigned.

The guarantor, as another undersigned, guarantees to the Said Bank the faith and proper fulfillment of the terms and conditions of this Trust Receipt.

Guaranteed by: ________________ Signed: ____________

这类托收对委托人而言，尽管既能保障物权转移必须在收妥款项时进行，不至于款、货落空，又能给付款人一定时间以筹措资金，不失为可供选择的一个方法，但在实务中有两方面问题较难解决。

一方面，对付款人而言，不如 D/P 或 D/A 那样权利与义务可立即平衡，即付款人要么支付货款，要么承兑汇票，都能取得单据，只等货到目的港，即可提货。而远期付款交单，付款人审单后作出了付款承诺，但又没有取得单据的权利。若付款人要提前取得单据，特别是货已到目的港而远期尚未到期，除非也提前付款，或者商请代收行用信托收据办法借出提单。能否借出单据还得由代收行视付款人资信情况而定。因此，付款人通常不接受这类托收，往往要求把交单方式改为 D/A。

另一方面，对代收行而言，它既要取得付款人的付款承诺，又要在远期汇票到期前保管好单据，徒增手续与责任。若付款人要求提供信托收据而借出单据，嗣后远期汇票到期若收不到托收款，有款货两空的风险。因此，代收行对这类托收认为是委托人把一切责任推给代收行，也不愿意接受。在实务中常要求改为 D/A，甚至有个别的代收行表示，若不改成 D/A 就将单据连同指示书一并退回托收行。

鉴于上述情况，URC522 在其第 7 条第 1 款规定："指示商业单据在付款时交付的托收不应包括远期汇票。"同时，该条第 3 款又规定："如果托收包括远期汇票，托收指示声明商业单据凭付款交付，则单据只能在获得付款时交付，代收行对单据交付的迟延所引起的任何后果不承担责任。"由此可以看出，国际商会 URC522 不鼓励使用远期 D/P。

但是，如果买卖双方同意使用远期 D/P 作为货款的结算方式，最好的方法是，远期汇票的付款期限与货物运输的时间基本相当，即货物运输的时间大致与汇票的付款时间吻合，避免出现货物已到达目的地而汇票的付款时间还未到期的情况。例如，中国海运出口货物到美洲国家，其运输时间大约为一个月，若使用远期 D/P 结汇，则汇票的付款时间也应设定为一个月或更短一点，如 Documents against payment at 30 days after sight（见票后 30 天付款交单）。

（二）承兑交单（Documents against Acceptance，D/A）

承兑交单是指，委托人（如出口商）指示托收行、代收行在付款人（如进口商）接受单据时，由付款人先办理汇票承兑手续，之后由代收行向付款人交出单据，待远期汇票到期日付款人再支付货款。承兑交单业务程序见图 4-6。

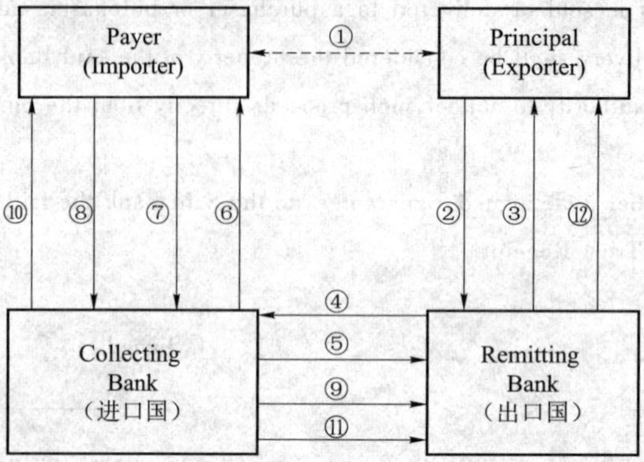

图示说明：

① 买卖双方订立合同，规定采用承兑交单方式结算货款。

② 出口商交货后，缮制托收申请书、远期汇票，连同货运单据提交给托收行。

③ 托收行审核申请书与单据无误后，开立回单给出口商。

④ 托收行按申请书的要求，缮制托收指示书，连同全套单据寄交代收行。

⑤ 代收行向托收行寄发收到单据的回单。

⑥ 代收行向进口商提示汇票和单据，办理汇票承兑手续。

⑦ 进口商承兑汇票，代收行收回并保留汇票。

⑧ 代收行将货运单据交给进口商。

⑨ 代收行向托收行签发承兑通知书。

⑩ 汇票到期，代收行向进口商收款，进口商付款。

⑪ 代收行通知托收行款已收妥，并贷记托收行账户。

⑫ 托收行将货款交付给出口商。

图 4-6　承兑交单流程

进口商以承兑为条件取得单据，只需对远期汇票进行承兑，不需付清货款，即可从代收行取得货运单据。承兑的具体手续是付款人（进口商）在代收行提示汇票要求承兑时，在汇票上签署“承兑”字样，注明承兑日期或加上到期日期，然后取得货运单据，即可提取货物。承兑交单对进口商很有利，因为其承兑后即可取单提货。若货物销售顺利，至汇票到期日应付款时，货物已经售出，往往可以不必自备资金，对进口商加速资金周转有利。

在业务中，常见的承兑汇票的时间有两种，一是 Documents against Acceptance at ×× Days after Sight（见票后××天承兑交单）。这种情况下，汇票的到期日（付款时间）由付款人见票后确定，而付款人何时见票，收款人难以控制。二是 Documents against Acceptance at ×× Days after Bill of Lading Date（提单日后××天承兑交单）。这种情况下，汇票的到期日由于是从提单日起算的，收款人在发货取得提单后即可确定付款人的付款日期。此外，托收指示中也表明了汇票的到期日。

承兑交单对出口商而言，风险较大。因为在承兑交单时，尽管进口商对汇票金额承诺一定时期后支付，但毕竟没有付款。对于出口商来说，一旦交出货运单据，他就不再能以物权——货物运输单据来约束进口商付款，若进口商到期拒付，则货、款可能两空。从理论上讲，出口商可凭付款人承兑的远期汇票依法起诉，但是在已承兑的汇票到期被拒付的情况下，往往是付款人实际上已无力偿付，打官司亦收效甚微。另外也有一些资信不好的进口商存在诈骗行为。若遇上这样的进口商，其承兑后将货物取走，而到期却拒不付款。尽管出口商可以对其起诉，但打官司的手续麻烦，费用也大。即使胜诉，这种进口商也不一定有能力赔偿全部货款和诉讼费用。因此，对于资信不好或不甚了解的进口商不宜采用 D/A 方式。

五、其他种类的跟单托收

除了上述 D/P 和 D/A 之外，在国际结算中，有时还可以见到以下几种跟单托收。[①]

（一）直接托收（Direct Collection）

直接托收是指，委托人（出口商）发货后，使用其账户银行（托收行）的托收指示空白格式，自己填写内容，连同商业单据直接寄送付款人（进口商）的账户行（代收行），要求其代为收取货款。同时，出口商将已填妥的托收指示副本送交其账户行，请其将该笔托收视同该银行托收。

国际商会《托收统一规则评注》（ICC550）指出：上述情况下，托收格式是银行格式，而且必须表明：本托收适用 URC522；代收行将该笔托收视同来自托收行一样处理。

必须注意的是，URC522 所规定的托收是由银行来办理的托收，而直接托收是由委托人不经托收行而是自己将单据直接寄交代收行办理的托收。URC522 并不包括不经银行办理的托收业务，因此，URC522 并不适用于直接托收。

虽然直接托收的效率较快，但由于没有托收行的参与，完全由委托人自己处理托收业务，缺少银行的有利支持，因而极易产生货款两空。因此，作为收款人，委托人不应轻易地使用这种托收。

（二）部分即期 D/P，部分 D/A 托收（Partial D/P at Sight，Partial D/A）

如果买卖合同规定货物分批（期）装运，可将部分货款采用即期 D/P 托收，部分货款采用 D/A 托收。这样，出口商可降低全部货款都采用 D/A 托收的风险。

（三）凭本票交单托收（Documents against Promissory Note）

买卖双方有时约定由进口商开立本票，进口商凭提交本票取得货运单据。代收行只有在收到进口商开立的本票后，才可以将货运单据交给进口商。为了减少风险，出口商最好要求进口商提供银行本票。

（四）凭付款承诺书交单托收（Documents against Guarantee of Payment）

有时进口商提出使用付款承诺书替代汇票或本票，以此换取货运单据。付款承诺通常为进口商承诺未来一定期限后付款。作为收款人，出口商不应轻易接受这种承诺书，因为付款承诺书是一种商业信用，完全是进口商的自我担保；而且这种承诺书通常不属于金融票据，一般不受票据法约束，一旦进口商拒付，出口商难以援引票据法辩护，因

---

① 苏宗祥，景乃权，张林森．国际结算．3 版．北京：中国金融出版社，2004：130-131.

此，这种托收的风险较大。

（五）凭银行保函交单托收（Documents against Bank's Guarantee）

为了减少出口商的收款风险，有时出口商要求进口商提供银行保函换取货运单据，未来一定期限后，进口商向出口商支付货款。这种托收比付款承诺书的风险较小，出口商可适当考虑接受。

第三节 跟单托收当事人的责任与义务

在跟单托收中，各当事人有不同的责任和义务，了解这些责任和义务对正确处理托收业务具有特别重要的意义。

一、委托人（出口商）对付款人（进口商）的责任与义务

签约发货是跟单托收的基础。签约后，委托人（出口商）的责任是履行与进口商签订的贸易合同。委托人的责任有两点：一是必须按照贸易合同保质、保量且在规定时间发运货物；二是必须提供与合同要求相符的单据，包括单据在数量及种类上与合同要求相符，单据在内容上与合同规定相符。

出口商在合同规定的装运期内发货后，成为交易的债权人，他应从承运人那里取得运输单据，并按合同规定制作其他单据。

二、委托人（出口商）对托收行的责任与义务

委托人与托收银行的关系是委托代理关系。委托人在这一程序中的责任是，在托收指示书上详细载明自己的要求，即写明委托的内容以及双方的责任范围。

托收银行接受委托人的指示书后，即构成了委托人和托收银行之间的合同关系，若发生争议，以托收指示为依据。

托收指示书主要内容包括：

1. 交单方式

交单方式有即期付款交单（D/P at sight）、承兑交单（D/A at... days after sight）和远期付款交单（D/P at... days after sight）。交单方式对出口商能否顺利将货款收回有很大影响，所以应慎重选择。

2. 货款收妥后的汇付方式

代收行收妥款项后往往以汇付方式将货款汇入托收行。因此，若委托人希望尽早结汇，必须在汇款指示书中明确指示以电报划款及以电报通知。以 T/T 形式汇付，委托人要自付电报费或电传费。

3. 远期 D/P 是否委托国外代收行代为存仓保险

远期 D/P，往往会出现货已到达目的港，而付款交单日期仍未到，进口商未能提货的情况。若远期 D/P 的期限较长，委托人可以考虑委托国外代收行在货到后，代为存仓、保险。委托人应在托收指示书中列明对这一问题的指示。

4. 银行费用的处理

托收指示书上应表明进口地的银行费用是否向付款人收取，可否放弃。一般情况下，进口商与出口商各自负担本国银行的费用。但也有的付款人不愿支付，这种情况下代收行只有将自己应收的银行费用从应汇给出口商的货款中扣除，这就等于一切银行费用由出口商支付。根据银行惯例，只有在指示书中特别规定须由进口商负担的费用不得放弃时，代收行才非要进口商支付这些费用不可。但是，银行对因此产生的付款延期或额外开支不负责任。

5. 若付款人拒绝付款或承兑，是否要做成拒绝证书

在付款人拒绝付款或承兑时，代收行一般仅以航邮或电报通知托收行即可，除非指示书中注明拒付时须做拒绝证书。拒绝证书是持票人在追索时用以证明拒付事实的文件。在一般托收业务中，不存在代收行被拒付后向前手追索的问题。因为托收行是出票人的代理人，代收行与托收行也是委托代理关系，没有追索的对象。做成拒绝证书在托收业务中的意义是，当进口商拒付，出口商向法院起诉其违反合同义务时，拒绝证书提供了进口商拒付事实的证明。因此，银行惯例是委托人没有指示的情况下，如遇拒付，银行没有义务去做成拒绝证书。

6. 付款交单拒付时，货物如何处理

在 D/P 的条件下，若付款人拒付，则货权证明仍在银行手里，所有权仍属委托人。因此，委托人在填写托收指示书时，须明确指示拒付时的货物处理办法。

7. 付款时间的附加规定

这些附加规定包括：D/P 方式下是否准许付款人按比例分期付款、分批提货；付款人逾期付款是否加收罚息，提前付款是否给予贴息等。

三、托收行接受委托后对委托人的责任与义务

托收行在托收业务中完全处于代理人的地位。作为代理人，它必须根据委托人的指示办事。因此，托收银行的主要责任，是严格按照委托人的托收指示书缮制托收指示书。

托收行接受委托后：

(1) 审核委托人的托收指示书。对指示书进行编号，并审查指示书所载条款是否明确、项目是否齐全、单单之间是否一致、货运单据是否符合惯例等。

注意：根据 URC522 的规定，银行没有审核单据的义务，银行只要将收到的单据与指示书上列明的单据核实相符即可。

(2) 审核货运单据上的收货人。若事先未征得代收行的同意，海运提单只能做成空白抬头（To Order）、空白背书；航空运单也可做成空白抬头，均加列付款人为被通知人。这样，如果付款人拒绝承兑或拒绝付款，货物的处理有通融的余地，如卖给新的买主、银行代为保管、卖给预备付款人等。空白抬头和空白背书使得最终货物买主或提货人不是原进口商时，提货人能够合法地成为运输单据的收货人或持票人。

注意：

① 对于欧洲大陆国家的托收，即期 D/P 项下托收一般不需要使用汇票。在此种情况下审核托收单据，应注意发票上须加列交单方式，以便代收行掌握和日后交单。远期

托收一般必须出具汇票，除非付款人能作出有关担保或保证。

② 托收汇票的收款人可以有三种形式：托收行抬头，即托收行为收款人，汇票由托收行做成记名背书给代收行；代收行抬头，即直接以代收行为收款人，这种抬头可以避免背书；出票人抬头，即 Pay to the order of ourselves，然后由出票人加以空白背书。

（3）制作托收委托书。托收行在核对及审核托收指示书与单据无误后，即可根据委托人的托收指示书缮制自己的托收指示书。托收指示书的内容须与委托人的指示书的内容严格一致。托收指示书是委托人与托收行间的一份合同。托收行愿意接受委托后，合同即生效。托收行、提示行或代收行均需按此执行。

四、代收行对托收行的责任与义务

根据 URC522 第 3 条的解释，“代收行是指除托收行以外的参与办理托收业务的任何银行”，其责任如下。

（1）代收行应将收到的单据与指示书核对，任何单据的名称不符或份数不符时，必须立即通知托收行。

（2）指示书上的各种要求能否照办。若代收行由于自身能力或将来可能发生纠纷而不愿照办时，必须在收到指示书时，立即向托收行提出不能照办的理由，或声明对该条文不能照办，要求托收行予以取消或变更。如既不提出声明，又不照办，日后出现争议，将由代收行承担责任。

（3）除按照业务习惯要求做成必要的背书或加盖辨认的号码戳外，单据应按照收到的原样向付款人提示，并按指示书上规定的交单方式，要求付款人审单并按交单方式执行。代收行未经托收行同意，不得擅自变更指示书上的任何条件或指示，否则，其责任自负。

（4）若付款人审单后，提出任何与指示书要求不一致而需改变某些条件时，应立即转告托收行。在获得答复前，仍按原指示书执行。获得答复后，按答复内容办理。如付款人审单后提出拒付，应将拒付情况与拒付理由迅速通知托收行。指示书如要求拒绝证书，则应代为邀请公证机构办理拒绝证书。指示书如要求代收行在托收被拒付的情况下，货物抵港时代办存仓保险事宜，若代收行并未声明不予办理者，则应设法代办，并将办妥结果告知托收行。如代收行对托收行发出拒绝付款或拒绝承兑通知后 60 天内，仍未接到托收行的任何指示，代收行可将单据退还托收行。

（5）若单据是以付款国家货币（当地货币）付款时，除托收指示书另有指示外，代收行必须凭当地货币收到付款后，将单据交给付款人。如单据是以付款国家以外的货币（外国货币）付款时，除托收指示书另有指示外，代收行必须凭有关外币收到付款后，将单据交付款人，外币必须是按此托收指示书能够立即汇出的款项。

（6）凡是收妥的款项应按托收指示书指示的路线、账户银行及账号立即拨交，不得擅自变更、挪用、拖延或错付漏付，否则，责任自负。

（7）跟单托收如需分批付款，仅在托收指示书中有特别授权的情况下，才可接受。除了另有指示外，代收行仅在全部付款已经收到时，才能把单据交给付款人。

五、付款人（进口商）对代收行和委托人（出口商）的责任与义务

付款人有权审查票据或单据以决定是否接受，同时亦有按交单方式办理付款或承兑的义务。在具有正当理由的前提下，他有权拒绝接受该托收的票据或单据。

六、托收行接到付款后对委托人（出口商）的责任与义务

托收行在指示书寄出后，可根据邮程、代收行合理工作时间及付款期限等因素估计收汇日期，如即期 D/P，计算托收指示书自出口地银行到进口地银行的邮程是多少天，另加代收行代收款项的合理工作时间。在货款逾期一定时间时，应向代收行发函查询催收。

托收行接到代收行收妥货款的通知后，应在当日将所收款项扣除托收行自身费用后，贷记委托人账户。若托收行收到的是拒付通知书，则在接到该通知书后应立即通知出口商。若出口商要求修改托收条件或需托收行出面通过代收行向进口商交涉，托收行应按委托人的指示办理。

第四节 托收的费用、利息

在托收中，各有关银行为委托人和付款人提供服务，因而银行要收取一定的服务费用。这些费用是由委托人还是由付款人承担必须加以明确。托收款项的利息也是托收的内容之一，托收指示中通常应有所规定。

一、托收费用和利息由谁负担

托收是由委托人提出并委托托收行通过其联行或代理行向付款人收取款项。因此，各有关银行受托接办此项业务所有的费用应由委托人负担。但在实务中亦常有在买卖合同中已订明，在委托人国家以外的银行费用概由付款人负担，因此，在托收指示书中亦加有类似条款。若付款人不付此费用，代收行可接受仅付托收票款而不付费用，此项费用仍在托收票款中扣除，事后可凭合同条款由买卖双方自行交涉。若委托人在指示书上对费用加注为："托收费用由付款人负担，不得放弃"或"托收费用应与托收款一并付讫后交单"。类似上列条款，实质上已作为交单的必备条件，托收行、代收行均应照此办理。若因付款人对费用拒付而引起托收款的延误，概由委托人负责。URC522 第 20 条和第 21 条对托收费用和利息作出了明确的规定。

二、特别批注

办理托收业务的银行不像信用证的开证行负有付款承诺，托收行、代收行只是按照托收指示办事，货款收妥后将按流程逆向交付委托人。如拒付，将拒付情况通知委托人，等候其进一步答复再按答复情况办理，直到解决为止。因此，其责任与信用证相比较要小，但是，如处理不当或掉以轻心，有些后果也较为严重。

托收行、代收行在收到托收指示书及所附单据后要对指示书进行全面审查，除一般

内容必须审核外，还应特别注意托收指示书上的批注与要求。①

1. 指示书上出现延迟付款加息条款

"IN CASE OF THE DRAFT BEING NOT ONLY HONOURED BY THE DRAWEE AT FIRST PRESENTATION（指见票即付的 D/P）或 AT MATURITY（指远期付款交单 D/P××DAYS AFTER SIGHT）KINDLY COLLECT FROM THE DRAWEE AN OVERDUE INTEREST AT THE RATE OF ××% PER ANNUM FROM THE FIRST PRESENTATION（指 D/P）或 THE ORIGINAL DATE OF MATURITY（指 D/P ×× DAYS AFTER SIGHT）TO THE DATE OF ACTUAL PAYMENT."

这种条款的目的是促使进口商按期付款，防止拖延。作为代收行，应视同交出单据条件。在如期付款时，这一附加条件不起作用。若进口商拖延付款则代收行非收不可，否则，代收行漏收此段利息而将单据交出，在追索时则变成代收行的责任，其要负赔偿责任。

若在 D/A ×× DAYS AFTER SIGHT 的交单条件下也加列这种利息条款时，则代收行可能无法执行。因为，既然是 D/A，进口商办妥承兑手续，取走单据，此时单据与汇票已分开，汇票上的承兑人是该汇票的主债务人。到期日，向承兑人提示付款而被拖延不付，这是涉及主债务人不能按时偿债的问题，不是交单问题。在此情况下，应办理由公证人签署的拒绝证书，寻求票据法保护而诉之法院解决。究竟是信誉、破产还是其他原因，应由法院判定，届时可能已不是利息的赔偿问题。因此，出口商为谋求按期付款，不论何种交单方式，都在指示书上加列类似加息条款，对此托收行应有所把关。

2. 指示书中加有提前付款时允许在票款中减除贴息条款

"IN CASE OF THE DRAFT BEING EFFECT PAYMENT BEFORE THE DATE OF MATURITY, KINDLY DEDUCT FROM THE PAYMENT A DISCOUNT INTEREST AT THE RATE ××% P. A. FROM THE DATE OFACTURAL PAYMENT TO THE DATE OF MATURITY."

上述条款只是用在 D/A ×× DAYS AFTER SIGHT 或 D/P ×× DAYS AFTER SIGHT 的交单条件。若付款人要提前付款，应予扣除利息后赎回承兑汇票（指 D/A ×× DAYS）或单据（指 D/P ×× DAYS AFTER SIGHT）。

3. 指示书上用的是 D/P ×× DAYS AFTER SIGHT，下面又有批注"MERCHANDISE MAY BE PARTIALLY RELEASED AGAINST PARTIAL PAYMENT."

这是便于进口商资金周转。若单据，特别是提单已分别签发，代收行可按分别签发的货物价值由进口商分批付款，分批赎单。若单据有此条款而提单并未分别签发，代收行必须向托收行电传查询，要求托收行授权更改 D/P ×× DAYS AFTER SIGHT 为 D/A ×× DAYS AFTER SIGHT 或在第一次分批付款时将全部单据交给进口商，或在第一批付款后，余下的几批改为 D/A。

4. 承兑交单或远期付款交单，在指示书上一般表示为 D/A ×× DAYS AFTER SIGHT 或 D/P ×× DAYS AFTER SIGHT，但往往只写成 D/A30 DAYS 或 D/P 30 DAYS。

---

① 张燕玲，王仲和．国际结算以业务指南．北京：中华工商联合出版社，1996：91-94.

远期的起算日表示方法一般有：

(1) D/A ×× DAYS (AFTER SIGHT) 或 D/P ×× DAYS AFTER SIGHT.

(2) D/A ×× DAYS (AFTER DRAFT ISSUING DATE) 或 D/P ×× DAYS AFTER DRAFT ISSUING DATE.

(3) D/A ×× DAYS (AFTER BILL OF LADING DATE) 或 D/P ×× DAYS AFTER BILL OF LADING DATE.

(4) D/A ×× DAYS (AFTER DATE OF GOODS ARRIVAL) 或 D/P ×× DAYS AFTER DATE OF GOODS ARRIVAL.

前三种对出口商有利，因为远期付款期限至少在第一次提示时就可以确定下来，最后一种对进口商有利，因此作为出口商最好争取第三种，作为进口商最好争取第四种。

如果合同中没有确切表达清楚，如仅写成 D/A ×× DAYS 或 D/P ×× DAYS，因而在指示书上也写成 D/A ×× DS 或 D/P ×× DAYS，此时进出口商可能都按对自己有利的解释理解，因而往往容易发生争议。为避免争议，委托人、托收行应在指示书中按上列 1 至 4，根据合同的实际情况予以详细填列，便于代收行、付款人执行。

5. 若在汇票上出现"ON ARRIVAL OF GOODS PAY TO THE ORDER OF (收款人)..."

这种汇票不是见票即付的即期汇票，但也无法在汇票办理承兑时就能确定到期日的远期汇票。究竟这张汇票何时到期，要以汇票本身以外的条件另行决定，即以货物到港日期作为这张汇票的到期日。而依票据法，汇票是无条件支付命令，但"ON ARRIVAL OF GOODS..."使汇票变成了有条件的支付命令，违反票据法，因而这种汇票无效。

总之，有关当事人和关系人在办理托收业务时应依据 URC522 和与之相关的指示办理。

第五节 跟单托收的风险及防范

托收是商业信用，缺少第三者作出付款的承诺，因此托收能否顺利收妥，一是要看收款人（出口商）提供的收款单据（金融票据或商业单据）是否能被付款人（进口商）所接受；二是要看付款人的资信、财力，如贸易项下还要看商品的质量与货价涨落等诸多因素。对各有关银行而言，在托收业务中，只是提供中介服务，并未作出非收妥不可或非付款不可的保证。因此，在跟单托收中，进出口商都会面临一定的风险。但相对而言，出口商所面临的风险更大。如何避免风险，加强防范是贸易商和银行应特别关注的问题。

一、出口商的风险及防范措施

从整体而言，使用托收方式将使出口商面临较大的风险。作为出口商，虽然买卖双方订有贸易合同，但自订立合同起，备货、加工、打包、发运、制单到托收货款周期长，其间利率、汇率、物价等因素都可能造成出口商的盈利减少，甚至货款不能收妥；利率上调或汇价下调都可能会使预期的利润全部消失，甚至亏本；货物价格下跌会使进口商无利可图，造成亏损，从而借故拒付。如遇进口商资信差、财务状况恶化，特别是在D/A方式下，汇票承兑后，货已提走，待到期时，极易出现进口商不付款，出口商货款两空的情况。为了减少风险，出口商必须采取以下防范措施。

（一）了解进口国家的相关规定

在国际贸易中，远期付款条件下，承兑交单（D/A）比较常见，远期付款交单则相对较少。欧洲大陆国家不少银行不办理远期付款交单，拉美国家银行则把远期付款交单按承兑交单处理。另外，实务中常发生货到后，货运单据未到，进口商不能取单提货的情况。这样只好将货物存仓保险。有些国家的海关（如中东地区）还规定，货进公仓后60天内无人提取即允许公开拍卖。因此，出口商及托收行在办理远期付款托收时，应做到以下几点。

（1）必须事先对进口商的资信、经营作风有深入全面的了解，以免上当受骗。

（2）应了解出口货物的价格趋势，进口国的外汇管制和贸易管制情况以及货物配额情况，以免货到后无法入境或收不回货款。

（3）所交货物必须与合同规定一致，单据必须与合同一致，单单之间、单据内部必须一致，以免授人以柄而遭拒付。

（4）交单方式，或分批付款分批放单，或部分信用证部分托收等。在订立合同时应视进口商的资信、财力、自身出口货物卖价的高低以及销售情况，力争对其有利的方式。

（5）在被拒付的情况下，要求做成拒绝证书，以便诉讼有据，并事先找好代理人，防止货物抵港后海关高额仓租，甚至被海关拍卖。

（6）了解进口商国家的银行（代收行）是否办理远期付款交单业务。

（7）了解进口商国家的代收行接受远期付款交单托收时，如何处理该种业务，以防对进口商资信不了解或进口商资信不好的情况下，代收行将付款交单变为承兑交单。

（8）了解进口国家海关等有关规定，如货到后存仓管理办法等。出口商应据此掌握好货物运出时间，使之不至于在付款日前过早到达进口国。

（二）争取选用CIF或CIP条件成交

在国际贸易中，跟单托收项下，出口商在与进口商签订货物买卖合同时，应争取选择CIF或CIP条件，这对出口商最为有利。在FOB或CFR条件下，出口商不负责办理保险，若货物在运输途中或进口商提货前受损而进口商因此拒付，出口商将面临着货款两空的风险。因为，若进口商对货物投保，保险单在进口商手中，对保险公司索赔的款项有处理的主动权，出口商仍然十分被动，只能依赖进口商的商业信用。因此，为了保障出口商自身的利益，出口商应尽可能争取以CIF或CIP条件成交，自己办理保险。

（三）掌握付款到期日

北欧和拉丁美洲许多国家的进口商往往要求按照“当地习惯”把“单到”进口地付款或承兑，视为“货到”进口地付款或承兑，以拖延付款时间。有些进口商甚至在买卖合同中与出口商订有货到后才付款或承兑的条款。虽然有些合同未订有此项规定，但一些进口商往往不愿在只见单据而未见到货物情况下付款或承兑。还有的进口商对即期付款的托收，要求汇票的期限写成“On arrival of goods”。货到后付款，对于进口商来说，一方面，拖延了资金付出的时间，另一方面，见到货物后，付款的风险较小，避免托收项下付款后仅收到单据而不见货物或迟迟不见货物的情况发生。因此，货到付款或承兑，对进口商有利，对于出口商则因收款时间较晚而不利。

出口商为了早日收回货款，可以在买卖双方订立合同时明确规定，托收项下的即期D/P，“买方应在汇票第一次提示时即行付款”。托收银行也可以按出口商要求，在托收指示书上加注这一见票付款的时间要求，即：D/P at sight upon first presentation made by the collecting bank。对于见票后远期付款条件，出口商最好在签订贸易合同时要求改为“出票远期”，即出票日后若干天付款，或者也可以改为“提单日期后若干天付款”。托收行则可按出口商指示，在托收指示书上注明：D/P 或（D/A） at ×× days after draft issuing date or B/L date。这样，可以防止进口商提出货到见票的要求，出口商可以掌握付款的到期日，为及时、顺利收回托收款项提供了保障。

（四）事先找好代理人

选择跟单托收方式时，当货物发运后，出口商委托银行办理托收，若进口商拒绝付款赎单或拒绝承兑，此时，出口商对已失去控制的在途货物或到港货物难以处理。为避免这种风险，出口商可以指定一个在目的地的代理人办理接货、存仓、保险、转售或运回等事项。这个代理人称为“需要时的代理人”（Case-of-need）。该代理人可以是与出口商关系密切的客户，也可以是代收行。但根据 URC522 第 25 条的规定，该代理人的名称、权限等必须在托收指示书中详细列明才有效。中国出口商在办理跟单托收时，经常在托收指示书中要求代理人：“If documents are not duly taken up on arrival of goods, please store goods and insure against fire and/or all available risks.”

（五）投保出口信用保险

通过投保出口信用保险（Export Credit Insurance），可以使出口商在采用托收时因进口商无力偿付货款、不按期付款、违约拒收货物、进口国实行外汇管制、进口管制、进口国家发生战争、动乱等所导致的损失获得出口信用保险人的赔偿。

目前，中国出口信用保险公司短期出口信用综合险承保托收项下的商业风险和政治风险。

二、进口商的风险及防范措施

作为进口商，除了利率、汇率、物价等风险同样存在外，由于货物单据化，有可能在付款后发现货物与合同规定不符，更有甚者，遇到伪造单据进行诈骗时，就有货款两空的风险。为此，进口商必须采取一定的防范措施：第一，必须事先对出口商的资信、经营作风有全面深入的了解。第二，对进口货物的市价趋势、销售趋势、本国外汇管制等应有所预测和了解。第三，严格审单，单据与合同、单据与单据必须一致，以决定接受或拒受。在跟单托收方式下，进口商争取以 FOB 或 CFR 成交。若货物运输途中受损，进口商可以向保险公司索赔并掌握对索赔款项处理的主动权。因此，世界上有些国家规定，进口商品只能在进口国家办理保险，即进口商品不能以 CIF 条件成交。

三、D/P和D/A方式结合使用

在进料、来件加工贸易中，可以将付款交单和承兑交单方式结合起来使用。对于进料、来件，进口方可以提出承兑交单的远期付款方式。而对于出口成品，可要求即期付款交单方式。这样做的好处是：可以用加工或装配好的出口货物的货款，偿付进料、来件远期托收项下的货款；出口商可以大大节约资金的使用。

案例分析

1. 国外代收行责任纠纷案[①]

案情简介

原告：上海赛风国际贸易有限公司（下称上海赛风贸易）

被告：中国工商银行股份有限公司常州分行（下称常州工行）

被告：CANARA BANK（下称印度银行）；其上海代表处地址在中国上海市长宁区兴义路×号上海万都中心×楼×单元。

原告上海赛风贸易诉称：2000年4月至12月期间，上海赛风贸易向KHAZANA AGRICULTURAL EQUIPMENTS LTD（下称“印度进口商”）出口手扶拖拉机及配件，货款总值555 239.66美元。货物发运后，上海赛风贸易备齐发票、提单、汇票等全套单据交常州工行托收，付款方式为D/P90天（D/P90 DAYS AFTER B/L DATE，意为提单日后90天付款交单）。常州工行将上述单据交印度银行代收。但两被告仅向上海赛风支付了55 000美元货款，原告考虑到未结金额已达500 239.66美元，便停止向印度进口商发货，并通过常州工行催促印度银行付款或退单。之后上海赛风贸易查知，印度进口商已凭正本提单提走全部货物。

上海赛风贸易认为，两被告分别作为托收行和代收行，应严格依上海赛风贸易D/P90天的托收指示收取货款，并在此基础上将相关单据交收货人。现货物已被印度进口商凭正本提单提走，造成了上海赛风贸易500 239.66美元货款损失。

上海赛风贸易认为，常州工行的过错主要体现在：（1）常州工行未及时帮助原告向印度银行就涉案的货款进行交涉，这可能导致原告不能按照有效诉讼时效主张权利；（2）常州工行的托收指示不明确；印度银行的过错体现在：在未收到货款的情况下，就已将单据直接交付印度进口商。

上海赛风贸易请求判令：（1）两被告赔付原告货款损失500 239.66美元；（2）两被告赔付原告延期付款利息损失15万美元（计至2005年11月30日）；两被告承担本案诉讼费。

在2006年11月24日的庭审中，原告确认尚有500 109.66美元货款未收到。在2007年2月13日的庭审中，原告放弃对编号为325K021托收面函（托收指示为D/A90天，提单日后90天承兑交单）项下货款的诉讼请求，该托收面函项下的金额为37 920美元，即原告确认尚有462 189.66美元货款未收回。

---

① 上海国际贸易律师网，http://www.shlawyer.org/Article/Class04/Sclass01/Article_1000.htm。

在2007年9月18日的庭审中，原告将其诉讼请求明确为：(1) 判令两被告连带赔付原告货款损失462 189.66美元。(2) 判令两被告连带赔付原告逾期付款的利息损失225 329.89美元（计至2007年2月28日），自2007年3月1日至实际付清货款之日的利息按每日万分之二点一计算。(3) 判令两被告连带承担本案诉讼费。

在2007年12月19日的庭审中，关于截至2007年2月28日的逾期付款利息损失问题，原告明确其主张金额为225 320美元，其他诉讼请求不变。

原告为支持其诉讼请求提交了相关证据。

被告常州工行答辩称，其已正确履行了托收行的义务，无须承担任何责任。自2000年5月以来，常州工行接受原告委托，并按原告要求向印度银行发出了10份托收指示，其中编号为325K021的托收指示系D/A 90天方式，其他均为D/P 90天方式，常州工行同时向印度银行寄交了发票、提单等正本单据，合计款555 239.66美元。印度银行汇给常州工行55 130美元，该款项分别为325K005项下的部分货款34 380美元，及325K008项下的部分货款20 750美元，扣除相关费用130美元，常州工行已将55 000美元货款全部交付原告，而其余款项印度银行未支付给常州工行，也未将相关单据退回常州工行，其多次向印度银行交涉，要求其退单，常州工行也将催收情况告知了原告上海赛风贸易。

根据托收统一规则（URC522）第11条的规定，常州工行接受原告委托办理托收，风险责任由原告承担，代收行未执行指示，常州工行不承担责任和义务，对印度银行未将托收货款汇给常州工行或者未将单据退回给常州工行的行为，常州工行无须承担赔偿责任。

关于编号为325K021的托收面函的托收指示，常州工行答辩称，虽然常州工行在2003年10月15日、2005年9月5日分别为原告出具证明，该证明将涉案10次托收指示均写成D/P 90天，但实际原告对325K021的托收指示是D/A 90天，当时常州工行未严格审查，因此应以实际发生的事实为准，该证明只是对原始托收行为的描述，并不改变原始托收的事实，托收面函的事实大于上述证明的证明效力，即325K021托收面函是常州工行根据原告的要求将托收指示确定为D/A 90天，其他9次托收指示均为D/P 90天，故原告声称涉案托收面函指示不清的观点不能成立。

关于法律适用，因涉案托收面函对URC522的适用进行了约定，故本案应适用URC522。另外，自2002年8月至2004年12月间，常州工行通过PPC-SWIFT系统（银行报文系统）向印度银行催收涉案款项，常州工行在2005年还在催收。在这期间，原告没有提出要求常州工行催收的申请，根据托收统一规则，常州工行发出托收指示后，其对印度银行没有催收义务，常州工行帮助原告进行催收是考虑客户关系。原告在此期间不去主张权利，导致诉讼时效问题由原告自己承担。

被告常州工行为支持其答辩意见提交了相关证据。

被告印度银行答辩如下：(1) 本案所涉托收项下各货款支付的纠纷发生于2000年，在此后，原告未向被告主张过权利，因此原告针对印度银行的诉请已超过诉讼时效。对于超过诉讼时效的，应不予受理；已经受理的，应驳回诉讼请求。(2) 上海赛风贸易与印度银行之间无法律关系，故印度银行不是适格的被告，原告只是与常州工行建立了委托关系，原告对印度银行既无书面委托又无口头委托，且原告承认印度银行是由常州工行指定，而非原告指定。因此，原告与印度银行之间无委托关系，印度银行只是与常州工行建立代理关系，故原告起诉印度银行无法律依据。（3）本案讼争事由及印度银行履行的代收行为发生在印度，故其遵循当地法律。（4）上海赛风贸易与印度进口商之间的纠纷已在印度起诉，本案原告、常州工行及印度银行均为该案当事人，依一事不二审原则，常州市中级法院不应受理此案。（5）原告在其开具的远期汇票上的托收指示不明确、不清楚。中国港口到印度港口的运输时间在20~30天，而原告开具的远期汇票上注明 AT D/P 90 DAYS AFTER B/L DATE SIGHT，即使将其理解为提单日后90天付款赎单，该指示不合理也是无法操作的。故发出托收指示的一方有责任确保单据的交付条件清楚、明确，否则，银行对此产生的任何后果不负责任。（6）原告也意识到其托收指示不明确、不合理。2000年7月12日，原告向印度进口商发函，确认采用承兑交单、提单日后90天的付款方式，印度银行按原告指示将单据提交印度进口商无任何过错。（7）2001年7月5日，原告与印度进口商就涉案货款达成了处置协议，即原告同意将涉案欠款作为无息免担保信用贷款，并要求印度进口商确认以免除其印度法律上的可能风险。鉴于此，本案涉及的托收行为已失效，此后的事情与银行无关，原告起诉印度银行没有理由。（8）本案争议的只有9份托收面函，印度银行已支付了92 730美元，故未成功托收的金额应为424 589.66美元。

印度银行为支持其答辩意见提交了相关证据。

法院审理及判决

法院经审理查明：2000年4月至12月期间，上海赛风贸易向印度进口商出口手扶拖拉机及配件，货款555 239.66美元。在前述期间，原告分10次委托常州工行托收上述货款，并将相关单据交付常州工行。托收面函对有关托收事项受URC522约束进行了约定，此外，关于托收指示，除编号为325K021的托收面函中托收指示为D/A 90天外，其他托收面函托收指示均为D/P 90天。

常州工行接受上海赛风贸易的委托，并将上述托收面函及相关单据交付印度银行。印度银行亦收到上述托收面函及其所附的单据。印度银行将325K005托收面函项下的部分货款34 380美元及325K008托收面函项下的部分货款20 750美元通过常州工行交付原告，扣除托收手续费130美元后，上海赛风贸易收到55 000美元，尚有462 189.66美元货款未收到。印度银行将涉案所有单据均按承兑交单（D/A）处理，即将涉案单据交印度进口商承兑后，直接交付印度进口商。

2000年9月至2002年8月，常州工行向印度银行催收涉案货款；2003年，原告向印度银行催要货款；2004年12月20日，常州工行向印度银行催收涉案货款；2005年9月5日，常州工行向被告印度银行催要货款。

依中国《民法通则》第68条、第140条、第142条第1款、第3款、第145；中国《合同法》第400条、第402条、《托收统一规则》（URC522）第7款、第11款规定，判决如下：

一、被告印度银行于本判决生效之日起十日内，赔付原告上海赛风贸易的货款损失462 189.66美元（按照实际给付日的汇率换算成人民币），并支付利息损失225 320美元（计至2007年2月28日，按照实际给付日的汇率换算成人民币），以及自2007年3月1日至实际付清货款之日的利息（按每日万分之二点一计算）。

二、驳回原告上海赛风贸易的其他诉讼请求。

案件受理费45 325元由被告印度银行负担。如未按本判决指定的期间履行给付金钱义务，依中国《民事诉讼法》第232条的规定，加倍支付迟延履行期间的债务利息。

试分析上述案例。

（提示：根据中国《民法通则》第68条及中国《合同法》第400条的规定，原告上海赛风贸易、被告常州工行、被告印度银行之间构成了复代理法律关系，上海赛风贸易为委托人，常州工行为代理人、印度银行为复代理人。故原告起诉被告印度银行合法有据。

涉案托收行为发生在2000年，被告常州工行作为原告的代理人，其向印度银行的催款行为应认定为原告的催款行为，故原告上海赛风贸易于2000—2005年期间，不间断地催要托收款项，原告的起诉时间为2005年11月8日。根据中国《民法通则》第140条的规定，原告提起诉讼并未超过诉讼时效期间。

依URC522，被告常州工行作为托收行，其义务是及时、准确地向代收行印度银行寄交相关单据，并准确地将上海赛风贸易的托收指示告知印度银行。印度银行已收到常州工行寄交的托收面函及相关单据，该托收面函均明确载明了原告的托收指示。故原告主张常州工行所做的托收指示不明确的主张不能成立。

原告主张常州工行未及时帮助原告就涉案货款向印度银行催要货款存在过错，但常州工行已及时将货款的托收情况告知了原告，并在2000—2005年期间向印度银行催要货款。故原告主张常州工行在本案中存在过错的主张不能成立。常州工行已完全履行了托收行的义务，其对上海赛风贸易未能收回货款或单据的损失不应承担法律责任。

印度银行主张，赛风贸易就涉案货款与进口商已达成处置协议，即赛风贸易同意将涉案欠款作为无息免担保信用贷款，托收行为已失效。但印度银行未提供其证据的原件，法院对该证据内容的真实性不予认定，故对印度银行的该主张不予支持。

印度银行答辩称，原告开具的远期汇票上的托收指示不明确、不合理，同时原告意识到这一问题，原告向印度进口商发函并由原告确认采用提单日后90天承兑交单的方式，对于印度银行的该答辩意见，印度银行也未提交证据的原件，法院对于该证据内容的真实性不予认定。即使该证据内容是真实的，印度银行根据URC522第4款（C），其亦不得理会来自除托收有关人及银行以外的任何人或银行的任何指令，其应严格按URC522的规定及托收指示办理业务。故对印度银行认为，原告的托收指示不明确、不合理的答辩意见法院不予支持。

印度银行主张，涉案托收面函只有9份的答辩意见，缺少编号为325K005的托收面函，但是印度银行的证据9明确表明，印度银行收到了编号为325K005的托收面函，故应认定涉案托收面函是10份，对其主张涉案托收面函只有9份的答辩意见，法院不予支持。

印度银行认为，其已代收交付的货款金额为92 730美元的答辩意见，印度银行根据其证据2提出该主张，但印度银行未能进一步提供付款依据，故法院对印度银行的该答辩意见亦不予支持。

作为代收行的印度银行应依 URC522，善意、合理、谨慎地办理业务。印度银行将涉案 10 次托收指示均做承兑交单（D/A）处理，而该 10 次委托指示只有编号为 325K 021 的托收面函的托收指示为 D/A，其他则均为付款交单（D/P）。依 URC522 第 7 款（2），对于含有远期付款的汇票，且托收面函中明确凭 D/P，则单据只能在付款人付款后才能交出；若含有远期付款的汇票，而托收面函中未注明交单方式，则只能付款交单（D/P）。

本案中，除 325K021 托收面函的托收指示系 D/A 90 天外，其他托收面函的托收指示均为 D/P 90 天，故印度银行应将 325K021 托收面函项下的单据做承兑交单（D/A）处理，其他单据均应做付款交单（D/P）处理。印度银行将除 325K021 下单据以外的其他 9 份托收面函项下的单据均做成了 D/A 的行为违反了 URC522，故印度银行应赔付上海赛贸易司因此遭受的货款损失。）

2. 代收行不当放单的纠纷

案情简介①

原告：兰生公司（出口商；委托人）

被告：华侨银行（托收行）；花旗银行（代收行）

兰生公司向美国 LJ 公司出口鞋类，总计货款 1 494 795.60 美元。兰生公司委托华侨银行向 LJ 公司托收上述货款，约定付款条件为 D/P 20 天或 D/P 45 天。兰生公司将发票、提单及保险单、装箱单等单据交付华侨银行，并向华侨银行指定花旗银行作为代收行向 LJ 公司收款。

华侨银行收单后即根据兰生公司的委托事项制作托收指示书 10 份并附相应的单据邮寄至花旗银行。托收指示书载明：付款后交单；承兑后请以航空信件方式告知到期日；未承兑或未付款请电传告知并说明理由，保留项目，等待我方指示；必要时依受票人或我方指示，保存货物并办理保险；若有手续费及其他费用，均从受票人处收取；凡适用处，均按 URC522 办理。

此后，因托收货款未转入，花旗银行对托收结果也未作回复，华侨银行曾多次向花旗银行查询，兰生亦多次向华侨银行查询。花旗银行致函华侨银行，承认以承兑交单（D/A）方式处理了上述托收单据，导致兰生货、款两空。三方在交涉无果的情况下，兰生提起诉讼，请求判令华侨银行、花旗银行两被告完成货款托收；若不能履行，则应归还全部单据，或向原告赔偿托收货款本息 1 965 098.38 美元。

法院判决

鉴于花旗银行已不可能履行其代收行的收款义务，故法院判决：花旗银行按收款汇票所记载的金额赔偿兰生公司的损失；花旗银行另应赔偿兰生公司自汇票到期日起至本判决生效之日止的利息。

试分析本案的症结所在。

---

① 参见：张凤翔（2008），“国际托收合同纠纷的性质及其若干法律适用问题”（http：//www.ccmt.org.cn/showexplore.php？id=3044）.

（提示：本案审理中，主要涉及以下三个问题。

第一，关于本案适用惯例的确定。兰生公司和华侨银行对适用惯例即 URC522 没有争议，华侨银行致花旗银行的托收指示中亦明确载明适用该惯例，花旗银行接收该指示后并无拒绝办理的意思表示，故本案应适用 URC522 。

第二，关于三方当事人之间关系的认定。本案三方之间的关系应依 URC522 确定。基于托收由委托人委托、托收行接受委托、托收行转委托代收行收款、代收行代收等一系列连续、完整的行为组成，托收行转委托代收行是托收中的必不可少的环节；URC522 关于托收行利用其他银行的服务的风险应由委托人承担的规定；及本案三方当事人事实上均知晓上述代理行为的连续性、完整性等事实，可以认定本案当事人之间的关系符合复代理的法律特征，兰生公司作为委托人有权一并起诉代理人华侨银行和复代理人花旗银行。当然，也可依中国《合同法》第 402 条的规定，认定本案三方当事人之间为间接代理关系。兰生公司对银行享有两项权利，一是当收货人已支付货款时，有向银行索取货款的权利；二是遭收货人拒付货款时，有收回托收单据的权利。

第三，关于本案最终的责任认定。华侨银行接受兰生公司的委托，已及时将托收指示和单据寄交花旗银行，并依行业惯例履行了查询、告知义务，故华侨银行没有过错。花旗银行收到托收指示，在未征得委托人同意的情况下，擅自将远期 D/P 作 D/A 处理，显然违反了 URC522，应承担由此产生的赔偿责任。鉴于花旗银行已不可能履行其代收行的收款义务，故兰生公司主张由花旗银行按照收款汇票所记载的金额予以赔偿的诉讼请求，法院予以支持。此外，花旗银行另应赔偿兰生公司自汇票到期日起至本判决生效之日止的利息。）

3. 托收行错误指示纠纷

案情简介①

原告：上海申达公司（委托人，出口商）

被告：香港汇丰银行（托收行）

上海申达公司委托香港汇丰分行向美国万隆公司收取货款 140 393 美元，托收方式为 D/P。申达公司向汇丰分行提供全套单据，但因汇丰分行错写了收件行地址，将本应寄给美国加州银行的单据误寄给美国佛州银行。

佛州银行收到单据后，未收妥托收款项就将单据寄交万隆公司。由于万隆公司提货后拒绝付款，故申达公司诉请法院判令汇丰分行赔偿其托收款项 140 393. 55 美元及利息和退税损失人民币 268 750. 89 元。

法院判决

一审法院以汇丰分行办理托收虽应尽善意和谨慎的义务，但不负有对申达公司先行赔偿的义务为由，判决不予支持申达公司的诉讼请求。

申达公司不服，向二审法院提出上诉。

二审中，双方当事人在法院主持下，达成了调解协议：汇丰分行赔偿申达公司托收

① 参见：张凤翔（2008），“国际托收合同纠纷的性质及其若干法律适用问题”（http://www.ccmt.org.cn/showexplore.php?id=3044）。

货款 98 275.49 美元；申达公司将对万隆公司的债权转让给汇丰分行，若汇丰分行经追索兑现债权超过 98 275.49 美元，则在该款额超过部分至 140 393.55 美元范围内返还申达公司。

试分析本案的症结所在。

（提示：本案主要涉及以下两个问题。

第一，需要明确对国外代收行的选择。依 URC522，国际托收中，对于国外代收行的选择有两种方式：

（1）由委托人指定。这种指定包括单项托收的指定和全部交易的指定。在委托人未明确是单项托收还是全部交易托收时，应视为单项托收。

（2）在委托人未指定情况下，由托收行选择代收行。依 URC522，银行对其所发出的指示未被执行，不承担责任，即使是银行自主选择了这些银行。

另外，依 URC522，代收关系不能依托收行的单方意思表示成立，而需双方（托收行与代收行）同意才能成立。

本案中，佛州银行虽收到了汇丰分行错寄的单据，并将其交与万隆公司，但由于该行未对收款作出任何表示，故应属于因管理上的不适当，与汇丰分行（托收行）之间不存在代收关系。

第二，需要运用 URC522 中“善意和谨慎”规定，对汇丰分行发生在托收中的疏忽与托收事故的因果关系作出分析与认定。（1）汇丰分行制作《汇票提示清单》发生收件行地址错误，是善意的过失，但属不谨慎的。（2）该单的错误直接导致托收单据误寄给了非代收行的佛州银行，与托收事故有因果关系。（3）托收事故虽由佛州银行不妥当的无因管理、美国万隆公司的违背诚实信用交易原则等诸因素形成，但汇丰分行误寄单据行为是起因。因此，依中国《合同法》第 406 条，汇丰分行作为有偿托收的受托方，对委托人申达公司首先负有赔偿责任。）

4. 银行与贸易公司的支票纠纷案（光票托收争议）①

案情简介

原告：中国银行广州市沿江支行（下称中国银行）

被告：广州古琅玛贸易有限公司（下称广州贸易）

原告中国银行诉称，被告广州贸易于 2004 年 7 月 6 日向原告提交一份《托收款项申请书》和一张金额为 35 150 美元的支票，委托原告办理托收款项。该支票显示签发日期为 2004 年 6 月 22 日，付款人 HARROD ' SINC，付款行为 FIRST COMMUNITY BANK OF TIFTON（蒂夫顿第一社区银行），收款人为被告广州贸易。《托收款项申请书》委托人承诺“右列托收款项收妥后，如将来发生退票、追索等情况，本人愿负责偿还全部票款及费用”。原告中国银行于 2004 年 7 月 6 日，向中国银行纽约分行办理托收。7 月 26 日，原告收到纽约分行的付款通知，纽约分行对上述支票托收金额 35 150 美元扣除电报费 10 美元后，将 35 140 美元贷记原告账户。7 月 27 日，原告将 35 140 美元扣除手续费 56.33 美元后结汇人民币 289 941.97 元转入被告广州贸易在中国银行的结算账户。

---

① 110 裁判案例网，http：//www.110.com/panli/panli_80971.html。

8月30日，原告收到纽约分行电报，称上述支票是伪造的，纽约分行主动借记原告账户35 162美元（含退票手续费12美元）。原告收到上述电报后立即通知被告，要求其立即退还票款、利息和费用，并于9月8日正式向被告发函，要求被告履行退还全部票款和费用的责任。但被告至今未退还票款和费用。

9月28日，被告向原告函复《关于〈敦请贵司配合我行工作并尽快退还款项的函〉的复信》，而且至今未退还原告代垫的35 162美元。被告的行为已严重损害了原告的合法权益，致使原告自2004年8月30日起代被告垫付的35 162美元的资金不能回笼。

原告请求判令：（1）被告偿还35 162美元及上述款项从2004年8月30日至清偿日止的利息，利率按中国人民银行公布的同期美元逾期贷款罚息利率计付；（2）本案诉讼费用由被告承担。

为证明其诉请，原告提供了相关证据。（略）

被告广州贸易辩称，其不同意原告的诉讼请求。

一、原告对被告提起的诉讼不符合逻辑，也不符合法律规定。原告称中国银行纽约分行在支付款项后，又在未经原告同意的情况下，单方面贷记了原告的账户，纽约分行的做法是侵犯了原告的权益，原告应要求纽约分行提供付款行出具的“拒付证明”，若对方确实提供付款行开具的“拒付证明”证明拒付事实存在，原告才有权向前手行使再追索权起诉我方。原告未要求纽约分行提供足够的事实和法律依据，也未依据法律规定与纽约分行交涉，就要求我方退款，不符合法律规定。

二、原告无证据证明我方应承担退款责任。原告向法院提交了其与纽约分行的通信电邮，但这不能证明我方提交的支票就是伪造的。纽约分行和原告都无权认定我方提交的支票是真还是假。退回的支票上有一个“退票原因为存款余额不足”的印章，日期是2004年8月26日。原告没有证据证明付款行的退票证据或有关说明，我方认为本案支票是真实有效的，退票只是因为存款余额不足。依中国《票据法》第62条第1款、第65条规定，原告已丧失了对其前手的追索权。

三、原告的内部操作混乱，对本案造成的经济损失应承担责任。（1）原告没有按照有关规定选择托收方式。（2）原告未按照有关规定保留至退票期后才办理解付。（3）原告退票后未按照有关规定通知我方。

四、原告提供的《托收款项申请书》印有的“如将来发生退票、追索等情况，本人愿负责偿还全部票款及费用”格式条款属于免责条款，应为无效。

五、我方认为原告起诉已超过票据法规定的除斥期间。原告是从8月30日，即退票日起算期间，其应在11月30日之前向法院提起诉讼。原告是在12月16日才提起诉讼，超出了中国《票据法》规定的除斥期间，丧失了向前手的再追索权。

被告为其辩解提供了相关证据材料。（略）

法院审理及判决

法院经审理查明，被告于2004年7月6日向原告提交一份《托收款项申请书》和一张金额为35 150美元的支票委托原告办理托收款项。该支票显示出票地为美国，签发日期为2004年6月22日，付款人为美国公司，即HARROD'SINC，付款行为美国的FIRST COMMUNITY BANK OF TIFTON（蒂夫顿第一社区银行），收款人为被告。委托人在《托收款项申请书》承诺："右列托收款项收妥后，如将来发生退票、追索等情况，本人愿负责偿还全部 票款及费用"。原告经审查后接受了被告的托收申请，被告遂将托收支票背书给原告。

2004 年 7 月 6 日，原告向中国银行纽约分行出具《托收委托书》办理托收，并将支票背书给纽约分行。《托收委托书》上载明：我们附上支票一张，金额 35 150 美元，托收方式（COLLECTION METHOD）：FOR COLLECTION。对（COLLECTION METHOD）：FOR COLLECTION 内容的中文翻译，双方产生严重分歧。原告委托翻译机构广州市公证处于 2004 年 10 月 18 日将其翻译为"托收方式"，而被告委托翻译机构广东省公证处于 2005 年 12 月 29 日将其翻译为"收款办法"。原告后来认为是广州市公证处翻译时遗漏了单词，要求公证处对其再次进行翻译，广州市公证处于 2005 年 7 月 20 日将其翻译为"托收方式：收妥贷记"，被告对此提出了异议，再次委托广东省公证处于 2005 年 8 月 4 日进行了翻译，并随同补充代理词一起提交了翻译结果为"收款办法：托收"的翻译件。

针对此问题，法院向中国人民银行广州分行查询该专业术语的中文解释，但中国人民银行广州分行表示无法确定该专业术语的中文解释。

纽约分行接受委托后，以代收行的身份向付款行 FIRST COMMUNITY BANK OF TIFTON（蒂夫顿第一社区银行）提示付款。付款行审查支票后，向代收行解付了托收款项 35 150 美元。2004 年 7 月 26 日，纽约分行对上述支票托收金额 35 150 美元扣除电报费用 10 美元后，将余额 35 140 美元划付原告账户。7 月 27 日，原告将 35 140 美元扣除手续费 56.33 美元后结汇人民币 289 941.97 元转入被告在原告的结算账户。

2004 年 8 月底，付款行蒂夫顿第一社区银行发现托收的支票金额经变造，出票人账户余额不足以支付票款，遂向其前手即纽约分行追索该款。纽约分行支付该款后，于 8 月 30 日向原告发出电报，称上述支票为伪造票据，遭付款银行蒂夫顿第一社区银行退票，并向原告追索票款 35 162 美元（含退票手续费 12 美元）。原告称收到上述电报后的当天以电话联系被告，要求被告上门协商，并于 9 月 8 日正式向被告发函，要求被告履行退还全部票款和费用的责任。9 月 28 日，被告向原告函复《关于〈敦请贵司配合我行工作并尽快退还款项的函〉的复信》，拒绝退还款项，故成讼。

依中国《票据法》第 94 条第 2 款、第 95 条第 2 款，URC522 第 2 款、第 3 款、第 13 款、第 16 款及中国《民事诉讼法》第 22 条第 2 款的规定，判决如下：

被告广州古琅玛贸易有限公司在本判决发生法律效力之日起，十天内向原告中国银行广州市沿江支行偿还 35 162 美元以及该款从 2004 年 8 月 30 日起至清偿日止，按中国人民银行规定的同期美元存款利率计算的利息。

案件受理费 6 911 元由被告广州古琅玛贸易有限公司负担。该款原告已预交，法院不予退回，由被告在履行本判决时迳付给原告。

（提示：本案中，原告中国银行接受了被告广州贸易委托并办理了光票托收。该行为符合 URC522 对光票托收定义的规定，可认定原、被告建立了光票托收法律关系。

本案中，广州贸易为委托人，中国银行为寄单行，纽约分行为代收行，美国蒂夫顿第一社区银行为付款人。关于托收方式是立即贷记还是收妥贷记的问题，广州贸易在托收申请书中并无明确，中国银行接受托收后向代收行纽约分行发出的委托书中记载的托收方式为 FOR COLLECTION。对该专用术语的中文翻译，中国人民银行表示不能确定为“收妥贷记”。

URC522 对寄单行的付款义务，在第 16 款规定：收妥的款项（Amounts collected）（扣除手续费或支出或可能的开支）必须按照托收指示中规定的条件和条款不延误地付给从其收到托收指示的一方。对寄单行的单据审查义务，URC522 第 13 款规定：银行对任何单据的格式、完整性、准确性、真实性、虚假性或其法律效力，或对在单据中载明，或在其上附加的一般性或特殊性的条款不承担责任或对其负责。

上述规定显示，无论采取何种托收方式，寄单行的最终义务是将收妥的款项扣除相关手续费后支付给委托人，本身不负代垫款项的义务（收妥贷记?）。同时，寄单行仅须对委托人托收的票据进行表面审查，而无须对该票据的有效性负责。

本案中，已查明中国银行作为寄单行，业已办理相关的票据托收手续，向付款人提示付款，并将付款人兑付支票的款项扣除手续费后所得款项支付给广州贸易。至于托收的支票最后被付款行认定为变造票据而被追索票款，其主要审查义务在于付款行，中国银行对该票据的真实有效性并不负有审查义务。在票据托收过程中，中国银行已履行了相应义务，本身不 存在过错。故此，广州贸易以中国银行不严格依照托收规则进行托收导致票款被追索，从而丧失追索权为抗辩理由，与事实不符，不应采纳。

鉴于申请书上盖有广州贸易真实的财务专用章和法定代表人印章，申请书上的承诺条款应认定具有法律效力，对双方均有约束力。现中国银行被付款行追索票款 35 162 美元后，依照广州贸易在申请书上的承诺向其追索款项，理据充分，应予支持。）

5. 国际商会 DOCDEX 裁决案例[①]

提示：

若代收行对已提交的四套单据既未支付又未通知其未付款，其是否有责任予以付款；若代收行未发送报文告知其不能处理托收，则其是否受 URC 522 约束，托收指示是否被修改为按部分付款交单；代收行未退回托收 A 和 B 项下单据且在没有收到全部四份托收款项的情况下释放托收 C 和 D 项下单据的行为，是否违反 URC 522 并有责任付款

案情简介

委托人 P 公司通过托收行（C 银行）向代收行（E 银行）提交了四套托收单据，金额总计 EUR3 226 211.30。托收指示表明适用 URC522，单据由代收行凭付款交单（D/P）。该案中，两套单据各包含 1/3 提单，抬头为凭代收行指示，其余 1/3 提单跟随货物，1/3 提单由委托人留存。另外的两套单据各包含 2/3 提单，抬头也为凭代收行指示，其余 1/3 提单跟随货物。但案情描述并未提及提单抬头做成凭代收行指示是否按照 URC522 第 10（a）条要求得到该银行同意。

托收行通知代收行，对于其中一份托收指示，其客户（委托人）同意付款人可在

---

① 中国国际商会/国际商会中国国家委员会组织编译．DOCDEX 裁决汇编（2009—2012）．北京：对外经济贸易大学出版社，2017：91-93.

不同的日期付款，且对于全部四份托收，委托人同意部分付款。代收行在不同的日期对至少一份正本提单做成凭付款人指示的背书。托收行并未授权代收行在付款人未付款或未部分付款的情况下对其释放单据或货物。

尚不清楚代收行背书的提单是托收单据包含的正本提单，还是跟随货物的正本提单。

在四份托收业务中，代收行已将托收 C 和 D 项下单据释放给付款人。代收行未提供托收 A 和 B 项下单据的信息。从已知情况来看，代收行并未退回任何单据。

委托人于 2010 年 5 月 25 日向巴黎国际商会国际专家中心请求按 DOCDEX 裁决，并提交了请求的副本及四套托收单据的副本（包含每套单据中的 1/3 提单），包括相关的托收指示；托收行和代收行之间往来 SWIFT 报文副本。

本案争议的焦点：

由于代收行已接受托收面函上列明的托收条款并同意适用 URC 522，在其既未付款也未拒绝单据的情况下，是否有责任对提交的四套单据进行付款？

委托人的主张，代收行在以下方面没有遵守托收指示：（1）没有向托收行支付款项；（2）在付款人未付款的情况下向其释放单据；（3）没有向托收行退回托收单据。

托收行认为其已代表委托人向代收行通知有关付款日期的指示；且进一步声明从未授权代收行在未收到款项的情况下释放单据给付款人。

但未收到代收行和付款人的答复。

国际商会的分析

该案是委托人委托托收行处理各项跟单托收。托收行向代收行提交随附托收指示的单据。托收指示清晰表明托收受 URC 522 约束，并声明凭付款交付单据。URC 522 第 1 条 c 款规定："若银行由于任何原因选择不予办理其收到的托收或相关指示，它必须毫不迟延地以电信方式，或者如不可能则以其他快速方式通知向其发出托收或者指示的一方。"在该案中，没有证据表明代收行发送了上述报文和/或退回单据。因此，按照 URC 522 第 1 条 a 款，代收行受 URC 522 约束。

委托人通过托收行向代收行发送的关于接受迟付及部分付款的信息，不能被视为对付款交单指示的修改。URC 522 第 19 条不允许代收行在没有特别授权的情况下释放单据，而托收行并未给予代收行该授权。托收行声称信息非由其提供，其只是代表委托人提供信息，但这没有区别。提供的信息并未证实代收行是否将托收 A 和 B 项下的提单释放给付款人。然而，很明显代收行无法退回四套单据中的任何一套，并且其已对四次装运的各一份正本提单进行背书。

专家组在此强调，代收行交付单据的行为使其承担付款责任。

国际商会的结论

代收行受理收到的托收，表明其同意按 URC 522 及托收指示处理托收业务。因此，代收行仅有权在收到全部款项时释放单据。由于托收单据未按 URC 522 要求退回，不能确定代收行背书的提单是属于托收单据部分还是跟随货物的正本提单。代收行未退回托收 A 和 B 项下单据，并且在未收到四份托收项下款项的情况下释放托收 C 和 D 项下单据，违反了 URC 522 规定，应当承担付款责任。因此，代收行仅有权在收到全部款项时释放单据。委托人（通过托收行）通知代收行接受部分付款的事实并不表明对其收到全部付款才释放单据指示的修改（适用 URC522 第 19 条 b 款）。

代收行没有理由否认其责任，其必须支付索偿的金额。

指定专家达成一致的裁决意见。

第五章 信用证概论

信用证是国际结算，特别是国际贸易结算中最主要的结算方式之一。信用证是银行信用，使用信用证支付货款可以使受益人的利益得到充分的保障。本章主要介绍信用证的定义与含义、性质、特点、作用、基本内容、开立方式等基本知识。

第一节 信用证概述

信用证是商人们为解决买卖双方互不信任的问题而普遍采用的结算方式。信用证作为国际贸易的一种支付方式，具有其他支付方式无法替代的作用，不论是进口商还是出口商或是银行，在利用信用证这种安排中都有切身的利益存在。因此，信用证为贸易商和银行所普遍接受。但在信用证业务中，由于买卖双方及相关银行分别处于不同地区或国家，他们的法律和习惯做法各不相同，因此，引发了大量的争议和纠纷，严重影响了信用证交易的顺利进行。鉴于此，有关信用证交易的商业习惯做法，自 20 世纪初期开始经历了一个统一的过程，从欧美国家的国内统一开始，很快在国际间达到统一，最终形成国际商会《跟单信用证统一惯例》（Uniform Customs and Practice for Documentary Credit，UCP）。2007 年 7 月 1 日起，国际商会开始实施新的跟单信用证统一惯例，即 UCP600。该惯例对信用证业务的一系列问题予以较为全面的规范。

一、信用证的定义及含义

《跟单信用证统一惯例》（UCP600）第 2 条将信用证定义为："信用证是指任何一项约定，不论其名称或描述如何，它是一项不可撤销的且由此构成开证银行确定的承诺，即开证银行保证向相符的提示予以承付。""开证银行是指依据申请人的请求或代表自己开立信用证的银行。""承付（honour）是指：① 若信用证为即期付款信用证，则应立即付款；② 若信用证为延期付款信用证，则应作出延期付款的承诺，且在到期日付款；③ 若信用证为承兑信用证，则应承兑受益人开立的汇票，且在到期日付款。"

由上述定义可以看出，信用证是一种银行开立的有条件的承诺付款的书面文件，即信用证是开证银行对受益人的一种保证，只要受益人履行信用证所规定的条件，则开证银行保证付款。

根据上述定义，我们可以得出信用证的含义包括以下五点。

（一）信用证是开证银行以自己的信用向受益人所作的一项书面承诺或保证

这项承诺或保证是否可靠，唯一可以判断的依据是开证银行的资信。资金雄厚、作风正派、信用良好的开证银行开立的信用证，才可能对付款起到可靠的保证作用。因此，受益人最关心的是开证银行的资信问题。

（二）信用证是银行信用为商业信用所作的一种担保

信用证多是开证银行依照申请人的请求而开立的，信用证的要求、指示、付款、金额等条款，其依据是申请人的开证申请书所列的内容，它也是基础合同（买卖合同）的主要内容，该合同内容能否得到履行，则依赖于买卖双方的商业信用。信用证的开立将这种商业信用转化为一种银行信用，即银行信用为商业信用所作的一种担保。

（三）信用证是有条件的付款承诺或保证

开证行保证付款并非是无条件的，它必须是在受益人完全履行了信用证规定的条件下，才保证付款。因此，对受益人来说，只有履行了信用证规定的条件，才能享有开证行保证付款的保障，即取得信用证所赋予的取款权利。相反，若受益人没有履行信用证的条件，则开证行不承担付款责任。

（四）开证银行的付款形式是多样的

开证行对于受益人予以付款，可以是付款给受益人或其指定人；开证行既可以是自己直接付款，也可以是授权另一银行进行付款或议付。

（五）开证银行既可以在接受请求后开证，也可以主动开证

几乎所有的信用证都是银行根据开证申请人的请求而开立的，但银行也可以自己的名义主动开证。银行自己主动开证，由此产生的信用证仍构成开证行的同样承诺，受益人所享受的信用证项下的权利不受影响。

二、信用证的性质及特点

由于信用证是由银行依自己的信用开立的向受益人保证付款的承诺，因此，信用证是一种银行信用（bank credit），并具有与其他支付方式不同的特点。

（一）开证银行负第一性的付款责任

依据 UCP600 第 2 条的上述规定，信用证是一项不可撤销的且由此构成开证银行确定的承诺，即开证银行保证向相符的提示承付。由此可见，信用证的开证银行是第一付款人，不同于银行只负第二性付款责任的一般担保业务。尽管开证银行是应开证申请人的请求而开立信用证的，但其对受益人的付款责任是一种独立责任。受益人可凭规定的相符单据直接向开证行要求承付，而无须要求开证申请人付款。即使开证申请人未履行其义务或已经失去偿付能力，只要受益人提交了相符的单据，开证行仍然必须承付。因此，在信用证支付方式下，开证行是主债务人，其对受益人承担独立的付款责任，总是处于第一付款人的地位。换言之，开证行与受益人之间的法律关系独立于开证行与开证申请人之间的关系之外。

（二）信用证是一种独立的自足文件

UCP600 第 4 条“信用证与合同”规定：“按其性质，信用证是独立于可能作为基础交易的买卖合同或其他合同之外的交易。即使信用证中含有关于该合同的任何援引，

银行也与该合同完全无关或不受该合同的约束。因此，银行承付、议付或履行信用证项下的任何其他义务的承诺，不受申请人提出的因其与开证银行或与受益人之间关系而产生的索赔或抗辩的约束；受益人在任何情况下，不得利用银行之间或申请人与开证银行之间所存在的合同关系；开证银行应劝阻申请人试图将基础合同、形式发票及类似的文件包含在信用证中作为信用证整体的组成部分。”

上述规定充分体现了信用证的独立性原则（Independence Principle），或称自治性原则（Autonomy Principle），即信用证独立于其基础合同（如申请人与受益人之间的买卖合同）。尽管信用证的开立是以买卖合同为依据的，但它一经开出，就成为独立于买卖合同之外的另一契约，不受买卖合同的约束，开证行和其他参与信用证业务的其他银行只按信用证的规定办事。开证行不能利用申请人根据买卖合同对受益人所享有的抗辩对抗受益人；而申请人亦不得要求从信用证款项中扣除其向受益人提出的违约索赔；受益人也不能以完全履行了买卖合同项下的义务为由要求开证行付款。同时，开证行也不能利用它与申请人之间的关系中所存在的抗辩对抗受益人；受益人也不能利用开证行与申请人间的关系而从中受益。上述规定的最后一款是 UCP600 的新增条款，其目的是以避免银行在审核单据时，不得不越过单据本身去涉及与信用证交易相独立的基础交易而给银行审单造成一定障碍。

（三）信用证是一种单据买卖（Banks deal with only documents instead of goods）

在信用证之下，银行实行的是凭单付款原则。UCP600 第 5 条规定，在信用证业务中，银行处理的是单据，而不是与单据有关的货物、服务或履约行为。因此，在信用证业务中，单据是决定能否付款的唯一依据。银行的责任仅仅是审核单据，若与信用证条款相符则予以承付；反之，银行有权拒绝承付。银行无须理会单据以外的其他任何问题。即使货物与单据或合同不一致，也不影响银行的承付责任，申请人只能根据买卖合同和有关单据向受益人或有关责任方索赔。反之，即使货物与单据及合同完全相符，提示的单据与信用证规定不符，银行同样有权拒绝承付。为此，UCP600 第 14 条“审核单据的标准”规定，银行必须仅仅依据单据审核提示，以决定单据是否在表面上构成相符的提示。所以，在信用证条件下，银行不仅要求做到“单证一致”，即受益人提示的单据在表面上与信用证规定一致；“单单一致”，即受益人提示的各种单据之间表面上也要一致；还要求做到“单内一致”，即受益人提示的每一种单据内的相关内容不得相互矛盾。①因此，银行对任何单据的形式、完整性、真实性、虚假性或法律效力，或对于单据中载明的或附加的一般或特殊条件，概不负责；银行对任何单据中所代表的货物的描述、数量、重量、品质、状况、包装、交货、价值或存在与否，或对货物发货人、承运人、货运代理、收货人，或货物的保险人或任何其他人的诚信、行为或疏忽、清偿能力、履约或资信状况，概不负责。②

信用证的上述特点，通常被称为信用证的独立抽象性原则，这一原则是信用证交易的最基本原则。该原则于 20 世纪初就为英美判例所确立，并为国际商会所采纳。目前，

---

① 参见 UCP600 第 14 条第 4 款。

② 参见 UCP600 第 34 条。

该原则已获得世界范围的承认和接受，且已成为国际贸易中信用证结算的常识。

信用证独立性原则有其内在合理性与必要性：

(1) 它充分保护受益人利益。

(2) 它考虑银行的处境。

(3) 它促进信用证交易的顺利进行。

(4) 它合理照顾中介银行的利益。

三、信用证的作用

从上述信用证的特点可以看出，信用证作为一种国际贸易结算方式，具有其他方式不可比拟的优点，尤其是将托收方式中由进口商履行的付款责任，转由银行履行，保证了进出口双方的货款和代表货物的单据不致落空，同时又使双方在资金融通上获得便利；而参与信用证业务的有关银行同样也取得了实惠。因此，信用证对促进国际贸易的顺利发展及对金融业务的扩大发挥了极为重要的作用，其表现有以下几方面。[①]

（一）信用证对出口商的作用

出口商是信用证支付方式的最大受益者，信用证对促进出口贸易的发展起到了重要的推动作用。

首先，信用证可保证出口商的货款取得安全保障。其次，信用证使出口商获得了外汇保障。再次，信用证增加了出口贸易的稳定性。最后，信用证可使出口商获得融资便利。

（二）信用证对进口商的作用

以信用证作为国际贸易付款方式同样也会使进口商获得一定好处，对控制出口商按时履约、提供交易安全保障以及融资等方面也发挥不同程度的作用。

首先，信用证可以控制出口商按时交货。其次，信用证为进口商提供一定的交易安全保障。最后，信用证可为进口商融资提供一定的便利。

（三）信用证对银行的作用

银行参与信用证交易也为其带来一定利益。作为议付行的出口地银行参与信用证业务，一方面扩大其业务量，获得商业利润；另一方面接受议付后，只要单据符合信用证的规定，议付行可以从开证行那里获得偿付。即使开证行拒付，议付行可向受益人追索垫款或凭货运单据处理货物以补偿垫款。因此，议付行参与信用证业务只有获利，基本上没有风险。

作为承担第一性付款责任的开证行，一旦接受进口商的请求开立了信用证，他贷出的是信用而非资金，向受益人付款后可从进口商那里获得偿付，而无须占用自有资金。因此，开证行参与信用证业务可以扩大其业务量，增加收益。尽管开证行以银行信用代替进口商的信用，可能会面临一定的风险，但开证行可通过各种措施分散这一风险，如向进口商要求提供担保、押金等。若进口商不偿付开证行，开证行还可以凭货运单据处理货物来补偿损失。

---

① 左晓东．信用证法律研究与实务．北京：警官教育出版社，1993：22-26.

四、信用证的分类

信用证是在商业习惯的基础上，为了适应国际商务活动，尤其是国际贸易结算的需要而产生和发展起来的一种国际结算方式。由于商务与贸易的客观需要是多种多样的，因而信用证的形式、种类也是不同的。不同种类的信用证有不同的特点，其使用也有较大差别。从广泛意义讲，信用证可分为以下几类：

（一）按照信用证使用目的的不同，信用证可分为商业信用证、备用信用证和旅行信用证

1. 商业信用证（Commercial Credit）

商业信用证是指以清偿贸易债务为目的而由开证银行向受益人（卖方）开立的信用证。英美国家一般认为商业信用证和跟单信用证（documentary credit）是同一概念，其理由是商业信用证均规定出口商必须提交货运单据。日本也认为商业信用证完全可以理解为与跟单信用证相同。

2. 备用信用证（Standby Letter of Credit）

备用信用证又称担保信用证或保证信用证等，是一种银行保证性质的支付承诺，与保函类似却不同于保函。备用信用证具有多种用途，通常用于借款保证、投标保证、履约保证、赊购保证等。备用信用证无论在使用目的还是使用程序上，同用于贸易债务清偿的跟单信用证都存在很大的区别。国际商会 UCP 将备用信用证与跟单信用证一起规定于《跟单信用证统一惯例》中，但之后，国际商会又出版并实施了 ISP98（《国际备用证惯例》）。国际商会的 UCP 既适用于跟单信用证，也适用于备用信用证，而且备用信用证的运用有时与贸易有关。因此，在同一笔交易中，它就和跟单信用证起着互相区别而又互相补充的作用。

3. 旅行信用证（Travelers Letter of Credit）

旅行信用证是银行为使其顾客在国外旅行中，能随时取得所需的旅费和杂费而开立的信用证。为了解决到国外旅行随身携带大量现金不便的问题，顾客启程前可向银行申请开立旅行信用证，证内除规定有数额和有效期外，还列有开证行在各地受理信用证业务的代理行或联行的名单，以备顾客选用。

（二）按照是否要求提交货运（或商业）单据作为付款条件，信用证可分为光票信用证和跟单信用证

1. 光票信用证（Clean Credit）

光票信用证主要用于非贸易结算，如支付工资、旅费、佣金、使用费等。此时一般将其视为汇款的一种工具。在国际贸易中，若使用光票信用证，因没有货运单据作为担保，只能依靠出口商的信用，因此，开证行可能会面临较大风险，除非进口商信用较高，通常银行不轻易开立这种信用证。通常情况下，只是在贸易从属费用的结算中使用，如货款余额、样品费等。但这种信用证常用于一个公司内部之间的交易，如总公司与分公司之间，或分公司之间的交易结算。

2. 跟单信用证（Documentary Credit）

跟单信用证是开证行凭跟单汇票或仅凭信用证规定的单据付款的一种信用证。这里的“单据”一般是指代表货物所有权的单据，如海运提单，或证明货物已交运的单据，

如铁路运单、航空运单、邮包收据等，以及与货物有关的其他单据，如发票、保险单、检验检疫证书等。国际贸易中所使用的信用证绝大多数是跟单信用证。本书所研究的信用证重点为跟单信用证。

第二节　信用证的格式与基本内容

一、信用证格式

目前，信用证的格式并不统一。国际商会也多次拟定和修改标准信用证格式。《最新国际商会标准跟单信用证格式》（ICC516，简称“516 格式”）是国际商会为配合 UCP 制定的格式。“516 格式”分为“跟单信用证格式——致受益人”，和“跟单信用证格式——致通知行”以及“跟单信用证修改格式”。

二、信用证的基本内容

虽然世界各国银行并没有完全依照国际商会的统一格式开立信用证，但其内容基本相同。信用证一般包括以下内容。

（一）信用证的当事人和关系人

信用证业务中，通常涉及下列当事人和关系人。

1. 申请人（Applicant）

申请人是指，请求开立信用证的一方。它通常是买卖合同中的当事人，即买方或进口商，而不是信用证的当事人，一般称之为信用证的关系人；但与开证银行存在合同关系：开证申请书是其与开证银行之间的合同。申请人支付信用证业务活动中的费用并从银行取得提取货物的全部单据。

2. 开证行（Issuing Bank/Opening Bank/Establishing Bank）

开证行是指，依据申请人的请求或代表自己开立信用证的银行，它是信用证的当事人之一。银行通常依据进口商的申请开证，也可自己主动开证，其性质完全相同。开证行通过开证承担了根据受益人提交的相符单据付款的全部责任。开证行成为信用证中的第一付款人，即银行信用代替了商业信用。

3. 通知行（Advising Bank/Notifying Bank）

通知行是指，在开证行的请求下通知信用证的银行。在可转让信用证中，可能出现另外的通知行，称为“second advising bank”（第二通知行），UCP600 赋予其与“advising bank”相同的义务。这是对“advising bank”定义的补充。通知行一般为出口商所在地的银行。通知行的义务是，将信用证或修改通知受益人并确保信用证或修改的表面真实性，且其通知准确地反映了其收到的信用证或修改的条款。[1]

4. 受益人（Beneficiary）

受益人，是指享受已开立信用证利益的一方。受益人是买卖合同的当事人，即买卖合同中的卖方或出口商，也是信用证的一方当事人。它的利益获得信用证的最大保护，

---

① 参见 UCP600 第 9 条。

它与开证银行是合同关系，信用证是其双方的合同。信用证中的受益人还可用以下词语表示：in favor of；in one's favor；favoring yourselves。

5. 付款行（Paying Bank/Payment Bank）

付款行是信用证中指明的履行承付责任的银行，通常为开证行或其指定的银行。

6. 议付行（Negotiating Bank/Negotiation Bank）

议付行是开证行指定的或自愿买入出口商信用证项下单据和汇票的银行。由开证行指定的银行作为议付行的信用证为“限定议付信用证”。若信用证未指定议付行，则任何一家银行都可以议付出口商的信用证，这种信用证往往在信用证中规定“Negotiation with any bank”（可在任何银行议付）。

7. 保兑行（Confirming Bank）

保兑行，是指依据开证行的授权或请求对信用证加具其保兑的银行。因此，保兑行的保兑行为必须得到开证行的授权或请求，否则视为“局外保兑”，不适用 UCP 的相关规则。它具有与开证行相同的责任和地位，对受益人独立负责。保兑行一旦对相符的单据承付后，即使开证行倒闭或无理拒付，都不能向受益人追索。

8. 偿付行（Reimbursing Bank）

偿付行，是指信用证上指定的对议付行或代付行进行偿付的银行，一般是开证行指定的账户行。

（二）开证地点和日期（Place and Date of Issue）

开证地点是指开证行所在地；开证日期是指信用证开立的日期。依据 UCP600 第 7 条，开证行自开立信用证时起，即不可撤销地受承付责任的约束。该规定明确了开证行责任的开始时间。

（三）有效期及到期地点（Expiry Date and Place）

信用证的有效日期及到期地点的写法，如，2016. 09. 30 at New York；2016. 11. 21. in China。信用证到期地点应与被指定银行所在地一致。

（四）信用证的种类（Form of Credit）

依 UCP600，跟单信用证均为不可撤销信用证。

（五）信用证号（L/C No.）

信用证号是指开证行的信用证编号。

（六）信用证金额（Amount）

信用证中金额的写法有：“amount”（金额）；“for the amount of...”（金额……）；“to the amount of...”（金额达到……）；“in the amount of...”（金额是……）；“amounting to...”（最高金额达……）。依 UCP600，当金额前写有“about or approximately”（大约或大致）字样，应解释为 10% 的增减幅度。另外，金额应同时用大小写表示，并使用 ISO 制定的货币代号表示，如 USD 等。

（七）信用证可使用于被指定银行（Credit Available with Nominated Bank）

被指定银行，是指信用证在该银行获得使用的银行，或信用证可以在任何银行获得使用的情况下的任何银行。被指定银行通常由开证行决定，并填写其名称和地址，如通知行的名址。

根据 UCP600 的规定，信用证有四种使用方式：（1）即期付款信用证（Sight Credit）；（2）承兑信用证（Acceptance Credit）；（3）延期付款信用证（Deferred Payment Credit）；（4）议付信用证（Negotiation Credit）。

（八）汇票条款（Drafts）

汇票条款的内容包括：（1）付款期限；（2）付款人；（3）汇票金额。信用证中的汇票条款如，“Available for 100% of invoice value against your draft（s）drawn on us at sight”（凭贵公司开具以我行为付款人，按发票金额 100% 计算的即期汇票付款）。

（九）装运条款（Shipment）

信用证中，装运条款通常包括以下内容。

1. 部分装运和转船

信用证中关于部分装运和转船的规定一般有以下几种。

（1）“Partial shipment and transshipment are allowed/not allowed”（允许或不允许部分装运和转船）。

（2）“Partial shipment and transshipment are permitted/not permitted”（可以或不能部分和转船）。

（3）“Partial shipment and transshipment are prohibited”（禁止部分和转船）。

或者直接在相关项目的方框内加注“×”表示。

2. 装运港（地）和目的港（地）

例如“Shipment from Shanghai to Singapore”。在中国，CIF 或 CFR 条件下出口，信用证也可写成“Shipment from Chinese port to Singapore”。

3. 装运日期

例如“Latest date of shipment”（最迟装运日）或“Shipment must be no later than...”（不晚于……）。

（十）货物描述（Description of Goods）

信用证中关于货物的内容包括货物名称、规格、数量、包装及单价。其写法如“Evidencing shipment of 700 kgs. Net of Chinese royal jelly products by Lao Shan factory in refrigerated container at JP￥4, 510.00 per KG net CIF Kobe”（装运净重 700 公斤崂山厂生产的中国蜂王浆，装入冷冻集装箱，价格为每千克 4 510 日元 CIF 神户）。

有时合同中货物的规格品种过于繁杂，信用证也可省去货物的规格，只写明该合同号码，如“500 cartons ‘Panda’ brand Detergent（1 lb. ×30 bags per carton）under Sales Confirmation No. —”［……号售货确认书项下 500 箱“熊猫”牌洗衣粉（每箱＝1 磅×30 袋）］。

（十一）保险（Insurance）

货物的保险按贸易术语决定是由申请人还是受益人办理。如，Insurance covered by the buyers（or the sellers）。

（十二）信用证中常用的单据（Documents Requested）

信用证中常用的单据及要求如下：

“Accompanied by the following documents marked with numbers”（随附写上号码的下

列单据）：

1. 提单（Bill of Lading）

在信用证中，这一条款通常为：Full set clean " on board"，"freight prepaid" ocean bill of lading made out to order and blank endorsed marked "notify buyers"（全套清洁、"货已装船"、"运费预付"、空白抬头、空白背书的提单，并注明"通知买方"）。

2. 商业发票（Commercial Invoice；Invoice）

信用证中通常规定："Invoice is copies"（发票一式份）或"Signed commercial invoice in copies"（经签署的商业发票一式份）。

3. 保险单或保险凭证（Insurance Policy or Certificate）

以 CIF 合同出口货物，由卖方负责保险，信用证中的写法如："Insurance policy or certificate covering W. P. A. and War Risks for 110% of the invoice value"（保险单或保险凭证，按发票金额的 110% 投保水渍险和战争险）。

又如"Insurance policy or certificates in duplicate blank endorsed covering All Risks for full CIF invoice value plus 10% as per C. I. C. claims payable at"（保险单或保险凭证一式两份，空白背书，根据中国保险条款按发票金额加 10% 投保一切险，在赔付）。

4. 检验检疫证书或检验报告（Inspection Certificate）

检验检疫证书或检验报告是一种证明商品的质量、数量或其他方面的证件，由国家检验检疫部门或公证行对出口商品检验后签发。它是决定卖方所交货物的质量或数量等是否符合合同标准的依据；是拒付、索赔或理赔时的重要依据；是议付货款的装运单据之一。

5. 产地证书（Certificate of Origin）

产地证书是一种证明货物原产地或制造地的文件。国外来证要求提供产地证，主要是便于确定对货物应征收的税率。如规定："Certificate of origin in copies issued by CCPIT"（由中国国际贸易促进委员会签发的原产地证明书一式份）。

6. 重量单或装箱单（Weight Memo（Note）or Packing List）

重量单或装箱单是说明每件货物的毛重、净重的证件；是商业发票的补充，由卖方出具。其写法如："Weight memo（note）or packing list in copies indicating gross and net weights of each package"（重量单或装箱单一式份，注明每件货物的毛重和净重）。

又如"Detailed packing list specifying net weight，gross weight and measurement of each package in metric system in duplicate required"（需要详细写明每件货物公制净重、毛重和尺码的装箱单一式两份）。

7. 装船通知（Advice of Shipment）

交货后，卖方应发电报或电传通知买方载货船只名称、开航日期、商品名称、所交数量、货物规格、合同号、信用证号等内容，以便买方做好提货的准备。

关于装船通知，信用证的写法如："A telex from sellers advising the buyers of the shipment date，the name and the quantity of goods，and the name of the carrying vessel"（卖方将装运日期、商品名称和数量，以及载货船只名称通知买方的电传）。

（十三）银行费用条款（Banking Charges）

信用证一般都规定"All banking charges other than the issuing bank are for of beneficiary's account"（开证行以外的所有银行费用由受益人承担）。

（十四）开证行对议付行的指示（Instructions of Issuing Bank to Negotiating Bank）

开证行对议付行的指示一般包括以下内容。

1. 议付金额背批条款

开证行要求议付行对每次议付的金额要在信用证的背面做好记录，如规定"The amount of each drawing must be endorsed below."（每份汇票的议付金额须在本证背面签注）。

2. 寄单方法

信用证要求受益人提供的单据一般都是一式几份，所以开证行要指示议付行，如何将这些单据分几次以何种方式寄给它，如规定"All documents to be dispatched to us in two lots"（将所有的单据分两次寄交我行）。

3. 索偿的办法

即开证行指示议付行，如何向其或其指定银行索偿货款，如规定"In reimbursement, We shall reimburse you in accordance with your instructions."［我行（开证行）将依照贵行（议付行）的指示偿付货款］。

（十五）开证行对受益人及/或汇票持有人保证付款的责任文句（Issuing Bank's Undertaking to Beneficiary and/or Bona Fide Holders）

如"We hereby engage with beneficiary and/or bona fide holders that drafts drawn and negotiated in conformity with the terms will be duly honored on presentation."（我行向受益人及/或善意持票人保证凡按照规定条款开立和议付的汇票向受票人提示时均可兑付）。

（十六）开证行受UCP惯例约束的条款（Credit Being Subject to UCP600）

按UCP规定，信用证均应有适用UCP的条款或文句。许多国外银行开立的信用证通常都载有下列条款："This credit is subject to Uniform Customs and Practice for Documentary Credits International Chamber of Commerce Publication No. 600"（本信用证受国际商会第600号出版物的跟单信用证统一惯例约束）。但信用证如系通过SWIFT系统开立或通知的，由于这种信用证必须遵守SWIFT使用手册和国际商会UCP600的规定，因此，在这种信用证中可省去银行的承诺条款和适用UCP600的文句。

（十七）开证行签章（Signature of Issuing Bank）

开证行应在信用证的最后一页右下方签字。

第三节 信用证的开证申请及开立方式

若买卖双方在贸易合同中约定采用信用证方式支付货款，当合同签订后，进口商应在合同规定的期限内，向银行申请开立信用证。若银行接受进口商的开证申请，则该银行将选择适当的方式开立信用证。

一、开证申请

当开证申请人（进口商）申请银行开证时，必须按银行提供的开证申请书格式，填写相关内容，并与 UCP 的规定相符。该申请书是开证行与开证申请人之间的合同，若日后出现纠纷，则该合同是解决申请人与开证行之间纠纷的法律依据之一。因此，开证申请人必须谨慎填写申请书，开证行必须依据该申请书开立信用证。

二、信用证开立方式

信用证的开立方式，有信开信用证（Credit Opened by Airmail）、电开信用证（Credit Opened by Telecommunication）以及 SWIFT 信用证。①

（一）信开信用证（Credit Opened by Airmail）

信开信用证是指，开证行以信函格式开立信用证后，以邮寄的方式将信用证传递给通知行，由通知行对该信用证的真伪性予以核验，然后再由通知行将其转交受益人。随着电讯技术的发展，目前已几乎不使用信开信用证。

（二）电开信用证（Credit Opened by Telecommunication）

电开信用证是指，开证行以电讯方式开立和传递的信用证。电讯方式包括加押电报、加押电传和 SWIFT。通常情况下，信用证首先传至通知行，经其核押后再将电开信用证通知受益人。多数通知行在核押无误后，加注“Test Authenticated”标记，以证明信用证的真实性。但若无此标记，通常视为真实信用证。

电开信用证又分为简电开证和全电信用证。

1. 简电开证（Brief Cable Credit）

简电开证是指，开证行将信用证的主要内容以电讯方式传递给通知行，由其传递受益人，之后再将信用证证实书（Confirmation）传递给通知行，由其传递受益人。简电开证又称“预先通知信用证”（Pre-advice Credit）。对此，UCP600 第 11 条规定：“若开证行准备开立有效的信用证或作出修改时，开证行才能发出开立信用证或作出修改的初步通知（预先通知）。发出预先通知的开证行应不迟延地、不可撤销地承诺以与预先通知不矛盾的条款开立有效的信用证或作出修改。”

根据 UCP600 的上述规定，简电或预先通知信用证不是有效的信用证文件，即受益人不能凭以发货，银行不能凭以付款、承兑或议付。开证行在发出简电或预先通知信用证后，必须及时地将信用证证实书（有效信用证文件）寄送通知行，由其转递受益人，凭以发货，银行凭以付款、承兑或议付。

同时 UCP600 第 11 条第 1 款规定：

“经证实的电开信用证或修改将被视为是有效的信用证或修改，任何随后的邮寄确认书将不予理会。”“若电讯传递中声明‘详情后告’（或类似词语），或声明以邮寄确认书为有效的信用证或修改，则该电讯传递不被视为有效的信用证或修改。此后，开证银行必须不迟延地以与电讯传递不相矛盾的条款开立有效的信用证或作出修改。”

---

① 苏宗祥，景乃权，张林森．国际结算．3 版．北京：中国金融出版社，2004（第八章第八节：信开、电开、SWIFT 开立信用证和 eUCP）；庄乐梅．国际结算实务精要．北京：中国纺织出版社，2004（第四章第四节：信用证的种类）．

2. 全电信用证

它是指开证行以电讯方式开立完整的、有效的信用证，无须再寄送证实书。多数电开信用证都是全电信用证。有些银行在电文中表明：This cable is the operative credit instrument and no mail confirmation will follow，以示为有效信用证文件。

（三）SWIFT 信用证

SWIFT，中文为“环球银行间财务电讯协会”。该组织成立于 1973 年，专门从事传递各国之间的非公开性的国际间的财务电讯业务，其中包括开立信用证、办理信用证项下的汇票业务等。现在全世界有 1 100 多家银行参加了该机构。目前，中国多家银行参加了该协会。凡是利用 SWIFT 系统设计的特殊格式，通过 SWIFT 开立或通知的信用证称为 SWIFT 信用证，也称为“环银电协信用证”。

SWIFT 电讯不仅具有标准化、格式化和规范化等特点，且传递速度快捷，成本较低。因此，被各国和各地区的银行广泛使用。我国银行在电开信用证或收到的信用证电开本中，SWIFT 信用证已经占很大比重。

SWIFT 电文是格式化的，用 0～9 的数字区别电文业务性质。0 代表 SWIFT 系统电报，1 代表客户汇款与支票（Customer Payment & Cheques），2 代表银行头寸调拨（Financial Institution Transfers），3 代表外汇买卖、货币市场及衍生工具（Foreign Exchange，Money Markets & Derivatives），4 代表托收业务（Collection & Cash Letters），5 代表证券业务（Securities Markets），6 代表贵金属和银团贷款业务（Precious Metals and Syndications），7 代表跟单信用证和保函（Documentary Credits and Guarantees），8 代表旅行支票（Travelers Cheques），9 代表银行和客户账务（Cash Management & Customers Status）。每一类包含若干组（Group），每一组又包含若干格式（Type），每个电报格式代号由三位数字构成。如 MT 700 代表信用证业务，其中，电文第一位数字代表业务，第二、第三位也分别代表不同的意思。

电讯传递安全可靠。每一电讯都得到 SWIFT 的发妥或未发妥证实，在未发妥证实中指出未发妥的原因，同时电脑对收发电序号进行严格控制。自动加核密押。SWIFT 密押（SWIFT Authentication Key）独立于电传密押之外，由 SWIFT 电脑自动完成编押、核押工作。SWIFT 密押的组成，不仅根据电文中的货币名称、金额、日期等，而且以电文中的每一个字符作为编押的依据，在每份电讯之后写上自动核押 SAC 字样，即 SYSTEM AUTHENTICATION CORRECT. 高速度、低费用。SWIFT 的路线速度为普通电讯的 48～192 倍，每份电讯的费用为普通邮件的 2/3 左右，约为电传的 1/7。

信用证通常可由以几种电文来完成：

MT 700/701	开立信用证
MT 705	跟单信用证预先通知
MT 707	跟单信用证的修改
MT 710/711	通知由第三家银行或非银行开立的信用证
MT 720/721	跟单信用证的转让
MT 730	确认
MT 732	单据已被接受的通知

MT 734 拒付通知
MT 740 偿付授权
MT 742 索偿
MT 747 修改偿付授权
MT 750 通知不符点
MT 752 授权付款、承兑或议付
MT 754 已付款、承兑或议付的通知
MT 756 通知已偿付或付款

开立 SWIFT 信用证的格式代号是 MT 700 和 MT 701（701 格式是在 700 格式不够使用时增添使用的）及信用证修改书 MT 707。

附一：MT 700 实例

CHINA ×××× BANK SWIFT MESSAGE CONTENT 2008-07-02 16：47：37

Message Type : 700 Issue of a Documentary Credit
FIN/Session/ISN : F01. SS. . SEQ.
Priority/Obsol. Period : Normal/100 Minutes
Sender : CMBCCNBSA201
CHINA ×××× BANK BEIJING
Receiver : GEBAHKHHXGCG
FORTIS BANK，HONG KONG BRANCH
HONG KONG（GLOBAL COMMODITIES GROUP）
MUR : IS11008070200280

27/Sequence of Total
1/1
40A/Form of Documentary Credit
IRREVOCABLE
20/Documentary Credit Number
110LC0801390
31C/Date of Issue
080702
40E/Applicable Rules
UCP LATEST VERSION
31D/Date and Place of Expiry
080831HONGKONG
50/Applicant
×××× IMPORT AND EXPORT CO.，LTD.

8/F., CHINATEX MANSION, NO. 20 JIANGUOMENNEI STREET, BEIJING, CHINA

59/Beneficiary

××××TRADING LTD. ROOMS 2003-2005, 20/F., GREAT EAGLE CENTRE, 288 HARBOUR ROAD, WANCHAI, HONGKONG

32B/Currency Code, Amount

USD1 105 660

39A/Percentage Credit Amount Tolerance

06/06

41D/Available With ... By ...

ANY BANK IN HONGKONG BY NEGOTIATION

42C/Drafts at...

90 DAYS AFTER SIGHT FOR 100PCT OF INVOICE VALUE QUOTING DATE AND NO. OF THIS CREDIT

42A/Drawee

XYZCCNBS201 CHINA STREET, ×××× BANK, BEIJING

43P/Partial Shipments

ALLOWED

43T/Transshipment

ALLOWED

44E/Port of Loading/Airport of Departure

ANY PERUVIAN PORT (S)

44F/Port of Discharge/Airport of Destination

XINGANG, CHINA

44C/Latest Date of Shipment

080731

45A/Description of Goods and/or Services

COMMODITY: PERUVIAN FISHMEAL

SPECIFICATIONS:

PROTEIN: 65 PCT BASIS

FAT: 12 PCT MAXIMUM

MOISTURE: 10 PCT MAXIMUM

SALT AND SAND COMBINED: 5 PCT MAXIMUM

WITH SAND ALONE: 2 PCT MAXIMUM

ANTIOXIDANT: 100 PPM MINIMUM AT THE TIME OF LOADING

QUANTITY: 1000 METRIC TONS. GROSS FOR NET.

PACKING: PACKED IN NEW POLYPROPYLENE WOVEN BAGS, EACH CONTAINING APPROX. 50 KILOS, GROSS FOR NET. THE BAGS ARE SOUND AND SUITABLE FOR OCEAN TRANSPORTATION. THE BAGS ARE PROPERLY MARKED

WITH THE NAME OF COMMODITY, WEIGHT, COUNTRY OF ORIGIN AND DATE OF PACKING IN ENGLISH.

UNIT PRICE: USD1 105.66 PER METRIC TON, CFR XINGANG, CHINA, GROSS FOR NET.

46A/Documents Required

1. SIGNED COMMERCIAL INVOICE IN QUINTUPLICATE (THREE ORIGINALS AND TWO COPIES) ISSUED BY THE BENEFICIARY INDICATING L/C NO. AND CONTRACT NO. PEFMS808140.

2. FULL SET OF CLEAN ON BOARD OCEAN BILLS OF LADING, CONSISTING OF THREE ORIGINALSAND THREE NON. NEGOTIABLE COPIES, MADE OUT TO ORDER AND BLANK ENDORSED, MARKED 'FREIGHT PREPAID' AND NOTIFY APPLICANT.

3. ORIGIN CERTIFICATE IN QUINTUPLICATE (ONE ORIGINAL AND FOUR COPIES) INDICATING THE COUNTRY OF ORIGIN PRODUCING THE FISHMEAL ISSUED BY SGS DEL PERU S. A. C. AND/OR OTHER INDEPENDENT SURVEYOR (S).

4. TECHNICAL INSPECTION OF THE PROCESS AND BACTERIOLOGICAL EXAMINATION OF THE PRODUCT IN QUINTUPLICATE (ONE ORIGINAL AND FOUR COPIES) INDICATING THE FISHMEAL IS FREE OF SALMONELLA AND SHIGELLA AND LIVE INSECT PESTS AS WELL AS FREE OF MAMMALBONES AND/OR MAMMALBONE SLIVERS AND ARE IN GOOD AND SOUND CONDITION ISSUED BY SGS DEL PERU S. A. C. AND/OR OTHER INDEPENDENT SURVEYOR (S).

5. CERTIFICATE OF SAMPLING/ANALYSIS IN QUINTUPLICATE (ONE ORIGINAL AND FOUR COPIES), INDICATING THE CONTENT OF PROTEIN, FAT, MOISTURE, SALT AND SAND COMBINED, SAND ALONE, AND THE ANTIOXIDANT AND INDICATING THAT THE FISHMEAL IS NOT CAKING AND MOULDING AT THE TIME OF LOADING ISSUED BY SGS DEL PERU S. A. C. AND/OR OTHER INDEPENDENT SURVEYOR (S).

6. SANITARY CERTIFICATE OF FISHMEAL IN QUINTUPLICATE (ONE ORIGINAL AND FOUR COPIES) ISSUED BY SGS DEL PERU S. A. C. AND/OR OTHER INDEPENDENT SURVEYOR (S).

7. CERTIFICATE OF PACKING IN QUINTUPLICATE (ONE ORIGINAL AND FOUR COPIES) ISSUED BY SGS DEL PERU S. A. C. AND/OR OTHER INDEPENDENT SURVEYOR (S).

8. CERTIFICATE OF WEIGHT IN QUINTUPLICATE (ONE ORIGINAL AND FOUR COPIES), INDICATING THE NUMBER OF BAGS AND THE ACTUAL WEIGHT LOADED ISSUED BY SGS DEL PERU S. A. C. AND/OR OTHER INDEPENDENT SURVEYOR (S).

9. PACKING LIST IN QUINTUPLICATE (THREE ORIGINALS AND TWO COPIES) ISSUED BY THE BENEFICIARY.

10. PRE. SHIPMENT SURVEY REPORT IN QUINTUPLICATE (ONE ORIGINAL AND FOUR COPIES) INDICATING THAT THE CARGO SHIPPED ON BOARD OF THE CARRYING VESSEL HAS BEEN TREATED WITH ANTIOXIDANT, BAGGED AND STORED IN A WELL VENTILATED PLACE ISSUED BY SGS DEL PERU S. A. C. AND/OR OTHER INDEPENDENT SURVEYOR (S).

11. CERTIFICATE OF NON. WOOD PACKING MATERIALS ISSUED BY BENEFICIARY IN QUINTUPLICATE (ONE ORIGINAL AND FOUR COPIES).

12. BENEFICIARY'S CERTIFICATE CERTIFYING ONE ORIGINAL AND FOUR COPIES OF HEALTH CERTIFICATE INDICATING THAT 'THE FISHMEAL IS ORIGINATED FROM FISH CAUGHT IN PERUVIAN WATER AND IT DOES NOT CONTAIN OTHER ANIMAL FEEDS INGREDIENTS FROM THIRD COUNTRIES AND IT WAS NOT CONTAMINATED BY THIRD COUNTRY ANIMAL FEEDS INGREDIENTS WITH ENGLISH AND CHINESE TRANSLATION ATTACHED ISSUED BY INSTITUTE TECNOLOGICO PESQUERO DEL PERU. SERVICIO NACIONAL DE SANIDAD PESQUERA AND/OR OTHER GOVERNMENT AUTHORITY (IES), PERU AND ONE ORIGINAL AND FOUR COPIES OF CERTIFICATE OF ORIGIN ISSUED BY LIMA CHAMBER OF COMMERCE HAVE BEEN COURIER TO APPLICANT DIRECTLY.

47A/Additional Conditions

1. BENEFICIARY'S CERTIFICATE ADDRESSED TO ISSUING BANK CONFIRMING THEIR ACCEPTANCE OR NON. ACCEPTANCE OF ALL AMENDMENTS MADE UNDER THIS CREDIT QUOTING RELEVANT AMENDMENT NO. IF THE CREDIT HAS NOT BEEN AMENDED, SUCH CERTIFICATE IS NOT REQUIRED.

2. ONE EXTRA PHOTOCOPY OF INVOICE AND TRANSPORT DOCUMENTS ARE REQUIRED FOR ISSUINGBANK'S REFERENCE. IF SUCH COPIES NOT PRESENTED, A FEE FOR USD10.00 OR ITS EQUIVALENCE WILL BE DEDUCTED UPON PAYMENT.

3. A FEE OF USD75.00 OR ITS EQUIVALENCE, AND RELATIVE TELEX CHARGES ARE FOR ACCOUNT OF BENEFICIARY AND WILL BE DEDUCTED FROM THE PROCEEDS ON EACH PRESENTATION OF DISCREPANT DOCUMENTS, IF ANY.

4. ALL SHIPPING DOCUMENTS SHALL BE WRITTEN IN ENGLISH OR SPANISH TOGETHER WITH ENGLISH TRANSLATION ATTACHED.

5. 6PCT MORE OR LESS IN BOTH QUANTITY AND L/C AMOUNT ALLOWED.

6. THIRD PARTY DOCUMENTS ARE ACCEPTABLE EXCEPT COMMERCIAL INVOICE AND DRAFT.

7. THE ISSUANCE DATE OF ALL CERTIFICATES LATER THAN BILL OF LADING DATE ARE ACCEPTABLE BUT THE INSPECTION DATE/SAMPLING DATE, IF

ANY, MUST NOT LATER THAN BILL OF LADING DATE.

8. ANY DEFICIENCY IN PROTEIN BELOW 64PCT SHALL BE ALLOWED AT THE RATE OF ONE TO ONE BASIS PER UNIT OF PROTEIN WITH A PROPORTIONAL ALLOWANCE FOR EACH FRACTION OF A UNIT. FOR THIS PURPOSE THE VALUE OF A UNIT OF PROTEIN SHALL BE DETERMINED BY DIVIDING THE UNIT PRICE BY THE WARRANTED PERCENTAGE OF PROTEIN. ANY SHORT DRAWING UNDER CREDIT AMOUNT AS A RESULT OF SUCH DEDUCTION IS ACCEPTABLE. PROTEIN CONTENT ON OR ABOVE 64PCT ACCEPTABLE, BUT BELOW 63PCT IS NOT ACCEPTABLE.

9. IF ANY EXCESS OF FAT, MOISTURE, SALT AND SAND COMBINED, SAND ALONE OF THE FISHMEAL SUPPLIED BY THE BENEFICIARY SHIPPED AT LOADING PORT (S) IS ABOVE THE WARRANTIES SPECIFIED IN THE SPECIFICATIONS OF THIS CREDIT, THE BENEFICIARY SHALL MAKE A DEDUCTION OF ONE PERCENT OF THE UNIT PRICE PER EACH PERCENT IN EXCESS FROM THE INVOICE VALUE, FRACTION IN PROPORTION. ANY SHORT DRAWING UNDER CREDIT AMOUNT AS A RESULT OF SUCH DEDUCTION IS ACCEPTABLE. SALT CONTENT ABOVE 5PCT IS NOT ACCEPTABLE.

10. HOUSE BILL OF LADING NOT ACCEPTABLE.

11. APPLICANT'S TEL: 86-10-652850×× FAX: 86-10-652850××.

71B/Charges

ALL BANKING CHARGES OUTSIDE ISSUING BANK (INCLUDING FINANCING INTEREST) AND ALL RELATIVE REIMBURSEMENT/PAYMENT CHARGES ARE FOR BENEFICIARY'S ACCOUNT.

48/Period for Presentation

LATER THAN 21 DAYS AFTER SHIPMENT DATE BUT ANYWAY WITHIN THE VALIDITY OF THE CREDIT ACCEPTABLE.

49/Confirmation Instructions

WITHOUT

78/Instructions to the Paying/Accepting/Negotiating Bank

+EACH DRAWING SHOULD BE ENDORSED ON THE REVERSE OF THIS L/C AND THE PRESENTING BANK MUST EVIDENCE THIS EFFECT ON THEIR COVERING SCHEDULE.

+DOCUMENTS SHOULD BE SENT BY COURIER SERVICE IN ONE LOT TO CHINA MERCHANTS BANK, BEIJING BRANCH, INTERNATIONAL FINANCIAL CENTRE, TOWER A, NO. 156 FUXINGMENNEI STREET BEIJING CHINA
100031 TEL: 8610-664270××.

+ UPON RECEIPT OF DOCUMENTS AND DRAFTS AT OUR COUNTER IN COMPLIANCE WITH TERMS AND CONDITIONS OF THIS CREDIT, WE WILL

ACCEPT THE DRAFT AND REIMBURSE YOU AS PERYOUR INSTRUCTIONS AT MATURITY.

72/Sender to Receiver Information

/TELEBEN/

附二：MT 707 实例

CHINA ×××× BANK SWIFT MESSAGE CONTENT 2008-07-02 15:18:13

Message Type	:	707 Amendment to a Documentary Credit
FIN/Session/ISN	:	F01 . SS. . SEQ.
Priority/Obsol. Period	:	Normal/100 Minutes
Sender	:	CMBCCNBSA201 CHINA ×××× BANK BEIJING
Receiver	:	AGRIFRPP ×××× CREDIT AGRICOLE SA PARIS（HEAD OFFICE）
MUR	:	IS11008070200251

20/Sender's Reference

110LC0801076

21/Receiver's Reference

CRE194103C

31C/Date of Issue

080611

30/Date of Amendment

080702

26E/Number of Amendment

1

59/Beneficiary（before this amendment）

×××××××× TRADE CORPORATION

20，ROUTE D'ISDES BP 82 85600 SULLY

SUR LOIRE FRANCE TEL：××××××××

FAX：××××××××

31E/New Date of Expiry

080831

44C/Latest Date of Shipment

080731

79/Narrative

1. UNDER FIELD 48，PLS AMD "WITHIN 17 DAYS" AS "WITHIN 30 DAYS".

2. PLS ADD FIELD57A AS "BNPAFRPPORL"
ALL OTHER TERMS AND CONDITIONS REMAIN UNCHANGED.
72/Sender to Receiver Information
/BENCON/
/TELEBEN/

案例分析

1. 信用证与基础合同关系的纠纷案

中国A公司（进口商）与国外T公司（出口商）达成协议，以CFR贸易术语、海运及信用证支付方式进口原料。双方签订合同后，A公司根据合同内容，通过当地银行向T公司开出即期信用证。由于货物的品质规格比较复杂，信用证仅规定："品质按照××年签订的第××号购货确认书为准。"合同中对货物品质要求的关键部分是水分不能过高，标准水分6%，最高不能超过10%，若水分超过6%时，则每超过1%单价应相应下调1%。

T公司收到信用证后，按时将货物出运，并将信用证规定的全套单据送交当地银行，该银行按照有关规定，将单据寄至中国开证银行要求付款。开证行因证内关于货物的品质规格涉及买卖合同，因此通知A公司检查全套单据是否符合要求。A公司经仔细检查单据后，发现T公司提交的单据存在以下问题：商业发票关于货物的水分注明是6%，而在品质检验证书中，关于货物的水分却注明是10%。

根据以上情况，A公司一方面通知开证行暂时停止付汇，并请银行将暂停付汇的原因通过对方银行转告T公司，同时，也与T公司直接联系，说明根据买卖合同规定，由于货物的实际水分已经超过标准水分4%，所以应相应降价4%。数天后，开证行收到国外银行转来T公司的反驳意见。同时，A公司也收到国外T公司的传真，内容是要求A公司立即按照原价支付货款，对于降价问题，则置之不理。

A公司多次与T公司交涉，要求其遵照合同规定降价4%，但均遭到拒绝。A公司认为，国外T公司所交来的单据中，商业发票上注明的货物水分与检验证书上注明的货物的水分数字不一致，已构成"单据与单据"不相符。

试分析本案症结所在。

（提示：信用证规定要参照合同的做法在现行信用证业务中比较常见。这只不过是信用证不再重复引用合同中对于货物品质、规格的规定而已，并不影响信用证的独立性。

本案涉及信用证与基础合同的关系。信用证是一项自足文件，即信用证是独立于有关契约以外的法律文件。UCP600第4条有明确规定。对于本案的信用证，有一点应当特别说明，即合同内对"水分每超过1%，单价应相应下调1%"的规定是否同样适用于信用证？信用证引用货物品质、规格与引用因品质、规格变化相应增减价格的规定是有区别的。如果信用证中未明确规定增减价格，银行将不予理会合同内的相关规定，换言之，银行不得增减价格。虽然按照国际惯例，信用证与可能作为其依据的销售合同或其他合同是相互独立的交易。但由于提示的单据内容有相互矛盾之处，出口商最终不得不同意降低货价4%。最后本案以进口商A公司按原合同价的96%支付货款而结案。）

2. 银行拒付信用证款项，进口商是否也可拒收货物

中国某出口公司与外商成交一批粮食，共900公吨。合同规定，分别于8、9、10月平均装运，每月禁止分批装运，即期信用证结汇，贸易条件为CFR。出口公司于8月份装运了300公吨，顺利结汇。第二批货物因货源不足，出口商分别租用了两艘船舶，于9月10日和14日分别在天津港和大连港分别装运了150公吨货物，两份提单的卸货港为同一目的港。

开证行收到出口商的第二批货物的单据后，以单据与信用证不符为由拒付第二批货物的货款，理由是违反每月禁止分批装运的规定。

试分析：

1. 依据UCP600的规定，开证行的拒付是否有理？

2. 依据UCP600和《联合国国际货物销售合同公约》，进口商能否拒收第二批货物？

（提示：1. 依据UCP600，银行的拒付有理。出口商违反信用证不允许分批装运的规定。因此，出口商无法获得开证行的付款（信用证独立性原则）。2. 依UCP600和公约，进口商不能拒收货物。理由：信用证与买卖合同相独立。分批装运与分期装运不同参见UCP600 Art31与Art32。

《公约》第73条规定：对于分批（期）交付货物的合同，若一方当事人不履行任何一批货物的义务，对该批货物构成根本违反合同，则另一方当事人可以宣告合同对该批货物无效。

《公约》第25条：根本违反合同指一方当事人违反合同的结果，若使另一方当事人遭受损失，以至于实际剥夺了他根据合同有权期待得到的东西。）

3. 远期议付信用证争议①

案情简介

原告L公司（进口商）于2008年7月24日受浙江某公司（简称“浙江公司”）委托，与香港出口公司（简称“香港公司”）签订进口400公吨（允许1%短装）某产品，合同金额为3 160 000.00美元，7月29日，通过Z银行（开证行，中资银行）向香港公司开立了见单后90天自由议付信用证，通知行为N银行上海分行（外资银行），证内要求的单据为：汇票、已签署的商业发票1正3副、装箱单1正3副、受益人签发的产地证、品质证和重量证各1正3副、新加坡某物流公司签发的正本仓单1正。

2008年7月31日，香港公司向N银行上海分行提交了证内要求的全套单据，发票金额为3 159 747.20美元，8月1日，香港公司向N银行上海分行提交了《无追索权沉默保兑申请》，同日，N银行香港分行支付了3 123 859.07美元。

Z银行于8月1日收到N银行上海分行寄交的证内单据，8月5日，L公司通过EMS寄给L公司和浙江公司共同指定的货运代理人——上海某仓库（部分库位或库容

① 参见：武义海．对一宗进口议付信用证终止支付一审判决案件的浅析．对外经贸实务．2011.7.

为保税仓库，该商品存放在其保税仓库中。）8月7日，该仓库收到L公司寄交的全套进口报关单据，并寄回确认函，确认收到：报关委托书1套，报验委托书1份，商业发票1正，新加坡某物流公司签发的正本仓单2份，进口合同1份，委托代理进口协议书1份，装箱单1份，重量证1份，原产地证1份，质量证1份，进口许可证1正。

2008年8月8日，Z银行用SWIFT MT799报文通知N银行上海分行付款日期为10月30日。10月18日，L公司向当地公安机关报案，称香港公司涉嫌欺诈，随后，向当地法院起诉，并提交了《中止支付信用证项下款项申请》，10月30日，当地法院依中国最高法院《关于审理信用证纠纷案件若干问题的规定》（法释［2005］13号）第8条、第9条、第10条、第13的规定，裁定中止支付Z银行开立的该信用证项下的款项美元3 159 747.20元。2009年5月4日，N银行上海分行向同一法院反诉L公司和Z银行，10月28日，该法院并案开庭审理两案，被告香港公司或其代理人没有出庭。

法院审理及判决

1. 关于法院对本案的管辖权以及本案法律适用问题

L公司在H市，本案当事人讼争的欺诈行为结果发生地依法应认定为H市，侵权行为地（包括侵权行为实施地和侵权结果发生地）法院有管辖权。本案信用证明确约定受国际商会《跟单信用证统一惯例》（UCP）最新版本约束，即UCP600。

2. 关于本案信用证欺诈是否成立的问题

法院全面审查了史某、俞某某等人实施的全部行为后，认为：本案的基础交易与信用证交易，其实质系史某、俞某某等人以非法融资为目的，利用其实际控制的境内与境外关联公司进行没有真实交易基础的"自买自卖"，并采取伪造单据、提交记载内容虚假的单据等手段套取信用证项下的资金，符合中国最高法院《关于审理信用证纠纷案件若干问题的规定》第8条第（1）、（3）项所规定的"受益人伪造单据或者提交记载内容虚假的单据"与"受益人和开证申请人或者其他第三方串通提交假单据，而没有真实的基础交易"这两种信用证欺诈情形。

3. 关于N银行上海分行是否为涉案信用证的议付行问题

N银行上海分行虽与香港公司之间签订有沉默保兑协议，但其付款买单行为符合UCP600关于"议付"的定义，该行系涉案信用证的议付行。

4. 关于本案所涉及的信用证是否已被开证行Z银行承兑的问题

Z银行2008年8月8日向N银行上海分行发出的SWIFT加押报文，称"The A/M bill has been accepted…"。法院认为，根据国际银行间的商业习惯，Z银行向N银行上海分行出具SWIFT电文，应认定开证行已对信用证项下的票据作出了承兑。

5. 关于N银行上海分行是否尽到合理谨慎的审单义务，其议付行为是否属于善意议付。

N银行上海分行作为专业银行，应知道信用证首先是国际贸易的支付手段，但其却直接参与了上述融资套现方式的设计；N银行上海分行知道香港公司等离岸公司系史某、俞某某所虚设，知道浙江公司等境内关联公司与上述离岸公司均受史某、俞某某所控制，也知道史某、俞某某控制的这些关联公司进行的是没有真实交易基础的"自买自卖"业务，却仍然对此持放任态度，并为史某、俞某某等人实现非法融资目的创造并提供便利条件；该银行在信用证议付环节中，未严格比对离岸公司的印章，并默认了史某、俞某某等人大量重复提交的仓单，导致史某、俞某某等人顺利完成了套现。因此，N银行上海分行对本案所涉信用证进行议付，无论是在其主观上，还是在客观上均不能认定为善意议付，该行依法不能成为本案信用证关系中的善意第三人。

6. 本案是否存在中国最高法院《关于审理信用证纠纷案件若干问题的规定》第10条所规定的“信用证欺诈例外的例外”情形，即本案信用证应否终止支付的问题

法院还注意到，Z银行对涉案信用证项下票据善意作出了承兑。“在开证行或者其指定人、授权人已对信用证项下票据善意地作出了承兑的情形下，人民法院即使认定存在信用证欺诈，也不得裁定中止或判决终止支付信用证项下款项”。对此，法院认为，本案在排除N银行上海分行为善意第三人，且该行对涉案信用证进行议付存在明显过错的前提下，法院应基于公平正义原则，全面审查案件的客观事实，以平衡本案信用证关系中各方当事人之间的利益，否则，只会助长欺诈，损害开证申请人的合法利益。故本案中，即使Z银行已向N银行上海分行作出了善意承兑，该信用证也应予以终止支付。

2011年1月24日，中国某法院作出一审判决：Z银行终止支付3 159 747.20美元；驳回N银行上海分行的诉讼请求。

试分析该案例有何启示？

（提示：

国内申请人针对远期议付信用证的代理进口业务应采取下列因应措施。

（1）核实委托人资信。委托人在国内，代理人对其进行资信调查相对比较容易，调查途径和方法很多，切勿忽视资信调查，不能接受资信不明的人的委托。

（2）调查受益人资信。本案中，代理人（L公司）与境外客户直接签订购买合同，很多代理进口业务都是如此。因此，代理人，即进口信用证的申请人，对大额进口业务的境外出口商一定要进行资信调查，除代理人日常交往与观察外，还需通过专业信用管理公司调查，如中国出口信保公司、邓白氏（D&B）、科法斯（COFACE）等，依据其专业资信调查报告，确定能否与其签订购买合同。若L公司通过专业信用管理机构调查，或知道浙江公司与香港公司的关联关系，就不会做了。

（3）采用限制议付信用证。受益人相符交单时，议付行是否善意议付，对开证行和申请人至关重要。本案中，N银行上海分行没有善意议付，若没有公安部门提供的大量证据，申请人和开证行就不知道其非善意议付，也得付款。由此可见，申请人和开证行对指定银行应认真甄别、选择，当然，申请人需要商请受益人接受限制议付信用证，指定资信好的银行作为限定的指定银行。

（4）商请受益人接受不附汇票的议付信用证。“议付意指，指定银行在应获偿付的银行工作日当天或之前，向受益人预付或同意预付款项，购买相符交单项下的汇票（付款人为指定银行以外的其他银行）及/或单据。”可见，议付信用证可以不要求提供汇票。承兑只是针对远期汇票的特有行为，本案中，若该信用证项下交单单据中没有汇票，则法院就不会认为Z银行承兑了票据。因此，国内开证申请人应设法商请受益人接受不附汇票的远期议付信用证。

（5）慎选进口货运代理人。国内进口商选择货运代理人（或报关行）为其入境货

物办理进口通关手续时，需要对相关货运代理人进行必要的资信调查，选定资信好、规模大的货运代理人签订进口货物运输代理协议。签约后，委托人还需要跟踪相关单据流（信息流）、物流等，取得并保留必要的记载凭证等。

（6）进口货运代理人与保管人分离。进口货运代理人和货物保管人集于一身本是一件节省费用、简化程序、减少麻烦的好事，但最容易出问题。本案中，上海某仓库与浙江公司更熟悉，业务关系更密切，而L公司成为次要角色。因此，大宗代理进口业务，代理人应慎重选择委托人指定的货运代理人和保管人，最好将进口货运代理业务与货物保管业务分别交给不同的法人，这样有助于进口商进行相关风险管理和控制。

（7）定期和不定期查库。进口商与保管人签订仓储合同后，将进口货物交给相关保管人，必须取得相应的入库凭证（包括仓单）。入库凭证上须注明：存货人的名称、地址，仓储物的品种、数量、质量、包装、件数和标记，仓储物的损耗标准，储存场所，储存期间，仓储费，填发人、填发地和填发日期等。仓储人需要定期和不定期查库，发现异常，及时解决。定期查库，仓储人可与保管人约定具体时间；不定期查库，仓储人则不事先告知保管人查库时间，频次或多或少，没有规律性，以便准确掌握在库货物状况，做好必要的记录，适时采取必要的应急措施。）

4. 国际商会咨询案例

案情简介

某信用证要求提交“商会出具的原产地证明”，受益人（ABC公司）提供的原产地证明如下：该证明由商会签署。然而，标题为“原产国”的栏目填写的是“见下文”。在紧随其后标题为“报告（Observations）”的栏目中，填写的是如下声明：“瑞士ABC公司制造。”

开证银行认为提交的原产地证明是不符合（信用证）的。因为最重要的栏目“原产国”空白，该银行认为，该单据没有实现其功能。尽管栏目“原产国”显示“见下文”。该银行不认为“瑞士ABC公司制造”的声明足以证明商品原产地。该声明只是确认了谁制造了商品，并没有显示原产国。在该银行看来，原产国是原产地证明必须显示的必要信息。

受益人不同意该评价。根据受益人的观点，该原产地证明因如下理由可接受：

- 原产地证明明确显示了商品是由瑞士ABC公司制造。该声明充分证明了商品的原产地。
- 原产地证明是根据瑞士法律依照“商品非优惠原产地证明条例”出具的。
- 商会在原产地证明上盖章、签字的事实支持了原产地证明是实现了其功能的有效单据这一观点。

未来受益人还将出具更多的原产地证明。基于这一原因，该银行希望能得到国际商会关于根据UCP600此类原产地证明是否可接受的官方意见。

国际商会分析

UCP600第14（f）规定：“若信用证要求提示运输单据、保险单据和商业发票以外的单据，但未规定该单据由何人出具或单据的内容。若信用证对此未做规定，只要所提交单据的内容看来满足其功能需要且其他方面与14条（d）款相符，银行将对提示的单据予以接受。”

ISBP681 第 181 段规定：“提交经过签署，注明日期的证明货物原产地的单据即满足要求。”

提交的原产地证明在“原产国”栏目显示“见下文”。在栏目“报告（Observations）”中，填写的是如下声明：“瑞士 ABC 公司制造。”

看起来该证明的出具者意图引用标为“报告（Observations）”的栏目作为商品原产地的证明。然而，该栏目只涉及制造该商品的实体。尽管生产者所在国家可能成为判断商品原产地的标准，但它并不一定等同于原产国。

国际商会结论

在证明中没有明确标明原产国，因此，它未能实现其功能。该证明不能作为“原产地证明”被接受。

第六章 跟单信用证

跟单信用证是国际结算中最常用的信用证，也是国际贸易中最主要的支付方式之一。本章主要介绍跟单信用证分类及其使用。

第一节 跟单信用证的当事人、关系人及其权利和义务

跟单信用证的当事人是开证行与受益人。要完成一笔信用证业务，除当事人外，还涉及与此有关的其他关系人，如开证申请人、通知行、议付行、保兑行、付款行或偿付行等。这些当事人和关系人在信用证业务中所享有的权利和所承担的义务不尽相同。现以 UCP600 为依据，分别论述他们在信用证中的权利和义务。

一、开证申请人（Applicant）

信用证的开证申请人通常就是国际货物买卖合同中的买方，即进口商。若买卖合同中双方约定使用信用证作为结算方式，合同订立后进口商有义务向其所在地的银行申请开立信用证。按时申请开立信用证是进口商的一项最重要的义务之一。进口商在整笔交易中同时受两个合同的制约，即与出口商订立的货物买卖合同以及与开证行订立的合同，即开证申请书。

（一）进口商应按买卖合同规定及时申请开立信用证

信用证的开立以买卖合同为依据，其内容主要是买卖合同的内容。进口商向银行申请开证时，必须将买卖合同的主要内容填入开证申请书，开证行以此为依据开出信用证。由于开证行是向受益人承诺付款的第一付款人，因而开证行的资信状况对受益人至关重要。若买卖合同中指定了开证行，则进口商必须按其指定的银行申请开证，但通常情况下，开证行由进口商自己选择，一般会选择与自己有往来关系或开户的银行作为开证行。

若开证行确定后，进口商应在买卖合同规定的期限内及时申请开证，并确保出口商有充分时间备货出运；若买卖合同规定了装运期的起止时间，进口商必须保证使出口商在装运期开始时收到信用证；若买卖合同规定了最后装运期，则进口商也应在合理时间内使出口商收到信用证，保证出口商有合理的时间备货装运；若买卖合同规定出口商需事先向进口商发出货已备妥的通知，则在进口商接到该通知后，必须立即开立信用证；

若买卖合同没有规定信用证开立的时间，进口商也有义务在出口商开始装运前的合理时间内开立信用证。若进口商没有按时申请开证，则出口商没有义务交付货物，由此导致出口商延误装运期，属于进口商预期违约，进口商应承担违约责任；若进口商未能开立信用证，则出口商可以解除合同，同时有权要求进口商予以赔偿。

（二）申请人应合理指示开证，必要时提供开证担保

开证申请书是进口商对开证行的付款指示，也是它与开证行之间的一种书面合同。进口商应在申请书中合理指示开证行开证。首先，用词必须十分明确，不能模棱两可；其次，内容应尽可能简洁，不能过于复杂，否则银行有可能拒绝议付；最后，所有内容不能前后矛盾。银行为保障自身资金的安全，通常会采取必要措施，如对申请人资信调查，必要时要求进口商提供一定形式的担保等。开证行要求进口商提供的担保，可以是现金、动产或不动产，或第三方的保函等。现金担保一般为开证押金，可以由进口商在开证时临时提交，也可以是在进口商的账户上扣存。

（三）信用证开立后，进口商的义务与权利

信用证开立后，开证行若向受益人履行了付款义务，则进口商的义务是向开证行付款赎单。但进口商有权依据信用证的条款审核单据，只有单证相符、单单相符和单内相符时，才向开证行偿还货款，取得单据提货；若单据不符合信用证规定，进口商有权拒绝接受，不偿还货款，也有权收回押金等。当进口商赎单提货后，发现货物不符合信用证或买卖合同规定时，只能依据买卖合同向出口商提出索赔。若开证行没有过错，则不能追究开证行的责任或要求其退还货款。当然，在开证行向出口商付款前丧失支付能力，进口商通常还应向出口商履行付款责任，即使进口商已向开证行缴纳了足额保证金。

二、受益人（Beneficiary）

信用证的受益人是信用证的当事人之一，是买卖合同的出口商，是享受信用证权利的人以及信用证的最大受益者。它要与申请人、开证行、通知行，也可能与保兑行、议付行等发生联系。

（一）收到信用证后的义务与权利

受益人在收到信用证后，应仔细将信用证内容与合同条款核对，并审核信用证条款能否履行。若信用证条款与合同不符，或信用证条款无法履行时，受益人有权要求进口商指示开证行修改信用证，或者拒绝接受信用证。相反，若收到信用证，其条款与合同不符，或信用证条款无法履行时，而受益人不做表示，也不交货，可能被视为违约。同时，出口商将丧失主张信用证与买卖合同不符的权利；若不顾信用证条款，仍按合同规定装货，也无法享受信用证的付款保证。受益人要想利用信用证取得款项，必须做到单证一致、单单一致及单内一致。受益人经审核并接受信用证后，就应按信用证条款履行其义务，在规定的装运期内发货，并在信用证有效期内提示相符的单据，收取货款。当然，受益人不仅要对单据的正确性负责，而且要对货物的质量负责。

（二）收取货款的权利

受益人按信用证要求发货、提示单据后，若使用议付信用证则可以请求出口地的议

付行对单据议付，从而获得预付款项。议付行在向受益人预付款项后处于“持票人”地位，在议付行不能向开证行获得偿付时，可以向受益人追索，受益人应退回预付款项。受益人提示单据后，若开证行倒闭，此时，受益人有权向进口商提出付款要求，进口商仍应承担合同项下的付款责任。

若受益人未使用信用证，导致信用证失效，他仍然可以直接向进口商交单并要求其付款。但进口商则可以要求出口商赔偿因申请开立信用证而产生的费用和损失。[①]

三、开证银行（Issuing Bank）

开证行是信用证的另一当事人，也是信用证项下的第一付款人，对受益人承担独立责任，是信用证业务的核心。开证行也要受多个合同的约束，首先，它接受申请人的请求后，必须按申请书开立信用证；其次，它必须向受益人承担相符单据的承付保证责任。若为议付信用证，它还须承担偿付议付行的责任。

（一）开证行对开证申请人的权利与义务

开证行应根据开证申请书及时准确地开出信用证。开证申请书是开证行与申请人之间的合同。开证行必须按照开证申请人的指示并依据 UCP600 处理业务，同时必须对自己的过失承担相应的责任。

开证行有义务向开证申请人提供建议和服务，以使信用证简明合理，能有效地履行其承付义务。开证行在开证时应注意做到完整和明确，必须做到条款单据化，通过要求提供某种单据来证明受益人的行为符合信用证要求。开证行必须避免在开出的信用证中出现非单据化条款，以免引起争议。信用证内容完整和明确，还意味着信用证必须是一个自足的文件，受益人和其他银行仅凭信用证和单据即可判断提示是否相符。

开证行履行承付责任后，若进口商无力付款赎单，则开证行有权处理单据和货物。开证行在接到单据后，应在 5 个银行营业日内进行审核，若发现单据与合同不符，则可以拒付。若开证行接受了与合同不符的单据，则无权要求进口商偿付；相反，若开证行拒受与合同相符的单据，也违反了它与进口商之间的合同。[②]

信用证开立后，开证行应对信用证独立承担责任。参见 UCP600 第 14 条第 1 款。开证行对出口商及汇票背书人、善意持票人负第一性的承付责任。信用证是开证行的承付承诺，因此，只要单据相符，开证行必须按规定履行承付义务。即使申请人倒闭或无力偿付，开证行仍必须承付。

（二）开证行在承付或拒付方面的权利与义务

根据 UCP600 第 14 条的规定，开证行在承付之前必须审核信用证规定的一切单据，以确定其是否表面与信用证的条款相符合，其审核的时间为不超过从其收到单据起算 5 个银行营业日；对于信用证没有规定的单据，银行有权不予理会，并将其退回交单人。开证行在对单据审核后，认为其与信用证条款相符合，则应立即承付。开证行有义务接受表面上符合信用证条款的单据，对议付银行等进行偿付。开证行的承付通常是终局性

---

① 金赛波，李键．信用证法律．北京：法律出版社，2004：423.

② 金赛波，李键．信用证法律．北京：法律出版社，2004：432.

的，一经承付不得追索，即使承付后发现单据不符，或进口商拒不赎单也不能向出口商、议付行、付款行或偿付行等追索。除非开证行仅凭议付行索汇电所作的承付，或代付行、偿付行凭汇票和议付行索汇证明书所作的承付，当开证行接到单据，发现不符时，有权向议付行追索票款。开证行审核单据承付后，在开证申请人付款赎单时，开证行有权要求申请人支付押汇日到偿付日的利息。

根据 UCP600 第 16 条的规定，若开证行在审核单据后发现单据不符，可以拒付，拒付时开证行应做到：毫不迟延地以电讯方式通知寄单银行，若单据由受益人寄来，则通知受益人；若不能采用电讯方式，则应以其他快捷方式，在不迟于自交单的第二天起第 5 个银行营业日结束前作出拒付通知；开证行在拒付通知中必须说明拒付理由或原因，即提出单据的“不符点”（Discrepancy），且所有不符点以一次通知为有效，即开证行只有一次提出不符点的权利，以后再提出不符点是无效的；开证行在拒付通知中须说明对单据的处理情况：该银行在获得提示人指示前代为保存单据；或开证银行代为保存单据直到收到申请人的放弃通知，并同意接受该放弃为止，或在同意接受放弃之前从提示人处收到进一步的指示；或该银行将退还单据；或该银行将按照此前收到的提示人的指示行事。①

（三）开证行的其他权利和义务

依据 UCP600 的相关规定，开证行可以享受许多免责事项。例如，对单据有效性的免责参见 UCP600 第 34 条；对信息传递和翻译的免责参见 UCP600 第 35 条；对不可抗力的免责和对被指示方行为的免责等，参见 UCP600 第 36 条和第 37 条。但与过去的惯例相比，UCP600 对开证行的免责事项附加了一定的前提条件，换言之，开证行在享受权利的同时还必须履行相应的义务。例如，关于信息传递和翻译的免责的前提条件是，银行只有在信息、信函或单据依照信用证规定发送或传递时，或只有在信用证没有明确指示，银行自主选择传递机构时；若被指定银行确定提示相符，并将单据发送给开证行时，无论该被指定银行是否已承付或议付，开证行必须承付或议付，或偿付该被指定银行，即使单据在该被指定银行寄送给开证行的传递中丢失，或保兑行寄送给开证行的传递中丢失。关于对被指示方行为的免责的义务是，指示另一银行提供服务的银行（如开证行），应负责该另一银行因该指示所产生的任何佣金、手续费、成本或开支（“费用”）；若信用证表明费用由受益人负担，但未能收取该费用或从信用证款项中扣除，则开证行仍然有责任支付该费用；信用证或修改不应规定发给受益人的通知以通知银行或第二通知银行收到其费用为条件等。

四、通知行（Advising Bank）

依据 UCP600 第 9 条，信用证及其任何修改可以由通知行向受益人发出通知，非保兑行的通知行仅对信用证及修改予以通知，并不承诺承付或议付。

与以往的国际惯例相比，UCP600 关于通知行的义务有所增加，具体表现为以下几方面。

---

① 参见 UCP600 第 16 条第 3 款。

（1）在通知信用证及修改时，通知行应表明信用证或修改的表面真实性得到证实，以及该通知准确地反映了所收到的信用证或修改的条款和条件。

（2）通知行可以使用另一银行（“第二通知行”）的服务向受益人通知信用证及任何修改。通过通知信用证或修改，第二通知行应表明其收到的通知的表面真实性得到证实，以及该通知准确地反映了所收到的信用证或修改的条款或条件。

（3）利用通知行或第二通知行的服务通知信用证的银行必须使用同一银行通知信用证的任何修改。即不能使用某银行通知信用证，再使用另一银行通知该信用证的修改。

（4）若某银行被请求通知信用证或修改，但其选择不照此办理，则必须不迟延地照此告知向其发送信用证、修改或通知的银行。

（5）若某银行被要求通知信用证或修改，但无法证实信用证、修改或通知的表面真实性，则必须不迟延地如此通知看起来是从其已收到指示的银行。若该通知行或第二通知行仍然选择通知信用证或修改，则必须向受益人或第二通知行说明它不能证实信用证、修改或通知的表面真实性。

在信用证业务中，有时通知行还兼任保兑行或议付行，此时该银行将分别享有不同角色银行的权利，同时也应履行其不同角色银行的义务。

五、议付行（Negotiation Bank）

议付行在信用证业务中的作用，是按照信用证上开证行的邀请，对受益人提交的单据进行审核，若经审核认为符合信用证条款则应对受益人预付或同意预付款项，购买汇票及/或单据，并向开证行或信用证规定的付款行索偿。

议付行应严格审单，取得货权抵押。开证行对议付行议付的单据是否偿付，取决于单据本身是否符合信用证条款。议付行是根据信用证上开证行的付款承诺，向开证行索偿，开证行收到议付行寄来的单据，如发现单据不符合信用证条款，可以拒绝偿付。因此，议付行必须严格审单，以如期收回预付款，保全自己的利益。通常若开证行拒付，议付行可以向受益人追索，但是议付行应保证单证一致，只有在单据相符、开证行无力承付时，议付行才可向受益人追索。议付行通常要求受益人将货权作抵押，即受益人交单时签署质押书，声明在发生拒付时，议付行有权处理单据，甚至变卖货物。

议付行有权拒绝议付。信用证可以明确指定议付的银行，也可以在信用证中规定由任何银行自由议付。一般情况下，议付行由通知行兼任或是受益人所在地的往来银行作为议付行。由于出口地银行只接受开证行邀请或是受益人请求，而不是本身有承付的承诺，因此，议付行有权拒绝议付，即使为指定议付也可加以拒付，特别是在开证行信用不佳或者信用证过于复杂、议付风险较大时，议付行可拒绝议付。

六、保兑行（Confirming Bank）

保兑行是应开证行的要求，在信用证上加具保证兑付的银行。

保兑行接受开证行邀请在信用证上加具保证条款或保兑注记，使信用证的可接受性增强。保兑行在信用证业务中，有下列权利和义务。

（一）有权不加保兑

保兑是一种不可撤销的确定承诺。UCP600 第 8 条规定，被邀请保兑的银行有权不加具保兑，但是若决定不接受开证行授权或要求对信用证加具保兑时，它必须立即通知开证行，不得延误。保兑行一般是出口地信誉良好的银行，通常就是通知行。若通知行被开证行要求在信用证中加具保兑，除非开证行在保兑授权中另有规定，否则通知行可将信用证通知受益人，而不加保兑。

（二）保兑后对信用证独立负责

保兑行在信用证上加具保兑后，即对信用证独立负责，承担必须承付或议付的责任。保兑行对受益人的承付责任与开证行相同。对此，UCP600 第 8 条规定：保兑行在对信用证加具其保兑时起，即不可撤销地受应承付或议付的约束。

（三）承付或议付后无权追索

依据 UCP600 第 8 条，保兑行承付或议付后只能向开证行索偿，即使开证行倒闭或无理拒付，保兑行也无权向受益人或其他前手银行追索票款。

（四）保兑行的偿付义务

保兑行对信用证加具保兑后，也意味着承担了偿付被指定银行的义务。对此，UCP600 第 8 条规定：当另一被指定银行已对相符提示予以承付或议付，并将单据寄送保兑行时，则保兑行保证对其偿付。在到期前，无论该被指定银行是否预付或购买了单据，在到期时，均应对承兑信用证或延迟付款信用证项下相符提示的金额予以偿付。保兑行偿付另一被指定银行的承诺独立于保兑行对受益人的承诺。

（五）缄默“保兑”非为保兑

缄默“保兑”（Silence Confirmation）[①] 是指，未经开证行授权或请求的银行主动对信用证加具“保兑”。在一些国家或地区，存在着银行（如通知行）主动对信用证加具其“保兑”的现象，即受益人与某银行未经开证行同意而私下达成协议，由该银行对信用证加以“保兑”。但 UCP600 第 2 条规定，保兑行是指依据开证行的授权或请求对信用证加具保兑的银行。因此，缄默“保兑”已超出 UCP 的适用范围，换言之，该“保兑”银行向受益人承付或议付后，无权向开证行索偿，不享有 UCP 项下保兑行的一切权利。目前，美国、新加坡和中国香港等国家或地区的判例均表明，缄默“保兑”的银行无法从开证行获得偿付，它是缄默“保兑”银行与受益人之间的一项额外融资合同。[②]由此可见，缄默“保兑”对“保兑”银行和受益人都存在着一定的风险。

七、代付行（Payment Bank）

代付行是开证行的付款代理人，是开证行在信用证中指定的为信用证项下汇票上的付款人或付款信用证下执行付款的另一家银行。开证行通常委托通知行为代付行，但有时也可委托其他银行为代付行。

代付行有权拒绝付款。开证行和代付行的关系是代理合同关系，若不在代理合同范

---

① 金赛波，李键．信用证法律．北京：法律出版社，2004：458，464.

② 金赛波，李键．信用证法律．北京：法律出版社，2004：458，464.

围内，开证行指定某银行为代付行，该行有权拒绝代为付款，因为该行并未作代付承诺。

代付行付款后不得向受益人追索。代付行一经接受开证行的代付委托，审单付款后不得向受益人追索，即付款后无追索权，它只能向开证行索偿。有时代付行根据开证行的指示不必审单，只凭议付行声明单证相符，按信用证要求付款，此时代付行对受益人也无追索权。

八、偿付行（Reimbursing Bank）

偿付行是开证行指定的对议付行或代付行进行偿付的代理人（Reimbursing Agent）。一般当开证行与议付行或代付行之间无账户关系时，特别在信用证采用第三国货币结算时，为了便利结算，开证行委托另一家有账户关系的银行代向议付行偿付，被委托银行就是偿付行，偿付行再向开证行索偿。偿付行的权利义务如下。

向出口地银行付款。若信用证中规定有偿付行时，开证行开出信用证后应立即向偿付行发出偿付授权书，通知授权付款的金额、有权索偿银行等内容。出口地银行在议付或代付款后，一方面把单据寄送开证行，另一方面同时向偿付行发出索偿书。偿付行收到索偿书后，核对开证行偿付授权书，若索偿金额不超过授权金额，则应立即向出口地银行付款。

不负单证不符之责。偿付行不接受单据，不审核单据，不与受益人发生关系，因此，偿付行对议付行的偿付，不能视为开证行的付款。当开证行收到单据发现与信用证条款不符时，应向议付行追索已付款项，而不能向偿付行追索。因为偿付行既未接受单据，又未审单，自然不负单证不符的责任。

第二节 信用证的不可撤销性及修改

跟单信用证可根据其性质、用途、形式、付款期限、流通方式等特性进行划分。不同种类的信用证，其使用也不同，有时会有较大差别。

一、信用证的不可撤销性（Irrevocability）

自 UCP600 起，所有跟单信用证均为不可撤销信用证，这充分体现了信用证保护受益人利益的原则。

UCP600 第 3 条规定："信用证是不可撤销的，即使没有表明不可撤销的意思。"因此，无论信用证是否注明"irrevocable"，信用证都是不可撤销的，不再有可撤销信用证。同时其第 7 条第 2 款又规定："开证银行自开立信用证时起，即不可撤销地受应承付的约束"。由此可见，信用证一经开立，在其有效期内，未经受益人及有关当事人（如开证行、保兑行）的同意，信用证不能进行任何修改或予以撤销，信用证条款的规定，已构成了开证行对受益人的确定承诺。①

① 参见 UCP600 第 10 条第 1 款和第 2 款。

信用证的不可撤性具有两个相互联系的特性：不可撤销性（Irrevocability）和开证行负有确定承诺的责任（Definite Undertaking）。只要受益人提交了符合信用证规定的单据，开证行则必须履行其保证承付的义务，且不得向受益人行使追索权。信用证开立后，受益人即可放心地备货发运，而不必担心开证行会撤回其保证承付的承诺，因而受益人在信用证项下享有较为可靠的保证。这一特性真正体现了信用证的精髓和本质。

根据UCP600第7条的规定，只要受益人将规定的单据提示给开证行或其指定银行，且符合信用证条款或条件，则构成开证行确定的承诺，这些承诺包括以下内容：

（1）若为即期付款信用证，则开证行应进行即期付款；

（2）若为延期付款信用证，则开证行应依信用证规定的到期日进行付款；

（3）若为承兑信用证，且由开证行承兑，则开证行应承兑受益人开立的以开证行为付款人的汇票，并于到期日付款；

（4）若以另一银行为汇票受票人的承兑信用证，如该银行不承兑以其为付款人的汇票，则由开证行承兑受益人开立的以开证行为付款人的汇票，并于到期日付款；

（5）若以另一银行为汇票受票人的承兑信用证，该银行承兑后，在到期日不付款时，应由开证行付款；

（6）若为议付信用证，则开证行应支付受益人开立的汇票及（或）信用证项下提交的单据，并对出票人及（或）善意持票人无追索权。

二、信用证的修改（Amendments）

信用证的不可撤销性并不意味着信用证不能撤销或修改，只要其当事人同意，信用证可以撤销或修改。

UCP600第10条第1款规定，除第38条的规定外，信用证未经开证行、保兑行（如已保兑）和受益人的同意，既不能修改，也不能撤销。换言之，信用证若需修改或撤销必须获得其当事人的同意。但依UCP600第10条第2款、第3款、第4款和第5款，信用证的修改对其当事人生效的条件不完全相同。

（一）对开证行的效力

信用证自其修改发出时起，就对开证行生效，即开证行不可撤销地受其修改的约束。

（二）对保兑行的效力

保兑行可以（may）将其保兑扩展至修改的内容，并于通知修改之日起不可撤销地受其约束。当然，保兑行也可以不扩展其保兑责任，但必须（must）及时将其通知开证行和受益人。

（三）对受益人的效力

当其接到信用证修改通知之后，受益人应（should）作出接受或拒绝修改的通知。

（1）在受益人将其接受修改的通知告知开证行之前，或受益人明确拒绝修改时，原信用证（或包含先前已被接受的修改的信用证）条款对受益人仍然有效，即此时信用证的修改对受益人不产生效力。当然，开证行也不再受其修改的约束。

（2）如果受益人发出接受修改的通知，则修改对其生效，受益人受其约束。

(3) 如果受益人未作接受或拒绝的通知，即保持沉默，但受益人将符合信用证和符合尚未被接受的修改的单据提交给指定银行或开证行的行为，视为接受修改的通知，信用证于此时起被修改，即对受益人起约束作用。因此，受益人在提交单据之前可以不作任何通知，若不接受修改，应在提交单据时或在此前发出拒绝通知。

(4) 对于同一修改通知中的修改内容，不允许受益人只接受部分修改，且被视为拒绝修改的通知，因此，部分接受修改无效。如果各方达成协议接受同一修改中的部分修改内容，则应签发一项新的修改通知，且只包括各方已同意的修改。这样可以防止混乱或误解。

另外，UCP600 第 10 条第 6 款规定：修改中若规定，除非受益人在确定时间内拒绝修改，否则修改生效，这一规定将不予理会。由此可见，沉默不视为接受修改。在国际结算业务中，有些银行在信用证修改中规定 "Silent Acceptance of Amendment"。这种将受益人的沉默视为接受修改的做法与大多数国家的法律和国际惯例的规定不符，沉默视为接受修改的做法实际上改变了信用证不可撤销的性质。依据该款，"沉默即表示同意"的规定无效，即明确否认银行在其修改通知中声称受益人不在一定时间内表示拒绝即视为接受修改的做法。该款更加突出了信用证的不可撤销性。

第三节 保兑信用证与不保兑信用证

按照是否有开证行以外的另一银行对受益人作出付款承诺，信用证可分为保兑信用证和不保兑信用证。

一、保兑信用证（Confirmed Credit）

保兑信用证是指，开证行开立的信用证，由另一银行保证对符合信用证条款规定的单据履行承付义务，即该信用证除了有开证行确定的承付保证外，还有保兑银行的承付保证。

（一）保兑行的性质与责任

保兑行与开证行具有相同的性质与责任。

UCP600 第 8 条第 2 款规定："保兑银行自对信用证加具其保兑时起，即不可撤销地承担承付或议付责任。"另外，UCP600 第 2 条又规定："保兑是指保兑行在开证行承诺之外作出的承付或议付相符提示的确定承诺。"

根据 UCP600 第 8 条的规定，保兑行应按下列原则处理不同种类的保兑信用证。

1. 即期付款保兑信用证

某家银行一旦对即期信用证加具了保兑，即成为该信用证的付款行；若信用证由开证行指定的另一银行即期付款，但该另一银行不付款，则保兑行应负责付款。保兑行作为付款行同未加保兑而被指定为付款行的银行不同，未加保兑的银行即使被指定为付款行，也有不付款的自由，这种指定不构成该行付款的义务，它仍有是否付款的选择权。由于其保兑行为构成了保兑行对付款的确定承诺，因此，如果单据符合信用证条件，保兑行必须付款，这是它的义务。

2. 迟期付款保兑信用证

对信用证未加保兑的银行若被指定为迟期付款信用证的付款行，同即期付款信用证的付款行一样，具有充分的自由选择权，它可以拒受相符的单据。而保兑行则不同，它要受两个承诺的约束，一是保证受理相符的单据，二是受理了单据后到期保证付款。若信用证规定由另一指定银行迟期付款，但其未承诺迟期付款，或虽已承诺迟期付款但未在到期日付款，则保兑行应予以承付。

3. 承兑保兑信用证

若提交的单据符合信用证规定，保兑行为承兑行时它必须承兑受益人开立的汇票。若信用证规定由另一被指定银行承兑，但其未承兑以其为付款人的汇票，或虽已承兑汇票但未在到期日付款，则保兑行应予承付。

4. 议付保兑信用证

保兑行由于负有必须承付的责任，因而不能拒绝议付相符的单据，而且，这种付款对受益人也是终局性的。若信用证规定由另一被指定银行议付，但其未议付，则保兑行应予议付。关于保兑行对受益人的确定承诺是开证行承诺之外的一项确定承诺，对其理解应注意两点：一是保兑行的承诺不是从属于开证行的承诺，并不是只有开证行不对受益人承付时保兑行才承付。对受益人而言，不受任何先后顺序的限制，它可以直接要求开证行承付，也可以直接要求保兑行承付。因此，保兑行为不是对开证行承诺的担保。二是两个承诺是独立的，因此其内容可以不完全一致，保兑行的责任并不必须与开证行的责任绝对一致，例如，开证行承诺在满足规定条件下，承付全部发票金额，而保兑行可以特别约定只承付发票金额的一部分。

（二）保兑信用证的操作

若使用 SWIFT 开立信用证，MT 700 设有是否保兑的栏目：49/Confirmation Instructions（保兑指示：此项只使用代码 CONFIRM 请保兑/MAY ADD 可保兑/WITHOUT 不加保兑）。

（三）保兑行确定承诺的条件

保兑行为是由开证行以外的另一银行作出的，构成了保兑行在开证行承诺以外的独立承诺。但这一承诺必须满足一定的条件，保兑行才履行其确定的承诺，因此，受益人提交的单据应符合以下条件：（1）提交信用证规定的全套单据。（2）单据必须符合信用证条款和条件。这两点与向开证行交单一样。（3）单据必须提交给被指定银行或保兑行。UCP600 第 8 条特别强调，只有在规定的单据提交给被指定银行或保兑行且符合信用证要求的条件下，保兑行才予以承付或议付。据此，若受益人将单据直接交给开证行或经过非指定银行但越过保兑行而提交给开证行，则属于未满足保兑行承诺的条件。此时，若保兑行收到单据时，交单期限已过，则保兑行对此单据不再承担其责任。因此，受益人应将单据直接提交给信用证规定的被指定银行或保兑行。

非授权银行的“保兑”不是 UCP 下的保兑行为。依 UCP600 第 2 条的规定，保兑行是开证行授权或要求的对信用证加具保兑的银行。因此，未经开证行授权或要求的银行的“保兑”不属于 UCP600 所规定的保兑，该“保兑行”只能自己承担一切风险。实际上这是受益人与该“保兑银行”之间的安排，该银行在单据符合信用证要求时，向受益人支付信用证金额后，不能获得开证行的偿付，也不能获得开证行对信用证的各项权利。因此，受益人应通过申请人要求开证行授权另外银行保兑其信用证。

二、不保兑信用证（Unconfirmed Credit）

不保兑信用证是指开证银行开立的信用证没有另一家银行加具保兑。当开证行资信较好或成交金额不大时，不必使用保兑信用证。在国际贸易中使用的信用证绝大多数是不保兑信用证。

实际上，在国际贸易中使用保兑信用证的还是少数。因为这会增加进口商的负担，进而将其转嫁给出口商，增加出口商的成本，有可能影响出口商品的竞争力。因此，在没有保兑必要的情况下要求保兑，会增加出口商的负担。在出口业务中，一般不要求进口商提供保兑信用证，只有当发现开证行资信有问题，或交易额巨大，或由于进口国政治、经济局势动荡等特殊原因，才要求进口商通过开证行委托出口商可接受的银行加具保兑，通常选择出口国的银行为保兑行。

第四节　即期付款信用证、延期付款信用证、承兑信用证与议付信用证

按付款方式的不同，信用证可分为即期付款信用证、延期付款信用证、承兑信用证和议付信用证。UCP600 第 6 条第 2 款规定，信用证必须表明该信用证适用于即期付款、延期付款、承兑或议付。

一、即期付款信用证（Sight Payment Credit）

即期付款信用证是指，出口商将即期汇票和单据（或只有单据而无汇票）直接提交指定的付款银行或开证行后，就可以立即获得付款。

（一）即期付款信用证的特点

（1）即期付款信用证的付款银行可以是开证行自己，也可以是出口地通知行兼任或指定的第三国银行。

（2）多数情况下是指定出口地通知行作为付款行，此时，信用证的有效期也在出口国受益人所在地到期，且付款行一经付款，对受益人则无追索权，受益人可以放心地使用该资金，因而对其十分有利。若付款行为开证行自己或第三国银行，则提示到期地点一般规定在付款行所在地，受益人将承担单据在邮寄过程中遗失或延误的风险。但被指定的付款行有权拒绝受理相符的单据，因为开证行的指定并不构成付款行对即期付款的承诺，但开证行却不能推卸其付款责任。

（3）即期付款信用证可以规定要求汇票，也可以不要求汇票。若要求汇票，则该汇票为即期汇票，且其付款人为信用证指定的付款行或开证行本身。若不要求汇票，可只凭受益人提交合格单据付款。即期付款信用证的显著特点是，付款时间为即期，承付方式为付款。

（二）即期付款信用证的操作

开证行在即期付款信用证中，表明即期付款的条款通常是：

若使用 SWIFT 开立信用证，MT 700 设有即期付款栏目：41a Available With... By...（承付方式的表示方法为：BY PAYMENT）；42C Drafts at...（汇票付款期限：DRAFTS AT SIGHT）；42A Drawee（汇票付款人，如 XYZCCNBS201 CHINA STREET，××××BANK，BEIJING）。

（三）开证行即期付款信用证

开证行即期付款信用证又称直接付款信用证（Straight Credit），是指信用证规定由开证行作为即期付款银行，受益人直接将单据寄给开证行，只要单证、单单和单内相符，开证行立即付款。这种信用证的到期地点通常在开证行所在地。

在直接付款信用证下，其他银行也可以购买受益人的汇票/单据，但该银行无权向开证行索偿。

（四）被指定银行即期付款信用证

被指定银行即期付款信用证，是指开证行在信用证中授权或委托其他银行向受益人承担即期付款义务，之后该银行再向开证行索偿。

被指定银行向开证行索偿，应视开证行账户设立情况而定。

若开证行在被指定银行设立账户时，信用证一般规定：In reimbursement of your payment，Please reimburse yourself by the debit of our account with you under your advice to us when documents presented in compliance with the terms and conditions of the Credit（当提示的单据相符时，为了偿还你行的付款，请借记我行账户自行偿还，并通知我行）。在此情况下，被指定银行借记开证行账户，贷记受益人账户，立即向受益人付款。

若开证行没有在被指定银行设立账户，被指定银行有两种方式可向开证行索偿：

（1）采用电讯方式向偿付银行即期索偿。依 URR725 的规定，偿付银行应在收到被指定付款行的索偿要求次日起算的第 3 个工作日偿付。

（2）采用电讯方式向开证行即期索偿。同样，开证行在收到被指定付款行索偿要求的 3 个工作日内处理索偿和偿付。

被指定付款行在选择了上述两种索偿方式之一后，在预计收到偿付款的日期，即在向偿付行或开证行发出索偿电讯 3 天后应向受益人付款。有关银行间的索偿问题，详见后述的“信用证项下银行间的偿付”。

二、延期付款信用证（Deferred Payment Credit）

延期付款信用证是指，开证行在信用证中规定货物装运后若干天付款，或开证行收到相符单据后若干天付款的一种远期信用证。

（一）延期付款信用证的特点

延期付款信用证的特点是，受益人不必开立远期汇票，开证行也不存在承兑汇票的问题，它和即期付款信用证不同，虽然同属付款信用证，但付款期限不同；与承兑信用证也不同，虽然同属远期信用证，但不需远期汇票。由于没有汇票，出口商不能利用贴现市场进行融资，只能自行垫款或向银行借款。但由于银行贷款利率高于贴现利率，所以，以延期付款信用证方式成交的货价往往比承兑信用证方式成交的货价略高。

受益人提示单据以后，若单据相符，开证行或付款行受理单据，但要等到信用证规定的日期才予以付款。这种信用证计算付款到期日的方法一般有两种：一是从提单日起算，即提单签发日后若干天（×× days after the date of issuance of the B/L）；二是从开证行或付款行收到单据的日期起算（×× days after presentation of the documents）。

（二）延期付款信用证的适用范围

延期付款信用证主要适用于以下情况：（1）资本货物交易、承包工程和投标等。这些交易的付款期限很长，有的甚至超过几年。在这种情况下，出口商往往不能利用短期贴现市场融资，而只能利用出口国银行中长期贷款取得资金来源。这种贷款有时可以用延期付款信用证作为抵押。（2）有的国家票据法规定，超过6个月期限的经承兑的汇票不能在市场上贴现。有的国家还规定汇票的有效期不得超过一年。在上述情况下，远期承兑汇票不能解决远期付款产生的问题，只能用延期付款信用证来解决。（3）在欧洲很多国家，承兑汇票需交纳很高的印花税，因此，为避免纳税，在延期付款信用证中以发票代替汇票作为付款凭证。（4）有的国家外汇管制较严，禁止开立承兑信用证。这些国家的银行只好绕开限制而采取其他规避方法，而延期付款信用证则是一种替代办法。

（三）延期付款信用证的操作

延期付款信用证一般都载有相应的延期付款文句，以使各当事人能很容易地了解信用证的使用方式。

若使用SWIFT开立信用证，MT 700设有延期付款栏目：41a Available with... by...（承付方式的表示方法为：BY DEP PAYMENT），同时还应在42P Deferred Payment Details（延期付款指示）列明付款日期及其方式等详细内容。

在延期付款信用证下，通常指定一家开证行以外的银行（一般为出口地银行）为付款银行。但是，开证行指定的付款银行是否必须承担延期付款责任？目前，许多国家在这一问题上有不同的习惯和做法。

根据UCP600的规定，除非被指定的银行是保兑行，否则开证行的指定并不构成被指定银行承担延期付款的任何承诺；除非被指定银行明确同意，并告知受益人，否则被指定银行收到及（或）审核及（或）传递单据，并不使该行负有承担延期付款的义务。因为被指定银行并未在信用证中作出任何承诺，因而它有完全的选择自由，并不因开证行的指定而对受益人承担延期付款责任。国际商会《511》指出，上述规定只是强调被指定银行（非保兑行）的选择自由，并且“明示同意”；若通知行是被指定银行，而它在通知信用证时未明确表示将负有承担延期付款的义务，则通知信用证的行为并不说明它将负有此种义务。所以，国际惯例是，被指定银行选择对受益人承担延期付款责任的方式就是向受益人明示同意，仅仅是接受单据并不能构成必须承担延期付款责任。但依UCP600第7条和第8条，无论如何，开证行或保兑行都对延期付款信用证承担付款责任。

三、承兑信用证（Acceptance Credit）

承兑信用证是指，付款行（承兑银行）在收到相符的远期汇票和单据时，先在汇票上履行承兑手续，等汇票到期日再履行付款义务的一种远期信用证。

开证行通常在信用证中规定承兑方式，如 This credit is to expire on or before（有效期日）at（提示地点：被指定银行所在城市名称）and is available with（开证行或被指定银行名称）by acceptance of draft（s）at ×× days sight against the beneficiary's draft（s）at ×× days sight drawn（被指定的承兑银行名称）and the documents detailed herein。

若使用SWIFT开立信用证，MT 700 设有远期承兑栏目：41a Available with... by...（承付方式的表示方法为：BY ACCEPTANCE），同时还应在 42C Drafts at...（汇票付款期限）注明汇票期限，如 90 DAYS AFTER SIGHT FOR 100PCT OF INVOICE VALUE；42A Drawee 注明汇票的付款人，如 CHINA ×××× BANK，BEIJING 。

承兑信用证需要受益人开立远期汇票，汇票的付款人是信用证中被指定的银行。承兑行可以是开证行，也可以是开证行指定的其他银行，但多由出口地银行（如通知行）担任。开证行为承兑行时，开证行负有根据相符单据承兑汇票的责任；被指定的其他银行为承兑行时，若该银行承兑了汇票，但到期日不能付款或甚至未承兑汇票，开证行仍有义务付款。承兑信用证的有效地点是在承兑行所在地，因此，其有效到期日以向该银行提示单据和汇票要求承兑的日期为准。若承兑行经审核认为受益人提示的单据表面上相符，决定接受单据（若承兑行为开证行或保兑行，它必须接受相符单据，没有选择的余地），则应承兑受益人提示的远期汇票。承兑信用证中一般都载有相应的保证承兑和付款的条款，如："We hereby engage that draft drawn in conformity with the terms of this credit will be duly accepted on presentation and duly honored at maturity."

UCP600 第 12 条规定："若开证行指定某银行承兑汇票或承诺延迟付款，则为授权该被指定银行预付或购买已承兑的汇票或已作出的延迟付款承诺。"这是 UCP600 的新增内容。该款规定了被指定银行在承兑信用证、延期付款信用证下的买入汇票或预付的提前融资行为，被视为得到开证行的授权。因此，承兑信用证项下的跟单汇票一旦由银行承兑后，依票据法和 UCP 的上述规定，则构成承兑行在到期日无条件付款的承诺。作为汇票的持票人，受益人可在汇票承兑后请求承兑行或其他金融机构贴现汇票，立即获得现款融资。

若承兑行与受益人处在同一城市，已承兑汇票通常交由受益人控制，在到期日再由受益人向承兑行提示要求付款。若承兑行与受益人处于不同的国家，开证行或被指定银行承兑汇票后，通常向出口地寄单行发出通知电，通知汇票已承兑及到期日，同时将汇票保留在承兑行，到期日再付款。

因此，受益人接到汇票已承兑通知后，有三种选择：一是同意将已承兑汇票留至承兑行，到期后再要求承兑行付款；二是将汇票贴现，提前取得现款。贴现的方式一般有三种形式：第一，"凭电贴现"，即开证行或承兑行发出汇票已承兑通知电后，次日受益人即可以电讯方式办理贴现，无需寄来汇票，以节省时间和费用，减少风险。但这种已承兑汇票由贴现行以"承兑通知电"为依据，将其在二级市场上出售或再贴现比较困难。第二，"有形贴现"，即开证行或承兑行将已承兑汇票寄送受益人，由受益人凭纸质的已承兑汇票自行办理汇票贴现。这是传统的贴现方式，它虽然融资缓慢，花费一定时间，存在寄送风险，但贴现行将有形的已承兑汇票在二级市场上出售或再贴现比较容易。三是依据 UCP600 的上述规定，直接请求被指定的承兑行贴现汇票。

另外，UCP600 第 7 条第 3 款规定："当被指定银行已承付或议付了相符的提示，并将单据寄送开证银行时，则开证银行保证给予其偿付。对承兑信用证或延期付款信用证下相符提示的金额的偿付，在到期前，无论被指定银行是否预付或购买了单据，到期时，开证银行应予以偿付。开证银行偿付被指定银行的承诺独立于开证银行对受益人的承诺。"该条也是 UCP600 的新增内容。该条强调开证行对承兑信用证下的承兑行、延期付款信用证下的付款行的偿付责任时，明确规定"被指定"即意味着授权该承兑行、该延期付款行分别可以预付已承兑但未到期的汇票、先期购买未到期的受益人的单据，即授权被指定银行提前向受益人融资。换言之，在这两种信用证下，只要信用证生效，也就自动授权被指定银行可不经由第三家银行而直接向受益人贴现，只要是相符的提示，开证行应在远期到期日偿付该被指定银行。这一规定增加了开证行对被指定银行的责任，对被指定银行和受益人均有利。

四、议付信用证（Negotiation Credit）

议付信用证是指，开证行允许受益人向某一被指定银行或任何银行交单议付的信用证。

UCP600 第 2 条规定："议付（Negotiation）是指被指定银行通知在其获得偿付的银行营业日或之前，以预付或同意预付款项给受益人的方式（by advancing or agreeing to advance funds to the beneficiary），购买（Purchase）（以该被指定银行之外的银行为付款人的）汇票和/或相符提示的单据的行为。"

UCP600 将"Negotiation"称为"Purchase"，即被指定银行购买受益人提交的汇票或提单等单据。这种购买行为可以是议付银行在获得开证银行偿付的当日或其之前，预付或同意预付受益人。因此，远期议付信用证是合理的。但议付信用证下的汇票不能做成以议付银行为付款人，除非该议付银行为保兑银行。若议付银行非为保兑银行，通常对受益人享有追索权。

由此可见，议付的本质是一种融资方式：提前或同意提前支付款项。这对出口商有利，可以使受益人提前得到银行的资金周转。

（一）议付信用证的议付方式和责任

若使用 SWIFT 开立信用证，MT 700 设有议付栏目：41a Available with... by...（承付方式的表示方法为：BYNEGOTIATION，如 ANY BANK IN HONGKONG BY NEGOTIATION）；42C Drafts at...（汇票付款期限：如 DRAFTS AT SIGHT，或如 60 DAYS AFTER SIGHT FOR 100PCT OF INVOICE VALUE）；42A Drawee（汇票付款人，如 XYZCCNBS201 CHINA STREET，×××× BANK，BEIJING）。

（二）议付信用证的种类

按信用证议付的范围不同，议付信用证可分为限制议付和自由议付两种信用证。

1. 限制议付信用证（Restricted Negotiation Credit）

限制议付信用证，又称授权议付信用证，是指开证行在信用证中指定某一银行进行议付的信用证。

在这种信用证中，常见的限制议付条款是：This Credit is available with ×× Bank by negotiation 或 Negotiation under this Credit is restricted to ×× Bank only。限制议付信用证指定了议付行，只有该行得到了开证行的授权，其他银行都无权议付。但如指定银行之外的其他银行“议付”了单据并提示给开证行，其效力如何？美国银行通常将其看成是受益人直接交单，只要开证行是在信用证有效期内收到单据，对相符的单据就不能免除保证付款责任。但依据 UCP600，开证行对这样的提示可以拒付，因为向被指定银行提示是信用证的一个条件，受益人未遵照此条件则属单证不符。因此，被指定银行以外的第三者银行“议付”单据，由于未得到授权，因而不属于严格意义上的议付，一般称之为“局外银行议付”。这种局外议付行不能享受有权议付银行在议付信用证下的权利。

2. 自由议付信用证（Freely Negotiation Credit）

自由议付信用证，又称公开议付信用证，是指开证行对愿意办理议付的任何银行作出公开议付“邀请”和普遍付款承诺的信用证，即任何银行均可按信用证条款议付。

这种信用证中的“邀请”用语通常为：This credit is available with any bank in China by negotiation 或 We hereby engage with drawers and/or bona fide holders of the draft drawn under and in compliance with the terms of this credit that such draft shall be duly honored on due presentation and delivery of documents as herein specified。

议付信用证是借助汇票的流通而操作的，因此这种信用证需要汇票，汇票付款人一般为开证行，议付信用证的有效地点在被指定的议付行所在地，如未指定议付行，即公开议付信用证的情况下，信用证有效地点是出口地所在国。因此，只要相符单据向议付行的提示是在信用证的有效期内作出的则属符合信用证的要求。

UCP600 第 12 条第 1 款规定：“若被指定银行不是保兑银行，授权承付或议付并没有加诸该被指定银行承付或议付的任何义务，除非该被指定银行明确表示同意承付或议付，且如此通知了受益人。”由此可以看出，无论是限制议付还是自由议付，议付银行均有权拒绝议付。但在实际业务中，银行一般均愿意接受议付。事实上，信誉良好的大银行开立的议付信用证，由于议付性很强，各有权议付的银行都竞争议付。所以，有的通知行在通知信用证时擅自将自由议付信用证变为限制由自己议付的信用证，加注“信用证限本行议付”之类的词句。当然它无权这样做，因而并不能改变信用证的可自由议付性。但议付行在决定是否议付时，应慎重考虑如下两点：（1）开证行的信用程度。如开证行的资信不佳，议付行获得偿付的保障将是不确定的，因此，这种信用证往往缺乏可议付性。是否具有可议付性不是主观愿望所能决定的，正因如此，有的开证行为增强其信用证的议付性，有时主动要求通知行加具保兑。（2）受益人的信用程度。议付行的追索权能否实现取决于受益人的资信状况，若其资信低下，议付行需追索时可能空享权利而无处可行使。议付行应对议付带来的风险心中有数并加强防范措施。

第五节　即期信用证、远期信用证、假远期信用证和预支信用证

按付款时间的不同，信用证可分为即期信用证、远期信用证、假远期信用证和预支

信用证。

一、即期信用证（Sight Credit）

即期信用证是指，开证行或付款行收到符合信用证条款的跟单汇票或装运单据后，立即履行付款义务的信用证。这类信用证包括即期付款信用证和要求即期汇票的议付信用证，其特点是受益人的收汇迅速、安全，有利于资金周转。这种即期信用证在国际结算中使用得最为普遍。

在实务中，一般通过两种方式实现即期付款。一种是“单到付款或议付”，即开证行或被指定的付款行收到受益人（或议付行）提示的相符单据后立即付款。而开证申请人也需立即向开证行付款赎单。因此，从出口商提示到开证行付款，时间只是一个邮寄单据的邮程和开证行审单所需的时间。若付款行是受益人所在地的银行，则受益人提示单据后，经过付款行审单的时间即可取得信用证款项。另一种方式是“电报偿付”，用于议付信用证，即受益人所在地的议付银行收到相符单据后，用电报或电传向开证行或其指定行发出通知，说明单据已按规定寄送，要求立即付款，开证行或其指定行接到通知后立即付款。若开证行规定，向议付行的偿付应由开证行的另一分行或第三方银行办理，则要及时向偿付行提交照付索偿的适当指示或授权，且不得以索偿行必须向偿付行证实单据相符作为先决条件。参见 UCP600 第 13 条第 2 款。付款后若发现单据不符，开证行或付款行有权追索，因为此项付款是在未审单的情况下进行的。

另外，还有一种特殊的即期信用证，称为现金信用证（Cash Credit），即进口商在申请开立信用证时，向开证行交纳相当于信用证金额的一笔资金。对开证行来说，这与开证抵押具有相同的作用，但在性质上却不同于开证抵押。开证行在此信用证中特别声明，该笔资金由开证行代开证申请人专为受益人利益保有，专款专用，以待受益人凭相符单据支取，不得移作他用。因此，这对出口商十分有利，一旦开证行倒闭，受益人可以从该笔资金中优先受偿。

二、远期信用证（Usance Credit）

远期信用证是指，开证行或付款行收到相符的货运单据和汇票（或只有货运单据）后不立即付款，若有汇票先予以承兑，等到信用证规定的日期才付款的信用证。远期信用证包括承兑信用证、延期付款信用证和假远期信用证以及要求开立远期汇票的议付信用证。

远期信用证的受益人提示了汇票和单据后，只能在信用证规定的日期获得付款，在此之前，进口商也无须偿付。因此，这实际上是出口商为进口商提供贷款，解决了进口商的资金周转困难。出口商接受远期信用证要承担一定的风险。在获得付款之前，若开证行破产，出口商就失去了信用证的保障；若由于进口地政局不稳、经济混乱或两国关系恶化，而使两国间的支付不可能实现，即使开证行愿意承担其信用证下的责任，也可能无法付款。因此，受益人接受远期信用证时必须慎重考虑，了解开证行、进口商的资信情况，以及进口地的政治、经济形势是否稳定，充分估计可能存在的风险。在远期信用证的交易中，出口商可以适当地以其承担的风险为筹码，同进口商讨价还价，获得更有利的交易条件。当然，远期信用证对出口商也有好处，因为毕竟有银行信用证作为赊销交易的保证，货款两空的可能性相对较小，而且，由于远期信用证有利于进口商，因此对出口商促销商品、扩大贸易也有一定积极作用。

若出口商同意采用远期信用证方式，由于远期而发生的利息应设法转嫁到进口商身上，具体做法是，将利息包括在货价之中。这种远期信用证一般不说明远期付款发生的利息由谁负担，而只注明到期付款，出口商在承兑信用证情况下，只能收到票面额扣除贴现息后的差额。但也有在信用证中明确贴现息由出口商负担的。信用证中一般载明如下文句："Payment of drafts drawn under this credit will be effected ×× days after sight. Discount charges if any，are to be borne by beneficiary."延期付款信用证由于没有汇票贴现机制可以利用，因此，出口商必须将利息打入货价中。

三、假远期信用证（Usance Credit Payable at Sight）

假远期信用证是指，买卖双方达成即期交易，但进口商出于某种目的和需要，在信用证中要求受益人以即期交易价格报价，开立远期汇票，由进口商负担贴现息及有关费用，而受益人按规定即期收汇的一种信用证。

由于该信用证中规定开立远期汇票，开证申请人要等到汇票到期日才付款偿付开证行，因此，对开证申请人而言具有与远期信用证相同的效果；但对受益人而言，由于它能按规定即期十足收汇，因而习惯上称之为"假远期信用证"。假远期信用证一方面满足了受益人即期十足收汇的要求，另一方面又满足了进口商将即期交易转化为远期交易的愿望和需要，实质上是开证行或付款行或贴现市场为进口商提供的融资便利。

（一）使用原因

在即期交易中，本应采用即期付款方式或采用即期信用证结算货款，但有时进口商却提出采用假远期信用证付款，其中原因包括：一是摆脱进口国家外汇管制法律的限制。有些国家由于外汇紧缺，因此在外汇管制法令中规定，所有进口交易一律远期付款。这样，银行只能开立远期信用证。于是，当该国进口商同外国的出口商达成即期付款交易时，只能采用远期信用证，同时作出安排，保证出口商即期收汇的假远期做法。二是进口商借助这种信用证可以利用银行的资金或贴现市场的资金，解决资金周转的困难。利用假远期信用证融资比从银行贷款便利，而且贴现息较低，融资成本低。因此，假远期信用证可以满足进口商的需要，或缓解在进口国开立即期信用证存在的法律障碍与出口商即期收汇之间的矛盾。

（二）操作程序

假远期信用证没有固定形式，信用证中也没有注明是假远期，只是列有假远期付款的一些条款，且各银行使用的语句也不完全相同，因此，作为出口商的受益人应仔细分析这些条款，辨别是一般远期信用证还是假远期信用证。假远期信用证的即期支付条款，如，Drawee will accept and discount usance draft drawn under this credit. All charges are for buyer's account，usance draft payable at sight basis.（信用证项下的远期汇票由付款人承兑并贴现，所有费用由买方负担，远期汇票即期付款。）

判断假远期信用证的标准有三条：第一，受益人开立远期汇票，但即期十足收取货款；第二，由开证行或其指定银行先承兑远期汇票再负责贴现；第三，由买方承担远期汇票的贴现息和有关费用。

（三）与即期信用证的比较

从上述分析可以看出，假远期信用证同即期信用证和一般远期信用证（承兑信用证）都有相似之处，如出口商可以即期十足收取货款，这与即期信用证相似，又如远期汇票贴现，出口商可提前取得货款，这与承兑信用证相似。其实它们只有形式上的同一性，而在本质上是不同的。

假远期信用证与即期信用证的区别是：（1）两者汇票的期限不同。（2）两者受益人承担的风险不同。

（四）与承兑信用证的比较

假远期信用证与一般远期信用证（承兑信用证）的区别是：（1）两者开证基础不同。（2）两者受益人收款时间可能不同。（3）两者贴现息及有关费用的承担者不同。（4）两者受益人即期收款的保障不同。

四、预支信用证（Anticipatory Credit）

预支信用证是指，开证行授权代付行（通常是出口地的通知行或议付行）向受益人预付信用证金额的全部或一部分，由开证行保证偿付并负担利息的一种信用证。

（一）使用范围

预支信用证与远期信用证正好相反，银行付款在先，受益人交单在后。预支信用证是为了满足受益人的资金需要开立的，经过这种安排，进口商通过开证行或付款行为受益人提供信贷便利。于是开证行在信用证中加注特别条款，授权付款行凭受益人开立的光票和以后补交单据的声明预支部分款项。受益人提示请求付款或议付时，银行扣除预支的金额及其利息后，将余额支付给受益人。因为这种授权预支的条款最初都以红色打印，以引起注意，因而又称“红条款信用证”。但现在这种习惯做法已经改变，这种条款与证内其他内容一般都用一种颜色的文字打印，不一定以红色来强调，但“红条款”的叫法却沿用至今。

（二）操作程序

预支信用证中的“红条款”（预支条款）并没有固定格式，受益人须谨慎辨别。除了最常见的“红条款”内容外，有时还有另一种选择，即指定的出口地银行预支款项后，立即向开证行求偿，开证行借记进口商账户，同时贷记垫款行账户，而出口商制作商业发票时应注明减除原已预支的款项及利息，开立的汇票金额仅为其差额而已。实际上，这是进口商向出口商提供的贷款，仅仅是利用银行的服务。

1. 预支全部信用证金额

若申请人同意预支全部信用证金额，则于申请开证时即将全部预支款项交给开证行，开证行在信用证中加列预支条款，授权代付行（或议付行）凭受益人提交的光票或收据以及保证书（保证在信用证有效期内发货、提交相关单据），将全部信用证金额扣除利息后预支给受益人，并收回信用证正本，同时在信用证背面注明预付金额。预支款项将在以后交单付款中扣除，并按程序向开证行索偿。若受益人违约，代付行向开证行索偿本息。这种信用证的预支条款一般为：Beneficiary may draw in advance under this credit by his sight draft for amount up to 100% of the credit amount accompanied by his undertaking to the effect of shipment within the validity of this credit and to provide documents in terms of the credit。在这种信用证下，银行与进口商将承担极大的风险，因此其使用范围较小。

2. 预支部分信用证金额

大多数预支信用证允许受益人预支信用证金额的一部分。开证行在信用证中授权付款行或代付行向受益人预先垫付部分信用证金额。这种信用证可以是开证行垫款预付，也可以是付款行或代付行垫款预付。

第六节　可转让信用证与不可转让信用证

根据受益人对信用证的权利是否可转让，信用证分为可转让和不可转让信用证。

一、可转让信用证（Transferable Credit）

（一）可转让信用证的概念

依据 UCP600 第 38 条第 2 款，可转让信用证是指，信用证明确地表明它是“可转让的”；可转让信用证在受益人（“第一受益人”）的要求下，既可以全部也可以部分地转让给另一受益人（“第二受益人”）使用。转让银行是指，办理转让信用证的被指定银行，或信用证规定可在任何银行使用的情况下，获得开证行明确的授权并转让信用证的任何银行；开证行也可以成为转让银行。

从上述 UCP600 的规定可以看出，信用证的转让不是第一受益人和第二受益人之间的私下转让，而是应由银行办理转让。第一受益人要求买方申请开立以其为受益人的可转让信用证。开证行必须在信用证内注明“Transferable”。第一受益人接到信用证的通知后，即可请求银行办理转让手续。

在可转让信用证中，受益人（第一受益人）可以要求转让银行，将信用证的全部或部分转让给一个或几个第三者（第二受益人）使用的信用证。第二受益人可根据被转让的信用证，以自己的名义发运货物和提示单据请求承付或议付。因此，这种转让是第一受益人在信用证项下的权利和义务的一起转让，即受让人在信用证中接替了让与人的地位，得到预先保证：只要信用证的条款得到遵守，就有权请求开证行付款。

在可转让信用证中，银行通常在标题上注明“Transferable”字样，以表明该信用证是可转让的。但其中的可转让条款并没有统一标准，常见的表述如：This credit is transferable 或 This credit can only be transferred to XYZ CO.，C. P. O. BOX 3256 SEOUL KOREA，the drafts and documents drawn and presented by them are acceptable，in this case the drawer will be treated as the beneficiary of this credit 或 This credit is transferable and any transfer of all or any part of this credit must conform strictly to the terms thereof and shall contain no enlargements，limitations，variations，or changes of any nature whatsoever of said terms。

（二）可转让信用证的转让程序

可转让信用证可依据国际贸易业务的实际需要按以下程序转让。

1. 第一受益人要求买方申请开立以其为受益人的信用证

开证行必须在信用证内注明“Transferable”（可转让）。

2. 第一受益人接到信用证的通知后，即可请求银行办理转让手续

根据 UCP600 第 38 条的规定，第一受益人可以通过开证行、保兑行或信用证中指明的转让行办理转让手续。受益人在要求办理转让信用证时，应填写转让申请书。

3. 转让行办埋信用证转让

转让行在办理转让信用证时，一般重新开立信用证。在新证中，开证行与原证一致。根据 UCP600 第 38 条第 7 款的规定，在新证中，开证申请人可以不同于原证的申请人，即第一受益人可以将自己作为新证的申请人。由此，可以避免第二受益人知道真正的买主是谁（原证申请人），中间商基于商业秘密的考虑，往往阻止第二受益人直接与实际买主进行交易。但若原证要求办理信用证转让时原证申请人不得改变的，则新证中的申请人必须与原证相符，且原证申请人的名称必须出现于发票以外的其他单据上。

UCP600 第 38 条第 7 款还规定，信用证只能按原证转让，但信用证金额、任何单价、到期日、交单最后日期及装运期可以减少或缩短，或保险加成比例可以增加。因此，在新证中，原证条款原则上不能改变，而信用证金额与货物单价一般比原证低，这样第一受益人（中间商）可以赚取利润；新证的装运期与有效期通常比原证提前，交单期也往往要缩短，这样做是为了在第二受益人交单后，第一受益人有足够时间换发票（及汇票），保证不超过原证规定的时间；新证的投保加成比例高于原证，这样才能使保险单的保险金额达到原证的规定，以保证收货人的利益不受损失。

4. 转让行办妥转让信用证手续后，通知第二受益人

根据 UCP600 第 38 条第 4 款的规定，可转让信用证只能转让一次。因此，受让的第二受益人不得再将该信用证再度转让给其他人，即禁止垂直转让（Vertical Transfer）。但第一受益人可以将信用证一次转让给几个第二受益人，即水平转让（Horizontal Transfer）则是允许的。同时，反转让也是允许的，即第二受益又将信用证再转让给第一受益人，这不违反只能转让一次的原则。

5. 第二受益人装货发运后向转让行提示单据，并通知第一受益人

第二受益人（一般是实际供货人）在货物装运后，按新证条款规定开立发票（及汇票）并制作其他货运单据，连同新证一起交转让行（一般是开立新证的原通知行），该行可以按照发票（及汇票）金额将票款议付给第二受益人。与此同时，该行通知第一受益人按照原证开立发票（及汇票）以调换第二受益人所交来的发票（及汇票）。

6. 第一受益人向原证申请人（实际买方）履行原证

第一受益人接到转让行通知后，按原证条款规定，开立发票或汇票交转让行替换第二受益人开立的发票（及汇票），转让行将两张发票（及汇票）的差额付给第一受益人。

按 UCP600 第 38 条第 8 款的规定，第一受益人用自己的发票（及汇票）替换第二受益人的发票（及汇票），这是第一受益人的权利。替换的发票（及汇票）在金额上比

第二受益人的发票（及汇票）金额大，但不能超过原证规定的金额，其中的差额就是第一受益人的利润。

在这种情况下，一般要求海运提单或保险单上不显示第二受益人的名称，表面上仍以第一受益人为发货人，从而使实际买方无法得知实际供货人的身份。但若原证规定提示领事发票或发票需由商会副签，则该发票不能被替换。有时第一受益人在银行通知之前已将自己的空白发票（及汇票）交给转让行，请银行在第二受益人交单后代为制作发票（及汇票）。这是因为，转让行对第一受益人只有通知一次的义务，在通知后，若第一受益人不立即去银行替换发票（及汇票），转让行可以将第二受益人的所有单据直接寄交开证行，而不再对第一受益人负责。转让行的这种权利是 UCP600 第 38 条第 9 款赋予的，该款规定："若第一受益人要提示自己的发票及汇票（若有），但未于第一次要求后立即照此办理；或第一受益人提示的发票中存在不符点，但该不符点在第二受益人提示的单据中并不存在，且第一受益人没有在第一次要求时修改这些不符点，则转让行有权向开证行提示其自第二受益人收到的单据，且不再对第一受益人负责"。

有时可转让信用证也可以不替换发票或汇票。信用证的第一受益人将信用证的权利与义务转让给第二受益人，第二受益人按信用证的规定发运货物，制作各种单据，以自己的名义办理信用证结汇，而转让行将第二受益人的单据原样不变地寄交开证行，无需第一受益人介入。在这种情况下，第二受益人的发票金额与原证的规定一致，此时，第一受益人只取得佣金。这种转让信用证，可以使实际买方与实际供货人相互了解，因而这种转让信用证在国际贸易中使用得不多。在中国，有时以总公司为信用证的受益人，由其分公司装运交单，这是在同一受益人内部委办的业务，分公司以总公司名义制单，开立发票或汇票。若信用证为可转让信用证，也可以分公司的名义制单结汇。

7. 转让行寄单索汇

转让行可以向第一受益人议付单据，之后将第一受益人开立的发票（及汇票）及第二受益人提交的其他单据一起寄交开证行向其索汇。开证行接到单据审核后，认为符合信用证规定，则将款项付给转让行，然后要求实际买方付款赎单。这样，实际买方收到的货物，往往不是由与他订立买卖合同的第一受益人所提供的，因此货物是否与合同相符，则取决于实际供货人的信用。

（三）可转让信用证的使用

可转让信用证的使用涉及以下几个问题。

1. 可转让信用证使用地点的转移

根据 UCP600 第 38 条第 10 款的规定，第一受益人可以在其转让中要求，在信用证被转让的地点以及在信用证（注：原证）的到期日之前包括在到期日对第二受益人承付或议付，而不损害第一受益人以后以自己的发票（及汇票）替换第二受益人的发票（及汇票），并支取应得差额的权利。这是可转让信用证使用地点的转移。在可转让信用证中，第一受益人可以是原证申请人（进口商）所在国的中间商（信用证国内转让），也可以是国外的中间商（信用证国外转让）。而第二受益人（供货商）可以是与国外中间商同一国家的供货商；也可以是与国外中间商不同国家（第三国）的供货商，即进口商、中间商和供货商分别处于三个不同的国家或地区。

在可转让信用证业务中，进口商通常要求限制信用证只能转让给国外第一受益人所在国的第二受益人，以便控制货源，减少麻烦。如信用证规定 This credit is transferable only to second beneficiary in your country。

依据上款的规定，第一受益人可以要求在信用证受让地点（第二受益人，即国外供货商所在地，也可能为第三地）以及原证的到期日内，对第二受益人进行承付或议付，而不损害第一受益人以后以自己的发票或汇票替换第二受益人的发票或汇票，并支取应得差额的权利。

在上述情况下，信用证的使用地点发生了转移，但无论如何，第二受益人的交单必须符合 UCP600 第 6 条规定的到期日、交单地点及其第 14 条规定的交单最后日期的要求。但若单据到达转让行后，当第一受益人替换发票或汇票时，即使信用证（新证）已过期或第 14 条规定的最后交单日已过，第一受益人替换发票或汇票的权利仍不受影响，换言之，UCP600 第 6 条和第 14 条规定的时限适用于第二受益人向受让地有关银行的交单，而不适用于第一受益人以其发票替换第二受益人的发票。因为，第一受益人要受原证的约束。

当然，若信用证明确声明不能在信用证（原证）规定的地点（国外第一受益人所在地）以外承付或议付，则转让信用证时必须遵守。

2. 转让行的义务

UCP600 第 38 条第 1 款规定："银行没有义务办理转让信用证，除非该银行对转让范围和方式明确表示同意。"由此可见，受益人向转让行提出转让信用证的请求时，转让行有权拒绝办理转让，即使转让行加具了保兑也没有差别。只有当信用证转让的范围，如是否转让给多个第二受益人，部分转让还是分批转让，是否替换发票（及汇票），受益人是否对修改的通知作出保留等，已为转让行同意的条件下，该行才办理转让。转让行可以依请求办理转让，但这不是义务。此外，即使转让行已同意转让信用证，若其转让费用未得到支付，也没有办理转让的义务。

3. 可转让信用证的修改

可转让信用证转让后，在第一受益人之外产生了一个或几个第二受益人，当信用证出现修改时，则比不可转让信用证的修改复杂。信用证未经开证行、保兑行和受益人的同意不得修改。在转让信用证时，若开证行提出修改，是经第一受益人同意还是经第二受益人同意，或者须他们同时同意？UCP600 第 38 条第 5 款和第 6 款规定了信用证转让后修改的原则。

（1）第一受益人关于其对修改的意愿的声明。第一受益人对转让行将修改通知给第二受益人的行为具有控制权。UCP600 第 38 条第 5 款给予第一受益人这种权利，以保证经转让的信用证具有完整性和可靠性，但第一受益人这种权利的取得要取决于其事先的声明。该款规定："任何转让要求必须说明是否允许及在何种条件下允许将修改通知第二受益人。已转让信用证必须明确说明该项条件。"

为此，第一受益人必须指示转让行，说明其是否保留拒绝允许转让行将修改通知给第二受益人的权利；同时，第一受益人的这种指示还必须在请求转让时或转让信用证之前作出，且这种指示是不可撤销的。"转让信用证之前"一般是指，转让行将被转让的信用证通知给第二受益人之前；不可撤销地指示转让行则是指，第一受益人一旦作出是否保留上述权利的决定并通知了转让行之后，则不能再改变其决定。若第一受益人决定不保留上述权利，则不能再阻止转让行将信用证的修改直接通知给第二受益人。因此，第一受益人在信用证转让之前，应根据具体情况来决定是否控制信用证的修改。若第一受益人认为第二受益人对修改的接受与否与自己无关，则可以不保留拒绝允许转让行将修改通知给第二受益人的权利。若第一受益人认为必须控制信用证的修改，则可以保留上述权利，以便遇到修改信用证时，他可以视具体情况决定是否将修改通知给第二受益人。当转让行收到第一受益人关于转让信用证的不可撤销的请求后，若同意在此条件下办理转让，则有义务在转让信用证时，将第一受益人关于修改的指示通知第二受益人，以便第二受益人了解所受让的信用证的全部内容，从而决定是否接受。

（2）第二受益人的权利相互独立。根据 CUP600 第 38 条第 6 款的规定，各第二受益人的权利相互独立。该款规定："若信用证被转让给一个以上的第二受益人，其中一个或更多的第二受益人对任何修改的拒绝并不能使任何其他第二受益人的接受无效。对于接受修改的第二受益人而言，该已转让信用证已被相应修改；对于任何拒绝修改的第二受益人而言，该已转让信用证仍未被修改。"

由上款规定可以看出，若信用证被转让给两个以上的第二受益人，则各第二受益人在信用证项下所享有的权利是相互独立的，即各第二受益人只依据其所受让的信用证享有权利，在他们之间权利不相互影响，即各第二受益人对修改的接受或拒绝可以同时存在，换言之，一部分第二受益人接受修改的效力并不因其他第二受益人的拒绝修改而受影响：对接受修改的第二受益人来说，信用证被修改，依修改后的条款执行；对拒绝修改的第二受益人来说，信用证未被修改，仍依原条款执行。当然，开证行可能不愿意各第二受益人对修改的信用证有不同反应，且独立并存，认为其修改要么被同时接受，要么被同时拒绝，因此，开证行应在信用证中对此作出明确规定。

（四）可转让信用证的使用范围

可转让信用证，一方面可以使买方获得其需要的货物，另一方面也使供货人取得了收回货款的银行保证，同时第一受益人（一般为中间商）获得了利益。可转让信用证在国际贸易中的下列情况下，可适当地使用：（1）贸易需要中间商促成。（2）由总公司对外成交，分公司履约。（3）大批小额货物贸易。（4）政治因素阻碍直接贸易。

二、不可转让信用证（Non-transferable Credit）

不可转让信用证是指，受益人不能将信用证的权利转让给他人的信用证。凡信用证中未注明"Transferable"（可转让）字样的，就是不可转让信用证。在国际贸易中使用的信用证大多为不可转让信用证。

UCP600 第 39 条规定："信用证未表明是可转让的事实，并不影响受益人依据所适用法律的规定的前提下，将该信用证项下的款项让渡给对其可能拥有权利或可能将拥有权利的人。本条规定仅涉及信用证款项的让渡而不涉及信用证项下履约权利的让渡。"

例如，信用证受益人欠某人的一笔款项，或受益人从某一企业购买货物出口，打算用信用证项下应得的款项偿还，此时受益人可将该应得款项的一部分或全部让渡（或称之为过户）给债权人，要求开证行或被指定银行将已让渡的那部分款项直接拨付给债权人。若有关法律允许，信用证为不可转让这一事实也不影响受益人的让渡权利。这种款项的让渡并不涉及信用证项下履约权利的转让。

“款项让渡”，是指无论何种类型信用证，其受益人都有权将从信用证获得的款项，转让给他人。“款项让渡”仅仅涉及信用证款项的转让，不涉及信用证的权利行使，也与原证申请人的利益无关。

“信用证转让”却不同，它涉及原证受益人行使信用证的权利。同时，在履行信用证的过程中，往往因受益人的更换，会影响开证申请人的利益。因此，信用证需要转让时，有两种做法：一是必须得到申请人同意，并在开来的信用证中注明“Transferable”，则该信用证即可转让。二是受益人收到的信用证是不可转让的，但受益人可将该证交付银行作为质押，在开证申请人不知情的情况下，向实际供货商另外开出一份新的信用证，即“对背信用证”。新证则由供货商凭以履行供货任务。

由此可见，信用证的“款项让渡”与“信用证转让”（或者证内没有注明“Transferable”而开立对背信用证）是完全不相同的。

在信用证业务中，产生“款项让渡”的原因通常包括以下情况。

（1）作为中间商的受益人，对外签订了出口合同，但又缺少偿付资金，同时又没能争取国外进口商同意开立可转让信用证，因此不能将信用证转让给供货商。若供货商同意先向国外进口商发货，而货款则由中间商将信用证款项让渡给供货商，即可采用“款项让渡”解决。

（2）作为中间商的受益人，对外签订了出口合同，但又缺少偿付资金，同时又没能争取国外进口商同意开立可转让信用证，不能将信用证转让给供货商。该中间商准备利用“对背信用证”，但由于其自身资信等原因的限制，银行不同意以原证为质押而向供货商开立对背信用证。在此情况下，只要供货商同意，中间商则可以利用“款项让渡”的办法，换取供货商依据信用证的条款和条件，履行发货义务。

（3）其他原因。除上述原因外，信用证受益人因其他原因欠下债务，也可使用“款项让渡”还债。

“款项让渡”并非当事人私下授权行为，也需要办理相关手续，但各银行并无统一的做法。目前较普遍的做法是：当中间商，即款项让渡人，欲将信用证款项转让给他人时，应在信用证指定银行办理“款项让渡”手续。指定银行包括：限制议付信用证下的议付行；公开议付信用证下的单据押汇银行；若为非议付信用证，则只能通过当地通知行代为向开证行办理款项让渡。

若办理“款项让渡”的银行接受让渡人的申请后，应给予书面确认。让渡人将银行的确认副本转交“款项让渡”的受让人（如供货商等）留存。待供货商将货物出运后，向办理“款项转让”的银行提供信用证规定的有关单据和货物已经出运的证明材料，银行则直接将款项拨付受让人。

从“款项让渡”的操作过程看，供货商只要持有银行接受办理“款项让渡”的确认，便可以放心地出运货物。但实际上，“款项让渡”的做法对供货商存在着一定的风险。

（1）若供货商按信用证规定出运货物，但让渡人（中间商）缮制的单据与信用证不符，可能导致“款项让渡”落空。因此，尽管供货符合信用证要求，但同样也得不到货款。

（2）若为自由议付信用证，让渡人（中间商）交单时，不将单据交给原来同意办理“款项让渡”的银行，而是交给另外一家银行办理议付手续。这样，中间商取得了货款，供货商却可能丧失了让渡的款项。

（3）让渡人（中间商）有可能将信用证项下的货物售予非信用证的另一买方，自行收款，导致供货商的货款损失。

由此可见，虽然 UCP600 专为“款项让渡”而设置专门规定，但银行并不能保证供货商能够获得款项的让渡。因此，供货商在接受这种付款方法之前，应该审慎考虑，特别应对中间商的资信情况要有所了解，避免受骗。[①]

第七节　循环信用证

循环信用证（Revolving Credit）是指，在信用证全部金额或部分金额被使用后，能够重新恢复原来的金额再次使用或多次使用，直到规定的循环次数或规定的金额使用完为止的一种信用证。

循环信用证通常用于进出口商在一定时期内进行多次交易，且每一笔都涉及特定数量的同一种商品。在这种情况下，若每笔交易都开立一张信用证，不但费时，而且每笔都需支付开证手续费；若就该期间内的各笔交易总括开立一张信用证，由于金额庞大，超出了银行的信用额度，开证行可能要求缴纳足够的押金，以避免进口商的信用风险。此时，则可使用循环信用证。

循环信用证在内容上比其他信用证多了一项循环条款，以表明循环方法、次数和总金额。循环信用证分为按时间循环的信用证和按金额循环的信用证。

一、按时间循环的信用证

按时间循环的信用证，是指受益人在一定时间内可支取信用证规定的金额，信用证金额全部或部分被利用后，信用证立即又恢复到原金额，受益人可再次利用。循环时间一般可按月或季循环，如信用证规定半年内每月可支取 1 万美元，在每月的第一天自动恢复，总金额不超过 60 000 美元。在这种情况下，进口商可申请开立下列循环信用证：“This is a monthly revolving credit which is available for up to the amount of USD10 000 per month and the full amount will be automatically renewed on the lst day of each succeeding calendar month. Our maximum liability under this revolving credit does not exceed USD60 000 being the aggregate value of 6 months.”

按时间循环的信用证依其上期未用金额是否可转入下期利用，可分为可积累循环信用证和不可积累循环信用证两种。

---

① 陈国武．解读 UCP600. 天津：天津大学出版社，2007：115-117.

（一）可积累循环信用证

可积累循环信用证，是指受益人在上一循环期未用完的信用证金额可以转到下一循环期使用。

在国际贸易中，这种信用证的使用通常是在信用证原规定的期限内应出运货物因故未能装运，或不能保证每次正好支取规定的金额的情况下，下期补交货物，而补货款也在下一期支款时一起支取。若信用证未明确允许可以积累使用，则不能积累使用。因故未能及时出运的部分货物以及原来规定的以后各期货物，未经开证行修改信用证则不能再出运。UCP600 第 32 条“分期支款或分期装运”（Installment Drawings or Shipments）对此有严格规定。该条规定：“若信用证规定在指定的日期内分期支款及/或分期装运，但任何一期未按期支款及/或装运时，信用证对该期及其以后各期均告失效。”

（二）不可积累循环信用证

不可积累循环信用证是指，受益人在规定的循环期内可以使用的金额未用完时，信用证的余额不能转入其后一期合并使用，即余额失效。因此，各期金额是独立使用的，互不产生影响。该信用证的不可积累条款。

二、按金额循环的信用证

按金额循环的信用证（The credit may revolve in relation to value），是指在一个规定的总有效期内，信用证被使用后即可按规定恢复到原先的金额，直至用足规定的总金额或循环完规定的总次数为止。

按金额循环信用证规定支款总额或可循环使用的次数的目的是，对受益人的发货进行一定程度的控制，否则会使进口商和银行承担难以预测的责任。按金额循环的信用证其金额恢复可以采取以下几种方法。

（一）自动循环使用

受益人按规定发运货物并提交单据后，信用证立即自动恢复到原金额，不需等待开证行通知，受益人可再次使用。自动循环的条款如：“This credit shall be renewable automatically twice for a period of one month each for an amount of USD20 000 for each period making a total of USD60 000.”（本证将再自动循环二次，每月一次，每次金额 20 000 美元，总金额为 60 000 美元。）

（二）半自动循环使用

受益人装运货物提交单据后，若在一定期间内没有收到开证行停止循环的通知，则信用证金额即自动恢复，可再次使用。半自动循环的条款如：“Should negotiating bank not be advised of stopping renewal within 15 days，the unused balance of this credit shall be increased to the original amount on the 16th day after each negotiation.”（议付行每次议付，15 天内如未被通知中止循环，该证未用金额从第 16 天开始可增至原金额。）

（三）被动循环使用

受益人按规定装运货物提交单据后，信用证并不能自动地恢复原金额而必须等到开证行关于恢复金额的通知。被动循环的条款如：“The amount shall be renewed after each negotiation only upon receipt of issuing bank’s notice stating that the credit might be renewed.”

（本证金额须在每次议付后，收到开证行声明本证可恢复的通知方可恢复。）

第八节 对背信用证

一、对背信用证的概念

对背信用证（Back to Back Credit），又称背对信用证、转开信用证、第二信用证或从属信用证等，是指受益人收到进口商申请开来的信用证，要求原证的通知银行或其他银行以原证为基础，另开一张内容相似的新信用证给另一受益人的一种信用证。

对背信用证的开立通常是中间商转售实际供货人的货物，或两国之间不能直接办理进出口贸易时，通过第三者以对背信用证方式来促成交易。这种贸易是由三方即出口商、中间商和进口商订立两份买卖合同，按中间商与进口商订立的第一份合同开出的信用证称为原始信用证（Original Credit），按照中间商与出口商订立的第二份合同开立的第二张信用证，称为对背信用证。原信用证的受益人（中间商）就是对背信用证的开证申请人，对背信用证的受益人是实际供货人，原信用证的通知行，一般是对背信用证的开证行。

二、对背信用证的操作程序

对背信用证在国际贸易业务中通常按以下程序操作。

（一）原证的开证行开立不可转让的信用证

进口商与出口商（中间商）签订买卖合同后，进口商到进口地银行申请开立以出口商为受益人的不可转让信用证。进口地开证行将信用证邮寄或发送到出口地或合同中的出口商所在地的通知行。

（二）原证受益人（中间商）申请开立对背信用证

通知行将信用证通知原证受益人，原证受益人要求通知行或其他银行开立以实际供货人为受益人，以通知行或其他银行为开证行的对背信用证（新证）。

（三）对背信用证的开证行开立新证交给新证的通知行

新证的开证行与原证的通知行、议付行有时为同一银行。新证开证行通常要求新证申请人交出原证作为开证抵押。这是因为原证是其开证行保证付款的承诺，对背信用证必须以这一承诺作为开立新证的依据。新证开证行为防止新证项下的单据被付款，而原证项下的款项却因意外不能收回，一般要求新证申请人交付一定的抵押或担保。新证内容与可转让信用证的新证内容基本类似，其他方面与原证基本相同。新证开立后由该证的开证行寄送第二通知行。

（四）实际供货人接到新证后备货、出运、交单结汇

新证的通知行将对背信用证通知实际供货人，供货人按新证的规定备货出运，交单议付。新证的装运期和有效期应比原证要短，以便留出一定时间给中间商来履行原证。有时，实际供货人也可以中间商的名义向进口商发货。新证的议付行一般就是该证的通知行，议付行审单后向实际供货人垫付货款。

（五）新证议付行寄单索汇，新证开证行通知中间商替换发票

新证议付行收到实际供货人交来的单据审核议付后，将单据寄送新证开证行。新证开证行收到单据，经审核无误后向新证议付行偿付货款，并通知中间商替换发票（及汇票），中间商则按原证规定另制发票（及汇票）。

（六）新证开证行寄单索汇

若新证开证行与原证议付行为一家银行时，该银行将中间商的发票（及汇票）替换后，将已议付的单据寄送原证开证行索汇。若新证开证行与原证议付行分别为两家银行时，新证开证行议付单据并替换发票（及汇票）后，再将原证及单据寄送原证议付行议付，由该议付行再将单据寄送原证开证行索汇。有时新证开证行为防止中间商替换发票、汇票不及时而超过信用证的有效期，通常要求中间商预留已签字的发票、汇票，必要时由银行代为制作发票、汇票。若中间商不及时替换发票、汇票，新证开证行也不能将实际供货人的发票直接寄送原证开证行，因为受益人与原证不符。

（七）原证开证行审单付汇，通知进口商付款赎单

这一程序与普通信用证操作相同。

三、与可转让信用证的比较

尽管对背信用证与可转让信用证在业务程序与功能等方面有相似之处，但两者在性质及当事人、关系人之间的法律关系方面不尽相同，其表现为：（1）开证行不同；（2）背景不同；（3）新证受益人地位不同；（4）通知行的地位可能不同；（5）受益人与原证的关系不同。

第九节　对开信用证

对开信用证是指，两张信用证的开证申请人互以对方为受益人而开立的信用证。这两张信用证是相互联系，互为条件的信用证。

对开信用证多用于易货贸易、来料加工、来件装配或补偿贸易业务中，交易双方都担心对方凭第一张信用证出口或进口后，另一方不履行进口或出口义务，于是采用对开信用证的方法约束对方。

对开信用证的特点是，第一张信用证的受益人是第二张信用证的开证申请人，第一张信用证的开证申请人是第二张信用证的受益人。第一张信用证的通知行往往就是第二张信用证的开证行，两张信用证的金额大体上相等。买卖双方由其中一方向对方首先开出第一张信用证，但该证暂不生效，然后由第一张信用证的受益人开出以该证的开证申请人为受益人的第二张信用证（又称回头证），回头证的受益人经审查，若认为该证与合同规定相符，表示接受，即通知对方银行两证同时生效。为保证两张信用证能够同时生效，第一张信用证中一般列明约束性支付条款，即，先开信用证的开证申请人要求开证行在信用证中加注在信用证有效期内议付受益人单据的前提条件，若不符合这个前提条件，该证就不生效，即使受益人提供的单据完全符合信用证的规定，银行也没有义务和权利付款，如“This credit shall not be available unless and until the reciprocal credit is established by ×× bank in favour of ×× for the sum of××, such availability shall be telegraphically advised to the beneficiary through×× bank.”该条款强调，回头证的受益人必须接受信用证，两证才同时生效，这对先开信用证的一方非常重要。若只要对方开来回头证，第一张信用证就可使用，仍可能使先开证的一方失去保障，因为，回头证条款可能与合同不符或其规定条件根本无法办到。

在国际贸易中，有时虽然也开两张信用证，但两张信用证并不一定同时生效，且金额也可能不完全相同，如为各自从对方购得所需货物，分别开立信用证，但两张信用证分别生效，相互间没有任何联系，即第一张信用证开立后立即生效，回头证以后再开。这种相互之间毫无关联的信用证是两笔独立的交易，先开信用证的一方对另一方以后是否开出信用证没有把握，也不能控制。有时，在回头证金额小于第一张信用证金额的情况下，可以使第一张信用证在回头证的金额的限度内一部分生效，以后回头证陆续开来后，第一张信用证再相应地分批生效。这种方式在一定程度上将两张信用证结合起来，回头证开证申请人在开证之前只能使用第一张信用证的一部分，因而不能收回全部货款，这样，就使他后来回头证的开立受到一定的控制，避免其随意不开回头证情况的发生。此外，买卖双方一方首先开证，并立即生效，但以对方开立保函为生效条件，保函的内容大意是，第一张信用证的受益人承诺，在一段时间内开立以该证开证申请人为受益人的回头证。这种保函作为信用证规定的应提交单据的一部分，由议付行转交开证行及进口商。由于保函只是出口商的商业信用，银行并不介入其中，议付行只起转递的作用，因此，出口商若不遵守诺言，该保函就成了一纸空文，对进口商没有任何实质性的保障。

案例分析

1. 信用证修改效力纠纷案

中国某出口商与国外进口商达成一笔出口合同，合同的包装条款是：“木板或胶合板包装，内部可采用蜡纸或硫酸纸包装”。

出口商接到信用证，包装要求为：“采用木板包装，内部采用硫酸纸包装”。于是，出口商依照信用证规定备货。但正当出口商准备装船之际，3月5日开证行开来修改书，要求对包装条款修改为：“采用木板包装，内部采用蜡纸包装”。因此时出口商已没有时间重新包装了，且更改包装其损失巨大，于是出口商决定不接受信用证修改。出口商于3月9日仍依原证所规定的包装条款（硫酸纸）包装、装船并缮制装箱单，于装船后第五天向银行议付，并将信用证修改书退回。但买方来电提出异议，认为出口商的做法无理，并要求赔偿因包装所致的损失，其理由是：“按照国际惯例，出口商收到信用证修改书3天内未提出不接受信用证的修改，应视为默认接受。出口商接到修改书是3月5日，但在3月9日才装船出运，时间已超过了3天，应被视为默认接受了信用证的修改。而你方仍然按照原证的包装条款装船出运，明显是违反信用证条款，因此，你方应为此承担赔偿责任。”

试分析出口商是否违反信用证条款并应承担赔偿责任？

（提示：依据UCP600第10条的规定，出口商没有违反信用证条款，无须承担责任。UCP600 第 10 条 C 款：在受益人将其对修改的接受告知通知该修改的银行之前，原信用证（或包含先前已被接受的修改的信用证）条款和条件对受益人仍然有效。受益人应（should）做出接受或拒绝修改的通知。若受益人未做出这样的通知，符合信用证的提示以及符合未被接受的修改的提示，将视为受益人已做出接受这种修改的通知，信用证于此时起将被修改。）

本案中，出口商并未接受信用证的修改（包装改为“蜡纸包装”），原证条款（“硫酸纸包装”）对出口商仍然有效。因此，出口商没有违反信用证规定，无需承担赔偿责任。但出口商的做法欠妥。）

2. 保兑银行责任延伸案①

I 银行开立一张以 M 为受益人的不可撤销信用证，并要求 A 通知行加保。A 银行对信用证加具保兑后通知了 M，在信用证到期日两天之前，M 将全套单据交 A 银行议付。A 银行发现全套单据有两处不符点：其一，提单抬头做成了托运人抬头（to order of ××托运人名称）并空白背书，而信用证的要求是提单做成买方抬头；其二，信用证超支 USD10 000.00，考虑到信用证即将到期，A 银行立即将此情况通知 M，M 要求 A 银行立即电传开证行 I 银行要求其授权付款。开证行在接到 A 银行的电文后与其开证申请人协商，在后者的同意下，I 银行授权 A 银行议付提示的单据。

在 I 银行电告 A 银行对不符单据付款后，I 银行国内的政局开始动荡，政变使政府行将倒台，结果使 I 银行营业中断。有鉴于此，A 银行通知 M：尽管它已收到 I 银行同意对不符单据付款的指示，A 银行不准备照办，因为 I 银行的资金账户已被冻结。若 A 银行对 M 付款，它将无处取得偿付。

受益人于是求助于其律师，律师称既然 A 银行已对该证进行了保兑，依 UCP600，在未征得受益人同意的情况下，该行不得撤销保兑，故 A 银行必须付款。而 A 银行则认为：保兑只是在提交单单、单证严格一致的情况下有效。鉴于受益人提供的单据已有两处不符，故该保兑已自动终止。受益人律师答复：A 银行既然已经无条件同意与 I 银行联系，要求后者授权对提示的不符单据付款，这一行为已构成 A 银行同意付款的承诺。因此，受益人要求 A 银行支付信用证的全部款项，外加 I 银行同意付款之日起至 A 银行实际付款之日间的利息，以及处理这一事件过程中的一些费用支出。

试分析该案例。

（提示：此案涉及的是保兑行的保兑责任问题。依据 UCP600 第 8 条、第 10 条，保兑银行须对受益人付款。依据 UCP600 第 8 条，信用证加具保兑后，即构成保兑行在开证行承诺以外的确认承诺，对受益人承担必须付款或议付的责任。

UCP 第 10 条 b 款规定：开证行在其发出修改书时起，不可撤销地受该修改的约束。保兑行可将其保兑扩展至修改，并在通知修改时起将不可撤销地受其约束。但保兑行可选择通知修改而不扩展其保兑责任，此时，它须不迟延地通知开证行并在其通知中告知受益人。由此可见，保兑行通知受益人修改信用证而未作任何相反说明，则视为同意信用证的修改，并扩展其保兑责任。

---

① 资料来源：http：//www.sinotf.com/GB/136/1362/2010-01-04/5MMDAwMDA0Njg5MA.html。

A银行作为保兑行即负担与I银行的同等责任。但A银行的保兑责任仅限于M提供符合信用证要求的单据。鉴于M提供的单据不符合信用证要求，可认为A银行的保兑责任就此终止。但A银行无条件的同意请求I银行授权对不符单据议付，这事实上等于是A银行请求I银行修改信用证，而I银行同意授权付款则意味着该修改成立，则A银行自然地将其保兑之责扩展到了修改。所以，A银行应对受益人M付款。）

3. 信用证被拒付后追讨货款案①

案情简介

原告：A公司（中国出口商，受益人）

被告：东方汇理银行萨那分行（开证行）和上海分行（议付行）

2006年7月，四川A公司（卖方）与也门B公司（买方）签订总价为212 250美元的户外架设用电话线出口合同，约定以信用证方式付款。此后经B公司申请，东方汇理银行萨那分行（开证行）于2007年3月26日开出以A公司为受益人的不可撤销跟单信用证，并指定东方汇理银行上海分行（通知行；保兑行）为议付行；允许分批装运、转运，最迟装运日为2007年6月2日；付款条件为信用证金额的85%凭提交的完全符合信用证条款的装运单据支付，15%的应付余额在最后一批货物到进口港后1天内偿付。

履行过程中，四川A公司分4批交货放单。上海分行议付了第一批和第三批信用证项下规定的款项。第二批单据因下列“不符点”，萨那分行通知上海分行拒收单据：1. 提单上明示的班轮条款是打印出来的而非盖章；2. 汇票提示100%偿付，而不是按照信用证条款规定的85%；3. 提交的提单是港对港或联运提单，而不是海运提单。第四批单据因以下“不符点”，萨那分行也通知上海分行拒付信用证下款项：1. 保单的改动未予有效证明；2. 提单不符合信用证对清洁提单的要求。但上海分行对以上“不符点”表示不同意。

随后，A公司向上海市第一中级法院提起诉讼。

法院判决

一审法院经审理认为，萨那分行提出的不符点不构成拒付的理由，或根本不构成不符点。上海分行承担保兑行的责任。法院支持原告的诉讼请求，要求萨那分行和上海分行向A公司共同支付信用证项下款项及其利息。

萨那分行和上海分行均不服原判，上诉至上海市高院。上海高院经审理后驳回上诉，维持原判。

试分析该案例的症结所在。

（提示：

本案中，当事人在信用证中约定适用国际商会的UCP，该约定有效，故对于本案争议的处理适用该国际惯例。

根据信用证独立性原则的要求，银行只审查信用证项下有关单据之间及其与信用证有关条款之间在表面上是否相符。

① 资料来源：http：//www. sinotf. com/GB/136/1362/2010-06-30/4NMDAwMDA1MTY4Ng_2. html。

对本案开证行提出的第二、第四批单据存在不符点，其有权拒付的观点分析如下：

(1) 关于提单上明示的班轮条款是打印的而非盖章的问题

首先，当事人之间约定的信用证条款并未对此作出规定，且依国际商会《关于审核跟单信用证项下单据的国际标准银行实务》（ISBP）的规定，也未对信用证下的提单班轮条款是否必须为盖章作出限定。

其次，第二批单据和第一批单据中两份提单中班轮条款均系打印，但开证行对第一份提单并未提出异议。因此，A公司有理由信赖开证行的审单标准，提交同样类型的单据。故此点不构成不符点。

(2) 关于第二批单据中汇票金额并未按照信用证条款规定填写的问题

依据UCP600第14条，银行不审核信用证中未规定的单据。若银行收到此类据将退还交单人。本案中，信用证第46A（Documents Required）中，对信用证要求提交的单据并不包括汇票。因此，该项不构成不符点。

(3) 关于第二批单据中提单并非海运提单的问题

依据UCP600第20条，提单不论如何命名，只要其满足了信用证规定的条件，即可成为信用证要求的海运提单。因此，提单名称的不同不构成不符点，开证行不能依此主张拒付信用证款项。

(4) 关于第四批单据中保险单改动之处未作证明的问题

该批单据中，保险单两处修改均经过了保单签发人中国人民保险公司四川省分公司的签章证明。故该项不符点不成立。

(5) 关于未出具清洁提单的问题

开证行在其拒付通知中未具体说明理由。而依UCP600第16条，拒付通知中对不符点的表述应足够准确，且需描述理由，仅仅指出不符点类型是不够的。因此该拒付无效。因此，萨那分行提出的不符点不能构成拒付的理由，法院正是据此判决，萨那分行拒付理由不能成立。

另外，信用证所载内容表明，开证行萨那分行在信用证保兑一栏内授权允许保兑，而通知行上海分行随后在其作出的信用证通知书中加具保兑条款。由此，上海分行承担了保兑责任。依据UCP600的规定，受益人在信用证有效期内提交了符合信用证条款规定的单据后，若开证行无理拒付信用证款项，保兑行应承担第一性的付款责任。据此，法院判决上海分行与萨那分行向A公司共同支付信用证项下款项及其利息。)

4. 航空运输方式下的信用证风险案①

2007年6月，浙江某出口公司与印度某买方达成一笔羊绒纱出口合同，合同中规定的贸易条件为CFR NEW DELHI BY AIR，支付方式为100%不可撤销的即期信用证，装运期为同年8月自上海空运至新德里。合同订立后，买方按时通过印度一家银行开来信用证，通知行和议付行均为中国B银行，信用证中的贸易术语为“CNF NEW DELHI”，出口商对此并未太在意，收到信用证后，按规定发运了货物，将信用证要求的各种单据备妥交单，并办理了议付。然而，B银行在将单据寄到印度开证行后，收到

---

① 资料来源：http：//www.sinotf.com/GB/136/1362/2011-01-26/4MMDAwMDA1NzA4MA.html。

开证行的拒付通知书，拒付理由为单证不符：发票上的贸易术语“CFR NEW DELHI”与信用证中的“CNF NEW DELHI”不一致。得知这一消息后，卖方立即与进口商联系，要求对方付款；同时通过B银行向开证行申明该不符点不成立，要求对方依据UCP的规定及时履行偿付义务。但进口商和开证行对此都置之不理，在此情况下，出口商与货物承运人联系，其在新德里的货运代理告知该批货物早已被收货人提走。在如此被动局面下，卖方不得不同意对方降价20%的要求作为问题的最后解决办法。

试分析该案例的症结所在。

（提示：在航空运输下，即使使用信用证结汇，对于卖方而言，也同样存在风险。这是由航空运单的性质和特点决定的。信用证中应规定将航空运单的“收货人”做成开证行 或“开证行/偿付行”，由银行首先控制货权，进而控制买方付款。

从该案例可看出，造成出口商陷入被动局面的根本原因在于其丧失了货权。而丧失货权是因航空运单的特性决定的。

尽管信用证的特点是银行处理的是单据，不问货物的具体情况。若买方不付款赎单，则无法提货，这在海运方式下是可实现的，因为海运提单是物权凭证，买方只有凭其从银行赎来的海运提单才能在目的港提货。但空运方式下的空运单据——航空运单则不具有物权凭证的特征，它仅是航空承运人与托运人之间缔结的运输合同，以及承运人或其代理签发的接收货物的收据。由于空运的时间很短，通常在托运人将航空运单交给收货人之前，货物已经运到目的地，因此收货人凭承运人的到货通知和身份证明即可提货。这样一来，在空运方式下即使采用信用证方式结汇，对于卖方而言，也同样存在风险。实务中常需要使用航空方式运输特殊货物，如易腐商品、鲜活商品、季节性强的商品及价值大且数量少的商品等。为防范空运方式下的信用证风险，应采取措施：

（1）争取与其他的支付方式结合使用。如要求买方在出货前预先电汇一定比例的货款，以分散风险；

（2）严格审查买方的资信，包括财务和经营状况、付款记录等，以核定其信用额度，决定合同金额的大小；

（3）严格审查开证行的资信情况，以免开证行故意拒付，必要时可要求对信用证加具保兑；

（4）若货物金额较大，可要求分批交货；五、要求将航空运单的收货人做成“开证行/偿付行”（×× Bank）；

（5）严格依据信用证条款制作单据，在单据方面不给对方可乘之机，并要求议付行予以密切配合，在开证行/偿付行有变故时，要与对方据理力争，严格按照UCP600、ISBP及其他国际惯例操作，维护出口商合法权益；

（6）与航空承运人及其在目的地的代理保持密切联系。因为在收货人提货之前，若出口商发现风险存在时，卖方/托运人通常有权要求航空承运人退回，或变更收货人，或变更目的地。

（7）投保出口信用险。出口信用险可保障因买方的商业风险和/或政治风险而导致出口商无法收取货款的损失，及其他追偿业务。）

5. 国际商会咨询案例

案情简介

A银行开立信用证，由其子行B银行保兑，由我方C银行作为通知行。B银行的SWIFT电文通知中称，“若发生不符交单的情况下，B银行将在协商一致的基础上告知开证行相关不符点除非你方面函已给出明确指示”。

与争议相关的单据，信用证中要求：（1）一份正本两份副本，由船运公司或其代理出具的已签并注明日期的货运发票。（2）最晚交单日期为2009年4月15日。

3月26日，出口商提交价值金额为EUR345 369.58的单据。通知行提交相关单据给B银行进行议付，根据相关规定，在B银行接管单据之前，该单据应由通知行保管。在这些单据中，货运发票的上方连续标明了船舶名称、装货港、卸货港、日期及提单号。

4月2日，通知行收到了B银行的拒付通知。B银行称，其中的货运发票未标明日期，以及提单中注明的容积与装箱单有异。另外，保兑行发来通知，称所有单据已发送给开证行，等待接受。

4月7日，通知行声明货运发票已标明日期，驳回了相关不符点。尽管该日期并没有单独出现在发票的底部，但如上文所述，其已标注在发票的顶部。就提单与装箱单上容积这一信息不一致的问题，根据UCP600，通知行做出的解释是，该提单内列明的容积量包含了实际集装箱的体积。另外，将单据发至开证行这一行为与通知行给予的指示相违背，通知行对此表示反对。

4月9日，（保兑银行）B银行回应称，坚持原先的决定。4月20日，通知行再次通知保兑行，不同意其决定。另外，通知行要求B银行就将单据发给开证行一事做出正式回应。4月30日，通知行收到B银行的通知，其称A银行（开证行）鉴于货运发票未标明日期，正在退还该单据（但并未提及上文所列出的第二个不符点）。

5月6日，通知行要求B银行对通知行先前提出的问题做出回应，并将单据交至通知行保管。5月7日，B银行回应称，将在下星期初将单据返还。5月12日，B银行通知C银行，开证行已将单据归还至通知行，并等候进一步指示，及称这些单据寄放在其子银行的柜台中，并始终都属于通知行支配之内。

5月15日，通知行告知B银行，受益人并不满意就该行对单据的处理，且通知行坚持这些单据构成单证一致。

5月18日，B银行回应称，第一点不符点仍然成立，然而第二个不符点不成立。另外，保兑行同意，按照通知行指示不应寄送相关单据给开证行。

6月9日，C银行通知保兑行，由于交单仍未付款，C银行将就这一问题向国家委员会提交申述。

通知行希望就以上两争议点得到国家委员会的意见。

（1）货运发票的日期是否充分标明？

（2）保兑行在未经通知行指示而将单据寄送至开证行（有违通知指示）是否影响到通知行及时修改货运发票相关内容？得到通知开证行已经返还单据的时间与实际收到单据时间甚至长达12天。交单时间的截止日为4月15日，截止地点为巴黎，然而，第一次拒付是在4月2日。

B银行坚持认为，所有单据始终处于通知行支配管理之下，即使是在A银行柜台寄放的该段时间。而通知行坚持认为在保兑行将单据发至开证行时，单据实际上在保兑行的控制下。

期待您的回复。

国家委员会的分析与结论

该国际委员会专家组首先就第二个争议问题进行解答。

从已有信息来看，保兑行在其通知中已说明，若发生不符交单的情况下，保兑行将在协商一致的基础上，告知开证行相关不符点，除非交单人的面函已给出明确指示。另外，通知行在提交单据中明确规定，直至保兑行接受所有单据之前，通知行具有支配管理权。鉴于该项明确的声明，保兑行于4月2日告知通知行单据被送往开证行，以获得开证行的接受。

UCP600第16条c款“当按其指定行事的指定银行、保兑行（若有）或开证行决定拒绝承付或议付时，它必须给交单人一份单独的关于拒付的通知。该通知必须表明：

a）银行保留单据，听候交单人进一步指示；或

b）开证行保留单据，直到它自申请人处收到对不符点的放弃的通知，并同意接受它，或在同意接受放弃之前自交单人处收到进一步指示；或

c）银行退回单据；或

d）银行按照先前自交单人处收到的指示行事。

B银行已在其通知中载明，所有单据已寄送A银行“以获得批准”，但B银行的行为不符合该条款。UCP600第16条f款“若开证行或保兑行未能按本条的规定行事，它将无权宣称交单不符。”鉴于保兑行的行为未能符合UCP600第16条c款iii项，因此保兑行无权宣称交单不符。所以，货运发票是否标明日期，在此案中无关紧要。

我方所得结论，望与国际商会委员会的裁决一致。

国际商会分析

（1）关于货运发票的不符点

信用证要求，所提交的货运发票必须载明日期及签字。该单据已签字，但存在的争议是，该单据日期位于该单据的上方。该单据列出了5项信息，即船舶名称、装货港、卸货港、日期及提单编号。

应注意到，该“日期”可以认为是提单的日期，但该单据并没有陈述该点。而信用证中并不要求在相关单据上列明这5项信息。同时，货运发票的日期与提单的日期相同的情况不是不常见的。

鉴于信用证并没有规定提单的日期需载明在单据上，同时，对于该单据中所引用的日期并未显示该日期是提单日期还是发票的日期，此情况下可以将该日期认定为该单据的日期。

（2）关于B银行持有相关单据及拒付通知

B银行在其保兑通知明确指出，一旦发现不符点，将在“协商一致”的情况下，将其发至开证行，除非交单人在其面函中给出另外指示。在这种标明的注解下，保兑行已

间接同意，B银行将依照交单人的面函或信函中的指示行事，而不是B银行建议的行为措施。

C银行的确通过陈述“直至转交至另一方，该单据归由我方处置”来给出另外的指示。B银行认定单据不符，即使这并不是国际商会银行委员会的意见。在不顾C银行指示下，B银行将单据寄送至开证行A银行。B银行的拒付通知要么依据UCP600第16条c款iii项a点“银行保留单据，听候交单人进一步指示”；或是要么依据第16条c款iii项d点“银行按照先前自交单人处收到的指示行事”。同时，在没有进一步指示前，单据应保留在B银行。

B银行并未按交单人提供的指示行事，因此剥夺其主张单据不符的权利，B银行必须对其议付。当有明确指示“单据归其持有”时，B银行仍将单据递交给A银行。B银行辩称，当单据寄送至并由A银行持有时，单据仍处于C银行的支配之下。鉴于单据的持有权和保管权已限定在B银行的柜台行使，这一论点并不成立。

国际商会结论

单据构成交单相符，保兑行B银行必须议付。

在任何情况下，B银行未依照C银行的指示行事。B银行的拒付通知需明确声明，就单据的状况来看，“该行保留单据，听候交单人进一步指示”或者“该银行按照先前自C银行处收到的指示行事”。结果是B银行被剥夺其宣称单据不符的权利，且必须对其议付。

第七章 国际结算单据实务

本章主要介绍国际贸易结算中，商业发票、汇票、运输单据、保险单据、原产地证书等单据的内容与缮制。它们是出口商应提示的，也是银行和进口商要审核的主要单据。

第一节 商业发票的缮制及使用

国际货物买卖中所使用的发票种类繁多，样式也各有差异。从广义上讲，发票包括商业发票（Commercial Invoice）、海关发票（Customs Invoice）、领事发票（Consular Invoice）、税务发票（Tax Invoice）、最终发票（Final Invoice）、厂商发票（Manufactures Invoice）等。但通常所说的发票是指商业发票。

商业发票（Commercial Invoice），简称发票（Invoice），是卖方向买方签发的凭以向买方收款的发货清单，是买卖双方凭此发货、收货、记账、报关、纳税的依据和凭证，有时发票还可替代汇票作为付款的依据，是缮制各种单据的中心单据，其他单据均应参照它制作，是出口商必须提供的主要单据之一。因此，对制单质量的要求很高。商业发票一般应在出口报关前缮制。

各公司设计的发票格式不一，但内容大致相同，主要包括：品质、数量、价格和包装等，并直接反映出买卖双方的详细名称和地址、与买卖合同有密切关系的单证号码等内容。发票内容必须符合买卖合同规定。在采用信用证支付方式时，还应与信用证的规定相符，同时须符合 UCP600 和 ISBP 的解释。

一、商业发票的内容和缮制方法（见“商业发票实例”）

（一）出票人（Issuer）

填写开立发票一方的名称和地址。发票的出票人应是出口商，即贸易合同中的卖方（Seller）。在信用证业务中，根据 UCP600 第 18 条的规定，除可转让信用证外，发票必须由信用证的受益人出具。发票中通常加注受益人的地址。依 UCP600 第 14 条的规定，当受益人地址出现在任何规定的单据中，该地址不必与信用证或任何其他规定的单据所表明的地址相同，但必须与信用证提及的相应地址处于同一国家；作为受益人地址的部分内容的联系细目（电传、电话、电子邮件及类似细目）银行将不予理会。出票人的名称和地址在发票正上方用英文大写表示。

（二）发票名称（Commercial Invoice）

ISBP745 第 C1 段 a 款规定：若信用证要求提交“发票”而未做进一步说明，则提交任何类型的发票均可（如商业发票、海关发票、税务发票、最终发票、领事发票等）。但发票不得表明为“临时发票”“预开发票”或类似发票。其 b 款规定：若信用证要求提交“商业发票”，标题为“发票”的单据，甚至是包含声明以税务为开具目的的单据也满足要求。

因此，出口商出具的发票通常要醒目地标明“商业发票”（Commercial Invoice）或“发票”（Invoice）的字样。

（三）收货人（To）

发票的收货人即为抬头人或受票人。UCP600 第 18 条规定，发票必须出具成以申请人为抬头（第 38 条 g 款规定的情况除外）。通常发票的收货人“To：”为申请人（进口商）。但在可转让信用证时，可用第一受益人（一般是中间商）的名称替换原证中的申请人名称。

（四）发票号（Invoice No.）

由出口商编制，不能漏填（汇票等单据要使用该号码）。

（五）发票日期（Date）

UCP600 第 14 条第 9 款规定：单据的出单日期可以早于信用证的开立日期，但不得晚于其提示日期。该款规定主要是为了适应“路货”交易。若为“路货”交易，发票（提单、保险单等）的出具日期可以早于信用证的开立日期。ISBP745 第 C10 段规定：发票无需签字或注明日期。但在实务中，发票通常注明出具日期，且不能迟于提单的签发日期。

（六）信用证号、合同号（L/C No. and S/C No.）

在发票中照实填写。尤其是付款信用证，不要求出具汇票的情况下，发票必须注明信用证号码，此时，发票作为付款的依据，起到了替代汇票的作用。

（七）运输标志和件号（唛头和件号）（Shipping Marks and Numbers）

为识别货物而在货物外包装上制作的运输标志，称之为唛头。发票中的唛头可以作为依据，分别与提单、保险单、包装单上的唛头核对，确保各项单据的唛头相符。有时信用证要求唛头加注原产地标志（如 Made in China）。

发票中应填写货物包装上的唛头和件号。信用证如规定唛头，按信用证规定缮制。信用证规定唛头上的件号往往为“1—UP”。缮制唛头时应写上实际装运的数量。如实际装运 100 箱，唛头应缮制成“1～100”。信用证未规定唛头时，（1）属于箱装货物，卖方应按实际装箱的唛头缮制；（2）属于散装货物或其他包装，则在此栏打上“N/M”字样；（3）集装箱货物运输可以不用制作唛头，由集装箱上已有的集装箱号取代。

在缮制唛头时应注意以下事项：

（1）使用唛头的目的在于对箱、包或包装提供标识。若信用证对唛头的细节作出了规定，则载有唛头的单据必须显示这些细节，但额外信息也可以接受，只要它与 L/C 条款不矛盾。如加注 Made in China。

（2）有些单据中的唛头所包含的信息常常超出了一般意义上的唛头所包含的内容，

如包含了货物种类、净重及/或毛重、易碎货物的警告或标志，但有些其他单据中则没有包含这些额外内容，这并不构成不符点。

（3）集装箱运输货物的运输单据有时仅仅在"唛头"栏中显示集装箱号，其他单据则显示详细的唛头标记，对这样的单据不能视为不相符。

此外，ISBP745 第 A34 段 b 款还强调：有些单据显示了第 A33 条和第 A34（a）条中提及的额外信息，而有些单据则没有，这不视为与 UCP600 第 14 条第（d）款的规定冲突。

（4）信用证若使用文字表示唛头，如主标志为"Markings as K in diamond"，意指菱形符号中有"K"字，即◇K 下面显示目的港、件号。又如，"Markings as triangle"，唛头是三角形，即 Δ。有时单据"唛头"栏内不用符号表示，而是照搬"K in diamond"，以便于计算机制单，这也可以接受。

（八）件数、包装种类及货物的描述（Number and Kind of Package，Description of Goods）

此栏一般包括品名、品质、件数和包装。

依 UCP600 第 18 条的规定，商业发票中关于货物的描述必须与信用证的描述相符。ISBP 也规定，发票中货物的描述必须与信用证规定的一致，但并不要求如同照镜子那样一模一样，例如，货物细节可以在发票中的若干地方显示，当合并在一起时与信用证规定一致即可。

发票中对货物的描述通常使用全称，且需与信用证规定相一致。任何省略或增加品名的字词，都会造成单据表面不符。因此，信用证所列货物的规格，须在发票上充分显示出来。若信用证与合同规定有出入，应以信用证为准；信用证所列货物的规格即使有明显差错，也不可按习惯缮制单据，应要求修改信用证；信用证用文字说明货物的规格，发票上也应做出与信用证完全相符的说明。

商业发票上必须表明商品的包装和件数，同时还应注明毛、净重及包装尺码，这些都是缮制托运单、提单、保险单等单据的必要参考资料。

货物包装种类和件数的缮制方法如下：

（1）以件数或个数计价的货物，允许只列出件数和包装条件，如：5 000pcs（500CTNS）。

（2）以箱数计价的货物，允许只列出箱数，如：500CTNS。

（3）以重量计价的货物，必须列明净重，如：1 000KGS（500CTNS）。

货物的描述应注意以下几点：

（1）依 UCP600 第 14 条第 5 款的规定，除商业发票外，其他单据中货物的描述可以使用与信用证中的描述不相冲突的统称。例如，信用证的货物描述为：Pakistanese blue poppyseed，而质量证书的货物描述为 Pakistanese blue（coloured）poppy-seed。国际商会回答：质量证书中的货物描述多了"coloured"，这与信用证不符；质量证书中的货物描述与发票不一致，因此，可以拒受该证书。

（2）信用证不允许时，银行不接受发票对货物的以下描述：如 used，secondhand，rebuilt，reconditioned 等。因为它们有损于货物的质量。例如，发票在机械产品的货物描述后增添了“Goods are reconditioned as new”，这显然对货物构成了明显的损害，因而不能接受。但发票添加了商标名称是可以接受的。

（3）形式发票与货物描述。形式发票（Pro forma Invoice）是进口商要求出口商提供的列有所出售货物的名称、规格、单价、数量等参考性货物清单，供进口商向本国当局申请进口许可证或外汇额度等使用，同时也便于进口商掌握货物的细节。形式发票所列内容仅是出口商所做的估算，仅供参考，对双方无最终约束力，一旦正式成交，出口商须提供商业发票。

（九）量值（Quantity）

货物的数量和计量单位连用。

（1）银行只负责将总量与信用证及其他单据相核对。

ISBP745 第 A22 段规定：若提交的单据显示了数学计算，银行仅在标准方面确定其总数，如总金额、总数量、重量或包装数量，与信用证或其他规定的单据不冲突即可。

（2）发票中的货物描述应反映实际装运、交货或提供的货物种类和数量。例如，信用证的货物描述要求表明装运 10 辆卡车和 5 辆拖拉机，而实际仅装运了 4 辆卡车，则只反映装运了 4 辆卡车的发票可以接受，只要信用证不禁止部分装运。载明实际装运（4 辆卡车）的发票也可包含信用证规定的货物的描述，即 10 辆卡车和 5 辆拖拉机。

例如，信用证规定 5 000MT（5% more or less ...），不禁止分批装运，提交的发票也列明了 L/C 规定的全部货物，即 5 000MT（5% more or less ...）。而在“Quantity”栏内注明“4 787.650MT”，并与提单记载完全一致。开证行收到单据后，提出不符点。国际商会回答：这样的发票不构成不符点。

（3）若信用证未规定货物数量，则发票的货物数量即视为全部货物数量。对此，ISBP745 第 C14 段规定：若信用证未规定货物数量，且禁止分批装运，出具的发票金额相对信用证金额有 5% 以内的减幅，则视为涵盖全部货物数量，且不属分批装运。

（4）发票显示的货物数量、重量和尺码不得与其他单据显示的同种数值相矛盾。

UCP600 和 ISBP 关于溢短装、部分装运和分期装运有以下规定。

（1）凡“约”或“大约”的词语用于信用证规定的数量时，应被解释为允许对相关金额或数量有不超过 10% 的增减幅度。

（2）货物数量不超过 5% 的增减幅度是允许的，只要信用证没有以包装单位或件数的方式规定货物数量，以及支取的总金额不超过信用证金额。即只有在散装货物交易下，即使信用证没有规定也允许货物有 5% 的增减幅度，但总金额不得超过信用证金额。

（3）发票不得表明：溢装（UCP600 第 30 条第 2 款的规定除外）；或信用证未要求的货物。这一原则适用于，当发票包含超出信用证规定数量的货物或者注明免费的样品及广告材料。

发票不得表明溢装是指，货物数量以包装单位或个数计算时，装运数量不允许有 5% 的溢、短装。发票注明信用证未要求的货物，则使发票货物描述与信用证的货物描述不一致。

（4）信用证要求的货物数量可以有 5% 的溢、短装幅度，但若信用证规定，货物数量不得超额或减少，或信用证规定的货物数量是以包装单位或个数计算时，不适用此条。

此条应注意以下两点：

① 若信用证规定货物数量不得超额或减少时，如数量前使用 not exceeding，up to，maximum，to the extent of 等，则没有±5%的幅度。

② 货物数量是以包装单位或个数计算时，没有±5%的幅度。

(5) 提示包含一套以上的运输单据，并表明在同一（种）运输方式下，货物装运在超过一个运输工具上，将被视为部分装运，即使这些运输工具在同一天起程驶往同一目的地。

例如，“黄海轮”和“嘉兴轮”均在5月6日，于青岛港各装运了同一个买方的一批货物，并分别签发了两套提单。同时，该两轮的货物也在同一天均运往鹿特丹港。此种情况视为部分装运。

(6) 若信用证要求分期装运，则每期装运必须与分期装运计划一致。若信用证规定在指定的期限内分期装运，任何一期未在该期许可的期限内装运，则信用证对该期及其后各期均告失效。部分装运（分批装运）与分期装运不同，其区别表现为以下两个方面：

(1) 装运期不同

部分装运（分批装运）是在一个装运期内分几次（批）装运，卖方必须在该装运期内装运完全部货物，每次装运的时间信用证一般不作规定，由卖方自行决定，且每批数量通常不受限制。

分期装运是每期装运都有自己独立的装运期，卖方必须在该期限内按量装运，但在每一独立装运期内，可以分几批装运该期的货物，只要在该期限内装运完该期要求的货物数量即可。

(2) 结汇时间不同

部分装运（分批装运），卖方无权就每批装运分别要求银行付款、承兑或议付，只有将全部货物装运完毕才能要求结汇。换言之，最后一批的装运日期视为全部货物装运的日期。

分期装运，全部装运完某一期货物后，即可要求银行对该期货物付款、承兑或议付。

(十) 单价 (Unit Price)

此栏包括币值、单位金额、计量单位和贸易术语，以上内容填写的顺序如：CIF LONDON PER SET USD 200. 00 或 CIF LONDON USD 200. 00/SET。

因此，单价及货币应按信用证的规定在发票上表示。若来证贸易术语有变形，如，信用证规定贸易术语为“CIF LONDON Liner Terms”，则在发票上对贸易术语的描述不能省去“Liner Terms”。

依 ISBP745 C8，若信用证规定贸易术语作为货物描述的一部分，则发票应载明该贸易术语，且若规定了贸易术语的出处，则发票应表明该出处。例如，若信用证规定“CIF 新加坡 Incoterms® 2010”，则发票不应显示“CIF 新加坡”或“CIF 新加坡 Incoterms”。但若信用证规定贸易术语为“CIF 新加坡”或“CIF 新加坡 Incoterms”，则发票也可载明“CIF 新加坡 Incoterms® 2010”或其他适用版本。

（十一）总金额（Amount）

ISBP745 C6 规定，发票应载明装运或交付的货物、提供的服务或履约行为的价值。

在缮制发票的金额时应注意以下事项。

（1）发票金额不得超过信用证规定的最高金额；若有溢短装，可在允许的浮动限额内增减金额。若信用证在金额前有“约”（about）或“大概”（approximately）字样，发票金额允许有10%的增减幅度。

（2）若信用证单价为含佣价（如 CIFC），但信用证总金额已预扣佣金，则在发票含佣（CIFC）总金额之下减去佣金（less ×%），以净价（如 CIF）作为发票的最高金额。如：

10MT Frozen soya beans CIF TOKYO USD 950.00 per MT including 2% commission.

发票总金额计算如下：

CIFC 2%（含佣价）：USD 9 500.00（950×10）（含佣总金额）

Less 2%（减佣 2%）：USD 190.00（9 500×2%）（佣金）

Total（发票总金额）：USD 9 310.00（净价总金额）

（3）发票必须显示信用证要求的折扣或扣减。

如信用证规定：

20M/T Frozn peapods CIF London USD 1 000.00 per M/T less 3% trade discount.

发票总金额计算如下：

CIFD 3%（折扣价）：USD 20 000.00（1 000×20）（含折扣总金额）

Less 3%（减折扣 3%）：USD 600.00（20 000×3%）（折扣金额）

Total（发票总金额）：USD 19 400.00（不含折扣总金额）

（4）发票还可以显示信用证未规定的预付款或折扣等的扣减额。

例如，受益人提示的发票中包含了与金额相关的三项内容：

① 货价总额：USD 380 000.00（信用证总金额）

② 扣除 20%信用证以外的预付款：USD 76 000.00

③ 发票总金额：USD 304 000.00

由于该信用证中并没有表明预付款，也未规定扣减预付款。因此，银行可能认为该发票总金额与信用证规定不符，除非修改信用证，证实信用证以外还有预付款应予扣除。但依据 UCP600 第 18 条第 2 款和 ISBP 的规定，银行应接受信用证未规定的扣减预付款的发票。

UCP600 第 18 条第 2 款规定：“按指定行事的被指定银行、保兑银行（若有）或开证银行可以接受其金额超出信用证允许金额的商业发票，这一决定将约束所有各方，只要相关银行未对超出信用证允许的那部分金额承付或议付。”

上述规定可以这样解释，例如，一笔交易总金额为 100 万美元，买卖双方约定 80 万美元使用议付信用证支付，20 万美元使用电汇支付。信用证的总金额为 80 万美元。卖方发货后开立了 100 万美元的发票。议付行审单后仅议付了 80 万美元（而非 100 万美元）给受益人。此后，开证行或保兑行不得以发票金额超出信用证金额为由拒付。

(5) 信用证要求分别注明运费、保险费和 FOB 价值，制作发票时应照办。

例如：

DISCRIPTION	FOB Unit price	FOB Total
No. 505 200 sets	@ USD 30. 40/set	USD 6 080. 00
No. 506 200 sets	@ USD 30. 40/set	USD 6 080. 00
TOTAL FOB VALUE		USD 12 160. 00
FRIGIIT		USD 2 128. 00
INSURANCE		USD 912. 00
TOTAL CIFVALUE		USD 15 200. 00

(6) 货物数量 5%幅度内的溢装并不意味着允许支取的金额超过信用证金额。

支取金额不得超过信用证金额，是指金额只可减少 5%，不许超过，除非信用证金额后面规定 5% more or less allowed。

(7) ISBP 第 C14 段规定：若信用证未规定货物数量，且禁止分批装运，出具的发票金额相对信用证金额有 5%以内的减幅，则视为涵盖全部货物数量，且不属分批装运。该规定补充了 UCP600 第 30 条第 c 款的规定。若信用证规定的货物数量已全部装运且信用证规定的单价没有降低，则默认金额有 5%内的减幅，即允许信用证金额可以在 5%的范围内短支，无论信用证是否允许部分装运。换言之，默认 5%的减幅，既可适用于信用证禁止部分装运，也可适用于信用证不禁止部分装运。

上述规定的适用范围是：

在实际业务中，有可能出现出口商收回的款项低于信用证总金额的特殊情况。

① 在 F 组术语下，进口商委托出口商代办运输事宜，其运费等在信用证货款外支付，即信用证总金额包括货款和运费等。但由于开证时，其运费或装运费通常是估算的，货物装运后，其实际费用低于估算，导致出口商支取的款项稍低于信用证总金额。(货款+运费<L/C 总金额)

② 在 CFR，CPT 等贸易术语下，进口商委托出口商代办投保事宜，出口商所垫付的保险费也在货款外支付，即信用证总金额包括货款和保险费。因保险费率通常不公开，进口商在开证时其保险费也是估算的。而出口商所实际垫付的费用有可能低于估算，导致出口商支取的款项稍低于信用证总金额。(货款+保险费<L/C 总金额)

③ 当贸易术语为 CFR 或 CIF、CIP 时，出口商签约时对单价中运费、保险费等的估算不精确，实际运费、保险费等低于估算。同时信用证可能要求发票分别表明各项费用。因此，出口商按实际运费、保险费等开立发票时，可能会使发票金额（支取金额）低于信用证总金额。

④ 信用证总金额尾数提高一点，使其金额成为一个整数，致使实际发票金额低于信用证总金额。

⑤ 其他原因导致信用证总金额调整，从而使实际发票金额低于信用证总金额。

(十二) 累计 (Total)

累计项目一般包括三项内容：总数量、总重量（净、毛）或体积、总金额。累计项目应使用英文大写，在发票的下方缮制，方法如下。

TOTAL QUANTITY：...

TOTAL WEIGHT：N. W.：...　　G. W.：...

TOTAL：U. S. DOLLARS ...　　ONLY.

（十三）特殊条款（Special Terms）

信用证如有其他规定或各种说明需在发票中表明的，可在发票累计项的下方按信用证要求反映出来。如，信用证要求：Each invoice must indicate B/L No. 等。

（十四）出票人签字（Signature）

在制单实务中，注明出票人（出口公司名称）并由制单员代表公司在此签名。但根据 UCP600 和 ISBP745 的规定，商业发票无须签字。

二、发票的份数

发票的份数应按信用证的规定提供，通常再多加上一份供议付行使用。

一般地，发票没有正副本之分。但有的信用证把发票分成正本和副本。此时，缮制发票时，放在最上面的一份被视为正本发票，并加盖"ORIGINAL"字样，其余的都被认作副本。

ISBP745 和 UCP600 关于单据的正本和副本有以下规定。

（1）单据的多份正本可用"正本"（Original）、"第二份"（Duplicate）、"第三份"（Triplicate）、"第一正本"（First Original）、"第二正本"（Second Original）等标明，上述标注均不否认单据为正本。

（2）提示的正本单据的数量必须至少为信用证或 UCP600 要求的数量。

（3）有时，从信用证的措辞难以判断信用证要求提示正本单据还是副本单据。例如，当信用证要求"发票"（Invoice）"一份发票"（One Invoice）或"发票一份"（Invoice in 1 copy），依 ISBP745 第 A29，将被理解为要求一份正本发票；"发票四份"（Invoice in 4 copies 或 invoice in 4 fold），依 ISBP745 第 A29，则提示至少一份正本发票，其余用副本发票即满足要求。

（4）若信用证禁止提交正本单据，例如，表明"复制本发票一不接受用正本单据代替复制本"，或类似措辞，则应仅提交复制本发票或标明为副本的发票。

（5）信用证规定的每种单据必须至少提示一份正本。

（6）若信用证要求提示副本单据，则提示正本或副本均是允许的。

（7）若信用证使用"一式两份"（in duplicate）、"两份"（in two fold）或"两套"（in two copies）之类的用语要求提示多份单据，则至少提交一份正本，其余为副本的单据即符合要求，除非单据本身另有说明。

（8）声明单据是正本的，银行将其视为正本单据，除非该声明看起来不适用于提示的单据。

三、商业发票的签署

根据 UCP600 和 ISBP 的上述规定，商业发票无须签字，但若信用证要求提示签字的发票（Signed Commercial Invoice）、证实发票（Certificate Invoice）或宣誓的发票(Sworn Invoice)，则受益人必须签字。

UCP600 和 ISBP 关于单据的签字或更正和更改有以下规定。

（1）单据的签字可使用手签、摹本签字、打孔签字、图章、记号或任何其他机械或电子方法证实。对单据须履行法定手续、签证、证明或类似的要求，可以使用签字、标注、图章或标签在单据上表示出来，只要看起来满足这些要求。

ISBP745 A35a 规定：第 A31 条第（a）款所提及的签字不须手写。单据也可使用摹样签字，（例如预制签字或扫描签字），打孔签字、印章、符号（例如戳记）或任何用以证实身份的机械或电子方法。

ISBP745 A35b 规定：若要求单据“签字并盖章”或类似要求，使用第 A35a 条中的表述方式签字及通过在单据上打印、盖章、手写、预制或扫描等方法表明须签字的实体名称，则满足该项要求。

ISBP745 A36a 和 A36b 规定：除非另有规定，在具名人或实体信头纸上的签字将被视为该具名人或实体的签字。无需在签字旁重复具名人或实体的名称；若签字人表明他作为［或代表］出具人的分支机构签字，则他的签字应被视为出具人的签字。

ISBP745 A37 规定：单据上留有专供签字的方框、区域或空格本身并不意味着该方框、区域或空格处应载有签字。例如，在航空运单中经常会载有标明“托运人或其代理签字”的区域或在公路运输单据载有标明“托运人签字”的区域，但并不要求在该处有签字。亦可参见第 A17 条中关于在相关方框、区域或空格填写信息的要求。

ISBP745 A38 规定：若单据中有诸如“单据非经（指定人或实体）加签（或签字）无效”的措辞或类似用语，则在相应方框、区域或空格处应含有签字，及在该单据上加签的指定人或实体名称。

（2）银行应将表面上带有出单人原始签字、标志、图章或标签的任何单据视为正本单据，除非单据本身表明其非为正本。

（3）除非单据有相反的说明，银行将下列单据视为正本予以接受：若单据看起来经由出单人手写、打字、打孔或盖章；或看起来是在单据出单人的原始信笺上出具。

（4）若由受益人出具的单据已经过合法化认证、签证或证明等，任何信息的更正应至少经合法化认证、签证或证明该单据的一方之一证实。该证实应表明证实者的名称且证实其更正，其方法既可使用体现其名称的图章，也可添加包括证实人签字或小签的名称。

（5）除由受益人出具的单据外，单据中信息的更正应表面看来已由出单人或其代理、代表证实。该证实应表明证实者的名称且证实其更正，其方法既可使用体现其名称的图章，也可添加包括证实人签字或小签的名称。在由代理或代表证实的情况下，应表明有资格代理或代表出单人。

（6）除了受益人出具的单据外，若单据已合法化认证、签证或证明等，信息的任何修正至少应由合法化认证、签证或证明等该单据之一的一方另加证实，除 A7）（b）（i）的要求之外。该证实应表明证实者的名称且证实其修正，其方法既可使用体现其名称的图章，也可添加包括证实人签字或小签的名称。

（7）除了由受益人出具的单据外，当一份单据包含不止一处更正时，每处更正应做出单独证实，或一项证实应表明其适用于所有更正。例如，当××出具的一份单据显示出标有为1、2和3的三处更正，则使用类似“编号为1、2和3的更正经××授权”的声明，再加上××的签字或小签，即满足证实的要求。

此外，对副本单据信息的更正不需要证实；同一份单据内使用多种字体、字号或手写笔迹，其本身并不表明为修正。

（8）若信用证要求单据由某具名人或实体出具，只要该单据看起来是由该具名个人或使用其信头的实体出具，或虽未使用信头，但表面看来该单据系由该具名个人或实体（或其代理/代表）完成或签署，即满足信用证要求。

（9）ISBP745 A35c 规定：若单据中有如“此单据已电子认证”或“此单据为电子版本无须签字”或类似意思的语句，这并不代表电子认证符合 UCP600 第 3 条的签字要求。

ISBP745 A35d 规定：单据中载明可通过参考某特定网站（URL）来验证或取得认证，这构成一种符合 UCP600 第 3 条要求签字的电子认证方式。银行不会通过该网站验证或取得认证。

商业发票实例：

BEIJING XINHUA IMPORT AND EXPORT CORPORATION

NO. 18 DONGSHAN ROAD, BEIJING, CHINA (1)

COMMERCIAL INVOICE (2)

ORIGINAL

To: TTKK TRADE CORPORATION, OSAKA
2-6-7, KAWA RAMACHI, 1- CHOME, OSAKA, JAPAN (3)

Date: JUNE 10, 2007 (5)
Invoice No.: HD210169 (4)
Contract No.: BR2007218 (6)

From TIANJIN CHINA to OSAKA, JAPAN BY SEA   Letter of Credit No.: H486-2007689 (6)

Issued by BANK OF TOKYO—MTTSUBISHI LTD., THE OSAKA JAPAN

Marks & Numbers (7)	Quantities and Descriptions (8、9)	Unit Price (10)	Amount (11)
TTKK MADE IN CHINA No. 1-170 * * * * * * * *	MEN'S LEATHER GARMENTS ART. No.: 1232-1234 SIZE: 22, 24, 26 COLOUR: BLACK, BRAND: CAMEL.	CIF C4% OSAKA JAPAN	
	ART 1234/00 200PCS	USD 75/PC	USD 15 000
	ART 1232/31 100PCS	USD 65/PC	USD 6 500
	ART 1233/01 300PCS	USD 60/PC	USD 18 000

续表

Marks & Numbers (7)	Quantities and Descriptions (8、9)	Unit Price (10)	Amount (11)
	ART 1233/02 450PCS	USD 60/PC	USD 27 000
	ART 1234/23 150PCS	USD 80/PC	USD 12 000
	ART 1234/03 500PCS	USD 75/PC	USD 37 500
	1 700 PCS		USD 116 000
	PACKING: EACH PIECE IN A INNERBAG, 10PIECES TO A CARTON	LESS C4%	USD 4 640
		* * * * * *	TOTAL: USD 111 360
			* * * * * * *
	FREIGHT: USD1 200		
	INSURANCE CHARGE: USD30		
	FOB VALUE: USD 110 130		
	ALL DETAILS AS PER CONTRACT No. : BR2007218 DATED NOV. 12 2006		
	** ********* ***		

TOTAL QUANTITY: 1 700 PIECES; 170 CARTONS

TOTAL WEIGHT: N. W. : 4 050KGS; G. W. : 4 100KGS

TOTAL: U. S. DOLLARS ONE HUNDRED ELEVEN THOUSAND THREE HUNDRED AND SIXty ONLY.

Special Conditions (Terms) (13) BEIJING XINHUA IMP. & EXP. CORPORATION

李力(签字)(14)

注：上述发票中的号码为作者所加，以便读者理解。

第二节 汇票的缮制及使用

汇票（Bill of Exchange; Draft）是国际结算中最重要的金融单据之一。出口企业取得提单或其他运输单据后，须按合同或信用证规定，备齐和缮制各种出口单据。若要求开立汇票，汇票的日期应迟于运输单据的出单日期，可与信用证有效期同为一天，但不得迟于信用证的有效期。

在信用证业务中，通常使用的是随附单据的“跟单汇票”，即由出口商（受益人）出具汇票。在制作汇票时应认真仔细，不能有任何涂改，也不能加盖校对章，否则将会遭到付款人的拒付。

一、汇票的内容和缮制方法（见“汇票实例”）

(一) 汇票 (Draft/Bill of Exchange)

汇票须注明“汇票”（Draft/Bill of Exchange）字样，以区别于其他票据，如本票

(Promissory Note) 等。

（二）出票依据（Drawn under）或出票条款（Drawn under Clause）

在使用信用证结算方式时，出票依据是汇票中的主要项目之一，在缮制汇票时不可漏填。其做法是，若信用证中规定了具体文句，应按信用证的规定填写。若信用证未作规定，则可填写① 开证行名称；② 开证日期（Date）；③ 信用证号（L/C No.）三项内容。上述三项内容分别填入汇票的“Drawn under”项下：填写开证行名称；“dated”一栏填写开证日期；“L/C No.”一栏填写信用证号。若为托收，则在空白处填写“D/P At ... days sight”或“D/P at sight”即可。

（三）年息（Annual Interest）

年息应按信用证要求填写，若信用证无利息条款则不填。一般只注明利率，通常从出票日起算，付款日止算。例如，金额为 10 000 美元，出票日为 9 月 23 日，付款日为 10 月 23 日，利率为 6%，则利息为 10 000×30/360×6/100＝50 美元，汇票总金额为 10 000+50＝10 050 美元。

（四）号码（No.）

一般填写发票号，以便于查考。

（五）金额（Amount）

本栏的写法是，分别填写大写和小写金额。“Exchange for”后的阴影部分填写小写金额，由货币名称的缩写和阿拉伯数字表示的金额数两部分内容构成。金额数要保留两位小数。如“USD 58765.05”，EUR 789 432.56 等；“The sum of”后的阴影部分填写大写金额。大写的货币名称要按信用证填写，如，美元应写“SAY UNITED STATES DOLLARS FIFTY EIGHT THOUSAND SEVEN HUNDRED AND SIXTY FIVE AND CENTS FIVE ONLY”。其中：“DOLLAR”要以复数形式“DOLLARS”出现；习惯上在大写数字前加“SAY”和大写数字后加“ONLY”字样。

缮制汇票的金额时应注意以下事项。

（1）若汇票同时有大写和小写金额，则大写金额必须准确反映小写表示的金额，（即大、小写金额要一致），同时显示信用证规定的币种；若大写金额和小写金额有冲突时，则大写金额应被视为规定的金额。

（2）汇票内容的更正，应看起来经受益人另外签字或副签来证明；若汇票内容不允许有更改，开证行应在信用证中予以相应的规定。

（3）汇票金额不得超过信用证规定的金额。若信用证规定准许金额有一定幅度的增减，则汇票金额不得超过信用证规定的最高金额。

（4）若信用证允许部分装运（或分批装运），当实际装运的数量少于信用证规定的数量，汇票金额等于发票金额。

（5）当发票金额含佣时，信用证也表明发票含佣，结汇时佣金须在汇票中予以扣除。例如，信用证规定“Invoice must show CIF value including 5% commission at the time of negotiation, 5% commission must be deducted from drawing under this credit”。发票表明 CIF 中包括 5%的佣金，而在填写汇票金额时，应扣除佣金，即填写不含佣的 CIF 价。因此，此时汇票金额小于发票金额。

（6）依 UCP600 第 30 条第 3 款，汇票金额在一定情况下，可以少于 L/C 金额。

（六）出票日期、地点（Date and Place）

依 ISBP745 B8 的规定，汇票应由受益人出票和签字，并表明出具日期。

汇票的出票日期一般由出票人留空，由银行在寄单之前加注。出票日期不得迟于信用证的有效期，或最迟提示日期，不得早于提单的签发日期，可与提单日期同为一天。出票地点通常印就在汇票上，一般就是结汇地点（与出票人所在地一致）。

（七）汇票的期限（Tenor）

1. 汇票的期限

汇票的期限在汇票中“At ... Sight”栏内表示，应按信用证的规定填写。其具体填写方法有以下几种。

（1）若信用证或合同要求即期汇票（Sight Draft），则在 At 和 Sight 之间应填入“×××”或“＊＊＊＊”或“/////”符号，此处不得留空。

（2）若信用证或合同要求远期汇票（Time Draft），根据信用证或合同的规定，填写期限的天数和其起算方式，其方法有以下几种：

① At ×× days after sight（见票后若干天付）。

② At ×× days after date of Draft（出票后若干天付）。

③ At ×× days after date of B/L（提单日后若干天付）。

④ 30 days after receipt of set of documents at your counters（收到全套单据后 30 天在贵方柜台）。

⑤ 60 days from invoice date（自发票日起 60 天）。

2. ISBP745 对汇票期限的详细规范

ISBP745 B2 首先规定：汇票的票期应与信用证条款一致。其次，该条又进一步细化了汇票的期限。

（1）若信用证要求开立的汇票不是见票即付或见票后定期付款，则必须能够从汇票自身内容确定到期日。

（2）该条又举例说明如何确定汇票的付款期限。例如，若信用证要求汇票的票期为提单日后 60 天，且提单日为 2017 年 5 月 14 日，则汇票票期可用下列任一方式表明：

① 提单日 2017 年 5 月 14 日后 60 日（60 days after bill of lading date 14th May, 2017）；或

② 2017 年 5 月 14 日后 60 日（60 days after 14th May, 2017）；或

③ 提单日后 60 日，且汇票表面的其他地方标明“提单日 2017 年 5 月 14 日”（60 days after bill of lading date and elsewhere on the face of the draft state “bill of lading date 14th May, 2013”）；或

④ 在出票日期与提单日期相同的汇票上标注“出票后 60 日”（“60 days date” on a draft dated the same day as the date of the bill of lading）；或

⑤ 2017 年 7 月 13 日，即提单日后 60 日。（13th July, 2017, i. e., 60 days after the bill of lading date.）

（3）若票期为提单日之后，如，60 天来表示，则以装船日视为提单日，即使装船

日早于或晚于提单签发日。

在传统的杂货运输中，若为已装船提单，提单的签发日即为货物的装船日；而若为收妥待运提单，货物的装船日通常为提单上的装船注记日（即货物实际装船后，在收妥待运提单上加注装船的实际日期），而不是提单的签发日，此时装船注记日一般晚于收妥待运提单的签发日。

（4）关于“from”和“after”如何计算时间的问题。ISBP745 B2 规定：当使用“从……开始”和“在……之后”确定汇票到期日时，到期日的计算从单据日期、装运日期或信用证规定的某一事件的次日起起算，例如，“5月4日后10日”或“从5月4日起10日”均为5月14日。因此，“from”和“after”在用于确定定期汇票的到期日时其含义相同。

缮制汇票的期限时应注意：“货物到达目的港时付款”（on arrival of the goods at the port of destination pay to ...），则为无效汇票。

（5）关于转船的汇票票期问题。ISBP745 B2 规定：若信用证要求提单和汇票票期为，如，提单日后60日或从提单日开始60日，且已提交提单表明已将货物从一船卸载并重新装载至另一船，及表明多个标注日期的装船批注显示每次装运是在允许的地理区域或港口范围的港口进行的，则将使用最早的装船日计算汇票到期日。例如，若信用证要求从欧洲任一港口发运，提单显示货物于5月14日在都柏林装上A船，于5月16日在鹿特丹装上B船进行转运，则汇票的付款期限应为在欧洲港口的最早装船日，即4月14日后的60天。

（6）关于提单下分装的汇票票期问题。ISBP745 B2 规定：若信用证要求提单和汇票票期为，如，提单日后60日或从提单日开始60日，且已提交的提单表明从多个港口发运的货物装在同一艘货船上，这些港口位于许可的地理区域或港口范围内，且提单显示多个已标注日期的已装船批注，则将使用最晚的装船日计算汇票到期日。例如，若信用证要求从欧洲任一港口发运，提单显示部分货物于5月14日在都柏林装上A船，其余货物于5月16日在鹿特丹也装上A船，则汇票付款期限应为在欧洲港口的最晚装船日，即5月16日后的60天。

（7）关于多套提单下的汇票票期问题。ISBP745 B2 规定：若信用证要求提单和汇票票期为，如，提单日后60日或从提单日开始60日，而一张汇票项下提交了多套提单，则最晚的提单的装船日期将被用来计算汇票的到期日。

3. ISBP745 对汇票到期日（Maturity Date）予以细化

（1）ISBP745 B4 规定：若汇票使用实际日期表示到期日，则该日期应反映信用证的条款。

（2）若票期为“见票后××（如60）日”的汇票，则其到期日按如下方法确定：

① 对于相符的交单，到期日为在单据提交给付款银行，如开证行，保兑行或同意按其指定行事的被指定银行（“付款银行”）后的第60日。

国际商会曾指出，汇票到期日应从收到单据之日起计算，而不应考虑开证行审核单据所需的时间。若开证行意指付款期限是从审核单据且认为符合信用证条款时开始计算，则信用证中必须对此加以明确规定。

②对于不符的交单：(i) 若该付款银行没有发出拒付通知，到期日为交单至该付款银行后的第 60 天；(ii) 若该付款银行是开证行且已发出拒付通知，到期日最迟为开证行接受开证申请人放弃不符点的日期后第 60 天；(iii) 当付款银行不是开证行，且发出拒付通知，到期日最迟为开证行发出承兑通知后的第 60 天。若该付款行不同意按照开证行的承兑通知行事，则在到期日应由开证行来进行承付。

③该付款银行应向交单人通知或确认到期日。(The drawee bank is to advise or confirm the maturity date to the presenter.)

(3) ISBP745 B6 规定：上述票期和到期日的计算方法也适用于延期付款信用证，或在有些情况下也适用于议付，即也适用于不要求受益人提交汇票的情形。

(4) ISBP745 B7 规定：只要该到期日是付款地的银行工作日，则款项应于到期日在汇票或单据的付款地以立即能被使用的资金支付。若该到期日不是银行工作日，则应在到期日后的第一个银行工作日付款。汇款迟延，如宽限期、汇款过程所需时间等不应附加于汇票或单据所载明或约定的到期日之外。

(八) 受款人 (Pay to the Order of)

信用证或合同若未规定受款人，一般应在"Pay to the Order of"栏之后填信用证中的受益人或合同中的出口商。托收业务中，应填写出口商的名称。但通常都是填写由受益人或出口商所委托的某家银行作为受款人，即多数都采用指示性抬头。信用证支付方式下的汇票多以议付行的指示为受款人。例如"PAY TO THE ORDER OF BANK OF CHINA，BEIJING BRANCH"(付给中国银行北京分行或其指定人)。

在缮制汇票的受款人时应注意以下事项。

(1) 在托收业务中，该栏通常填写"代收行"的名称。

(2) 在信用证业务中，一般为受益人或其指定人。若为议付信用证，该栏填写议付行名称 (如在中国：Bank of China Beijing Branch)，或填写受益人名称，再空白背书转让给议付行。议付行预付或同意预付款项后，在汇票上背书，向开证行 (付款人) 索款。

(3) 若信用证为"限制议付"时，如"... negotiations are restricted to Bank of China only"时，则填写"pay to the order of Bank of China ×× Branch"。

(4) 若信用证为"自由议付"时，如"... draft for negotiation with any Bank in Beneficiary's country"，则填写任何一家银行均可。

(5) 信用证对该栏有时有特殊的要求，如信用证规定："Credit available with any bank, by negotiation, against presentation of beneficiary's draft (s), drawn on us in duplicate to order of ourselves"，则先填写受益人选择的议付行名称后，用"To order of"+开证行名址。

(九) 受票人 (Drawee /Payer)

汇票的受票人亦即付款人。在汇票的左下角"To"栏后填写付款人名称和地址。按信用证规定填开证行的名称或开证行指定的付款行。信用证中常见的付款人有以下几种。

1. 以开证行为付款人

如，信用证要求："drawn on us (ourselves or this bank) at our counters"或"issued on ourselves”。以上都是指开证行为汇票付款人。在填写汇票时，应把开证行的名称和地址一字不漏地填入付款人（To）一栏中。若为议付信用证时，汇票付款人为开证行。信用证通常不能要求以申请人为付款人。ISBP745 B18 规定：信用证不得要求开立以开证申请人为付款人的汇票。但是，若信用证要求提交以申请人为付款人的汇票作为要求的单据之一，应只在信用证明确规定的范围内审核，否则依据 UCP600 第 14 条第（f）款审核。

2. 以通知行为付款人

如，信用证规定：“drawn ... yourselves”（通知行）。在汇票付款人栏内应填入通知行的名称和地址。若为即期信用证时，汇票付款人一般为被指定银行，如通知行；若为承兑信用证时，汇票付款人为承兑行，如通知行等。

若信用证未规定付款人，则制作汇票时，受票人一栏应填写开证行的名称。在托收方式下，应填进口商名称及详细地址。

3. 其他情况下的付款人

（1）若信用证只通过银行的 SWIFT 地址规定汇票付款人，则汇票可显示付款人的相同细节信息或该银行全称。

（2）若信用证经指定银行或其他银行议付使用，则汇票的付款人应是该指定银行外的一家银行。

（3）若信用证经任一银行承兑使用，则汇票的付款人应是同意且因此愿意按照指定承兑的银行。

（4）若信用证通过以下银行承兑使用：a. 指定银行或任何银行，且汇票的付款人是该指定银行（不是保兑银行），而该银行表明不按照指定承兑，则受益人可选择：（i）出具以保兑银行（若有）为付款人的汇票，或要求将单据以交单形式转交给保兑银行；（ii）将单据提交给同意承兑以其为付款人的汇票的另一银行，且该银行因此按照指定承兑（仅在信用证通过任何银行使用时适用）；或（iii）要求将单据以交单形式转交开证行，无论是否附有以开证行为付款人的汇票。b. 保兑银行，且以该保兑银行为汇票付款人，交单不符以及该银行决定不履行其保兑义务时，则受益人可以要求将单据以交单形式转交开证行，无论是否附有以开证行为付款人的汇票。

（十）出票人签章（Signature of the Drawer）

出票人签章在汇票的右下角的空白处。汇票的出票人即信用证规定的受益人。此栏一般由出口公司盖章及（经理授权的）制单员签名（手签、盖章均可）。

依 ISBP745 B8 的规定，汇票应由受益人签字，并表明出具日期。该款还规定，若受益人或第二受益人改变名称且信用证涉及之前的名称，可以以新的实体的名义出具汇票，只要标明“此前作为（受益人或第二受益人的名称）”或类似含义的措辞即可。

需要提醒的是，由受益人签发的单据上的签字并不必须为同一个人签字。因为汇票一般由公司的财务部门制作，而其他的商业单据（发票、装箱单等）一般由业务部门制作，单据之间签字人很少为同一个人，这是正常情况。因此，银行不得以汇票上的签字与商业单据上的签字不是同一个人为理由而拒付，这不属于单据之间相互矛盾。

二、汇票的背书与背批

信用证和托收项下开立的汇票均为商业汇票。出票人即卖方在汇票上盖章签字后，通常交给出口地银行特别背书转让。特别背书即背书人在汇票背面签字写明“付给…（被背书人的名称）的指定人”，然后背书人盖章签字。目前，中国银行的做法是：

（1）采用“收妥结汇”的出口结汇方式，即结汇银行收到出口企业提交的单据后，经审核无误，将单据寄往国外付款行索汇，待收到国外银行将货款转入结汇银行账户的贷记通知书后，再付给出口公司。此种结汇方式下，信用证项下汇票的“受款人”一栏一般都填写出口公司的名称，即填写成“Pay to the order of ×××（出口公司）”；然后，出口公司在汇票的背面背书为：“Pay to the order of Bank of China，××× Branch”（付给中国银行×××分行），再由出口公司（背书人）签字盖章并交给结汇银行。

（2）采用买单结汇，又称“出口押汇”的出口结汇方式，即国际上银行通常采用的“议付”做法，是指议付行在审单无误的情况下，按信用证条款买入受益人（出口公司）的汇票和单据，从票面金额中扣除从议付日到估计收到票款之日的利息，将净额付给出口公司。议付行向受益人预付资金买入跟单汇票后，即成为汇票的善意持有人，可凭汇票向付款行索取票款。此种结汇方式下，信用证项下汇票的“受款人”一栏一般填写成“Pay to the order of Bank of China，××× Branch”且受益人不需做任何背书。

另外，信用证在对议付行的指示中往往规定：“The amount of each drawing must be endorsed on the reverse here of. ”（议付行需在本证背面注明每笔议付的汇票金额），即议付行将议付金额记载在信用证背面的行为。议付行在议付后，要把每次议付的情况，如议付日期、受益人的发票号以及议付金额，有时还有出运货物的数量，或分批出运的信用证金额余额，记录在信用证背面。这种记录称为背批（Endorsement on Letter of Credit）。背批的作用是，供受益人及银行了解该信用证是否已用完，还是尚有余额，以防止超额出运或重复出运。这对不作限制的公开议付信用证尤为重要。信用证经议付行办妥背批后应退给受益人，由受益人自行留存备查。

三、汇票的份数

国际货款结算中使用的商业汇票通常需开立正本一式两份。寄单时分次寄发，以防遗失。汇票若其中一份付讫，另一份即自动失效。所以，汇票往往注明“1”并写明“FIRST of exchange（Second of exchange being unpaid 或 Second of the same tenor and date being unpaid）”即“付一不付二”或注明“2”并写明“SECOND of Exchange（First of exchange being unpaid 或 First of the same tenor and date being unpaid）”即“付二不付一”字样，这就是汇票的作废条款，目的是防止重复承兑或付款。

汇票实例：

凭
Drawn under Cathay United Bank Hong Kong Branch ②

2

信用证　第　号
L/C　NO. LC1141785 ②
日期　年月日
dated 080726 ②
按　息　付　款
payable with interest @ ③ % ***per annum***
号　码　④　汇票金额　⑤　中　国，⑥ 青岛　年　月　日
NO. HMHP-2008275 **Exchange *for*** USD10 831. 97 QingDao China AUG. 27, 2008
见　票　⑦　①　日　后　（本　汇　票　之　正　本　未　付）　付
At /////////////// ***sight of this* SECOND *of Exchange*** (***First of exchange being unpaid***)
pay to the order of THE AGRICULTURAL BANK OF CHINA QINGDAO BRANCH ⑧或其指定人
金　额
the sum of SAY U. S. DOLLARS TEN THOUSAND EIGHT HUNDRED AND THIRTY ONE ⑤
AND CENTS NINETY SEVEN ONLY.
此致
***To*:** Cathay United Bank Hong Kong Branch
47/F, Central Plaza, 18 Harbour Road, Wanchai, HONG KONG⑨

⑩ **For and behalf of**
山东省×××进出口公司
SHANDONG PROVINCE ×××
IMPORT & EXPORT CORPORATION
赵　明（签字）
Authorized Signature (s)

注：上述汇票中的号码为作者所加，以便读者理解。

第三节　提单的缮制及使用

提单是传统的单一海上货物运输单据，也是国际贸易结算的重要单据之一。UCP600 第 20 条对其予以规范，ISBP745 又予以细化。

提单是承运人或其代理人签发给托运人，证明表面状况良好的货物已收到或已装上指定的船舶，并保证在目的港交付给收货人的一种物权凭证。提单从卖方转移到买方，其货物占有权同时也转移给买方；同时银行也可通过提单控制货物和货款。理论上提单应由船公司填制，但实际操作中绝大多数内容都是由托运人，即出口商或其代理人（货代）缮制并连同“收货单”送交船公司或其代理签发。

一、提单的内容及缮制方法（见：“提单实例”）

（一）提单名称（Bill of Lading，B/L）

提单应表明其名称、承运人的名称和主要营业所。依 UCP600 第 20 条，银行接受提单，而不论其名称如何。若信用证规定“Ocean B/L”，尽管提示的提单为“Marine B/L”或“COMBINED TRANSPORT BILL OF LADING”，只要其内容符合信用证的要求，

银行予以接受。对此，ISBP745 E1 规定：若信用证要求提交只涵盖港至港装运的运输单据，无论如何命名，即信用证不包含涉及收货地、接管地或最终目的地的描述，则意味着该单据的审核应适用 UCP600 第 20 条；提单不一定要使用“海洋提单”、“海运提单”或“港至港提单”或类似含义的措辞，即使信用证如此命名所需的单据。但提单不应含有租船合同的内容。换言之，银行对运输单据的掌握，重在该单据是否符合信用证规定的运输方式和运输条件，而不在于单据的名称如何。常见的提单名称有：Marine/Ocean Bill of Lading；Bill of Lading Covering Port-to-Port Shipment；Bill of Lading；Port-to-Port Bill of Lading 等。

（二）托运人（Shipper）

托运人即发货人，应在提单“Shipper”栏内表明其名称和地址。信用证项下一般填写受益人（出口商）的名称和地址；托收项下填写委托人（出口商）的名称和地址。在信用证业务中，提单托运人一栏的写法有以下几种。

（1）若信用证无指定，则信用证的受益人就是提单的托运人，在此栏填写受益人的名称和地址。

（2）若信用证规定托运人是受益人以外的第三者，此栏不能填写受益人，通常填写国内运输机构，这种提单称为第三者提单（Third Party B/L）或称为中性提单（Neutral B/L）。这种提单一般合同中都作相应的规定：“Third Party B/L IS Acceptable”。这种情况一般是中间商为保守商业秘密而作出的规定。但出口商应特别注意，此栏通常不能填写国外客户（买方）名称，否则可能导致货款两空。只有在 FOB 条件下，由国外客户（买方）和承运人订立运输合同，卖方先收货款、后发货的情况下，才可接受国外客户作为托运人。

（三）收货人（Consignee）

提单的收货人又称提单的抬头。提单“Consignee”（收货人）栏有记名抬头、不记名抬头和指示抬头等填制方法，即该栏内可选择下列之一填写：

（1）“Delivery to ×× only”（只交付某某）（记名 B/L）；

（2）“To bearer”（凭来人）（不记名 B/L）；

（3）“To order”（凭指示）（空白指示 B/L）；

（4）“To ××'s order”或“To the order of ××”（凭××的指示）（记名指示 B/L）。

具体填写方法按信用证规定。一般情况下，信用证支付方式多使用指示抬头。托收支付方式只能做成不记名（空白）指示或托运人指示提单，即在此栏填写“To order”或“To the order of shipper”等字样。

（四）被通知人（Notify Party）

“Notify Party”（被通知人）栏是货物到达目的港后，船方发送到货通知的对象（进口商或其代理人）。此栏内容的具体填写方法有以下几种。

（1）若记名或收货人指示提单，“收货人”栏已有详细地址，此栏可不填或填“SAME AS CONSIGNEE”。

（2）若空白指示或托运人指示提单，则必须填写被通知人名称和详细地址，否则船方无法与收货人联系。

（3）信用证项下的提单，当信用证对提单“被通知人”有具体规定时，必须严格按信用证规定填写。若信用证中未规定“被通知人”时，为保持单证一致，正本提单“被通知人”栏留空不填，可将信用证中的开证申请人的名称及地址填入副本提单的此栏中。

（4）托收支付方式下，此栏填写托收的付款人（买方）名称。

ISBP745 对提单的收货人、指示方、托运人、被通知人及如何背书作出了进一步规定。

（1）若信用证要求提单做成货物以某具名实体为收货人，例如“consigned to (named entity)”[“收货人为（具名实体）”]（即记名提单或抬头），而不是“to order”（凭指示）或“to order of (named entity)”[凭（具名实体）指示]，则提单不能在该具名人的名称前出现“to order”或“to order of”的字样，也不得在该具名人的名称后出现“or order”的字样，无论该字样是打印上的还是预先印就的。

（2）若提单做成“空白指示抬头”或做成“凭托运人指示”抬头，则该单据须经托运人背书。背书可由托运人之外的指名实体进行，只要该背书是为（或代表）托运人所为。若信用证要求提单做成“凭某具名实体指示”为收货人，则提单不能载明以该具名实体为收货人的记名抬头。

（3）若信用证规定了一个或多个被通知人的细节，则提单也可载明一个或多个另外被通知人的细节；若信用证没有规定被通知人的细节，则提单可以以任何方式载明任一被通知人的细节[第 E14）（b）（ii）条所述情况除外]；若信用证没有规定被通知人的细节，但申请人的细节在提单上以被通知人身份出现，且这些细节包括申请人的地址和联系细节，则这些内容不应与信用证规定的内容冲突。

（4）若信用证要求提单做成收货人是“开证行”或“申请人”或凭其指示或通知“申请人”或“开证行”，则适用时提单应载明开证行或申请人名称，但不需要载明信用证中可能规定的各自的地址或任何联系细节。

（5）若申请人的地址和联系细节看起来是收货人或被通知人细节的一部分，则它们不应与信用证的规定冲突。

（五）提单号码（B/L NO.）

提单号码通常与船公司签发的装货单和收货单所用的号码相一致。该号码主要是便于工作联系，便于通知和核查。

（六）船名及航次（Ocean Vessel，Voy. No.）

此栏目的具体填写方法是：

（1）若为直达运输方式，“Ocean Vessel”栏内填写实际装运的船名；若为班轮运输，除填写具体船名外，还要加注航次号（Voy. No.）。

（2）若为转运方式，在“Pre-carriage by”栏内填写第一程船的名称（直达，则此栏不填）或其他运输工具的名称；在“Place of Receipt”栏内填写收货港（地）名称；在“Ocean Vessel”栏内填写第二程船的名称。

（七）装货港、卸货港（Port of Loading，Port of Discharge）

按信用证或合同规定，在“Port of Loading”和“Port of Discharge”栏内填写实际

的装运港口和卸货港口名称。若信用证或合同未规定具体港口，只是笼统规定装运港为“中国港口”（Chinese Port）或规定卸货港为“欧洲港口”（European Port），制单时要填入实际的装船港和实际的目的港名称。

需注意信用证或合同中“Chinese Port”和“Chinese Ports”的区别。前者为单数，提单中的装运港栏只能填写一个装运港，否则构成单证不符。另外，在提单装运港后需加注“China”字样，如，“Shanghai China”。

缮制此栏时应注意以下事项。

（1）Port of Loading：若转运，应填写中转港名称；若不转运，则只填写起运港名称。

（2）Place of Delivery（最终目的地）：若为目的港，则空白。

（3）Chinese Ports：若 L/C 同时规定几个中国港口，则只能填写其中一个实际装货港。

（4）Port of Discharge（卸货港）：除 FOB 条件，卸货港不能填写笼统的名称，必须填写具体的港口名称。若国际上有重名港口时，还应加注国别名称。

（5）若须转船，应在“Port of Discharge”栏卸货港名称之后，加注转船港名称，如“Rotterdam W/T at Hong Kong”，或在货名栏下方的空白处加注转船的说明；若有印就的“转船港”（Port of Transhipment）栏目，则直接填入转船港名称即可。

（6）若货运卸货港后，须经内陆转运或陆运至邻国时，应在填写卸货港名称后，另在货名栏下方空白处，或在唛头中加注“In transit to ××”，切不可在“卸货港”名称后加填，以说明卖方只负责将货物运至该卸货港，以后的转运由买方负责。

（7）对美国、加拿大 OCP 地区出口时，卸货港名称之后应加注“OCP”字样。若信用证要求注明转运的内陆城市名称，可在货名栏下方的空白处，或唛头中加注“OCP ××（内陆城市名称）”，以便中转公司办理转运至该内陆城市。

（8）若信用证规定卸货港为：“London/Hamburg/Rotterdam”，则表示由卖方选港，B/L 只能填其中一个港口名称；若信用证规定卸货港为：“Option London/Hamburg/Rotterdam”，则表示由买方选港，B/L 应全部照填。

UCP600 和 ISBP745 关于“装货港”与“卸货港”作出了以下规定。

（1）提单须表明货物运输是从信用证规定的装货港至卸货港。

（2）若提单没有表明信用证规定的装货港为装货港，或若提单载有“预期的”装货港或类似修饰的表示，则应以装船注记的方式表明信用证规定的装运港、装运日期及实际船名。即使通过预先印就在提单上的词语表示装船或装运于指名船舶，本条规定也适用。该条规定主要适用于备运提单。

（3）信用证要求的指名装货港名称应显示在提单的装货港栏内。但它也可显示在标为“收货地”或类似含义表述的栏内，只要有标明日期的装船批注表明，货物已在“收货地”或类似栏目显示的港口装上指名船舶。

（4）提单应载明信用证规定的装货港。若信用证规定了装货港，同时也注明了该港口所在的国家，则该国家名称不需要注明。

（5）若信用证规定了装货港的地理区域或范围（例如“任一欧洲港口”或“汉堡，

鹿特丹，安特卫普港口”），则提单应注明实际的装货港且该港口应位于该地理区域或范围内。提单不需要表明该地理区域。

（6）信用证要求的指名卸货港，应显示在提单的“卸货港”栏内。但指定的卸货港也可显示在标为“最终目的地”或类似栏目内，只要有批注证明卸货港就是“最终目的地”或类似栏目显示的港口。例如，若信用证要求货物运至费利克斯托港，但费利克斯托港显示在“最终目的地”栏内，而不是卸货港内，此时可由批注证明“卸货港-费利克斯托”。

（7）提单应载明信用证规定的卸货港。若信用证规定了卸货港，同时也注明了该港口所在的国家，则该国家名称不需要注明。

（8）若信用证规定了卸货港的地理区域或范围（例如“任一欧洲港口”或“汉堡，鹿特丹，安特卫普港口”），则提单应注明实际的卸货港且该港口应位于该地理区域或范围内。提单不需要表明该地理区域。

（八）唛头与件号（Marks and Nos.）（Seal No.，Marks & Nos.）

按信用证规定填写此栏，并与发票相同栏目一致。信用证无规定时，若为箱装货，则可按发票上的唛头填写；若为散装货，则写上“N/M”。Seal No.：集装箱运输时填写铅封号（锁号）。

（九）件数、包装种类与货物描述（Number and Kind of Packages，Description of Goods）

1. 件数与包装种类

（1）若为包装货，则应填写实际包装数量和计量单位，如100bales、230drums，并在栏目下方空白处或在大写栏 TOTAL NUMBER OF CONTAINERS OR PACKAGES（IN WORDS）内加注英文大写件数，如，SAY ONE THOUSAND FIVE HUNDRED CARTONS ONLY。

（2）若为裸装货，则必须填写件数，如××轿车 100 辆（100units），并加注大写数量。

（3）若货物包括两种以上不同包装单位，应分别填写不同的包装单位和数量，再合计总数。

例如：300 bags

500 drums

800 packages

并加注大写数量。

（4）若为散装货物，则件数栏内只填“In Bulk”，大写件数可不填。

2. 货物描述

货物描述即货物名称，它既要符合信用证，又要与发票及其他单据一致。提单上的货物描述可使用与信用证中的货物描述不冲突的统称。

有时，运费支付方式也填入此栏，如 CIF（CIP）或 CFR：FREIGHT PREPAID；FOB：FREIGHT COLLECT。

（十）毛重和尺码（Gross Weight and Measurement）

有关货物的重量、尺码等必须与发票、装箱单或重量单一致，否则构成单据不符。

除非信用证或合同另有规定，提单通常应注明总毛重和总体积。毛重通常用公吨、吨、千克表示。体积通常用立方米表示。若货物未标明毛重，只标明净重时，应先在“Gross Weight”栏加注“Net Weight”或“N. W.”，再加净重数量。

（十一）运费与费用（Freight and Charges）

除非信用证另有规定，运费支付情况应参照发票中的贸易术语填写。如 CIF、CFR 条件下，应填写“运费已付”（Freight Paid）或“运费预付”（Freight Prepaid）；FOB 条件下，填写“运费到付”（Freight Collect/Freight Payable at Destination）。全程租船运输时，本栏应填写“As Arranged”（按约定）或“Freight Payable as per C/P”（按租约）。

ISBP745 关于运费和额外附加费作出了以下规定。

（1）提单上支付运费的表述不需要与信用证中的表述完全一致，但不能与该单据、任何其他规定的单据或信用证中的信息相冲突。例如，若信用证要求提单应标明“运费在目的地支付”，则亦可标注“运费到付”。

（2）若信用证规定运费之外的额外费用不可接受，则提单不应载明运费之外的额外费用已产生或将要产生；运费之外的额外费用，可通过明确提及额外费用或通过使用与货物装卸费用相关的贸易术语来表达。例如，但不限于此，“船方不管装货”［Free in（FI）］，“船方不管卸货”［Free Out（FO）］，“船方不管装卸货”［Free In and Out（FIO）］及“船方不管装卸货及积载”［Free In and Out Stowed（FIOS）］。

（3）提单中涉及的可能被征收的费用，例如，因延迟卸货或卸货后可能被征收的费用（滞期费）或集装箱超期使用费（滞留费），则不属于运费之外的额外费用。

（十二）正本提单份数（No. of Original Bs/L）

提单正本份数应按信用证或合同规定的份数出具，并用英文大写数字填写。依 UCP600 第 20 条规定，当信用证要求一份以上正本提单时，受益人必须提示全套正本提单。正本提单通常注明“ORINGINAL”字样。ISBP745 E11 规定：提单应载明已出具的正本份数；标明“第一正本”、“第二正本”、“第三正本”或“正本”、“正本第二联”、“正本第三联”或类似字样的提单均为正本。

常见的信用证对提单的要求有以下几种：

（1）Full set of B/L。（按惯例应提示 3 份提单，且全部提示给银行）

（2）2/3 original clean on board Bs/L。（3 份正本、清洁、已装船提单，其中 2 份提示给银行）。

（3）Full set of B/L in triplicate with two non-negotiable Bs/L。（3 份正本提单，2 份副本提单）

（十三）提单签发地点与时间（Place and Date of Issue）

提单签发地点通常是指承运人接管货物的地点。提单签发日期除收妥备运提单外，均为装船完毕日期。装船日期不能迟于信用证规定的装运期。国际惯例对此的规定是：

（1）提单签发日为货物装船完毕的日期；

（2）银行接受签发日期早于信用证开证日期的提单；

（3）提单签发地点应与装运港一致。

（十四）承运人签字（Signed for the Carrier）

依 UCP600 第 20 条第 1 款，提单必须表明承运人名称，并由承运人或其具名代理人、船长或其具名代理人签字；承运人、船长或代理人的任何签字必须注明其承运人、船长或代理人的身份；代理人的任何签字必须表明该代理人是代表承运人还是代表船长签字。ISBP745 关于提单的签字作出了以下规定。

（1）ISBP745 E5 规定：① 提单应按 UCP600 第 20（a）（i）条规定的方式签署，并载明承运人名称及表明承运人身份。② 若提单是由承运人的具名分支机构签署的，则该签字被视为已由该承运人做出的。③ 若由代理人代表（代理）承运人签署提单，则该代理人应是指名的，另外应载明其作为"××（名称，承运人）的代理"［"agent for (name)，承运人"］或"代表××（名称，承运人）的代理"［"agent on behalf of (name)，承运人"］签字，或类似含义的措辞。若单据的其他地方承运人已被注明为"承运人"，则具名代理人可签署单据，例如，作为"承运人的代理或代表"［"agent for (or on behalf of) the carrier"］，不必再注明承运人名称。④ 若船长签署提单，则船长的签字应注明"船长"字样，但不必注明船长姓名。⑤ 若由代理人代表（代理）船长签署提单，则该代理人应是指名的，另外应载明其作为"船长的代理"或"代表船长的代理"签字，或类似含义的措辞，不必再注明船长的姓名。

（2）ISBP745 E3 规定：① 提单可由承运人或船长之外的任何实体出具，只要满足 UCP600 第 20 条的要求即可。② 若信用证规定"货代提单可接受"或"运输代理行提单可接受"或类似含义的措辞，则提单可由出具的实体签字而不需要表明其签字的资格或承运人的名称。

（3）ISBP745 E4 规定：若信用证规定"货代提单不可接受"或"运输代理行提单不可接受"或类似含义的措辞，当涉及提单的标题、格式、内容或签字时没有任何意义，除非信用证提出具体要求详细说明如何开立和签署提单。若缺少这些要求，该规定将不予理会，提交该提单应根据 UCP600 第 20 条的要求审核。

二、对"清洁的、已装船"提单的要求

信用证或买卖合同一般都规定应提示"清洁的、已装船提单"（...clean on board ocean Bs/L），即银行拒绝接受带有货物外表状况有缺陷批注的提单和收妥备运提单。

（一）"清洁"在提单中的表示方法

受益人向银行提示的提单中，若承运人未带有任何表明包装不良内容的批注，则视为清洁提单。但实务中，有时承运人为免除其责任，在提单上声明对因包装引起的损坏或损失予以保留，并不声明货物有缺陷，则银行对此不能以不清洁为由拒受单据。如，批注为："旧桶"（used drums）、"旧箱"（used cases）、"旧麻袋"（used gunny bags），这些批注不等于"破桶"（broken drums）、"破箱"（broken cases）、"破麻袋"（broken gunny bags）；集装箱提单上加注"据称内装"（said to contain），也不能视提单为不清洁。

UCP600 和 ISBP745 关于清洁提单作出了以下规定。

（1）银行仅接受清洁的运输单据。清洁运输单据是一种不带有明确表明货物状况

或其包装存在缺陷的语句或批注的运输单据。“清洁”（clean）一词不需要出现在运输单据上，即使信用证要求运输单据必须是“清洁已装船的”（clean on board）。

（2）ISBP745 E20 规定：提单不应载有明确声明货物或包装状况有缺陷的条款。如：① 提单上的条款，如“包装不能满足海运航程”或类似含义的措辞，是明确表明包装存在缺陷的条款。② 提单上的条款，如“包装可能无法满足海运航程”或类似含义的措辞，并非是明确表明包装存在缺陷的条款。

（3）ISBP745 E21 规定：① 即使信用证要求提单应标注“清洁已装船”或“清洁”，亦不需要在提单上出现“清洁”一词。② 提单上的“清洁”一词被删去并非明确声明货物或包装存在缺陷状况。

（二）“已装船”在提单中的表示方法

除多式联运和集装箱运输外，在传统的海上运输中，承运人的责任开始时间为货物装上船舶。因此，提单通常须表明货物已装船的事实。对此，UCP600 和 ISBP745 都有专门规定。

（1）提单通过下列方法表明货物已在信用证规定的装货港装上指名船舶：预先印就的词语（注：如使用“shipping on board”或“on board”等事先印刷在提单上的词语，以表明货物已装上船舶的事实），或加注货物已装船日期的装船注记（注：如使用“shipping on board，Dec. 20，2013”或“on board，Apr. 21，2013”等戳记或注记加在提单上，以表明货物已装上船舶的事实）。提单的签发日期将被视为装运日期，除非提单载有一个装船注记，该注记标明装运日期，在这种情况下，装船注记中标明的日期将被视为装运日期。（注：提单的签发日期或装船注记中标明的日期通常视为承运人开始承担运输责任的日期；也是出口商完成交货义务的证明）若提单载有关于船名的“预期船舶”或类似修饰的表示，则应加注表明装运日期及实际船名的装船注记。（注：该款适用于备运提单。提单可能在装运前已记载了预期船名，但实际装货后，仍然要在装船注记中加注信用证规定的装运日期以及实际船名）

（2）ISBP745 E6a 规定：若提交的是预先印就“已装船”字样的提单，提单出具日期即视为装运日期，除非其加有单独的注明日期的已装船批注。在后一情况下，该批注日期将被视为装运日期，而不论该日期是早于还是晚于提单的出具日期。该装船批注的日期也可在指定栏内或方框内注明。

（3）ISBP745 E6b 规定：尽管信用证可能要求提单显示港至港运输：① 若提单载明的收货地与装货港相同，例如收货地为鹿特丹集装箱堆场，装货港为鹿特丹，也没有表明有前段运输工具（在前段运输栏目或收货地栏目）；或者② 若提单载明的收货地与装货港不同，例如收货地为阿姆斯特丹，装货港为鹿特丹，也没有表明有前段运输工具（在前段运输栏目或收货地栏目），则：① 若提单预先印就“已装船”，其签发日期视为装运日期，而不需要装船批注；② 若提单预先印就“收妥待运”，则需有已注明日期的已装船批注，显示在该批注中的日期即视为装运日期。已装船日期也可在指定栏目或方框内注明。

（4）ISBP745 E6c 规定：尽管信用证可能要求提单显示港至港运输，若提单：① 载明的收货地与装货港不同，例如收货地为阿姆斯特丹，装货港为鹿特丹，也表明了前段运输工具（在前段运输栏目或收货地栏目），不管是预先印就“已装船”还是“收妥待运”，则提单须有注明日期的已装船批注，该批注还应显示信用证规定的船舶与装货港的名称。该批注也可出现在特定的栏目或空格内。出现在该装船批注内或特定栏目或空格内的日期视为装运日期。② 载明了前段运输工具（在前段运输栏目或收货地栏目），不论是否表明收货地或预先印就“已装船”，还是“收妥待运”，则提单须有注明日期的已装船批注，该批注还应显示信用证规定的船舶与装货港的名称。该批注也可出现在特定的栏目或空格内。出现在该装船批注内或特定栏目或空格内的日期视为装运日期。

（5）ISBP745 E6d 规定：若提单载明如“如果收货地栏已填写，本提单上的任何‘在运输工具上’、‘已载于运输工具上’或类似含义的措辞的批注应视为已装载于从收货地到装货港之间运输工具之上”或类似含义的措辞，另外，若收货地栏已填写，则提单须有注明日期的已装船批注。该注明日期的装船批注还应显示信用证规定的船舶与装货港的名称。该批注也可出现在特定的栏目或空格内。出现在该装船批注内或特定栏目或空格内的日期视为装运日期。

（6）ISBP745 E7 规定：“已装运且表面状况良好”、“已装船”、“清洁已装船”的用语或其他包含“已装运”或“已装船”的用语与“已装船”具有同样效力。

三、提单的背书及转让

背书是实现提单转让的一种手段。提单经过背书后，提单本身所表明的货物的货主则产生变化，转让提单也就是转让了货物。

提单的背书分空白背书和记名背书两种。

空白背书，是指背书人（提单转让人）在提单的背面签字或盖章，即在提单背面写上如：

（FOR）XYZ Co., Ltd.（背书人的名称）

×××（背书人签字）

记名背书，是指在提单的背面上既有背书人签字或盖章，还列明被背书人的名称，即在提单背面写上如：

DELIVER TO ×××（被背书人名称）

FOR XYZ Co., Ltd.（背书人名称）

×××（背书人签字）

不同的提单其背书也不同。

（1）记名提单（Straight B/L），其收货人为特定的收货人，只能由特定收货人提货。因此，托运人不能对记名提单背书转让。

（2）不记名提单（Bearer B/L），其收货人为“Bearer”（来人），该提单无需背书即可任意转让，即谁持有该提单，谁就可以提取货物。

（3）指示提单（Order B/L），其收货人不固定，该提单只有经过背书，才能进行转让。

① 当提单“Consignee”（收货人）栏仅填写“To order”，则由发货人（托运人）在提单背面做成空白背书即可转让，故也称为“空白抬头、空白背书”提单。

② 当提单“Consignee”（收货人）栏填写“To order of shipper”或“To shipper's order”，则由发货人在提单背面做成空白背书即可转让。

③ 当提单“Consignee”（收货人）栏填写“To the order of ×× bank”或“To ×× bank's order”，则由银行进行背书即可转让。

④ 当提单“Consignee”（收货人）栏填写“To the order of consignee”或“To consignee's order”，则由收货人在提单的背面背书即可转让。

提单的抬头与背书直接关系到货物处置权归属和能否转让等问题，因此，提单转让一定要严格按照信用证要求办理。

信用证中，指示提单的抬头要求及背书方法举例如下。

（1）若信用证规定“Full set of B/L made out to（drawn to 或 issued to）order…”或“B/L made onto order…”，则“Consignee”栏内填写“To order”或“Onto order”，并由托运人做成空白背书或记名背书。

（2）若信用证规定“B/L made out to（drawn to 或 issued to）the order of shipper…”或“B/L made out to（drawn to 或 issued to）shipper's order…”，则“Consignee”栏内填写“To the order of ××× Co.（发货人）”或“To××× Co.'s order”，并由托运人做成空白或记名背书。

（3）若信用证规定“B/L made out to（drawn to 或 issued to）our order…”，则“Consignee”栏内填写“To ×× bank's（开证行）order”，并由该银行背书。

（4）若信用证规定“B/L made out to（drawn to 或 issued to）order, deliver to order of ×× bank”，则“Consignee”栏内填写“To order”，并由托运人在提单背面做成记名背书：“Deliver to the order of ×× bank”（“背书给×× Bank”）。

（5）若信用证规定“B/L made out to（drawn to 或 issued to）the order of ×× bank or to order”，只能选择其中一种，将“To the order of ×× bank”或将“To order”填入“Consignee”栏，并由有关银行或托运人背书。

常见的提单背书有以下几种形式。

（1）出口商以托运人或发货人（Shipper）的身份，空白背书转让提单：

ABC Co., Ltd.（托运人公司名称）

×××（签字）

（被背书人可以是进口商、议付行或开证行，视合同或信用证而定）

（2）若为议付信用证，在寄单之前，议付行进行记名背书，被背书人为开证行：

Deliver to the order of ×× bank（开证行）

×× Negotiating bank（议付行）

×××（签字）

（3）进口商付款赎单时，开证行再背书转让提单给进口商：

（XYZ Import Co., Ltd.: Upon payment freight and all charges）

Deliver to the order of XYZ Import Co.，Ltd.

××Issuing bank（开证行）

×××（签字）

四、提单的其他事项

除了上述内容，UCP600及ISBP745还就提单的其他事项予以规范。

1. 转运与部分装运（Transhipment and Partial Shipment）

UCP600第20条对提单项下的转运和部分装运予以规范。

（1）“转运”是指在从信用证规定的装货港至卸货港的运输过程中，从一艘船上卸载后，再装至另一艘船上。

该款明确表明，转运仅指信用证规定的运输范围内的转运，其前后的转运不在此限。

（2）提单可以表明“货物将要或可能转运”，只要同一提单包含全程运输。

该款表明，若由一个承运人负责全程运输，则提单可以表明货物将要或可能发生转运。此外，“货物将要或可能发生转运”并不表明必然转运；即使必然转运也是承运人的权利，这是国际运输惯例。

（3）即使信用证禁止转运，只要提单表明货物以集装箱、拖车或驳船装运，表明“转运将要或可能发生”的提单是可以接受的。

因为由于装载集装箱、拖车的船舶或装载子船的母船太大，可能无法直接驶入信用证规定的卸货港，只好将集装箱、拖车或驳船卸下再装上能驶入卸货港的其他船舶。这是国际货物运输的习惯做法。

（4）提单中载明“承运人保留转运权”的条款将不予理会。因为，绝大多数提单的背面都有承运人保留转运权利的印就条款，但该条款并不表明货物必然或已经转运的事实。换言之，即使提单载有这种条款，银行也接受。

（5）提单应未载明“受租船合同约束”的表示。

在租船运输时，船方与租船人（货方）的权利义务通常不依据提单而以租船合同（C/P）为依据。采用C组或D贸易术语时，若提单载明“受租船合同约束”则有可能损害收货人的利益。例如，采用CIF时，租船合同规定由进口商支付运费等。

（6）提单应包含运输条款和条件，或参见包含运输条款和条件的另一来源（使用简式或背面空白的提单时），银行对运输条款和条件的内容不予审核。

无论是全式或简式提单，银行均可接受且不审核其背面条款和条件。

UCP600关于“部分装运”的规定，前述“发票”中已有涉及，此处不再赘述。

但UCP600第31条规定：提示包含一套以上的运输单据，并表明从同一（个）运输工具开始装运及同一运程，只要显示相同目的地，将不视为部分装运，即使这些单据注明不同的装运日期或不同的装货港、接管地或发运地。若提示包括一套以上的运输单据，则显示在任何运输单据上的最迟装运日期将被视为装运日期。例如，“黄海轮”5月6日在青岛港装运一批货物，并签发了一套提单；5月10日，该轮又在天津港装运了另一批货物，又签发了另一套提单。该两批货物均运往鹿特丹港。此种情况不视为分批装运，且装运日期以 5 月 10 日为准。

ISBP 也对提单下的转运和部分装运予以进一步的规范。

（1）ISBP745 E17 规定：转运是指在从信用证规定的装货港到卸货港之间的运输过程中，将货物从一艘船舶卸下再装上另一船舶的行为。根据信用证和 UCP600 第 20 条（b）和（c），若提单没有表明在该两港口之间发生卸货和重装，则不视为转运。

（2）ISBP745 E18 规定：使用一艘以上船舶的装运系分批装运，即使每艘船舶都是同一天离港，去往同一个目的地。

（3）ISBP745 E19a 规定：① 若信用证禁止分批装运，且提交了不止一套正本提单，其涵盖从一个或多个装货港（信用证中规定的特别允许的或在某一地理区域或范围内）的装运，则每套提单都应载明其涵盖的货物运输系由同一船舶经同一航线及货物发往同一卸货港。② 若信用证禁止分批装运，且依据第 E19（a）提交了多套正本提单，其包含不同的装运日期，则以其最迟日期计算交单期限且不得晚于信用证规定的最迟装运日期。③ 若允许分批装运，提交多套正本提单作为计划或许可的一次交单的组成部分，且这些提单包含不同的装运日期，使用了不同的船舶或不同航程的同一船舶，则装运日期中最早的日期用于计算交单期限，以及这些日期中的每一个日期不得晚于信用证规定的最迟装运日期。

2. 提单的更正与更改（Corrections and Alterations of a B/L）

在提单的签发中，有可能对某些内容进行修改或更正，对此，ISBP745 作出了以下规定：

（1）ISBP745 E24 规定：对提单上信息的任何更正都应被证实。该证实须看起来由承运人、船长或其任一具名代理人所为，该代理人可以与出具或签署提单的代理人不同，只要注明其作为承运人、船长的代理人身份。

（2）ISBP745 E25 规定：不可转让的提单副本不需包含正本单据上可能已做出的任何修正的证实。

3. 货物涉及多套提单（Goods Covered by more than One Bill of Lading）

ISBP745 E28 规定：提单不应声明：该提单中记载的货物只有在该提单与其他一套或多套提单一起交单时才能放货。除非所有涉及的提单是相同信用证项下的属于同一批提交的单据。例如，“YYY 和 ZZZ 号的提单记载的××××集装箱，只能在某一贸易商手中所有提单都提交后才可将该集装箱交付给该贸易商”被认为是一个声明：与该集装箱或包装单位有关的一套或多套提单必须在提货之前提交。

UCP600 第 21 条规范了“不可转让的海运单”，其内容和缮制方法与提单类似，不再赘述。但海运单的使用与提单有所不同，对此可详见本人编著的由对外经济贸易大学出版社出版的《国际贸易运输与保险》（第四版）和《国际贸易惯例与规则实务》（第四版）。

提单实例：

Shipper

CHINA CAI YUAN ENTERPRISE CO., LTD.

B/L NO. COSCO 01008654

Consignee

TO ORDER

中国远洋运输（集团）总公司

CHINA OCEAN SHIPPING

(GROUP) COMPANY

CABLE: COSCO BEIJ

TLX: 210740 CPC CN

FAX: -86 (010) 67890432

Notify Party

ABC CO., LTD. (Tel: ××××××××)

Port-to-Port Combined Transport

BILL OF LADING

ORIGINAL

Pre-carriage by		**Place of Receipt**
		BEIJING
Ocean Vessel	**Voy. No.**	**Port of Loading**
WAN HAI 456	V-No. 90	TIANJIN

Port of Discharge SEATTLE　Place of Delivery SEATTLE　Final Destination CHICAGO

Container No. Marks & Nos.	Seal No.	No. of Container or P'kgs.	Kind of Packages; Description of Goods	Gross Weight	Measurement
C/N. 1-256, 234-765 TKC (INDIA) MADE IN CHINA * * *	9304729/20' CNTR # WHLU * * * *	1 CONTAINER (522CTNS) * * *	"SHIPPER'S LOAD & COUNT" "SAID TO COTAIN" TABLE, GLASSWARE, CLOCK, PHOTO FRAME &PEN "FREIGHT PREPAID" * * * * SHIPPED ON BOARD AUG. 08, 2013	6 956.234KGS (CY-CY) * * * *	1×20' * * * *

TOTAL NUMBER OF CONTAINE RS OR PACKAGES (IN WORDS)　SAY TOTAL ONE (1) 40' CONTAINER ONLY.

DUPLICATE

FREIGHT& CHARGES	Revenue Tons	Rate	Per	Prepaid	Collect
				... AS ARRANGED ...	

Ex Rate:	Prepaid at TIANJIN, CHINA	Payable at	Place and Date of Issue TIANJIN, CHINA AUG. 08, 2013
	Total Prepaid	No. of Original B (s) /L THREE (3)	Signed for the Carrier COSCO ×××（签字）AS CARRIER

LADEN ON BOAED THE VESSEL

DATE AUG. 08, 2013　BY　Li Ping（签字）

第四节 航空运单和铁路运单的缮制及使用

UCP600 和 ISBP745 除了对提单的相关问题做出了规定外，还分别对多式联运单据、租船合同提单、航空运单以及公路、铁路或内河运输单据等也作了详细规定。因多式联运单据和租船合同提单的相关规定与提单类似，不再赘述。此处仅对国际结算中常用的航空运单和铁路运单予以叙述。

一、航空运单

航空运单（Air Waybill）是航空公司或其代理作为承运人签发给托运人的一种运输单据。

（一）航空运单的性质与特点

航空运单仅是承运人收到货物的收据和运输合同，而不是物权凭证，因而它不能转让。

航空运单具有以下特点：

（1）航空运单一般为一式 12 份。其中正本 3 份，第 1 份正本（Original 1）由承运人留底（for issuing carrier）；第 2 份正本（Original 2）送收货人（for consignee）；第 3 份正本（Original 3）签发给托运人（for shipper）。第 4 到第 12 份均为副本，各有不同的作用。

（2）若使用信用证结算方式，受益人将第 3 份正本航空运单提交银行。信用证不应要求受益人提交多于 1 份的航空运单。

（3）航空运单必须做成记名收货人。收货人提货时，只要证明其为收货人即可。

由于航空运单不是物权凭证，因此其收货人（consignee）不应做成“to order”或“to order of sb.”。即使信用证要求做成“to order”或“to order of sb.”，若提交的航空运单表明收货人是具名收货人时，银行也接受该航空运单。（ISBP745 H13）

由于航空运单无法控制收货人付款，若采用 D/P 托收方式结算货款，收货人无须凭其提货，因而卖方无法控制收货人的付款。为此，出口商最好指定买方以外的他人为收货人，以控制货款。若采用信用证结算货款，开证行也无法控制申请人（买方）偿付货款。为此，有些银行与贸易商约定在信用证项下，以开证行为航空运单的收货人，只有当申请人偿付开证行后，开证行才将货物转交申请人（买方）。

（二）航空主运单与航空分运单

航空主运单（Master Air Waybill，MAWB）是指承运人（航空公司）签发给作为航空运输合同承运人的运输行的货物收据。这种情况是指，当运输行作为航空公司运输合同承运人时，该运输行从不同的货主那里收到多批货物，然后再将其交给航空公司，并从航空公司那里获得包括全部装卸货物的航空运单，该运单称为航空主运单，其托运人为运输行而非实际货主。

运输行再向实际货主签发多份航空运单，这种运输行的航空运单称之为航空分运单（House Air Waybill，HAWB）。航空分运单一般标注航空主运单和分运单的编号。

若信用证要求提示“air waybill”“air consignment note”或类似单据，则适用UCP600第23条。要符合UCP600第23条，航空运单必须看起来是涵盖机场到机场的运输，但不一定非要使用“air waybill”“air consignment note”或类似单据。（ISBP745 H2）

（三）承运人的名称及其签字

UCP600和ISBP745关于航空运单承运人的名称及其签字做出了以下规定。

（1）UCP600第23条第1款规定，航空运单，无论名称如何，必须看来表明承运人的名称，并经承运人，或代表承运人的具名代理人签字；承运人或代理人的任何签字必须标明其承运人或代理人的身份；代理人的任何签字必须表明该代理人是代表承运人签字。

根据UCP600第23条的上述规定，银行可以接受航空分运单，其条件是签发这种航空分运单的运输行在单据表面注明该运输行是承运人。因此，除非信用证不允许提示航空分运单，否则银行不会因带有分运单编号和/或主运单编号而拒受分运单。

（2）UCP600第23条第1款规定，航空运单必须看起来是签发给发货人或托运人的正本，即使信用证规定提交全套正本。

依UCP600第23条的上述规定，航空运单必须在表面看来是签发给托运人（发货人）的正本（Original 3-For Shipper），若信用证要求提交全套正本单据，只要提交一份表明是签发给托运人（发货人）正本的单据即可。ISBP745对此作出了同样的规定。

（3）航空运输单据应根据UCP600第23条第（a）（i）款规定的方式签字，并载明承运人名称及其承运人身份；若航空运输单据是由承运人的具名分支机构签署的，则该签字将被视为由该承运人做出的；承运人应由其名称识别而非国际航空协会的航空公司代码，如英国航空公司而非BA，汉莎航空公司而非LH。（ISBP745 H5）

（4）若由代理人代表（代理）承运人签署航空运输单据，则该代理人应是指名的，另外应载明其作为“××（承运人名称）的代理”［“agent for（name），承运人”］或“代表××（承运人名称）的代理”［“agent on behalf of（name），承运人”］签字，或类似含义的措辞。若单据的其他地方承运人已被注明为“承运人”，则具名代理人可签署单据，例如，作为“承运人的代理或代表”［“agent for（or on behalf of）the carrier”］，不必再注明承运人名称。（ISBP745 H6）

（5）若信用证规定“货代航空运单可接受”（Freight Forwarder's air waybill is acceptable）或“运输代理行航空运单可接受”（House air waybill is acceptable）或类似含义的措辞，则航空运输单据可由出具的实体签字而不需要表明其签字的资格或承运人的名称。（ISBP745 H3）

（6）若信用证规定“货代航空运单不可接受”或“运输代理行航空运单不可接受”或类似含义的措辞，当涉及航空运输单据的标题、格式、内容或签字时没有任何意义，除非信用证提出具体要求详细说明如何开立和签署航空运输单据。若缺少这些要求，该规定将不予理会，提交该航空运输单据应根据UCP600第23条的要求审核。（ISBP745 H4）

（四）装运日期与实际发运日期

UCP600第23条及ISBP745对航空运单的装运日期和实际发运日期作出了专门

规定。

（1）航空运单必须看起来表明签发日期，该日期将被视为装运日期，除非航空运单载有一个实际装运日期的特别注记，在这种情况下，注记中标明的日期将被视为装运日期。

（2）显示在航空运单上的与航班号和航班日期有关的任何其他信息将不视为装运日期。

（3）航空运输单据应载明签发日期。该日期应视为装运日期，除非航空运输单据中包含了真实装运日期的批注。在后者情况下，批注中记载的日期应视为装运日期，无论该日期早于或晚于该航空运输单据的签发日期。（ISBP745 H8a）

（4）若没有包含实际装运日期的特别批注，出现在航空运输单据上的与该信息相关的其他信息（包括如在方框中标注的“仅供承运人使用”“要求的飞行日期”或“线路与目的地”），在确定装运日期时应不予理会。（ISBP745 H8b）

（五）注明收妥待运

由于收货人无需凭银行寄送的航空运单提货，所以 UCP600 第 23 条、ISBP745 要求承运人在签发航空运单时，只需注明“收妥待运”即可。航空运单通常有一栏表明：It is agreed that goods described herein are accepted in apparent good order and condition for carriage.

（六）启运地机场、目的地机场及签发地

UCP600 第 23 条及 ISBP745 对航空运单的启运地机场、目的地机场及签发地予以规范。

（1）航空运单应注明信用证规定的启运地机场和目的地机场。航空运单的启运场机场（Airport of Departure）与收货地（Place of Receipt）一般为相同地点。国际商会的案例表明，航空运单的签发地（Place of Issue）可以不同于启运地机场。

（2）空运单据应载明信用证规定的出发地机场和目的地机场。若信用证既规定了该机场，也规定了该机场所在国家，则该国家的名称无须显示在空运单据上。出发地机场和目的地机场也可使用 IATA 代码替代表明机场的全名（如：LAX 替代洛杉矶）。（ISBP745 H9）

（3）若信用证规定了出发地机场或目的地机场的地理区域或范围（例如“任一中国机场”或“上海，北京，广州机场”），则空运单据应载明实际的出发地机场或目的地机场，且该机场应位于上述地理区域或范围之内。空运单据无需载明该地理范围。（ISBP745 H11）

（七）转运和分批装运

UCP600 第 23 条第 2 款规定，转运是指在从信用证规定的启运机场至目的地机场的运输过程中，从一航空器上卸货后，再装上另一航空器上。

ISBP745 H17 又补充规定：转运是指在从信用证规定的出发地机场到目的地机场之间的运输过程中，将货物从一架飞机卸下再装上另一架飞机的行为。根据信用证和 UCP600 第 23 条（b）和（c），若航空运输单据没有表明在该两机场之间发生卸货和重装，则不视为转运。

另外，UCP600 第 23 条规定，即使信用证禁止转运，表明转运或将可能发生转运的航空运单是可以接受的，只要同一航空运单包括全程运输。由于从启运机场至目的地机场不可能总是直航，因此，发生转运是实际需要，只要该运输是由一个承运人负责即可。

关于航空运输的分批装运，ISBP745 H18 规定：使用一架以上飞机的发运系分批装运，即使每架飞机都是同一天飞往同一个目的地。

同时，ISBP745 H19 还补充规定：① 若信用证禁止分批装运，且提交了不止一套航空运输单据，其涵盖从一个或多个出发机场（信用证中规定的特别允许的或在某一地理区域或范围内）的发送，则每套航空运输单据都应载明其涵盖的货物发送系由同一飞机经同一航线及货物发往同一目的地机场。② 若信用证禁止分批装运，且依据第 H19（a）提交了多套航空运输单据，其包含不同的发送日期，则以其最迟日期计算交单期限且不得晚于信用证规定的最迟装运日期。③ 若允许分批装运，提交多套航空运输单据作为计划或许可内的一次交单的一部分，且这些航空运输单据包含不同的发送日期或不同的航班，则这些日期中最早的日期用于计算交单期限，以及这些日期中的每一个日期不得晚于信用证规定的最迟装运日期。

（八）其他内容

此外，ISBP745 H20～27 还对清洁航空运单（Clean air transport documents）、货物描述（Goods description）、单据的更正与更改（Corrections and alterations）、运费与额外费用（Freight and additional costs）等作出了专门规定，这些内容与提单的规定基本相同，不再赘述。

二、铁路运单

铁路运单（Rail Transport Document）是铁路部门与发货人之间缔结的运输合同，它规定了铁路部门、托运人、收货人关于货物运送方面的权利、义务和责任，对各方均有法律约束力。

（一）铁路运单的性质与特点

（1）铁路运单正本是货物运送合同，随同货物至到站，并随同“货物到达通知单”和货物一起交给收货人。

（2）铁路运单副本在运送合同缔结后交给托运人（发货人），它不具有物权凭证的效力，不能转让，仅作为货物已由铁路承运的证明。托运人凭运单副本向收货人结算货款，也是收货人向铁路部门提出索赔的依据。

（3）运行报单是铁路部门办理货物交接、划分运送责任以及结算运费等的原始依据，它随同货物至到站，并留存到达铁路。

（4）货物交付单随同货物至到站，并留存到达铁路。

（5）货物到达通知单随同货物至到站，并同运单正本和货物一起交给收货人。

（二）铁路运单的正本与副本

依 UCP600 和 ISBP745，在信用证结算中，若信用证要求铁路运单，则不论提示的运单是否注明正本单据，都将作为正本单据接受。若运输单据上缺少关于签发正本份数的标志，则提示的份数将被视为全套正本；标明“duplicate”的运单将被视为正本单据铁路部门通常仅向托运人（发货人）签发加盖铁路公司印章的第二联（常常是拓印联Carbon Copy）运单，此联将被视为正本。

（三）铁路运单的装运日、装运地和目的地

依UCP600第24条，若铁路运单上加盖了收妥印章，则印章日视为装运日；若无收妥印章则运单签发日视为装运日。若使用信用证结算，运单上须表明信用证规定的装运地和目的地。

（四）铁路运单须做成记名收货人

由于铁路运单不是物权凭证，因此，运单的收货人栏只能做成记名收货人。当货物到达目的地，收货人证明其身份即可提货。

ISBP745 J8规定：若信用证要求铁路运输单据做成收货人为“凭（指名实体）指示”[“to order of (named entity)”]，则单据可以载明货物的收货人为该指名实体，而不需记载“凭指示”（“to order of”）。若信用证要求铁路运输单据做成收货人为“to order”而未提及货物应按照谁的指示交付，则单据应载明货物的收货人为开证行或申请人，而无需记载“凭指示”（“to order”）。

（五）转运及分批装运

依UCP600第24条，在铁路运输中，转运是指在信用证规定的装运地、发送地或承运地至目的地之间的运输过程中，在同一（种）运输方式中，从一运输工具上卸载后，再装上另一运输工具上。即使信用证禁止转运，注明将转运或可能发生转运的铁路运单是可以接受的，只要运输全过程包括在同一张运单内。ISBP745也有类似的规定。

（六）铁路运单的承运人及签字

铁路运单的承运人包括以下几种。

（1）铁路运单正面标明的承运人。

（2）铁路运单的签字线及/或接收印章或其他标注表明：承运人或其指名代理人或其指名代表。

在铁路运单正面，若表明的承运人被认定为Carrier，则承运人在签字时，无需再加注“Carrier”，如承运人的名称为ABC Line，下列签字均可接受：ABC Line，×××（签字）；The Carrier，×××（签字）；ABC Line，The Carrier，×××（签字）。若运单正面没有表明承运人身份，则承运人在签字时必须加注“Carrier”。

ISBP745 J2补充规定：“承运人”（Carrier）一词包括运输单据中的“出单承运人”（Issuing Carrier）、“实际承运人”（Actual Carrier）、“后续承运人”（Succeeding Carrier）以及“订约承运人”（Contracting Carrier）等。

承运人的代理人或代表人签字时，必须表明其代理身份并表明是代表承运人签字或行事，如，XYZ Forwarders，as agent for ABC Line，the Carrier，×××（签字）。若运单正面已表明ABC Line为“Carrier”，则签字时“Carrier”一词可省略。

UCP600和ISBP745规定，若铁路运单没有记载承运人的名称，则铁路公司或发运站的日期签字、盖章将被视为承运人在单据上签字的证明。因此，铁路运单上可以不必显示承运人的名称。

（七）其他内容

此外，ISBP745 J17-20还对铁路运单的货物描述（Goods Description）、单据的更正与更改（Corrections and Alterations）、运费与额外费用（Freight and Additional Costs）等作出了专门规定，这些内容与提单的规定基本相同，不再赘述。

第五节 保险单据的缮制及使用

保险单据是保险人与被保险人之间订立的保险合同的凭证，也是被保险人索赔、保险人理赔的依据；在 CIF 或 CIP 合同中，它又是卖方必须向买方提交的出口单据之一。在实务中，保险单一般由出口商按信用证要求缮制并交保险公司签发。保险单据的类型有保险单（Insurance Policy）、保险凭证（Insurance Certificate）、预约保险单（Open Policy）等。UCP600 和新版 ISBP 均对此予以规范。

一、保险单的内容和缮制方法（见“货物运输保险单实例”）

（一）被保险人（抬头）（Insured）

在 CIF 或 CIP 条件下，出口货物由出口商办理投保，即以信用证受益人为被保险人，并在“Insured”栏填写出口商的名称。在其他贸易条件下，买方也可委托卖方代办保险。

（二）标记（Marks and Nos.）

此栏内容应和发票、提单及其他单据上的标记（唛头）一致，无唛头时应填写“N/M”。目前，保险公司采取只填写“AS PER INVOICE No. ×××（发票号）”或“SEE ATTACHMENT”的做法，因为发生保险索赔时，除了要提供保险单，还需提供发票，两相对照。

若为集装箱装运，则须打上“CONTAINER SHIPMENT”（集装箱装运）。

（三）包装及数量（Quantity）

此栏应参照发票与运输单据填制，并与其保持一致。具体填写方法有：（1）以包装件数计价者，填件数；（2）以净重计价者，填件数和净重；（3）以毛作净者，填件数和毛重；（4）散装货，填“In Bulk”，并加上重量。

（四）货物描述（Description of Goods）

可参照发票中描述的货物名称填制，也可填写货物的统称并与其他单据的相同栏目内容一致。

（五）保险金额（Amount Insured）

此栏的填写应做到以下几点。

（1）保险金额（保额）要小写，如，USD 12 345.00，并与总保险金额栏内容一致。

（2）保险货币应与信用证规定一致；托收方式下，应与合同一致。

（3）保额的加成比例应严格按照信用证或合同的规定；若信用证或合同没有具体规定，应按 CIF 或 CIP 发票价格的 110% 投保（最低投保金额）。

UCP600 第 28 条规定：保险单据必须按信用证使用的货币，并至少按信用证要求的金额出具，若信用证没有规定投保金额的最低比例，则最低比例必须是 CIF 或 CIP 价格的110%。信用证中要求投保金额为货物价值、发票价值或类似金额的一定百分比将被视为所要求的最低投保金额。当无法从单据中确定CIF或CIP价格时，投保金额必须以所要求的付款或议付金额，或以发票上显示的货物总价值计算，并以两者中较大的金额为准。

ISBP745 K12特别强调，保险金额没有最高比例限制。

因此，出口商投保的金额可以高于信用证规定的最低投保金额，只要保险人接受。

（4）依国际保险惯例，保额一般不保留辅币，即保额小数点后的尾数一律向前进位为整数。如发票金额为USD1 507.30，加一成投保，保额应为USD1 507.30×110% = USD1 658.03，则进位后，保额应为：USD1 659.00。

（5）ISBP745 K15规定：若从信用证或提示情况可以明显看出应付金额仅是货物总价值的一部分（例如由于折扣、预付或类似情况，或由于货物的部分价款将延后支付），则应以发票或信用证上显示的货物的总价值为基础计算保险金额，且受UCP600第28条第（f）（ii）款约束。

（6）UCP600第28条规定：保险单可以表明受免赔率（Franchise）或免赔额（扣减免赔额）（Excess Deductible）约束。ISBP745 K14规定：保险单据可载明保险责任受免赔率或免赔额约束（可扣减的）。但是，若信用证要求保险责任不计免赔率，则保险单据不应含有表明保险责任受免赔率或免赔额约束的条款。保险单据不需表明"不计免赔率"。

免赔率（额），是指保险合同规定一个不赔的比率（金额），若损失低于该比率（金额），保险人不予赔偿，只有损失超过该比率（金额）时，保险人才予赔偿。

免赔率（额）分两种：一是"相对免赔率"（Franchise）或"不扣减免赔率"（No-deductible Franchise），其含义是，损失低于免赔率时，不予赔偿，但若超过免赔率，保险人则赔偿全部损失。二是"绝对免赔率（额）"（Excess Deductible）或"扣减免赔率"（Deductible Franchise），其含义是，损失超过免赔率时，保险人扣除免赔率，只赔偿超出免赔率的损失。

（7）ISBP第177条规定：若信用证要求保险（责任）金额"不计免赔率"（Irrespective of Percentage，IOP），则保险单据不得含有表明保险（责任）金额受免赔率（Franchise）或免赔额（Excess Deductible）约束的条款。不计免赔率，是指不论损失程度如何，只要货物受损，保险人予以全部赔偿。因此，若L/C要求IOP，则保险单上必须注明"IOP"，否则就是不符点；若保险单上加注了"IOP"，则保险单上不能含有"受免赔率约束"的条款。

（六）总保险金额（Total Amount Insured）

总保险金额用大写英文表示，如，"SAY U. S. DOLLARS... ONLY"。大写金额栏和小写金额栏填写的金额必须一致。

（七）保费（Premium）及费率（Rate）

此栏供保险公司使用。一般填制"As Arranged"（按照约定），也可填写"Paid"或"Prepaid"。若L/C要求注明保费和费率，则应照填。ISBP745 K23规定：保险单据上关于支付保险费的标注应不予理会，除非保险单载明若不支付保险费及表明保险费尚未支付，则保险单据不生效。

（八）装载运输工具（Per Conveyance）

保险货物海运时，此栏需与提单上的船名和航次一致。若该船在中途需转船，则在第一程船名后加注第二程船名，如，S. S. "ROSE KING" to be transhiped atHong Kong on S. S ...。若二程船名无法确定，则在第一程船名后填写"W/T at Hong Kong"。若转船地点也不知道，可填：S. S. "ROSE KING" and/or steamers。铁路运输时，此栏可填写：By Railway 或加车号，如，wagon（freight car）No. 1234。航空运输时，此栏可填写：By Air。邮包运输时，此栏可填写：By Parcel。

（九）开航日期（Slg. on or abt/Date of Commencement）

此栏填写运输单据的签发日期。海运方式一般填写"As per B/L"。

（十）起讫地点（From ... To ...）

此栏的填写应做到以下几点。

（1）起运港（地）和目的港（地）必须和提单或其他运输单据一致。

（2）若货物需经转船到达目的港时，填写的方法是，From：装运港，To：目的港，W/T 或 via：中转港。

（3）若信用证要求海运至某目的港，而保险至内陆，此栏应该填写目的港后再填内陆地名，例如，提单目的港为马赛，信用证要求投保至巴黎，则此栏应填写为"From ××× to Marseilles and thence to Paris"。

（4）若买方选择目的港，如，Option London/Liverpool/Manchester，则保单照填。

（5）若信用证未具体规定装卸港，只能分别填写一个具体港口。

（十一）承保险别（Conditions）

出口商需按信用证或合同规定的险别在保险投保单上填写，由保险公司将承保险别的详细内容，加注在正本保险单上。

国外开来的信用证对保险一般规定：Insurance Policy covering the following Risks：All Risks and War Risks as per China Insurance Clauses（CIC）；或 covering All Risks and War Risks as per Ocean Marine Cargo Clause and Ocean Marine Cargo War Risks Clauses of the People's Insurance Company of China Dated1/1/1981。因此，此栏除注明险别名称外，还应注明保险险别适用的条款及生效日期，如，Covering All Risks and ... as Per CIC 1/1/1981；或 Covering Marine Risks Clause（A）as Per Institute Cargo Clause（A）dated 1/1/1982。在实际业务中，也可以采用缩写形式，如，上述内容可写为：... as per OMCC & OMCWRC of the PICC（CIC）dd. 1/1/1981；或 ... as Per CIC All Risks & War Risks；或 ... as Per ICC（A）dd. 1/1/2009。

ISBP745 K22 规定：银行不审核保险单据中的一般条款和条件。

UCP600 第 28 条关于投保险别还做出了以下规定。

（1）信用证应表明所需投保的险别及附加险（若有），若信用证使用诸如"通常风险"或"惯常风险"含义不明确的用语时，则不论是否有漏保的风险，保险单据将被接受。

（2）当信用证要求投保"一切险"，且提示的保险单据含有"一切险"的注记或条文时，不论保险单据是否带有"一切险"的标题，则银行不考虑任何除外不保的风险，这种保险单据是可以接受的。

由此可见，ICC 提醒信用证应该明确规定保险险别或附加险别；若信用证对险别没有明确规定，银行接受其投保险别属含糊其辞记载的保险单据而不论是否有漏保风险。除外责任是任何保险都有的规定，即使所谓的“一切险”也包含除外责任。只要保险单据记载的承保险别符合信用证规定，不论保险单据对除外责任如何记载银行均予接受。

(3) 保险单据可以引述任何除外（责任）条款。

这是 UCP600 特别增加条款：若在保险单据上只附注了除外责任条款，而没有明确说明是哪个保险条款及哪个险别的除外责任条款，即保险单据可以含有任何除外责任条款的附注，银行不得以此为由拒付。

ISBP745 对承保风险作出了以下补充规定。

(1) 保险单据应承保信用证规定的风险。b. 即使信用证明确列明应承保的风险，也可援引保险单据中的除外条款。(ISBP745 K17)

(2) 若信用证要求投保“一切险”，则提示载有“一切险”条款或批注的保险单据即满足要求，无论是否载有标题为“一切险”的字样，即使该单据声明某些风险除外不保。载明承保伦敦保险协会货物保险条款（A）或伦敦保险协会货物保险条款（航空）的保险单据，若通过空运发货，也符合信用证规定投保“一切险”的条款或要求。(ISBP745 K18)

(3) 同一装运的相同风险应由一份保险单据承保，除非提交一份以上载明的承保部分保险的保险单据，且每一保险单据以百分比或其他方式明确反映：① 每一保险人承保的保险金额；② 每一保险人将各自分别承担自己的责任份额，且不受其他保险人对该次装运已生效的承保的影响，以及③ 各单据的保险金额相加不少于信用证或 UCP600 第 28 条第（f）（ii）款要求的保险金额。(ISBP745 K16)

（十二）赔付地点（Claim Payable at）

按信用证或合同规定填写此栏，若信用证或合同无规定，则应填写目的港名称。若信用证或合同规定了赔付的货币名称，如 Claim, if any, to be payable at KOBE in USD，则此栏应填写“At KOBE（目的港）in USD（货币名称）”。

（十三）保险单的签发日期和地点（Issuing Date and Place）

保险单的签发日期一般要早于提单或其他运输单据的签发日期，最迟可与上述单据出单日期同为一天。

UCP600 第 28 条和 ISBP 对此作出了以下规定。

(1) 保险单据的日期必须不晚于装运日期，除非从保险单据上看起来承保责任自不晚于装运日期之日起生效。保险单据的日期可能是保险责任开始生效的标志。若保险责任日期晚于装运日期则可能导致漏保。

(2) 保险单据必须表明至少承保信用证规定的接管地或装运地至卸货地或最终目的地之间的风险。

(3) 以保险单替代保险凭证或预约保险单项下的申报单是可以接受的。

(4) 保险单据不应载明保险单据项下提出索赔的截止日。(ISBP745 K9)

(5) 保险单据不应载明装船之后保险责任才生效；若保险单据的出具日期晚于装运日期（UCP600 第 19-25 条规定的日期），则保险单据需通过附加说明或标注清晰地载明保险责任不迟于货物装运之日生效；若载明依“仓至仓”或类似含义措辞表明保险责任已生效的保险单据，且签发日期晚于装运日期，则这不表示保险责任自不晚于装运日的某日起生效。（ISBP745 K10）

（6）若缺少其他任何作为保险单据的出具日期或保险责任生效日期，则副签的日期将视为保险责任生效日期。（ISBP745 K11）

（十四）保险公司签章（Authorized Signature）

UCP600 第 28 条规定，保险单据可以由保险公司、承保人或其代理人或其代表出具并签字。但代理人或代表的签字必须表明其系代表保险公司或承保人的签字。暂保单将不予接受。

ISBP745 对保险单的签字做出了详细规定。

（1）保险单据应看来是由保险公司或承保人或其代理人或代表出具并签字。例如，由“AA 保险公司”出具或签字的保险单看起来已由一家保险公司出具。若出单人被认定为“保险人”，保险单据不需要载明它是保险公司或承保人。（ISBP745 K2）

（2）保险单据也可在保险经纪人的信笺上出具，只要保险单据已由保险公司或承保人或其代理人或代表签字。保险经纪人可以作为具名保险公司或具名保险商的代理人（代表）身份签署保险单据。（ISBP745 K3）

（3）由代理人或代表签署的保险单据应载明被代理或代表的保险公司或承保人名称，除非该保险公司或承保人的名称已在单据的其他处标明。例如，若“AA 保险公司”已被标明是保险人，则该单据可签署为“John Doe 代表保险人”或“John Doe 代表 AA 保险公司”。（ISBP745 K4）

（4）K5）若保险单据要求出单人、被保险人或具名实体副签，则必须副签。

（5）保险单据可在签名栏目只显示保险公司的商号，只要在该单据的其他位置能证明其是保险公司。例如，若保险单据在签名处签发为“AA”，但在该单据的其他地方显示了“AA 保险公司”及其地址和联系信息。（ISBP745 K6）

（6）若保险单据显示由多个保险人共同承担保险责任，则保险单据可由一个代理或代表人代替所有保险人签署，或由一个保险人为［或代表］所有共保人签署。后者的例子是，若出具了一份保险单据，则出具和签署为“代表共保人的牵头保险人，AA 保险公司”。尽管在第 K2），K3）和 K4）条中有规定，即使保险单据载明由多个保险人共同承担保险责任，保险单据也不需显示每个保险人的名称或其承保的比例。（ISBP745 K7）

（7）若信用证要求保险单据需出具一份以上正本，或保险单据载明其已出具了一份以上正本，则需要提交所有的正本且看起来已签字。（ISBP745 K8）

二、保险单的背书及转让

保险单和提单一样，是可以进行转让的单据。根据国际保险行业的习惯，货物运输保险单经被保险人背书后，即随同被保险货物权利的转移而自动转让给受让人，事先事后均不需通知保险人。所以，出口商只要在保险单背面背书后，即履行了转让手续。保险单的背书需在保险单的正本上进行。背书的方式分为记名背书和空白背书两种，其方法与提单背书类似。除非信用证另有规定，保险单多为空白背书。

依 ISBP745 K19-21 的规定，保险单据应按信用证要求的形式出具，必要时经有权索赔人背书；信用证不应要求保险单据的被保险人开立成“来人”（to bearer）或“凭指示”（“to order”）形式；信用证应规定被保险人名称；若信用证要求保险单据开立成“凭（具名实体）指示”[“to order of（named entity）”]，则保险单据不需载明“凭指示”，只要具名实体显示为被保险人或有权索赔人，且未明确禁止通过背书转让；若信用证对被保险人未做规定，保险单据不意味着保险赔偿可以凭受益人或除开证行或申请人之外的具名实体的指示或以其为受款人来支付，除非其经受益人或上述具名实体的空白背书或以开证行或申请人为受款人；保险单据应出具或背书为以使保险单据项下的获赔权利在放单之时或之前得以转让。

信用证中关于保险单背书的要求及背书方法举例如下。

（1）若信用证规定：“Insurance Policy made out to order”或“Insurance Policy endorsed in blank / in negotiable form”或“A blank endorsed insurance policy...”，则保险单“Insured”栏内填写出口商名称或“To order”，同时由出口商在保险单背面空白背书。

（2）若信用证对保险单未作具体规定，则一律由被保险人做成空白背书。

（3）若信用证规定：被保险人做成“To order of bearer”，则保险单照填，或在“To order of”之后加注出口商名称，并由出口商空白背书。

（4）若信用证规定：“Insurance Policy endorsed to order of ×××”或“Insurance Policy endorsed in favour of ×××”，则保险单的“Insured”栏填写出口商名称，然后由出口商进行记名背书，如，“Claim payable to the order of ×××”或“In favour of ×××”或“Please pay to order of ×××”或“Please pay in favour of ×××”或“Please deliver to ×××”或“Claim，if any，please pay to ×××”等。

（5）若信用证规定：“Insurance Policy endorsed to order and benefit of our bank（Issuing Bank，place）”，则出口商为被保险人（“Insured”），并由出口商记名背书给开证行。

（6）若信用证规定：“Loss if any，pay to ×××”，则保险单“Insured”栏填写出口商名称，并由出口商空白背书，在“赔款偿付地点”后注明“pay to ×××”。

（7）在FOB或CFR条件下，若国外买方委托卖方代办保险（Insurance Policy made out in name of the buyer)，“Insured”栏可填写“×××（卖方名称）on behalf of ×××（买方名称）”，由卖方按此形式背书；或在保险单“Insured”栏内先填上卖方的名称，然后再填上“Held to the order of ×××（买方名称）”，卖方无须背书。

（8）信用证要求第三者投保，即中性投保，不表明具体的名称，则在保险单“Insured”栏内填上“To whom it may concern”，意思是和谁有关，被保险人就是谁，出口商无须背书。

三、保险单的份数

UCP600第28条规定，当保险单据表明签发超过一份以上时，所有正本都必须提示给银行。

保险公司出具的保险单通常一式四份，包括：正本（Original）两份、副本（Copy）两份。保险单上填写正本份数“TWO”。

出口商按信用证或合同要求，填制保险公司的投保单后，连同出口发票一份送至保险公司，由保险公司出具全套保险单一式四份。保险公司和出口商各留副本一份，其余两份正本提示给银行结汇。

货物运输保险单实例：

PICC 中国人民保险公司　北京市分公司
The People's Insurance Company of China，Beijing Branch
总公司设于北京　　一九四九年创立
Head Office Beijing　Established in 1949

货物运输保险单
CARGO TRANSPORTATION INSURANCE POLICY

发票号　（**INVOICE NO.**）HMHP-2007 270　　保单号次
合同号　（**CONTRACT NO.**）MKDOIB-82-043　　**POLICY No.**
信用证号（**L/C NO.**）LC1141750　　PYCA20074601010050213
被保险人：
INSURED INSURED：① BEIJING ××× IMP. AND EXP. CORP.

中国人民保险公司（以下简称本公司）根据被保险人的要求，一般由被保险人向公司缴付约定的保险费，按照本保险单承保险别和背面所载条款与下列特款承保下述货物运输保险，特立本保险单。
THIS POLICY OF INSURANCE WTTNESSES THAT THE PEOPLE'S INSURANCE COMPANY OF CHINA（HEREINAFTER CALLED "THE COMPANY"）AT THE REQUEST OF THE INSURED AND IN CONSIDERATON OF THE AGREED PREMIUM PAID TO THE COMPANY BY THE CONDITIONS OF THIS POLICY AS PER THE CLAUSES PRINTED OVERLEAF AND OTHER SPECIAL CLAUSES ATTACHED HEREON.

标　记 MARKS & NOS.	包装及数量 QUANTITY	保险货物项目 DESCRIPTION OF GOODS	保险金额 AMOUNT INSURED
② SEE ATTACHMENT	③ 1076 CARTONS	④ IRON FLOWER SHELF（TYPE 3）	⑤ USD 20 133. 00

总保险金额：
TOTAL AMOUNT INSURED：⑥ SAY：U. S. DOLLARS TWENTY THOUSAND ONE HUNDRED AND THIRTY THREE ONLY.

保费：　　起运日期：　　装载运输工具：
PREMIUM：⑦　DATE OF COMMENCEMENT：⑨AUG. 10，2007　PER CONVEYANCE：⑧WH 0434-748

自　　经　　至
FROM　⑩TIANJIN，CHINA　VIA　　TO KOBE，JAPAN

承保险别：
CONDITIONS：⑪ COVERING INSTITUTE CARGO CLAUSES（B），INSTITUTE WAR SRCC CLAUSES

所保货物，如发生保险单项下可能引起索赔的损失或损坏，应立即通知本公司下述代理人查勘。如有索赔，应向本公司提交保险单正本（本保险单共有______份正本）及有关文件。如一份正本已用于索赔，其余正本自动失效。

IN THE EVENT OF LOSS OR DAMAGE WHICH MAY RESULT IN A CLAIM UNDER THIS POLICY，IMMEDIATE NOTICE MUST BE GIVEN TO THE COMPANY'S AGENT AS MENTIONED HEREUNDER. CLAIMS，IF ANY，ONE OF THE ORIGINAL POLICY WHICH HAS BEEN ISSUED IN ____ ORIGINAL（S）TOGETHER WITH THE RELEVENT DOCUMENTS SHALL BE SURRENDERED TO THE COMPANY. IF ONE OF THE ORIGINAL POLICY HAS BEEN ACCOMPLISHED，THE OTHERS TO BE VOID.

赔款偿付地点
CALIM PAYABLE AT　⑫ KOBE IN U. S. D.
出单日期
ISSUING DATE　⑬ AUG. 9，2007

中国人民保险公司北京市分公司
The People's Insurance Company of China
Beijing Branch
胡华宁（签字）
Authorized Signature⑭

地址：中国北京市××××大街 89 号　　电话（TEL）：010-××××××××
ADD：No. 89. ×××× Avenue Beijing，China　　传真（FAX）：010-××××××××
邮编（POST CODE）：100105

注：上述保险单中的号码为作者所加，以便读者理解。

第六节 原产地证书的缮制及使用

原产地证书（Certificate of Origin），简称产地证，是证明货物原产地或制造地的证明文件，也是进口国海关征税或减免关税的依据。在贸易结算中，它是重要单证之一，是出口商应进口商的要求提供的。依 ISBP181，若信用证要求原产地证书，则提示经过签署，注明日期的证明货物原产地的单据即满足要求。但信用证通常会对此提出具体要求。尽管 UCP600 对此没有规定，而 ISBP 却对此予以了规范。

一、原产地证书的类型和签发机构

在中国出口业务中，经常使用的原产地证书是，一般原产地证书、普惠制原产地证书、出口欧美纺织品产地证书和自由贸易区（协定）原产地证书等。

（一）一般原产地证书（Certificate of Origin）

在中国商品出口业务中，通常不使用海关发票或领事发票的进口国家往往要求出口企业提供一般原产地证书。一般原产地证的出证机构可由各地国家检验检疫局或贸促会签发。具体出证机构视信用证规定而定。凡信用证要求中国官方机构出具一般原产地证的，由国家检验检疫局签发；凡信用证要求由中国民间机构出具一般原产地证的，由贸促会签发。如无具体要求，一般原产地证书的签发机构既可以是国家检验检疫部门也可以是贸促会。

（二）普惠制原产地证书（Generalized System of Preferences Certificate of Origin），即 GSP 产地证，又叫 G. S. P. FORM A

普惠制原产地证书是给惠国给受惠国享受普惠制优惠关税待遇的有效法律文件。根据中国的法律规定，出口企业要在各口岸国家检验检疫局先办理注册登记，提交申请人印章及手签样本，然后才能申请普惠制产地证 Form A。普惠制原产地证书一正两副并随附商业发票副本一份，经国家检验检疫部门核对签字盖章后即成为有效证书。

（三）中国出口欧洲和美国的纺织品使用以下产地证书

1. 欧洲经济共同体纺织品专用产地证（EEC 纺织品产地证）

EEC 产地证是专门用于需要配额的纺织品类产品，是欧盟进口国海关控制配额的主要依据。该产地证与 EEC 许可证的内容一致，并由中国商务部签发。

2. 对美出口产地声明书（Declaration of Country Origin，简称 DCO 说明书或美国产地证）

中国出口美国的纺织品必须由出口商向进口商提供该产地证书。其中，

Form A 是单一国家产地说明书，通常适用于本国原料且由本国生产的产品。

Form B 是多国产地说明书，通常适用于来料加工或来件装配且由多国生产的产品。

Form C 是多种纤维纺织品产地说明书，通常适用于纺织品原料的主要价值或产量为丝、麻类或其中羊毛含量不超过 17%的纺织品，且由中国商务部签发。

此外，若经过中国转口的国外产品，只能申请“转口证明书”；产品在中国制造但工序不足而未能取得中国产地证的，只能申请“加工、装配证明书”；含有进口成分的

产品，应依据《原产地规则》和《中华人民共和国含有进口成分货物原产地标准主要制造、加工工序清单》的相关规定，由签证机构审核后判断是否签发产地证。

（四）自由贸易区（协定）原产地证书

截至2013年6月，中国与其他国家或地区已签署自由贸易协定（FTA）12个，分别是中国与东盟、新加坡、巴基斯坦、新西兰、智利、秘鲁、哥斯达黎加、冰岛和瑞士的自贸协定，内地与香港、澳门的更紧密经贸关系安排（CEPA），以及大陆与台湾的海峡两岸经济合作框架协议（ECFA）。除与冰岛和瑞士的自贸协定还未生效外，其余均已实施。中国还加入了《亚太贸易协定》。

依据FTA的规定，中国与上述FTA成员开展国际贸易时，成员之间可享受优惠的关税待遇。因此，中国向FTA成员出口时使用相关的自由贸易协定原产地证书。这些产地证通常包括：亚太产地证书、东盟产地证书、中巴产地证书、中智产地证书、中国—新加坡产地证书、中国—新西兰产地证书、中国—秘鲁产地证书等。这些产地证书通常由中国贸促会等机构签发。

二、一般原产地证书的内容和缮制方法（见“一般原产地证书实例”）

（一）出口商（Exporter）

此栏填写信用证的受益人或合同中的卖方，并列明其名称和详细地址、国别或地区，不得留空。（有关内容应与发票一致。）

依ISBP745 L6，原产地证明可载明除信用证受益人或其他规定单据上的托运人之外的实体为发货人或出口商。（A certificate of origin may indicate as the consignor or exporter an entity other than the beneficiary of the credit or the shipper as shown on any other stipulated document.）

ISBP745 L8新增规定，原产地证明可载明与一个或多个规定单据记载不同的发票号码、发票日期及运输路线，只要原产地证明上显示的出口商或发货人不是受益人。

上述规定适用于可转让信用证或对背信用证。

ISBP745 L7还新增规定：若信用证规定了货物原产地而没有要求提交的原产地证书，则规定单据中的涉及原产地的参考表述不应与声明的原产地相冲突。例如，若信用证规定“货物原产地：德国”而没有要求提交原产地证明，则规定的单据中载明不同的货物原产地的表述应视为是矛盾的信息。

根据ISBP A26，若信用证未规定单据与之相符的货物原产地，且没有要求原产地证书，则将其视为“非单据化条件”，不予理会。换言之，若信用证要求了产地证，则产地证必须显示规定的货物原产地；而若规定的其他单据上显示了货物产地信息，则不得与之矛盾，当然可以不显示。

（二）收货人（Consignee）

此栏填写最终收货人的名称、地址、国别或地区。收货人根据要求可以是信用证的开证申请人、提单的被通知人或信用证规定的特定收货人。若为托收方式一般填写合同中的买方。本栏不得留空。（有关内容应与发票一致。）

依ISBP745 L5，产地证书中若显示有收货人信息，则不应与运输单据中的收货人信息相矛盾。但若信用证要求运输单据做成“凭指示”、“凭托运人指示”、“凭开证行指示”、“凭指定银行（或议付行）指示”或以“开证行为收货人”，则原产地证书可将除受益人外的信用证中指名的任何实体作为收货人。若信用证已被转让，则第一受益人可以作为收货人。

上述规定同样适用于可转让信用证或对背信用证。某开证银行曾以产地证书上的收货人（Consignee）是申请人，与提单上的收货人不一致而拒付。国际商会答复：“产地证书要求在单据中加列收货人。当信用证要求提单出具的是 to order and blank endorsed，希望收货人是信用证的申请人，或信用证表明为货物最终接收人的任何名字，这是合理的。当信用证要求提单出具的是 to order of the issuing bank，希望产地证书表明货物最终接收人为收货人（Certificate of Origin to show the ultimate receiver of the goods as the consignee），这将是合理的。除非信用证另有规定，上述情况出具的产地证书是可以接受的。”

（三）运输方式和路线（Means of Transport and Route）

此栏填写的内容有：（1）装运日期；（2）起运地至目的地“From... to...”；（3）运输方式，如“by Sea”，“by Air”，“by Rail way”等；（4）转运地，如“via Hong Kong”或“W/T Hong Kong”。转运地如不明确，也可只填“With Transshipment”，例如“ON MARCH 31, 2005 BY SEA FROM TIANJIN TO NEW YORK W/T HONGKONG”。（有关内容应与运输单据一致）

（四）目的地国家或地区名称（Country/Region of Destination）

此栏填写该批货物的最终运抵目的地的国家或地区名称，与最终收货人所在国或地区一致。一般将目的地和国名一起列出，如“NEW YORK, USA”。（有关内容应与运输单据一致）

（五）仅供签证机构使用（For Certifying Authority Use Only）

此栏出口商不填，专供签证机构在必要时加注某项声明，并加盖签证机构章。例如，后发证书：货已出口，签证日期晚于出运日期而需签“后发证书”时，则在此栏加注“Issued Retrospectively”红章。补发证书：原证书遗失、被盗、损坏等，需签发“补发复本证书”时，加盖“Duplicate”红章，并在此栏注明原证书号码和签证日期，声明原证作废，其表达文字如，“This certificate is in replacement of certificate of origin No. ××× dated ××× which is cancelled”。

（六）运输标志（唛头）与包装号（Marks and Numbers of Package）

此栏不能空白，应与发票和运输单据上所表示的内容完全一致，若无运输标志则填写“N/M”。若唛头过多，可超出此栏，延续到第七栏填写（截止线以下空白处）。

（七）货物描述、包装件数和种类（Description of Goods, Number and Kind of Packages）

依 ISBP745 L4，原产地证明应看起来和发票所指货物相关联，如，通过：① 与信用证一致的货物描述，或使用与信用证所载货物描述不相矛盾的货物统称描述；或者② 援引其他规定单据中显示的货物描述，或附属于且构成原产地证明整体组成部分的单据中的货物描述。

因此，此栏填写的内容应与发票一致，包括：（1）商品具体名称。按信用证规定填写。若信用证规定的商品名称过繁，此处可填商品的统称，但不能与信用证和其他单据相矛盾；（2）包装种类和件数。要表示实际货物包装的单位名称和正确的数量，同时在数量前或后用括号再加注其小写的数量。如散装货可表示重量，并在其后再表示“In Bulk”（散装）字样；（3）若信用证要求加注信用证号码或其他类似的内容等，可在此栏空白处填写；（4）在本栏结尾加注结束符，如打上 “* * * * * *”。

例如：(500) FIVE HUNDRED CARTONS OF LEATHER COMPUTER CASES

* *

注意：应顶栏填写；无须填写商标、牌号、货号。若信用证或合同要求在此单据加注合同号、信用证号等内容，可在空白处填写。

（八）商品 H. S. 税目号（H. S. Code）

此栏应按《协调商品名称及编码制度》（Harmonized Commodity Description and Coding System）规定的数字及税目号数字填写，并应与报关单相同栏目一致。如果一份证书包括几种商品，应将相应的不同编码分别列出。本栏不得留空。

H. S. 号有6位、8位或10位，但以8位为主；前2位：章目；3～4位：税目（全球统一）；5～8位：子税目（中国加的两级子目）；9～10位：又细化的两位商品代码。

（九）量值（Quantity or Weight）

此栏填写货物的量值加上计量单位，如“300 SETS”。以重量为计量单位的应注明毛重或净重，如，“1 000PCS，50M/T”。

（十）发票号和发票日期（Number and Date of Invoice）

此栏与商业发票的同类内容完全一致。本栏不得留空。

（十一）出口商声明（Declaration by the Exporter）

申请企业在本栏签字盖章（中英文对照的图章），其企业的签字人必须事先在签署机构办理登记注册，签字不能与盖章重叠，并填制签署日期和地点。申报日期不得早于发票日期。

（十二）签证机构证明（Certification）

此栏由签证机构签字和盖章，并填写签署地点和日期。本栏日期不得早于11栏日期（不得早于发票日期、申请日期，但应早于货物出运日期）。签字也不能与盖章重叠。

原产地证明应由信用证规定的实体出具。若信用证没有规定由何人出具原产地证明，则任何实体皆可出具原产地证明。若信用证要求原产地证明由受益人、出口商或制造商出具，则也可由商会或类似机构但不限于，如工业商会、产业协会、经济商会、海关当局、贸易部等出具，只要该单据根据不同情况载明受益人、出口商或制造商。(ISBP745 L3)

（十三）证书号码（Certificate No.）

此栏填写签证机关编制的号码。

一般原产地证书实例：

<table>
<tr><td colspan="2">1. Exporter (full name and address)
BEIJING ××× FOOD CO., LTD.
NO. 18 DONGHUA ROAD, BEIJING, CHINA</td><td colspan="3">Certificate No. : ×××××
CERTIFICATE OF ORIGIN OF THE
PEOPLE'S REPUBLIC OF CHINA</td></tr>
<tr><td colspan="2">2. Consignee (full name, address, country)
TOKO TRADE CORPORATION, OSKA
2-6-7, KAWA RAMACHI 1-CHOME, OSKA, JAPAN</td><td colspan="3" rowspan="3">5. For certificate authority use only</td></tr>
<tr><td colspan="2">3. Means of transport and route
ON JUNE 12, 2005 BY VESSEL FROM TIANJIN TO OSKA JAPAN</td></tr>
<tr><td colspan="2">4. Country /region of destination
JAPAN</td></tr>
<tr><td>6. Marks and Numbers of packages
TOKO
MADE IN CHINA
NO. 1-UP
* * * * * * *</td><td>7. Description of goods, number and kinds of package
(1 500) ONE THOUSAND FIVE HUNDRED
CARTONS OF FROZEN PEAPODS
* * * * * * * * * * * * * * *</td><td>8. H. S. Code
0710.
2100
* * *</td><td>9. Quantity or weight
30 000 KGS
(30M/T)
* * * * *</td><td>10. Number and date of invoice
HD 21016
JUNE 10, 2005
* * * * * *</td></tr>
<tr><td colspan="2">11. Declaration by the exporter
The undersigned hereby declares that the above details and statements are correct, that all the goods were produced in China and that they comply with the Rules of Origin of the People's Republic of China.
BEIJING××× FOOD CO., LTD.
北京×××食品有限公司
BEIJING CHINA JUNE 11, 2005 李力
* *</td><td colspan="3">12. Certification
It is hereby certified that declaration by the exporter is correct.
中国国际贸易促进委员会
北京分会
CHINA COUNCIL FOR THE PROMOTION
OF INTERNATIONAL TRADE
张兵
* * * * * * * * * *</td></tr>
<tr><td colspan="2">Place and date, signature and stamp of authorized signatory</td><td colspan="3">Place and date, signature and stamp of certifying authority</td></tr>
</table>

三、普惠制原产地证书的内容与缮制方法（见“普惠制原产地证书实例”）

普惠制原产地证书（GSP Form A），也是共有 12 项栏目。该证书中第 8 栏“原产地标准”是国外海关审核的重点栏目。如果商品完全是出口国自产商品，填代号“P”。至于在出口国加工或含有部分进口成分，要参照该证书的背面解释以及按有关规定填制，或与当地检验检疫局联系。除此栏外，其他内容与中国一般原产地证书类似。

（一）出口商名称、地址和国家［Goods consigned from（Exporter's business name, address, country）］

同“一般原产地证书”（1）。

（二）收货人名称、地址和国家［Goods consigned to（consignees name, address, country）］

同“一般原产地证书”（2）。

（三）供官方使用（For official use）

同“一般原产地证书”（5）。

普惠制原产地证书实例：

<table>
<tr><td>1. Goods consigned from (Exporter's business name, address, country)
SHANDONG PROVINCE ××× CORP., ××× BLDG. No. 31, YILONG EAST ROAD, QINGDAO SHANDONG PROVINCE, P. R. OF CHINA</td><td rowspan="2">Reference No. A16—011254. 2007/068
GENEALIZED SYSTEM OF PREFERENCES
CERTIFCATE OF ORIGIN
(Combined declaration and certificate)
FORM A
Issued in THE PEOPLE'S REPUBLIC OF CHINA
(country)
See Notes overleaf</td></tr>
<tr><td>2. Goods consigned to (Consignee's name, address, country)
TTKK TRADE CORPORATION, OSKA
1-6-8, KAWA RAMACHI 6-CHOME, OSKA, JAPAN</td></tr>
<tr><td>3. Means of transport and route (as far as known)
FROM QINGDAO, CHINA TO NAGOYA, JAPAN BY SEA</td><td>4. For official use</td></tr>
</table>

5. Item number	6. Marks and numbers of package	7. Number and kind of packages; description of goods	8. Origin Criterion (see Note overleaf)	9. Gross weight or other quantity	10. Number and date of invoice
1 * * *	HMNP NAGOYA 1-417 * * * * *	FOUR HUNDRED AND SEVENTEEN (417) CARTONS OF PORCELAIN LUCKY CATS * * * * * * * * * * * * * * * *	"P" * * * * * * * *	7 923KGS * * * * *	HMHP—2007386 DEC. 7, 2007 * * * * * *

<table>
<tr><td>11. Certification
It is hereby certified, on the basis of control carried out, that the declaration by the exporter is correct.
（发证机关盖章，签字）

QINGDAO, DEC. 7, 2007
Place and date, signature and stamp of certifying authority</td><td>12. Declaration by exporter
The undersigned hereby declares the above details and statements are Correct, that all the goods were produced in
CHINA （公司专用单）
(country)
and that they comply with the origin requirements specified for those goods in the Generalized System of Preferences for goods exported to
JAPAN （公司专用单）
(importing country)
QINGDAO, DEC. 7, 2007 张立克（公司单证员签字）
Place and date, signature and stamp of authorized signatory</td></tr>
</table>

（四）商品顺序号（Item Number）

若同批出口货物有不同品种，则按不同品种、发票号等分别列 1、2、3 等。若只有一项商品，则填“1”。

（五）原产地标准（Origin Criterion）

此栏是国外海关审核的核心项目，对含有进口成分的商品，因情况复杂，国外要求较为严格，若出现错误将导致退证查询。对此，出口商应注意以下几点。

（1）若商品完全是出口国自产的，不含任何进口成分，出口到所有给惠国时，此栏填写“P”。

(2) 若出口商品含有进口成分，出口到欧盟、挪威、瑞士和日本，则填“W”，其后加注出口商品的 HS 编码，如“W45.02”。其条件：① 产品列入了上述给惠国的“加工清单”，符合其加工条件；② 产品未列入“加工清单”，但产品生产过程中，使用的进口原材料和零部件要经过充分的加工，产品的 HS 编码不同于所有原材料或零部件的 HS 编码。

(3) 含有进口成分的产品，若出口到加拿大，此栏填“F”，其条件是，进口成分的价值未超过产品出厂价的 40%。

(4) 含有进口成分的产品，若出口到波兰、俄罗斯、乌克兰、白俄罗斯、捷克斯洛伐克 6 国时，此栏填“Y”，其后加注进口成分价值占该产品 FOB 价的百分比，如“Y38%”，其条件是，进口成分的价值未超过产品 FOB 的 50%。

(5) 含有进口成分的产品，若出口到澳大利亚，此栏可空白。

(六) 签证当局的证明 (Certification)

此栏先由出口商填制签证地点和日期，当局签证人经审核无误后，在正本上的此栏内签名、加盖公章。此栏日期不得早于发票日期、申报日期，而应早于货物出运日期。

(七) 出口商声明 (Declaration by the Exporter)

在生产国横线上（第一条线）填“CHINA”，加公司章；在进口国横线上（第二条线）填进口国名称，如“JAPAN”；若货物出口到欧盟，进口国不明确时可填“E.U.”；在第三条横线上，填写申报日期、地点、加盖申请单位中英文印章，同时经办人签名（此经办人需经检疫局培训，同时其签字手迹必须在检疫局注册备案）。此栏日期不得早于发票日期，但应早于“当局的签证日期”（第 11 栏）。

(八) 证书编号 (NO.)

此栏填写由当局（检疫局）编制的号码，不得留空，否则无效。

四、原产地证书的份数

国家检验检疫部门或中国国际贸易促进委员会签发的中国原产地证书通常为一式四份，即一份正本，三份副本。正本印有“ORIGINAL”字样；副本印有“COPY”字样。签证机构只签正本一份，其副本不签章。

第七节　其他常见国际结算单据的缮制及使用

除了上述单据外，在国际结算中还有以下几种常见的单据。

一、装箱单、重量单/尺码单 (Packing List & Weight/Measurement List)

(一) 装箱单 (Packing List, P/L)

装箱单，又称包装单，是由出口商缮制的记载一批出口货物各项内容的，以补充商业发票的一种文件。

在包装货物出口时，由于商业发票很难将每一箱（包）货物的详细情况都记载于发票中，因而有必要另行缮制一种单据以补充商业发票的不足。因此，装箱单成为商业发票的附属文件，用以详细说明每箱（包）内所装货物的规格、花色、数量等，是国际贸易中常见的货运单据之一。

在贸易实务中，有时进口商为了转售货物，欲将货运单据直接交付给第二购买人（Sub-purchaser），一般要求出口商制单时，缮制“中性装箱单”（或“无抬头装箱单”）（Neutral Packing List），即要求出口商必须以无出口商信头的空白纸张制作装箱单，该单据上不得显示出口商名称，且最后也无须出口商签字。

ISBP745 对装箱单予以明确规范。（1）基本要求。若信用证要求提交装箱单，则提交的单据应按信用证规定列明标题，或带有类似标题或无标题，这样该单据通过包含与货物装箱相关的信息以实现其功能。（ISBP745 M1）（2）签发人。装箱单应由信用证规定的实体出具。若信用证未规定出具人姓名的，任何实体可出具装箱单。（ISBP745 M2-3）（3）内容。若信用证规定特定的装箱要求，而没有规定符合这些要求的单据，则提交的装箱单上涉及的关于货物装箱的任何信息不应与这些要求相冲突。装箱单可载明与一个或多个规定单据记载的不同发票号码、发票日期及运输路线，只要装箱单的出具人不是受益人。银行只审核总数，包括但不限于总量、总重量、总体积或总包装数，以保证总数不与信用证及其他规定单据上的总数冲突。（ISBP745 M4-6）

装箱单在国际贸易中的用途很多，其作用表现为以下几点：（1）海关通关验货的参考单据；（2）检验检疫机构核对货物包装件数的参考单据；（3）承运人收货、放货的参考单据，以及计收运费的主要依据；（4）进口商核收货物件数的参考单据；（5）保险公司理赔的必要单据之一。

由于交易货物的种类千差万别，因而各国贸易商所制作的装箱单格式也没有统一标准，但其主要内容基本相同。装箱单的主要内容及缮制方法，与发票、提单或保险单的相关栏目类似，不再赘述。

（二）重量单/尺码单（Weight List /Measurement List）

重量单/尺码单是指，将每一件装运货物的总重量或总尺码（体积）详细记录的文件，是用以证明货物重量或尺码，同时也是承运人计收运费的重要依据。该单据也是商业发票的补充单据，通常由出口商自行缮制并签发，但有时应进口商的要求可由公证机构签发或副签，视买卖合同或信用证条款而定。

若采用海上运输时，重量证明为单独出具的单据。若采用海运以外的其他方式运输时，若信用证要求重量证明时，则分为两种情况：（1）信用证明确规定重量证明必须单独出具时，受益人必须遵守，应提交独立的重量证明（Weight Certificate）；（2）信用证未明确规定重量证明必须单独出具时，受益人可不必另外提交单独的重量证明，只要运输单据表面上看来加注了重量戳印或声明，就属于符合信用证的要求。但该重量戳印或声明（Attestation or Certification of Weight）必须由承运人或其代理人，即有权签发运输单据的人加注。该单据几乎与前述的装箱单（包装单）的主要内容及其缮制方法完全相同，此处不再赘述。

在实际业务中，有时将装箱单与重量单联合开立。若信用证或合同要求重量单，但又未明确表明可否与其他单据合并，没有规定“Weight List may be combined with the invoice”之类的语句，则应单独开立重量单。倘若将重量单与发票联合开立，则银行将视其为单证不符。

（三）重量证明（Weight Certificate 或 Attestation or Certification of Weight）

重量证明是对运输单据上所载明的货物重量的一种确认或证实，一般对货物重量作详细记载，以补充其他单据中对货物重量说明的不足，并证实货物重量的可靠性。在海运时，通常由海事检验机构出具，因此它是一份独立的证明单据。

ISBP745 对重量单也予以明确规范。（1）基本要求。若信用证要求提交重量单，则提交的单据应按信用证规定列明标题，或带有类似标题或无标题，这样该单据通过包含与货物重量相关的信息以实现其功能。（ISBP745 N1）（2）签发人。重量单应由信用证规定的实体出具。若信用证未规定出具人的名称，任何实体可出具重量单。（ISBP745 N2-3）（3）内容。若信用证规定特定的重量要求，而没有规定符合这些要求的单据，则提交的重量单上涉及的关于货物重量的任何信息不应与这些要求相冲突。重量单可载明与一个或多个规定单据记载的不同发票号码、发票日期及运输路线，只要重量单的出具人不是受益人。银行只审核总数，包括但不限于总量、总重量、总体积或总包装数，以保证总数不与信用证及其他规定单据上的总数冲突。（ISBP745 N4-6）

装箱单（包装单）实例：

ABC IMPORT AND EXPORT CORPORATION

234 XINHUA ROAD，BEIJING，CHNIA

Invoice No.：WE21-678

Invoice Date：8 JULY，2006

S/C No.：ER98-231

PACKING LIS

Marks &No.	Art. No.	PKG. No.	Packages	Designs Colors	Each Pkg. Quantity	Total Quantity	Gross Weight Per Pkg (Kgs)	Net Weight per Pkg (Kgs)	Measurement per Pkg (m^3)
ALI AZIZI	6 500	1-50 51-105	50 BALES 55 BALES	MARINE APRICOT	720YDS 720YDS	3600YDS 3600YDS	122	120	0.238

TOTALLY PACKED IN ONE HUNDRED AND FIVE BALES ONLY.

TTL G. W.：12 810 KGS；N. W.：12 600 KGS；MEASUREMENT：24.990 CUM.

ABC IMPORT AND EXPORT CORPORATION

王小薇（签字）

（四）注意事项

若信用证或合同要求上述单据时，有关各方面还应注意以下事项。

（1）除非信用证或合同规定由特定机构签发装箱单，通常装箱单表面上可以不印有受益人或出口商的名称。

（2）除非信用证或合同规定必须签字，通常装箱单无须签字。

（3）重量单或重量证明上的重量应与运输单据及/或发票的同类内容一致。

（4）银行不负责核对重量单及/或重量证明中数字的计算细节。

（5）装箱单及/或重量单的签发日应尽可能晚于信用证的开证日或与其一致，但若该日期早于信用证的开证日，只要信用证没有规定"Issuing the documents early than the credit is not acceptable"，则银行不能拒受此单据。

二、商品检验检疫证书（Inspection Certificate）

商品检验检疫证书是商品检验检疫机构对进出口商品进行检验检疫后出具的证明文件。

该证书是由作为公正机构的第三者出具的商品综合质量证明，它在国际贸易中的作用是：（1）卖方所交货物的品质、数量、重量及卫生等方面符合贸易合同的证明；（2）买卖双方国家海关验关放行的证明。卖方国家为维护本国的对外信誉和提高本国的竞争力，对出口货物通常实施强制性的检验或鉴定。买方国家为保护本国的人身、环境、财产等方面的安全通常也实施法定检验或鉴定；（3）买方控制进口商品质量的措施之一，也是买方提出索赔的最主要依据之一。

检验检疫证书的主要内容与其他商业单据类似，缮制也相对简单。但 ISBP745 新增了对检验检验证书的详细规范。

（1）基本要求。若信用证要求提交此类证书，则应提交符合信用证要求的标题且已签字，或带有类似标题或无标题的单据，这样该单据通过证明所要求的行为结果，例如分析的结果、检验、卫生、检疫、数量或质量评估以实现其功能。若信用证规定提交一份要求在装运日或之前发生的相关行为的证明，则该证明应载明：① 不晚于装运日的出具日期；或② 表明"该行为发生在装运日或之前"的措辞，在此情况下，若也标明了出具日期，则其可能在装运日之后但不晚于该证明的提交日；或③ 表明事件的标题，如"装运前检验证书"。（ISBP745 Q1-2）

（2）签发人。证明应由信用证规定的实体出具。若信用证未规定出具人的名称，则包括受益人在内的任何实体均可出具一份证明。若信用证规定证明的出具人时，其在涉及"独立"、"正式"、"合格"或类似含义措辞，则证明可由除受益人之外的任何实体出具。（ISBP745 Q3-5）

（3）内容。证明可以载明：① 仅所需产品的样本已经过了测试、分析或检查；② 数量大于信用证或其他规定单据中的描述；或③ 货舱、车厢或油罐的货量多于提单或租船合同提单上记载的数量。（ISBP745 Q6）若信用证规定特定的关于分析、检验、卫生、检疫、数量、质量评估或类似要求，且无论是否需要提交载明符合这些要求的规定单据，则该证明上或任何其他规定的单据上，关于该分析、检验、卫生、检疫、重量或质量评估或类似信息，不应与这些要求相冲突。（ISBP745 Q7）若信用证未规定证明上应出现的特别内容，包括但不限于任何所需的确定分析、检测或质量评估结果的标准，则该证明可包括下列声明，如"不适宜人类消费"、"化学成分可能不满足需要"或类似含义的措辞，只要上述声明与信用证、其他规定单据或 UCP600 不冲突。（ISBP745 Q8）若显示有收货人信息，则不应与运输单据中的收货人信息相矛盾。但是，若信用证要求运输单据做成"凭指示"、"凭托运人指示"、"凭开证行指示"、"凭指定银行（或议付行）指示"或以"开证行为收货人"，则一份证明可将除受益人外的信用证中指名的任何实体作为收货人。若信用证已经被转让，则第一受益人可以作为收货人。（ISBP745 Q9）证明可载明除信用证受益人或其他规定单据上的托运人之外的实体为发货人或出口商。（ISBP745 Q10）证明可载明与一个或多个规定单据记载不同的发票号码、发票日期及运输路线，只要该证明上显示的出口商或发货人不是受益人。（ISBP745 Q11）

检验证书实例：

中华人民共和国出入境检验检疫
ENTRY-EXIT INSPECTION AND QUARANTINE
OF THE PEOPLE'S REPUBLIC OFCHINA

正本
ORIGINAL
共 1 页 第 1 页
Page of 1
编号
No.：0601245

检 验 证 书
INSPECTION CERTIFICATE

发货人名称及地址
Name and Address of Consignor　BEIJING　ABC　FOOD CO.，LTD.
收货人名称及地址
Name and Address of Consignee　TOKO　TRADE　CORPORATION，OSAKA
品名
Description of Goods　FROZEN　PEAPODS
标记及号码
Marks & No.　AAT 1-UP
报检数量/重量
Quantity/Weight Declaration 30M/T（30 000 KGS）
检验结果
RESULTS OF INSPECTION：
THE QUALITY OF THE GOODS IS CONFORITY WITH CONTRACT NO. ABC 2006234
印章　　签字地点 Place of Issue：北京　签字日期 Date of Issue：AUG. 8，2006
Official Stamp　　授权签字人 Authorized Officer：×××　签字人 Signature：×××
中华人民共和国出入境检验检疫机关及其官员或代表不承担签发本证书的任何财经责任。

No financial liability with respect to this certificate shall be attached to the Entry-exit inspection and quarantine administration of the P. R. of China or to any of its officer or representative.

三、海关发票与领事发票

（一）海关发票（Custom Invoice）

海关发票是应进口国家海关的要求，由出口商填制的供进口商报关使用的一种特定格式的发票。

海关发票在国际贸易中的作用主要表现为：（1）进口商报关使用；（2）进口国实施贸易政策；（3）进口国海关统计使用。目前，英联邦国家使用海关发票较多，其格式不完全相同，名称也有所差异，如“Custom Invoice”，“Certified Custom Invoice”，“Invoice and Combined Certificate of Origin”等等，但其主要内容基本一样。其内容与商业发票基本相同。在中国出口时，海关发票中“出口国家当地市场价”一栏必须以人民币表示FOB价格。另外，海关发票须手签，不能盖章，分别由出口商及第三方作为证明人签字。

（二）领事发票（Consular Invoice）

领事发票是指进口国在出口国或其邻近国家的领事签证的发票。有些国家专门制定了固定格式的领事发票，也有些国家规定由领事在商业发票上加注签证（Consular Attestation）。

领事发票在国际贸易中的作用与海关发票类似。领事发票对出口商来说，既增加了费用和麻烦，又妨碍了贸易的自由化，因此，中国出口商应尽可能拒绝同意提交领事发票，或要求改为提交中国贸促会或中国国家检验检疫部门的签证替代。

若出口商同意提交领事发票时，则需注意以下事项：（1）领事发票内容应与商业发票内容保持一致；（2）表明货物的产地；（3）领事发票的日期不应晚于汇票和运输单据的签发日期；（4）应由信用证规定的当事人开立或由领事签字或证实；（5）若改变、变更及/或修改应由领事证实。

四、受益人证明（Beneficiary's Certificate）

受益人证明是一种由出口商用以证明其已依照信用证条款，履行了有关义务和要求的文件。该证明文件的证明事项多种多样，但其格式较为简单，一般由出口商自己依信用证要求缮制。

受益人证明由出口商缮制，一般使用带有印就出口商名称、地址信头的信笺制作，并表明该证明名称。该证明的名称除“Beneficiary's Certificate”外，还有如“Beneficiary's Confirmation”，“Beneficiary's Statement”，“Beneficiary's Declaration”等类似名称，出口商应依信用证要求而确定其名称，以免造成单证不符。

受益人证明的抬头通常做成中性抬头，即“To whom it may concern”。受益人证明的证明文句通常为：“We hereby certify that……（信用证要求的证明事项）”或“We hereby confirm（State）……”等。该证明通常要由出口商签字。

ISBP745新增了对受益人证明予以规范。（1）基本要求。若信用证要求提交受益人证明，则应提交符合信用证要求的标题且已签字，或带有反映所要求的证明类型的标题或无标题的单据，这样该单据通过包含信用证要求的信息及证明以实现其功能。（ISBP745 P1）（2）签字。受益人证明应由受益人或代表受益人签字。（ISBP745 P2）

(3) 内容。受益人证明中涉及的信息不应与信用证的要求相冲突。受益人证明涉及的信息或证明：① 不需与信用证的要求完全一致，但应清楚地载明信用证规定的要求已被满足。② 不需包括货物描述或任何其他涉及信用证或另外规定的单据。(ISBP 3-4)

受益人证明实例：

A B C IMPORT AND EXPORT CO., LTD.
No. 256 XINHUA ROAD, BEJING, CHINA

BENEFICIARY'S CERTIFICATE

INVOICE NO.: HD200518
L/C NO.: H123—2006258
DATE: JULY 7, 2006

TO WHOM IT MAY CONCERN, WE HEREBY CERTIFY THAT A FULL SET OF NON-NEGOTIABLE SHIPPING DOCUMENTS HAS BEEN SENT TO TOKO TRADE CORPORATION, OSAKA BY DHL.

A B C IMPORT AND EXPORT CO., LTD.
李明哲（签字）

第八节 国际标准银行实务（ISBP）关于制单的其他问题

2003 年国际商会第一次出版 ISBP（No. 645）；2007 年 UCP600 生效后第一次更新 ISBP（No. 681）；2013 年再次修订 ISBP（No. 745），适用 UCP600 的信用证。

ISBP 的内容是记录长期存在的和已接受的惯例；记录在审核跟单信用证项下的单据时，UCP600 的规则如何应用。这是因为 UCP600 并未涵盖所有的可能提交的单据。即使是 UCP600 涵盖的单据，并不是单据的所有方面都有涉及。它为受益人提供一个框架，方便受益人准备单据，从而达到按照特定标准提交的单据在全球范围内都可接受；记录国际商会文件（如意见、决议、建议书）中得出的结论。

实际上，开立、提示（交单）、审核跟单信用证下单据及解决贸易纠纷的任何人员均涉及 ISBP。

ISBP745 结构的变化。新版 ISBP 删除了几乎所有语句中的“must”，除非在描绘某项实务操作时确有必要出现在其上下文；删除了所有语句中的“is acceptable”或“not a discrepancy”等。因为不是由 ISBP 来决定一份单据是否相符。这些变化表明了国际商会的立场：银行不应以 ISBP 为基础来拒收单据；要求运输单据中包含装船批注；增加了其他的单据：不可流通转让的海运单；分析、检验、健康、检疫、品质数量证书；装箱单；重量单；受益人证明。

关于 ISBP745 的相关规范，除了以上所涉及的问题外，以下就 ISBP745 的其他问题予以简述。

一、开证前问题

（一）适用范围

ISBP745 在其“适用范围”明确指出：（1）该出版物应结合 UCP600 使用，不可单独使用。（2）该出版物中所描述的实务（惯例）突出显示 UCP600 条款如何解释和适用于信用证的条款、条件及修改，而非修改和排除 UCP600 中的可适用的条款。这一规范明确表明了 ISBP745 与 UCP600 的关系。

（二）信用证及其修改的申请、信用证开立及其后续修改

（1）信用证的条款和条件及其修改独立于基础交易或其他合同，即使信用证或其修改明确提及该交易或其他合同。当协商交易或其他合同条款时，相关各方应清醒意识到完成信用证或修改申请将产生的含义。（ISBP745 iii）

该条强调了信用证的独立性原则—信用证与基础交易是相互分离的；信用证的严肃性。如，信用证中不应出现无法实现的条款。

（2）若各方对信用证或开证申请或信用证开立或修改中的细节加以注意，能够避免或解决在审单过程中出现的许多问题。开证申请人和受益人应该仔细考虑要求提交何种单据、单据由谁出具、信息内容和提示的期限。（ISBP745 iv）

该条强调了单据问题，如内容、出具人和出具时间等，并提醒申请人、开证行等在信用证申请、开立及修改中，不能忽略任何相关细节，避免日后审单过程中的纠纷。

（3）开证申请人承担其有关开立或修改信用证的指示不明确所导致的风险。除非开证申请人另有相反的指示，开证行可以必要或适当的方式补充或完善信用证的条款，以使信用证或其后的修改得以使用。开证行应确保其所开立的信用证或修改中的条款和条件不能模棱两可或有冲突。（ISBP745 v）

该条表明国际商会首先表明，开立或修改信用证的指示不明确的风险—申请人承担。其次，强调开证行的权利：可以（may）补充或完善信用证条款，除非申请人另有明确的相反指示（新增）；第三，新增开证行义务：开证行应确保其所开立的信用证或修改中的条款和条件不能模棱两可或有冲突。

（4）开证申请人和开证行应充分注意 UCP600 的内容，并意识到诸如第 3 条、第 14 条、第 19 条、第 20 条、第 21 条、第 23 条、第 24 条、第 28（i）条、第 30 条、第 31 条，其对术语的界定可能导致意想不到的结果。例如，在多数情况下，要求提交提单且禁止转运的信用证必须排除 UCP600 第 20 条（c）款的适用，才能使禁止转运发生效力。（ISBP745 vi）

这是 ISBP745 新增开证行的一项义务：不能使信用证条款与贸易实务矛盾（冲突）。

（5）信用证或其后的修改不应规定提交由开证申请人出具（Issued）、签字（Signed）或副签（Countersigned）的单据。然而，若信用证或修改仍含有此类条款，则受益人应考虑要求这类单据的适当性并考虑其能否满足这一要求，或寻求适当的修改。（ISBP745 vii）

这是关于信用证软条款问题的规范。信用证软条款是一个复杂的问题。国际商会首先建议，信用证或其修改中，不应规定提示由申请人控制或签署的单据（软条款）；其

次，提醒受益人谨慎接受软条款，软条款是否适当？是否能够满足？否则应修改信用证。

二、单据中的缩略语、拼写或打字错误

在国际贸易制单实务中，经常涉及词语的缩写、简略，数字的计算等，同时也难免出现打字错误。如何处理这些问题，ISBP745 予以了明确规范。

（一）缩略词语（Abbreviations）

ISBP745 A1 规定，在单据中可以使用普遍认可的缩略语来代替一个词语，反之，也是如此。例如，但不限于这些，用“Int'l”代替“International”（国际），用“Co.”代替“Company”（公司），用“kgs”或“kos.”代替“kilograms”或“kilos”（千克），用“Ind.”代替“Industry”（工业），用“Ltd.”代替“Limited”（有限），用“mfr”代替“manufacturer”（制造商），用“mt”代替“metric tons”（公吨）。含有缩略语的信用证允许单据中显示相同的缩略语，或任何其他相同意思的缩略语，或显示完整拼写的词语或反之也是如此。

何为普遍认可的缩略语没有统一标准。若有纠纷，只能由当事人协调解决或第三方裁定解决。因此，尽可能少用缩略语，尽可能使“证与单”保持一致。

若单据中所使用的缩略词语不是众所周知且意思不明确，则有可能被视为不符点。如在一份国际商会跟单票据争议专家裁决中，专家小组否定了当事人提出的“SLD”就是“Sailing Date”的缩写的主张，因为“SLD”即使在航运界也不是被普遍接受为“Sailing Date”的缩写。[①]

斜线（“/”）和逗号“，”的使用。ISBP745 A2 规定，① 斜线（即“/”）可能会产生不同的含义，不应用来替代词语。然而，若使用了斜线且上下文含义不明确，则允许选择使用其中一个或多个含义。例如，信用证中列明“红/黑/蓝/”且无进一步澄清的情况下，则意味着“仅红”或“仅黑”或“仅蓝”或它们的任意组合。② 在信用证中使用逗号以表明一系列信息时，如“装货港”，“卸货港”，“原产国”，可能会产生不同含义，因此不应使用其代替词语。然而，若使用了逗号且上下文含义不明确，则允许选择使用其中一个或多个含义。例如，当信用证允许部分装运且表明装货港为“汉堡，鹿特丹，安特卫普”但未再进一步说明，则意味着“仅汉堡”或“仅鹿特丹”或“仅安特卫普”或它们的任意组合。

由于“斜线（/）可能有不同的含义，除非在上下文中可以明确其含义，否则最好不用来替代词语。”“/”在不同场合可能有各种不同的解释，容易导致误解，如，它可能被解释为“和/或”。例如，货物名称为“Wheat/Bean”，其含义是不确定的，须加以明确说明。逗号的使用也有同样的问题。

（二）拼写或打字错误（Misspellings or Typing Errors）

受益人提示的单据中出现拼写或打字错误，导致银行拒付的现象在信用证业务中经常出现，从而导致争议和纠纷。为此，ISBP745 A23 规定：若拼写或打印错误并不影响

---

① 刘德标．国际结算规则．北京：对外经济贸易大学出版社，2004：85.

单词或其所在句子的含义，则不构成单据不符。例如，在货物描述中用“mashine”代替“machine”（机器），用“fountan pen”代替“fountain pen”（钢笔），或用“modle”代替“model”（型号）均不视为与UCP600第14条d款冲突。但是，将“model 321”（型号321）写成“model 123”（型号123）则视为与该款冲突。

因此，一份含有拼写或打字错误的单据究竟是否可以接受，其判断标准应为该错误在上下文中的含义。若该错误不会产生歧义，很明显是拼写或打字错误的，不能构成拒付理由。国际商会曾多次声明可以接受明显的打字错误。

三、单据使用的语言（Language）

在信用证业务操作中，一些银行常常以单据中所使用的语言不是信用证所要求的语言为由拒付。为此，ISBP745 A21对此予以明确规范。

1. 若信用证规定了提示单据所应使用的语言，则信用证或UCP600所要求的信息需以该语言表述。

2. 若信用证未规定提示单据所应使用的语言，则该单据可以任何语言出具。

在实务中，若信用证未规定使用的语言，则通常使用信用证语言。

3. 若信用证允许接受两种或多种语言，保兑行或按指定行事的被指定银行可限定接受语言的数量，作为对该信用证承担责任的条件，以及在这种情况下，单据中所包含的信息仅可以该可接受的一种或多种语言表示；若信用证允许单据使用两种或多种可接受的语言表述其信息，且保兑行或按指定行事的被指定行没有限定语言或可接受语言的数量作为对该信用证承担责任的条件，则需要以出现在单据中的所有可接受的语言审核该信息。

ISBP745增加了保兑行的权利；开证行有责任规定可接受的语言，否则应接受任何语言的单据；即使保兑行或指定银行没有限定可接受的语言或其数量，银行也以可接受语言审单。

4. 银行无须审核使用信用证要求或允许以外的语言插入单据中的信息。

该款表明，使用信用证规定以外的语言插入单据中的信息，银行没有审核其内容的义务。

5. 尽管有上述的规定，但单据上所显示的指名个人或实体、图章、合法化手续（当局盖章）、背书或类似表示，以及提前印就的文字，包括但不限于信笺上端所印文字，可以使用信用证要求以外的语言表述。

该款表明，单据出具人的名称和预先印就的文字可以信用证规定以外的不同语言表示。

在中国企业的出口业务中，通常使用英语制作各种单据。若信用证中规定“单据应以英语制作”，则可以提示中英文对照的各种单据。为避免争议，单据的语言问题，应在信用证中明确约定。

四、可以晚于装运日期的单据

ISBP745 A12和ISBP745 A13规定，单据，包括但不限于分析证明、检验证明和熏蒸证明，注明的签发日期可以晚于装运日；若信用证要求一份单据证明装运前发生的事件（例如装运前检验证明），则该单据必须通过标题、内容或签发日期来表明该事件（例如检验）发生在装运日之前或当天；若信用证要求提交一份包括但不限于“检验证明”的单据，并不构成要求该单据需要证明一件发运前发生的事件，也不需要注明早于装运日的日期；显示出具日期和随后的签字日期的单据应视为在签字之日出具。

依 UCP600 第 14 条规定，单据日期可以早于信用证的开立日期，但不得晚于提示日期。

五、时间用语的具体含义

在贸易实务中，经常涉及一些时间用语，为避免歧义或争议，ISBP745 予以明确界定。

1. ISBP745 A14a 规定：若信用证使用短语来表示在某日期或事件之前或之后的时间，应遵循下列规定：①“不迟于（日期或事件）之后 2 日”（not later than 2 days after）表明是最迟日期。若要求一份通知或单据所标日期不得早于某个特定日期或事件，则信用证应如此明确规定。②“至少早于（日期或事件）之前 2 日”（at least 2 days before）表明该行为或事件的发生不得晚于该日期或事件的前两日。该行为或事件最早何时可以发生则没有限制。

2. ISBP745 A14b 规定：① 为了计算一段时间，当“在……之内”（within）与日期或事件连用时，在计算期限时该日期或事件日期不包括在内。例如，“在（日期或事件）的 2 日内”（within 2 days of [date or event]）表明的是自该日期或事件发生前两天起至该日期或事件发生后两天之间的五天时间。② 当“在……之内”（within）之后紧接一个日期或援引一个可定日期或事件，则包括该日期或事件的日期。例如，“在 5 月 14 日内交单”或“在信用证有效期（截止期）内交单”，这里信用证的截止日期是 5 月 14 日，是指 5 月 14 日是最后的交单日，在这一天交单是允许的，假设 5 月 14 日是银行工作日。

3. ISBP745 A15 规定：“自……起”（from）及“在……后”（after）用于决定到期日或交单期限且伴有装运日期、事件日期或单据日期，则在计算该期限时排除上述日期。例如，在装运日后 10 天或从装运日起 10 天，此处装运日是 5 月 4 日，则到期日将是 5 月 14 日。

4. ISBP745 A16 规定：只要试图表明的日期能够从该单据或提交的其他单据中确定，则该日期可以以任何形式表示。例如，2013 年 5 月 14 日可以用 14 May 13、14.05.2013、14.05.13、2013.05.14、05.14.13 和 130514 等形式表示。为避免不确定的风险，建议月份以文字的形式表述。

六、证书、证明、宣言及声明

在出口贸易中，出口商经常需要提交相关的证书、证明等单据，如何制作及审核这些单据直接关系到贸易各方及银行的利益。ISBP745 予以详细规范。

ISBP745 A3 规定：信用证所要求的证书、证明、宣言或声明应签字。

ISBP745 A4 规定：证书、证明、宣言或声明是否需要注明日期取决于所要求的证书、证明、宣言或声明的类型、单据中所要求的措辞和显示的措辞。例如：若信用证要求提交由承运人或其代理签发的表明船龄不超过 25 年的证书，则该证书可通过以下表述证明相符：a. 船舶建造日期或年份，且该日期或年份在装运日期前或装运年份前不超过 25 年，在此情况下，不需要注明证书的日期，或 b. 信用证中要求注明证书的签发日期，该日期证明船龄不超过 25 年。

ISBP745 A5 规定：若证明、宣言或声明出现在一份有签字并注明日期的单据中，则该证明、宣言或声明无须另行签字或加注日期，只要其表面看来已由开立和签署该单据的同一实体做出即可。

七、UCP600 第 19-25 条涉及的运输单据的副本

在贸易运输单据中，经常要涉及副本单据，贸易各方及银行如何处理这些单据 ISBP745 A6 对此新增了相关规范。

1. 若信用证要求提交 UCP600 第 19-25 条涉及的运输单据的副本时，则相应的条款不适用，因为这些条款仅适用于正本运输单据。只有当信用证明确要求时才对运输单据副本予以审核，否则依照 UCP600 第 14 条第 f 款审核。

2. 运输单据副本显示的任何信息，当其与信用证、单据本身、国际标准银行实务参照解读时，不需与该单据、任何其他规定的单据或信用证中信息完全相同，但不能与之冲突。

3. UCP600 第 19-25 条涉及的运输单据的副本不受 UCP600 第 14 条第 c 款规定的 21 日历天交单期限及信用证所规定的任何交单期限的约束，除非信用证明确规定了这种交单期限，否则，可以在任何时间交单，但在任何情况下不得晚于信用证的截止日。

八、不适用 UCP600 运输条款的单据

在国际贸易货物运输中，除了必须使用正本运输单据（如提单、航空运单等）外，有时还经常使用一些与货物运输相关的其他单据，如小提单、运输代理人收货证明及装运和运输证明、运输代理人货物收据和大副收据等，这些单据不是运输合同的反映，不是 UCP600 第 19 条至第 25 条所规定的运输单据。因此，ISBP745 A18a 规定，UCP600 第 14 条第 3 款不适用于上述单据，而应按照审核 UCP 未作特别规定的其他单据的相同方式审核这些单据，即按照 UCP600 第 14 条第 6 款的规定审核。

同时，ISBP745 A18b 又新增规定：对于 A18a 涉及的单据而言，信用证规定须在装运日之后一段确定时间内提交单据将不予理会，且可在任何时间交单，但在任何情况下，不能晚于信用证的截止日；UCP600 第 14 条 c 款规定的 21 日历天交单期限仅适用于 UCP600 第 19-25 条中涉及的一份或多份正本运输单据的提交；对于 A18a 涉及的单据的交单期限，信用证应明确规定交单须在相应单据签发日期或该单据所提及的日期后的一段确定时间内完成（例如，信用证规定标题为货物收据的单据的交单，“单据须在不晚于货物收据日期后的 10 天提交”）。

此类单据应按信用证或 UCP600 第 14 条 f 款审核；不适用装运日后、21 天；但应

规定在其签发后、信用证截止日之前一定期限内提示。

九、UCP600 未作界定的用语

在信用证业务中有时会使用“装运单据”、“过期单据可以接受”、“第三方单据可以接受”和“出口国”“装运公司”和“交单即接受”等用语未作定义。ISBP745 A19 建议有关当事人在信用证中不应使用此类用语。但若信用证仍使用了这些用语，且信用证未定义其含义，则在标准银行实务中其含义及审核如下。

1. “装运单据”（Shipping Documents），指信用证所要求的除汇票、电信传送报告以及证实快件收据、邮政收据或投邮证明的邮寄单据之外的所有单据。

在国际结算业务中有时使用一些与此类似的用语，如“商业单据”（Commercial Documents）。商业单据通常定义为除“金融单据”（Financial Documents）（如汇票、本票、支票等用以收款的票据）以外的单据，包括发票、运输单据、保险单、产地证、检验检疫证及装箱单或包装单等。

2. “过期单据可接受”（Stale Documents Acceptable），指单据可晚于装运日后 21 日历天提交，只要不晚于信用证的截止日。该含义也适用于信用证明确规定了交单期限且有“过期单据可接受”条件的情况。

“过期单据”在实务中曾有两种解释，一是指，出口商在装船后延滞过久才提示到银行结汇的单据。而 UCP600 第 14 条规定，银行将拒受在运输单据签发日后超过 21 天才提示的单据。二是指，晚于货物到达目的港的单据。后者的“过期单据”一般是由于运输距离较短而造成的，因而有时信用证规定“Stale Documents Permitted/Acceptable”，但必须在信用证规定的提示日期内提示。

3. “第三方单据可接受”（Third Party Documents Acceptable），指除汇票外的信用证或 UCP600 未规定出单人的所有单据，这些单据均可由受益人之外的指名人或实体出具。另外，该条新增：“第三方单据不可接受”无意义，可不予理会。

4. “出口国”（Exporting Country），指受益人定居国、货物原产地国、承运人收货地所在国、装运地或发货地所在国中之一的国家。

5. “装运公司”（shipping company），当使用与运输单据有关的涉及证明、证书或声明的出具人时，是指下列之一的一方：承运人、船长，或提交租船提单时的船长、船东或租船人，或上述任何一方的代理，不论其是否出具或签署运输单据。

6. “交单即接受”（documents acceptable as presented），指交单包括以下一种或多种情形：在信用证截止日之前提交且支取金额在信用证规定范围内的单据。该单据将不会依照信用证或 UCP600 审核，包括是否按要求的正本或副本数量提交。

这是一个范围相当宽泛的表达。银行不对所提交的单据进行其他形式的审核。信用证应谨慎使用该用语。

十、信用证的非单据化条件

信用证的内容包括一系列不同的条款或条件。这些条款或条件通常由不同的单据加以显示，即这些条款或条件称为“单据化条件”。但信用证中，经常出现没有明确对应单据的一些条件，这些条件称为“非单据化条件”。如何判断非单据化条件？银行如何处理非单据化条件？UCP600 第 14 条对此规定：银行在审单时对非单据化条件不予理会，并将此条件视为没有记载。

ISBP745 A26 新增规定：若信用证含有某一条件而未列明需提交与之相符的单据者（非单据条件），无须任何规定的单据证明该条件相符。但规定单据中的信息不应与非单据条件有冲突。例如，当信用证要求“用木箱包装”，而未指明该信息须显示在任何规定的单据上，任何规定单据中显示采用了另一种包装方式的表述将被认定为是冲突的信息。

所谓“非单据化条件”是指，虽然信用证规定了某一条件，但并没有同时规定需要受益人提交何种单据来支持这种条件。例如，信用证规定货物的产地是中国，但并没有要求受益人同时应提交产地证，因此，“产地是中国 ”则是一个非单据化条件。若信用证既规定货物的产地是中国，同时又要求受益人提交货物的产地证，则“产地是中国”不是非单据化条件，因为产地证明可以支持货物产自中国这一条件。

常见的非单据化条件还有：载货船舶的船龄不得超过 10 年；载货船舶不得悬挂某某国旗；装船后受益人应立即通知申请人；货物不得为某某国家所生产等。

如何判断一个条件是否是“非单据化条件”仍存在争议。ICC 第 3 号意见书认为：若信用证中的某一条件未要求提交具体的单据来满足，但可以明显地和某一单据建立关联，将不视为非单据化条件。如，信用证要求表明货物的包装状况，而受益人只提交了 Weight List，但该单据中包含了货物的包装状况。

如何判断某一条件明显地和某一单据建立关联没有统一标准。UCP600 和 ISBP 仍没有解决如何判断非单据化条件的问题。

依 UCP600 的上述规定，银行在审单时对非单据化条件不予理会，并将此条件视为没有记载。

依 ISBP 的上述规定，若信用证含有非单据条件，无须任何规定的单据证明该条件相符。但规定单据中的信息不应与非单据条件有冲突。为此，申请人和开证行在开立信用证时，须将非单据化条件转化为单据条件。例如，上述“船龄不得超过 10 年”，应要求提交船舶规范证明复印件；“船舶不得悬挂某某国旗”，应要求提交船籍证明复印件；“用木箱包装”应该要求提交装箱单或包装单等。因此，判断是否为非单据化条件只能在审核提交的单据后才能被最终确认。因此，申请人和开证银行在开立信用证时，必须将非单据化条件转化为单据条件。

十一、发运唛头

信用证有时会要求单据显示唛头或显示唛头的细节。对此 ISBP745 予以规范。

1. 若信用证规定了发运唛头细节，则载有唛头的单据应显示这些细节。单据中载明的发运唛头信息无须与信用证或任何其他规定的单据中的信息顺序一致。（ISBP745 A32）

2. 单据中载明的发运唛头信息可以通过添加诸如但不局限于货物种类、易碎货物的警告、货物净重及毛重的方式，显示超出通常意义上的“发运唛头”或信用证中规

定的“发运唛头”所包含的信息。(ISBP745 A33)

3. 集装箱货物的运输单据通常在“发运唛头”或类似栏目中仅仅显示集装箱号,显示或不显示封号。其他单据则显示详细的唛头,如此并不构成冲突。有些单据显示了第 A33 条和第 A34 (a) 条中提及的额外信息,而有些单据则没有,这不视为与 UCP600 第 14 条 d 款的规定冲突。(ISBP745 A34a)

十二、单据名称及联合单据

在国际贸易实务中,出具的单据通常带有其名称并体现为一定内容,有时还要加以签字,最终实现其功能。有时一种单据可能与另一单据合并出具。一种单据还可能具备多个功能。如何处理这些单据 ISBP745 予以详细规范。

1. 单据的名称、内容及功能。单据可以使用信用证要求的名称或相似名称,或无名称。单据内容必须看起来符合所要求单据的功能。例如,若要求“装箱单”,则名为“装箱单”、“装箱记录”、“装箱和重量单”等或无名称的载有装箱细节的单据都可满足该要求。(ISBP745 A39)

2. 联合单据。信用证要求的单据应作为单独的单据提交。但例如,若要求正本装箱单和正本重量单,则提交两份正本的合并装箱和重量单也可满足该要求,只要该单据同时表明装箱和重量细节。(ISBP745 A40)

3. 联合单据与独立单据。若信用证要求的单据包含一个以上的功能,则可提交一份或单独的多份单据,只要看起来能满足其每一项功能。例如,若要求提交质量和数量证明书,则提交一份单据或提交单独的质量证明书和数量证明书都可满足其要求,只要每份单据看起来满足其功能且提交信用证要求的正本和副本数量。(ISBP745 A41)

十三、多页单据和附件或附文

在国际贸易实务中,有时一份单据因其内容较多,需要多页显示或部分内容需使用附件显示。多页单据可能被误认为部分是信用证未规定的单据,或者附件是未规定的单据,从而导致被拒绝。ISBP745 对此予以规范。

1. 多页单据的判断。当一份单据包括不止一页时,必须能够确定这些不同页属于同一份单据。除非单据另有规定,被装订在一起、按序编号或内部交叉援引的多页单据,无论其名称或标题如何,将满足这一要求且都应被作为一份单据来审核,即使有些页被视为附件或附文。(ISBP745 A24)

2. 多页单据的签字或背书。若一份多页的单据要求签字或背书,且信用证或单据本身未表明签字或背书应在何处,则该签字或背书可以出现在单据的任何位置。(ISBP745 A25)

十四、其他

1. 邮寄单据、通知等的快件收据、邮政收据和投邮证明。这些单据即可用于寄送信用证规定的货物,也可用于寄送样品、副本单据等。ISBP745 A10 对此规定:当信用证要求提交一份单据,证明以快件收据、邮政收据或投邮证明形式发给指名的或描述的实体的邮寄单据、通知和类似单据时，此类单据仅依据信用证的明示规定审核，否则依据 UCP600 第 14 条 f 款，而非第 25 条规定处理。

2. 单据中的方框、栏目或空格的填写。在贸易实务中，许多单据为了方便制作和阅读经常印就格式。而在这些印就格式中，常常会设置不同的方框、栏目或空格等。ISBP745 对如何处理其填写予以规范。ISBP745 A17 规定：若一份单据留有方框、栏目或空格以备信息录入，这并不意味着应填写这些方框、栏目或空格。例如，航空运单经常会出现名为“清算账目信息”或“处理信息”的方框不需录入信息。有关方框、栏目或空格填写要求也可参见 A37。

ISBP745 A37：单据上留有专供签字的方框、区域或空格本身并不意味着该方框、区域或空格处应载有签字。例如，在航空运单中经常会载有标明“托运人或其代理签字”的区域或在公路运输单据载有标明“托运人签字”的区域，但并不要求在该处有签字。亦可参见第 A17 条中关于在相关方框、区域或空格填写信息的要求。

3. 电子证实方式。在贸易实务中，单据采用电子方式证实（电子签名）经常可见。ISBP745 予以规范。ISBP745 A35c 和 d 规定：若单据中有如“此单据已电子认证”或“此单据为电子版本无须签字”或类似意思的语句，这并不代表电子认证符合 UCP600 第 3 条的签字要求。单据中载明可通过参考某特定网站（URL）来验证或取得认证，这构成一种符合 UCP600 第 3 条要求签字的电子认证方式。银行不会通过该网站验证或取得认证。

4. 副签栏的处理。有些单据除了印就签字栏外，有时还有“单据非经副签无效”等类似的记载。ISBP745 规范了这种情况的处理。ISBP745 A38 规定：若单据中有诸如“单据非经（指定人或实体）副签（或签字）无效”的措辞或类似用语，则在相应方框、栏目或空格处应含有签字，及在该单据上副签的指定人或实体名称。可见，单据显示“单据非经副签无效”等措辞时，该单据的签字栏必须在签字之外副签。

制单练习

1. 根据下列信用证内容缮制发票

ISSUING BANK：TRUST BANK，NEW YORK NO. 18 SEVENTH STREET，NEW YORK，USA

L/C NO.：J-20-K-0587 DATE：MAY 23，2005

APPLICANT：DAVID & COMPANY 1 152 BROADWAY，NEW YORK，U. S. A.

BENEFICIARY：XIAMEN TRADE CORP. NO. 345 XINHU ROAD，XIAMEN，CHINA

COVERING：3 000DSZ GARMENTS AT CIFNEW YORK USD 25. 00 PER DOZEN

AMOUNT：USD 75 000

SHIPMENT：FROM XIAMEN TO NEW YORK DURING JUNE，2005

SHIPPING MARKS：NYD/MADE INCHINA /NO. 1-UP

2. 根据下列信用证内容缮制汇票

ISSUING BANK：ABA BANK OF LONDON NO. 126TH STREET，LONDON，ENGLAND

L/C NO.：JBF112-189 ISSUING DATE：MAY 15，2005

APPLICANT：BONNE TRADE COMPANY CO.，LONDON

BENEFICIARY：HAIHU CO.，LTD. NO. 34 XINHU ROAD，QINGDAO，CHINA

AMOUNT：USD 23 458.00

L/C AVAILABLE WITH ANY BANK BY NEGOTIATION AND BENEFICIARY'S DRAFTS AT 30 DAYS'SIGHT DRAWN ON OURSELVES FOR 100 PERCENT OF INVOICE VALUE TOGETHER WITH FOLLOWING DOCUMENTS...

INVOICE NO.：YP1234 DATE：JUNE 16，2005

3. 根据下列材料缮制中国一般原产地证书

EXPORTER：ABC IMP. & EXP. CO. NO. 34 HAOYUN ROAD，SHANGHAI，CHINA

CONSIGNEE：JOHNS'S CO.，LTD. NO. 1209 SANTIAGO，CHILE

COVERING：5 000PCS COTTON TEA TOWELS MADE IN CHINA

SHIPMENT：FROM SHANGHAI TO SANTIAGO，CHILEBY SEA VIA HONGKONG DURING JUNE，2006

PACKING：IN SEAWORTHY CARTONS OF 50PCS EACH

GROSS WEIGHT：@ 21KGS TOTAL 2 100KGS

INVOICE NO.：WL78606 DATE：JUNE 1，2006

SHIPPING MARKS：JOHNSON/SANTIAGO/NO. 1-100

DOCUMENTS REQUIRED：

……

PHOTOCOPY OF ORIGINAL CERTIFICATE OF CHINESE ORIGIN.

4. 根据下列材料缮制普惠制原产地证书（FORM A）

EXPORTER：SHANDONG XY TRADE CO.，LTD. NO. 24 HAIHE ROAD，QINGDAO，CHINA

IMPORTER：BBYY COMPANY NO. 23 QUEEN ROAD STREET，MANCHEST，ENGLAND

COVERING：DEHYDRATED VEGETABLES30M/T（3 000CTNS）

SHIPMENT：FROMQINGDAO TO MANCHEST BY SEA DURING AUG.，2006

DOCUMENTS REQUIRED：

……

. GSP FORM A

SHIPPING MARKS：BB/VEGETABLES/NO. 1-UP

INVOICE NO.：HT200623 DATE：AUG. 5，2006.

案例分析

1. 信用证项下单据语言纠纷案[①]

中国H公司向新加坡S公司出口一批冻兔。S公司是中间商，货物又转卖给法国商人。S公司按合同规定给H公司开来信用证，要求H公司办理租船订舱和装运前的一切手续。但在装运前，H公司突然接到S公司紧急通知，要求暂停运输该批货物，因其与法国商人交易中出现问题，待问题解决后，再行通知何时装运。

该通知使H公司左右为难。因为一切手续均已办妥，若继续发货显然违背买方意愿；若退载不装运，则须向船方赔偿空舱损失。经反复权衡之后，H公司还是决定按原订安排继续进行装运，其理由是信用证在先，停运通知在后，只要按信用证规定办理，仍然可以收回货款。

装运货物后，H公司及时向S发出了装船通知，并备妥信用证规定的单据，于当年8月2日向议付行交单办理了议付。

未想到S公司8月5日来电提出："我接到你8月2日装运通知电后非常惊讶。我方不久前已通知你暂时能装船，你方既未与我方商洽，也未提出任何异议，为何擅自决定装船。因我方原收货人发生变化，故货物到达法国港口后肯定无人提取货物，因此引起的一切后果由你方承担，我方不负任何责任。"

正当H公司准备解释时，8月7日开证行来电提出："信用证项下的单据已收到，但经我方审查发现单单不符，即发票和提单两者的商品名称互不一致。发票上商品名称表示：Capinconge leavecos（法文）；而你提单上的商品名称却表示为：Frozen rabbit, bone-in（英文），我行无法接受。单据暂留存我行待处理。"

H公司经查对留底单据，确实如此。依单据经办人介绍，因该信用证所规定的商品名称："Capinconge leavecos"系法文的"冻带骨兔"，外轮代理公司提出提单内容要用英文表示，所以才特意改为英文的冻带骨兔名称"Frozen rabbit, bone-in"。H公司与议付行研究后，于8月8日向开证行答复："你7日电悉。关于我单据的商品名称，并非单单不一致。我提单所表示的品名'Frozen rabbit, bone-in'系英译文名称，发票上的品名'Capinconge leavecos'系你信用证规定的法文品名。两者意思完全一样，'Frozen rabbit, bone-in'就是等于法文的'Capinconge leavecos'。根据信用证惯例的规定：商业发票中的货物描述必须符合信用证的描述，其他一切单据对货物的描述则可使用统称，只要不与信用证中的货物描述有冲突即可。所以我提单表示其英译文品名与你信用证规定并无抵触，不能认为是单单不致"。

H公司发出上述反驳意见后，开证行不服，并于8月12日复电："你8日电悉。国际商会《关于审核跟单信用证项下单据的国际标准银行实务》（ISBP）第58条规定：'发票中的货物、服务或履约行为的描述必须与信用证中的一致，但并不要求如镜像般一致。例如，货物细节可以在发票中的若干处显示，合并一起时与信用证的一致即可。'；第59条规定'发票中的货物描述必须反映实际的装运或提供的货物、服务或履

---

① 资料来源：李留山．出口单证业务中语言的正确运用于方法．国际商报，2008-8-1.

约行为。……'；第108条规定'提单上的货物描述可使用与信用证规定不矛盾的货物统称'，但均没有允许使用信用证规定的语种以外的另一种语言。从你单据上看，其表面不同于信用证表面条款。对'Frozen rabbit，bone-in'的概念是否就等于'Capinconge leavecos'，我银行不掌握如此专业性知识。因此你提单上的品名与发票上的品名表面上不一致，已构成单单不符。请速告单据处理意见。"

H公司根据上述情况分析后认为，开证行之所以拒付，主要由于买方的拒付，而卖方单据中使用的语种不当为开证银行拒付提供了借口，于是又多次与开证行及S公司交涉，提出各种让步措施，但均无结果。

在万般无奈的情况下，H公司只好委托目的港船方代理将原货物全部运回，并负责支付一切费用，损失惨重。

试分析该案例。

（提示：在出口贸易单证业务中，使用两种或两种以上语言制单的情况很常见。出口商不能忽视单据语言的使用，否则存在贸易纠纷隐患；单据语言的使用不可违背信用证规定。ISBP指出："受益人出具的单据应使用信用证所使用的语言。若信用证规定可接受使用两种或更多语言的单据，指定银行在通知该信用证时，可限制单据使用语言的数量，作为对该信用证承担责任的条件。"出口商须对不同国家官方的单据要求有所了解，以免被动。

上述案例，是提单的品名与发票的品名英文与法文不一致引起的，表面看是买方刁难，实际是出口商对贸易惯例不熟悉和处理不当造成的。它给出口商以下警示：1. 不应忽视正确使用单据语言；2. 语言使用不当隐藏着贸易纠纷；3. 语言的使用不可违背信用证规定；4. 信用证项下的单据处理要遵守国际惯例。）

2. 信用证中不可能条款引发的风险承担争议①

在国际商会银行委员会某咨询意见中，一份SWIFT信用证MT 700中44E（Port of Loading/Airport of Departure）规定：捷克共和国的任何港口，46A（Documents Required）要求：海运提单。通知行通知开证行捷克共和国没有海港，并要求对该信用证的相关条款立即更正。开证行回复："我们已与申请人联系了此事"。但此后，通知行并未收到任何更正。而受益人提交的提单显示"Jihlava"（即捷克境内某地）为收货地和汉堡（德国）作为装货港。单据寄往开证行请求付款。不久，开证行发来拒付通知，表明提单的装货港 不符合信用证。通知行表示无法理解，因为其自收到信用证伊始，就已提请开证行注意开证时明显的错误即捷克共和国是内陆国家，境内没有海港。通知行坚信开证行所指的不符点无效，并指出受益人不应因申请人不能正确申请信用证而受到处罚。尽管如此，开证行仍坚持不符点成立，并声明"我们曾就此事与申请人联系……但在申请人接受前，我们就收到你们的单据。因此，不符点依然成立"。直到多次交涉后，申请人才放弃了该不符点，开证行予以付款。但开证行仍坚持不符点成立的立场。为此，通知行向国际商会银行委员会咨询该不符点是否成立？

国际商会银行委员会在其意见中指出，对于受益人或通知行而言，合适的做法是要

① 资料来源：王学惠．信用证中不可能条款引发的风险承担．国际商报，2010-12-11.

求开证银行作适当的修改，受益人却在未收到开证行澄清或修改的情况下发了货。根据信用证，符合货物要由一个捷克共和国的港口装运并提交海运提单 的条件是不可能实现的。所需的运输单据应改为多式联运或联合运输单据，44A（Place of Taking in charge/ Dispatch from …/Place of Receipt：接管地 /发运地 /收货地）可显示在捷克共和国的某地 或“捷克共和国”，44E 显示一个指定的装运港。虽然事实上根本不存在捷克共和国港口，但应由申请人重新提供相关正确的货物运输路径，而不是由受益人自作主张。通知行仅通知开证行从捷克共和国港口装运是不可能的，而没有寻求修改并告知受益人应等待该修改的作为也是不够的。明知信用证规定的运送路线是不可能的而装运了货物，受益人应承担该信用证项下被拒付的风险。为避免因受益人名称差异而引起的任何争端，对信用证要求修改并在交单前收到该修改，是一种良好的实务做法。

依据 ISBP745 分析该案例。

（提示：国际商会银行委员会结论：就本咨询提及的问题而言，该不符点是成立的。受益人应接受的教训，一是在获得信用证修改之前，不可贸然发货。二是受益人应通过银行对开证行的资信予以了解，提前采取风险防范措施，如要求进口商提供开证行的资信证明；进口商担保开证申请的准确性和完整性等。）

3. 非单据化条件争议案[①]

案情简介

2008 年 12 月 10 日，出口商（受益人）H 公司在议付银行柜台提交信用证下的装运单据。该银行议付并向开证行发送了单据。同年 12 月 13 日，开证银行签收单据。同年 12 月 27 日，即收到单据后的第 14 天，开证银行发送给议付行一份 SWIFT 999 格式（银行与客户账务）的报文，显示“请视该报文为 MT 734”（拒付通知）并附有不符点如下：

+SWIFT 47A（附加条件），第 2 句，与信用证不符［注：47A 第二点显示“货物必须按出口标准包装出运，在每一包/箱/袋/集装箱上，清楚标记原产国和运输唛头”］+鲜姜是易腐货物，但受益人通过干箱运输。

2008 年 12 月 29 日，议付行向开证行发送 SWIFT 报文，告知开证行其不同意关于单据中不符点的意见：

（1）开证行没有依 UCP600，在收到单据后最多 5 个 银行日内发送拒付通知；

（2）信息中所谓的不符点全部不成立。47A 第 2 句，是银行在审单时应不予理会的非单据化条件。并且，银行只处理单据而非与单据相关的货物、服务或履约行为（UCP600 第 5 条）。因此，单据符合信用证条款。

此后，议付行不断催促开证行付款。次年 1 月 26 日，开证行通知议付行：1. 申请人不能提货；2. 政府当局已销毁了不适合人类消费的货物（“姜已半腐 ”）；3. 他们不能付款，因为目前收到了法院的禁令。

2009 年 5 月 11 日，开证行向议付行发送了一份内容几乎全部使用当地语言的高等

① 资料来源：张明伟．非单据化条件、开证行未及时发出拒付通知和法院禁令（案例 TA689），http：//www. sinotf. com/GB/136/1362/2010-08-09/0NMDAwMDA1MzU0Nw. html.

法院通知副本。

议付行认为，看来在拒付通知发送后的某一时刻，法院出具了禁令。在单据最初被拒付之时，没有不符点，因此，该行应已付款。在禁令日期之前，单据处于相符状态是显而易见的。

国际商会的分析和结论：

1. 拒付通知是在交单后的第 14 天发送

依 UCP600 第 16 条 d 款，拒付通知 的发送不得晚于交单次日起第五个银行日。由于没有满足上述 16 条的规定，依 UCP600 第 16 条 f 款（若开证行或保兑行未能依本条行事，则无权宣称提示交单不符），开证行无权宣称交单不符。

2. 无论如何，不符点均不成立

依 UCP600 第 14 条 h 款（若信用证包含了一个条件且没有规定用来表明与该条件相符的单据，则银行将该条件视为没有规定，且不予理会。），“货物必须按出口标准包装出运，在每一包/箱/袋/集装箱上，清楚标记原产国和运输唛头”的条件是非单据化条件。假如受益人没有在提交的一个或多个规定的单据中，插入与这项要求相冲突的信息，单据在这方面是相符的（见 ICC 意见 TA644）。

可以看出，信用证中没有关于货物不同于在非单据化条件中显示的、应该如何包装的特定要求。缺少一项明确反映出运货物易腐特性的要求，依 UCP600 第 14 条 a 款（a. 指定银行、保兑银行以及开证银行必须仅仅依据单据审核提示，以决定单据是否在表面上构成相符的提示），单据表面上相符。

看得出来，法院禁令是在拒付通知发送后的某一时刻出具的（即银行先拒付，禁令后发出的）。在单据最初被拒付之时，没有不符点（依上述观点），因此，银行应已付款。因禁令已做出，开证行不能不顾及法院的此项禁令。开证行现在应重新考虑其立场和交单状态，建议法院撤销禁令，坚守信用证交易和 UCP 的原则，尤其是 UCP600 第 5 条和 14 条 a 款及 h 款。

结论：

在向开证行交单之时，单据相符 的。依据 UCP600 第 7 条 c 款，开证行必须偿付指定银行（议付行）。

试分析该案例。

（提示：UCP600 第 14 条规定：银行在审单时对非单据化条件不予理会，并将此条件视为没有记载。为此，申请人和开证银行在开立信用证时，必须将非单据化条件转化为单据条件；银行的拒付通知必须在不迟于自交单之翌日起第五个银行工作日结束前发出，否则无权宣称交单不符。

涉及法院禁令等信用证法律问题时，国际商会的立场和意见是：法律的效力优先于 UCP 等国际惯例，但建议相关银行应在严格遵守法律的同时，也要切实依照国际惯例行事。

关于“非单据化条件”ISBP745 A26 规定：若信用证含有某一条件而未列明需提交与之相符的单据者（非单据条件），无须任何规定的单据证明该条件相符。但规定单据中的信息不应与非单据条件有冲突。例如，当信用证要求“用木箱包装”，而未指明该信息须显示在任何规定的单据上，任何规定单据中显示采用了另一种包装方式的表述将被认定为是冲突的信息。

结合本案的国际商会的专家意见，非单据化条件的三个基本特征是：（1）信用证要求满足某种条件，但证内未要求提交证实该条件已被满足的单据。（2）信用证要求满足某种条件，但证内要求的单据的功能并没有显示已满足该条件。（3）信用证要求满足某种条件，证内要求的单据中插入的信息与该条件不相冲突。）

4. 单据“更正与更改”的争议①

中国某公司接受阿根廷 NUEVO BANCO INDUSTRIAL DE AZUL 银行开出的即期信用证，出口 DVD VIDEO PLAYER。信用证 44E 规定装货港为 CHINA，45A 货物描述中要求显示 FOB CHINA，发票须经中国贸促会认证。考虑到认证时间问题，为了能按时交单，该公司在发货物运前制作发票并送贸促会认证。因货代称货物将在深圳 CHIWAN 港装船，所以该公司发票上显示的装货港为 CHIWAN PORT，CHINA。实际发运时，货物在 CHIWAN 装船、经 SHEKOU 前往目的地，但船公司坚持只为该公司出具装运港为 SHEKOU PORT，CHINA 的提单。2008 年 9 月 27 日，该公司将金额为 117 854.88 美元的，已经认证的发票、提单等全套单据提交给农行，并要求农行向开证行交单。农行在审核全部单据后认为，发票和提单关于装货港的描述不同，构成不符。鉴于本案中交单金额较大，农行提示该公司应对两份单据中显示的不同装货港进行统一。该公司表示虽然更正发票比较容易，但已经没有时间将更正后的发票提交贸促会，请求其对更正的内容进行证实。因此，关键问题是，若该公司将已经贸促会认证的发票中装运港信息自行更正，并向开证行提交单据，那么依据国际标准银行实务（ISBP），开证行是否能够以发票修改未经证实而拒付单据？答案可能是：该公司可自己修改发票，开证行应该接受发票。于是该公司直接将发票货描中的 CHIWAN PORT 更正为 SHEKOUT PORT，在修改处盖章签名。2008 年 9 月 28 日，该公司将修改后的发票等全套单据通过农行向开证行交单。2008 年 10 月 9 日，该公司正常收到该笔交单下的全部货款，整个过程中，开证行未有异议。

试分析该案例。

（提示：国际商会结论：受益人出具的单据修改无须其证实。在单据已经认证或者合法化的情况下，银行没有责任在单据第一次提交时确定修改是在何时做出，即在认证或合法化之前还是之后。

本案中，发票中的贸易术语的港口与提单的装货港不同，这将构成不符点。依据 Incoterms，不同的贸易术语规定了买卖双方不同的义务。贸易术语的港口与实际装运的港口不同，将会造成买卖双方关于合同下权利和义务的是否履行、相关费用和货物风险如何承担等重大问题的纠纷。银行审单人员不了解、也没有必要去了解 CHIANWAN 和 SHEKOU 是什么关系，以及去寻求造成这种情况的合理解释。

本案中，单据表面上存在不符，受益人修改的方式有两种：第一种方式，要求船公

---

① 资料来源：张明伟. 从一则案例分析单据“更正与更改”的规定. http://www.sinotf.com/GB/136/1362/2010-07-19/2NMDAwMDA1MjU2Ng.html.

司将提单装运港更改为 CHIWAN。理由是，一方面受益人交运的货物确实是在 CHIWAN 装船；另一方面是船公司有义务按照实际的装运情况签发提单。但这种方式能否实现取决于受益人和船公司的关系；第二种方式是受益人自己修改发票，也就是将原来的 FOB CHIWAN，CHINA 更改为 FOB SHEKOU，CHINA。对受益人而言，后者更加便利、更加经济的解决办法。但受益人是否可修改已经贸促会认证的发票呢？通常，中国贸促会的认证，并不确认和证明单据上记载的内容是否真实准确。信用证如此要求的目的，一般只是为了证明出口商所提交单据上的印章及签字真实，从而向境外机构起到一种证明和介绍作用，不致因进口国有关机构怀疑单据的真实性而影响单据在境外的使用效力。本案发票中关于贸易术语的描述，显然不是贸促会认证的范围，该内容的更正与否、甚至有无，都与贸促会无关，与其之前所做的认证无关。但当更正或更改的内容与认证人“认证”的功能违背时，受益人的更正可能无法被接受。例如，受益人出具质量证明经某机构认证，原来单据显示货物是 B 级（与信用证不符），而后受益人将其修改为 A 级（与信用证相符，未经原认证机构证实）。该单据提交到开证行，开证行有理由认为此处更改必须由原认证机构证实，并因而拒付单据。

若由受益人出具的单据已经过合法化认证、签证或证明等，任何信息的更正应至少经合法化认证、签证或证明该单据的一方之一证实。该证实应表明证实者的名称且证实其更正，其方法既可使用体现其名称的图章，也可添加包括证实人签字或小签的名称。）

5. 国际商会咨询案例

案情简介

某受益人收到一份受 UCP600 约束的 SWIFT 信用证，相关细节如下：

44A（接管地/发运地/收货地）：PRAGUE，CZECH REPUBLIC 布拉格，捷克共和国

44E（装运港/出发机场）：HAMBURG，GERMANY　汉堡，德国

44F（卸货港/目的地机场）：ANY PORT IN CHINA　中国任一港口

44C（最迟装运日期）：090331

46A（所需单据）：全套多式运输提单

受益人提交的单据中包含一份多式运输提单，其相关内容如下：

收货地：PRAGUE

装货港：HAMBURG，DE

卸货港：Shanghai

已收妥待运…

该多式运输单据签发于 2009 年 3 月 31 日。另外，其中包含如下已装船批注：“于 2009 年 4 月 4 日汉堡港装上×轮船”。

议付银行认为单据符合信用证条款，议付了该单据。然而，议付银行收到来自开证行的拒付通知，称：“装运日期迟后”；“运输路线与信用证不同”（“捷克共和国”和“中国”都未提到，“DE”是德国的 ISO 代码）。

议付银行回复称，44C 栏需看作为从信用证规定的运输路线的第一个地方起的最晚装运日期。信用证规定多式运输单据显示从 PRAGUE 起，运输的最晚装运日期为 2009

年3月31号（运输单据于2009.03.31签发）。对于运输路线本身来讲，议付银行认为，信用证中所述的各运输路线中的国家并不表明需显示在运输单据上标明的各个国家。很显然，货物在信用证规定的地点发生装货和卸货。有关用“DE”代替“Germany”，议付银行认为尽管如此，“DE”是ISO国家代码，可预期到银行知道这点。因此议付银行认为，使用该代码可清晰的显示所提及的国家。

开证行回复称，就装运日期而言，可适用UCP600第19条a项ii款：运输单据的签发日期将被视为发运、接管或装船日期以及装运日期。然而，若运输单据用印章或批注表明发运、接管或装运日期，则该日期将被视为装运日期。至于运输路线，开证行认为该不符点仍成立。

议付银行再次对不符点提出抗辩，但未再收到相关回复。

国际商会分析

除UCP600第19条a款iii项以上所述之外，该规则也指出，货物已在信用证中规定的地点被发运、接管或装船…运输单据的签发日期将被视为发运、接管或装船日期以及装运日期。

“然而，若运输单据用印章或批注表明发运、接管或装船日期，则该日期将被视为装运日期。”开证行援引以上措辞来证明其提出的不符点。在批注标明其发运、接管或已装船所在地或港口是信用证中所规定的运输开始的地方，该句才适用。在这个信用证中，运输开始的地方是PRAGUE，多式运输单据显示在PRAGUE收妥待运是2009年3月31号。已装船批注显示的是有关货物已装上汉堡港船舶，该事件发生在从PRAGUE收到货物并运输之后。依据信用证和UCP600第19条a款ii项，于2009年3月31日签发，显示自PRAGUE收到货物，从HAMBURG运到Shanghai的多式运输单据可接受。

UCP和ISBP中对信用证中显示收货地、装运港、卸货港、交货地对应的国家名称未做规定。“CZECH REPUBLIC”和“GERMANY”等词语的缺少并不构成不符点，尽管信用证中列明这些词。卸货港“ANY PORT IN CHINA”，中国任一具名港口即可满足。上海是中国的一个港口。用ISO国家代码DE来代替德国并未造成信息的冲突。

国际商会结论该单据相符。

第八章　信用证项下银行间的偿付

本章主要介绍跟单信用证项下银行间偿付的做法，包括偿付信用证的当事人及其职能、业务安排、偿付授权的种类及其内容，偿付保证的内容、索偿的种类及其处理及相关的国际惯例（URR725）。

第一节　偿付的当事人及业务安排

一、银行间偿付的概念

在信用证业务中，信用证通常指定或授权由开证行之外的另一银行对受益人进行承付或议付，被指定银行接受指定或授权并依据信用证规定向受益人承付或议付后，开证行有义务偿付被指定银行已承付或议付给受益人的款项。

开证行偿付被指定银行的义务，可以由自己本身完成，即被指定银行可直接向开证行索偿，如采取借记、贷记、单到付款、电汇索偿等方式。当开证行在被指定银行设立账户时，开证行在审单相符后，可以授权被指定银行借记开证行的账户；当被指定银行在开证行设立账户时，开证行审单相符后即可贷记被指定银行账户。这种偿付业务一般称为直接偿付或简单偿付。这种偿付业务中的被指定银行以借记开证行账户的做法直接偿付自己，不需要第三家银行参与即可从开证行获得偿付资金。

但要求开证行在每一家被指定银行开设账户是不现实的。因种种原因有可能通过第三家银行进行偿付。另外，有时信用证所使用的货币并不是受益人所在国的货币，此时，有可能需要第三家银行参与偿付。因此，开证行也可以在信用证中规定，由其本身以外的另一银行，偿付已经向受益人作出承付或议付的被指定银行（如议付行），该另一银行称为“偿付银行”（Reimbursing Bank），该被指定银行称为“索偿银行”（Claiming Bank）。当信用证业务需要第三家银行偿付时，使用偿付行的过程则称为信用证项下银行间的偿付。国际商会为此专门制定了 Uniform Rules for Bank-to-Bank Reimbursements under Documentary Credits（《跟单信用证项下银行间偿付统一规则》，URR725 国际商会已将 URR525 修订为 URR725，并于 2008 年 10 月 1 日起实施。）。在此，以 URR725 为依据对跟单信用证项下的银行间的偿付予以探讨。[①]

① 苏宗祥，景乃权，张林森．国际结算．3 版．北京：中国金融出版社，2004（第十二章：信用证项下银行间的偿付）．

二、偿付业务的当事人及其职能

（一）开证行（Issuing Bank）

依 URR725 第 2 条第 1 款，开证行是指已开立信用证并作出信用证项下偿付授权的银行。因此，开证行应向愿意付款给被指定银行的第三家银行开立偿付授权书。

（二）偿付行（Reimbursing Bank）

依 URR725 第 2 条第 2 款和第 3 款，偿付行是指依照开证行偿付指示或授权做出偿付的银行。开证行向偿付行发出偿付授权，这是独立于信用证之外的指示或授权，它要求偿付行向索偿行偿付，或要求偿付行承兑并在到期支付以偿付行为付款人的远期汇票。

（三）索偿行（Claiming Bank）

依 URR725 第 2 条第 5 款和第 6 款，索偿行是指在信用证项下作出承付（Honour）或议付，并向偿付行提示索偿要求的银行。因此，索偿行从偿付授权中获得如何和向哪家偿付行索偿的指示。“索偿要求”是指索偿行向偿付行提交的要求偿付的请求。

银行间偿付业务的流程可用图 8-1 表示。

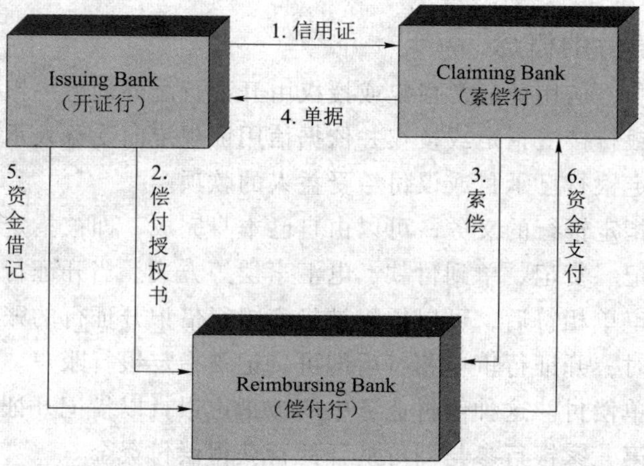

图 8-1 银行间偿付业务的流程

三、银行间偿付业务的安排

开证行在开立信用证之前，必须与有关当事人或关系人协商并决定信用证项下的偿付，是采取直接偿付或简单偿付还是银行间的偿付。其决定依据是被指定银行的情况。若决定采取银行间偿付，被指定银行则为索偿行。

（一）银行间偿付的授权（Reimbursement Authorization）

依 URR725 第 5 条，使用银行间偿付时，开证行有责任在信用证中作出偿付授权并告知被指定银行（索偿行）如何获得偿付的信息。偿付授权应包括偿付行的名称、偿付受 URR725 和其他影响被指定银行接受偿付能力的有关信息的约束。依 URR725，开证行在信用证中通常加注下列语句以作为偿付指示：“Reimbursements under this credit are subject to the Uniform Rules for Bank-to-Bank Reimbursements Under Documentary Credits，ICC Publication No. 725”，or “Reimbursement subject to URR725”。（“本信用证项下的偿付受《跟单信用证项下银行间偿付统一规则》，国际商会出版物 725 号的约束”，或“偿付受 URR725 的约束”）。此外，偿付授权还应包括“Pre-notification of a Reimbursement Claim to the Issuing Bank”（索偿要求预先通知开证行），或“Pre-debit Notification to the Issuing Bank”（借记前通知开证行）等信息，以使索偿行和受益人对偿付有所了解。开证行在信用证中向索偿行指示的文句最常用的是“We hereby authorize you to reimburse yourself on reimbursing bank”（我行授权你行向偿付行自行索偿你行垫付的款项）。

若信用证以 SWIFT MT 700 电信方式开立，则 SWIFT 电信标准用语自动地使偿付授权受 URR725 约束。但当信用证通知给受益人时，除了信用证受 UCP 约束外，通知书也应包括信用证项下的偿付受 URR725 约束的语句。

（二）索偿要求的预先通知（Pre-notification of a Reimbursement Claim）

依据 URR725 第 6 条第 6 款，开证行应在信用证（而非偿付授权中）中注明，要求索偿行在信用证项下索偿前的一定时期通知开证行，它将请求索偿，包括在某一日期索偿及索偿的金额。如开证行在信用证中规定“5 days pre-claim notification to the Issuing Bank”。预先通知的目的是，保证开证行有充足的时间来确定其在偿付行的账户上有充足的资金，以使偿付行在收到索偿请求时，能够借记开证行账户以支付索偿款项。若信用证是采用 SWIFT 方式开立的，预先通知的要求则在 MT 700 的 78 栏中注明。

（三）预先借记通知（Pre-debit Notification）

依据 URR725 第 6 条第 6 款，预先借记通知是开证行对偿付行的一项要求，开证行必须将其列入信用证中。其目的是让索偿行和受益人知道，预先借记通知的结果将会出现索偿行从偿付行那里获得索偿款项延迟的现象。预先借记通知必须在发给偿付行的授权书中注明，要求偿付行在借记开证行账户和支付索偿款项的特定日期之前通知开证行。

索偿要求的预先通知和预先借记通知，是为了保证开证行能够更好地管理其在代理行账户上的资金，但这实际上延长了索偿行和受益人获得款项的时间。有人认为上述做法改变了即期信用证即期付款的性质。但接受带有上述两种通知的信用证的受益人，实际上已经同意接受延迟取款。

若信用证采用 SWIFT 方式开立，预先借记通知的偿付指示应在 MT 700 的 78 栏中注明。

（四）开证行不应要求的事项（What Issuing Banks Shall not Require）

除了信用证必须包括的事项外，下列事项通常不应记载。

1. 相符证明

有时开证行要求索偿行向偿付行提示单据与信用证条款和条件相符的证明。依 URR725 第 6 条第 3 款，开证行不应在偿付授权中要求提供与信用证条款和条件相符的证明。这是因为，偿付行不是信用证的当事人，且不知道信用证的具体内容，因而没有理由要求索偿行向偿付行提示这种相符的证明。若要求这种证明，则应作为索偿行对开证行索偿要求的预先通知的内容之一，而不是作为对偿付行的声明。因此，偿付行一般将这种相符证明作为自己必须审核的一项附加单据，是对开证行提供的一种额外服务，因此要向开证行收取额外的费用。

2. 即期汇票

URR725 第 6 条第 5 款规定，开证行不应要求索偿行提交以偿付行为受票人的即期汇票。这是因为，若要求提交即期汇票则变成了禁止电讯提示索偿，且汇票只能邮寄或快递交给偿付行，可能导致延迟对索偿行付款的时间，增加了索偿行的费用支出，损害了索偿行的利益。因此，索偿行向偿付行提交正确的索偿请求就足以获得偿付，不需要提交即期汇票。另外，偿付行也会将即期汇票的要求视为附加单据，且向开证行收取额外的费用。

3. 远期汇票

有时开证行要求偿付行接受远期汇票，但有些国家的法律规定，要求汇票须附有特定的资料，才允许偿付行接受这种汇票。这些资料一般包括货物和/或服务的描述、产地国、目的地、装船日期和装船地等内容。此种情况下，开证行须在信用证中列明这些资料，以使索偿行能够提供这些资料。若信用证中没有说明提供这些资料，索偿行对此不了解而开立了远期汇票，则有可能遭到偿付行的拒绝，导致偿付延误。因此，要求提供这些资料的偿付行应通知开证行其要求的内容，以便将其包括在信用证及偿付授权中。

另外，URR725 第 6 条第 5 款规定：若要求偿付行承兑并到期偿付远期汇票，偿付授权还应注明汇票的期限、出票人、承兑和贴现费用的承担方。

4. 费用

依 URR725 第 6 条和第 16 条的规定，包含银行间偿付的信用证必须明确地表明有关费用（包括索偿行和偿付行的费用）的承担者。偿付行的费用通常应由开证行承担，因为使用偿付行的行为是开证行的决定；若偿付行的费用由受益人支付，索偿时该费用将从索偿金额中扣除；当偿付行遵守了开证行的有关费用指示（包括手续费、费用、成本或支出），而该费用没有被支付或索偿要求没有提交到偿付授权指定的偿付行；若开证行没有向偿付行提供有关费用的指示，则在这两种情况下，应由开证行承担相关的费用。

5. 重复偿付授权或附加指示

依 URR725 第 12 条，由于开证行已经安排了通过第三家银行偿付，且将对该银行发出偿付授权，此时，除非对原偿付授权做出修改或撤销，否则开证行在收到单据时不得发出新的偿付授权或附加指示给偿付行。因为，开证行收到单据时，若再发出电讯给偿付行，则可能导致偿付行重复付款，开证行的账户将被重复借记。此时，开证行要对因此产生的损失负责。

第二节　偿付授权和偿付保证

依 URR725 第 6 条第 1 款，所有偿付授权和其修改都必须采用经证实（加押）的电讯或经签字的信函形式出具。开证行以加押电讯的方式通知偿付行有关偿付授权或其修改，该电讯即为有效的偿付授权或其修改，任何其后续的邮寄证书将不被理会。

一、即期信用证偿付授权（Reimbursement Authorization under Sight Credit）

依 URR725 第 6 条第 4 款，即期信用证项下偿付授权中必须包括以下内容：（1）信用证号码（Credit Number）；（2）货币和金额（Currency and Amount）；（3）附加金额和增减幅度（如有）；（4）索偿行，若为自由兑用信用证，任何银行均可索偿，则授权偿付行支付给任何索偿行；（5）说明索偿行和偿付行的费用承担者。这样的偿付授权是可撤销的、没有有效期的。开证行发出偿付授权后，一方面要对信用证的受益人承担信用证项下的承付责任，另一方面要对偿付行承担偿付授权项下拨付资金的责任。依 URR725 第 6 条第 2 款，开证行不能将信用证副本寄给偿付行来替代偿付授权，否则，偿付行将对此类副本不予理会。

常见的即期信用证项下的可撤销偿付授权如下：①

Reimbursement Authorization

under sight credit

From：×××××× （name and address of issuing bank）

To：×××××× （name and address of reimbursing bank）

We hereby issue a reimbursement authorization to authorize you to reimburse claims presented by claiming bank and debit our account No. ××× with you under advice to us subject to Uniform Rules for Bank-to-Bank Reimbursements under Documentary Credits, ICC Publication No. 725 upon receipt of its claim (s) in accordance with the following:

（1） Credit number：LC ××××××.

（2） Currency and amount：USD ××××××.

（3） Additional amounts payable, and tolerance, if any：USD ××××××, ×%.

（4） Claiming bank：××× bank ×××××× （its name and address）, or any bank （in the case of freely available credits）.

（5） Parties responsible for charges：××× bank.

若采用 SWIFT 方式，则电讯偿付授权实例如下：

SWIFT MT 740 Authorization to Reimburse

Mandatory/Optional	Field Tag	Field Name	Contents/Options
M	20	Documentary Credit Number	LC 081234
O	25	Account Identification	1234567
O	58A	Negotiating Bank	××× bank
M	32B	Credit Amount	USD123 000.00
M	41A	Available With... By...	××××× BY NEGOTIATION

① 苏宗祥，景乃权，张林森．国际结算．3 版．北京：中国金融出版社，2004：418.

续表

Mandatory/Optional	Field Tag	Field Name	Contents/Options
O	71A	Reimbursing Bank's Charges	OUR
O	72	Sender to Receiver Information	PRE-DEBIT NOTIFICATION OF 2 BANKING DAYS

依 URR725 第 9 条第 2 款，开证行要求偿付行作出偿付保证的授权是不可撤销的（“不可撤销的偿付授权”）。即期信用证项下偿付授权要求开立偿付保证时，这种授权必须包括以下内容：（1）信用证号码；（2）货币和金额；（3）附加金额和增减幅度（如有）；（4）获得偿付保证的索偿行全称和地址；（5）索偿要求的最迟提示日期，包括远期索偿的期限；（6）说明索偿行和偿付行的费用和偿付保证费用的承担者。

常见的即期信用证项下的不可撤销偿付授权（要求偿付行开立偿付保证）如下：①

Reimbursement Authorization

under sight credit with request of issuing reimbursement undertaking

From：×××××× (name and address of issuing bank)

To：×××××× (name and address of reimbursing bank)

We hereby issue an irrevocable reimbursement authorization to authorize you to reimburse claims presented by claiming bank and debit our account No. ×××× with you under advice to us subject to Uniform Rules for Bank-to-Bank Reimbursements under Documentary Credits, ICC Publication No. 725 upon receipt of its claim (s) in accordance with the following:

(1) Credit number：LC ××××××.

(2) Currency and amount：USD ××××××.

(3) Additional amounts payable, and tolerance, if any：USD ××××××, ×%.

(4) Claiming bank：××× bank ××××× (its name and address), or any bank (in the case of freely available credits).

(5) Parties responsible for charges：××× bank.

We also irrevocably authorize you to issue an irrevocable reimbursement undertaking to the claiming bank to honor its reimbursement claim by you in accordance with the following:

(1) Credit number：LC ××××××.

(2) Currency and amount：USD ××××××.

(3) Additional amounts payable, and tolerance, if any：USD××××××, ×%.

(4) Full name and address of the claiming bank to whom the reimbursement undertaking should be issued：××× bank ××××××.

(5) Latest date for presentation of a claim：×××.

(6) Parties responsible for charges (claiming bank's and reimbursing bank's charges and reimbursement undertaking fee)：××× bank.

① 苏宗祥，景乃权，张林森．国际结算．3 版．北京：中国金融出版社，2004：419.

二、远期信用证偿付授权

依 URR725 第 6 条第 5 款，远期信用证项下的偿付授权除包括即期信用证项下的偿付授权内容外，还必须包括以下内容：（1）汇票付款期限（tenor of draft to be drawn）；（2）出票人（Drawer）；（3）承兑费用和贴现费用的承担者（如有）。这种偿付授权是可撤销的，没有有效期的授权。

常见的远期信用证项下的可撤销偿付授权如下：①

Reimbursement Authorization

under acceptance/deferred payment credit

From：×××××× (name and address of issuing bank)

To：×××××× (name and address of reimbursing bank)

We hereby issue a reimbursement authorization to authorize you to accept a time draft (s) drawn on you payable at predetermined date and in the meantime debit our account No. ×××× with you under your advice to us subject to Uniform Rules for Bank-to-Bank Reimbursements under Documentary Credits, ICC Publication No. 725 upon receipt of such draft presented by the claiming bank in accordance with the following:

(1) Credit number：LC ××××××.

(2) Currency and amount：USD ××××××.

(3) Additional amounts payable, and tolerance, if any：USD ××××××, ×%.

(4) Claiming bank：××× bank ×××××× (its name and address), or any bank (in the case of freely available credits).

(5) Parties responsible for charges：××× bank

(6) Tenor of draft (s) to be drawn：×××××.

(7) Drawer：×××××.

(8) Party responsible for acceptance charge, and discount charge, if any：××× bank.

依 URR725 第 9 条第 3 款，远期信用证项下的偿付授权要求开立偿付保证时，该偿付授权书除了包括即期信用证项下的偿付授权内容外，还必须包括以下内容：（1）汇票付款期限；（2）出票人；（3）若不是以偿付行为受票人，则应说明谁为受票人；（4）承兑费用和贴现费用的承担者（如有）。这种偿付授权是不可撤销的。

常见的远期信用证项下的不可撤销偿付授权（要求偿付行开立偿付保证）如下：②

Reimbursement Authorization

under acceptance/deferred payment credit with

request of issuingreimbursement undertaking

From：×××××× (name and address of issuing bank)

To：×××××× (name and address of reimbursing bank)

We hereby issue an irrevocable reimbursement authorization to authorize you to accept a time draft (s) drawn on you payable at predetermined date and in the meantime debit our account No. ×××× with you under your advice to us subject to Uniform Rules for Bank-to-Bank Reimbursements under Documentary Credits, ICC Publication No. 725 upon receipt of such draft presented by the claiming bank in accordance with the following:

---

① 苏宗祥，景乃权，张林森．国际结算．3 版．北京：中国金融出版社，2004：421.

② 苏宗祥，景乃权，张林森．国际结算．3 版．北京：中国金融出版社，2004：421.

（1） Credit number：LC ××××××.

（2） Currency and amount：USD ××××××.

（3） Additional amounts payable，and tolerance，if any：USD ××××××，×%.

（4） Claiming bank：××× bank ××××××.

（5） Parties responsible for charges：××× bank.

（6） Tenor of draft（s） to be drawn：×××××.

（7） Drawer：×××××.

（8） Party responsible for acceptance charge，and discount charge，if any：××× bank.

We also irrevocably authorize you to issue an irrevocable reimbursement undertaking to the claiming bank to accept and pay a time draft（s） in accordance with the following：

（1） Credit number：LC ××××××.

（2） Currency and amount：USD ××××××.

（3） Additional amounts payable，and tolerance，if any：USD ××××××，×%.

（4） Full name and address of the claiming bank to whom the reimbursement undertaking should be issued：××× bank ××××××.

（5） Latest date for presentation of a claim including any usance period：××××××.

（6） Parties responsible for charges（claiming bank's and reimbursing bank's charges and reimbursement undertaking fee）：××× bank.

（7） Tenor of draft（s） to be drawn：××××.

（8） Drawer：××××××.

（9） Party responsible for acceptance and discount charges，if any：××× bank.

三、偿付授权的修改

依 URR725 第 6 条第 4 款和第 8 条第 1 款和第 2 款的规定，无论何时作出影响索偿行提出索偿要求的变更，开证行必须修改偿付授权的内容。一般情况下，信用证中影响偿付授权的条款有：（1）信用证的货币、金额和附加金额或增减幅度的修改；（2）索偿行名称的修改；（3）汇票付款期限或出票人的修改；（4）偿付授权有效期的改变；（5）承兑费用、贴现费用等承担者的变动；（6）若偿付授权要求的借记前通知的时间改变，或者偿付授权开始没有要求，后来增加了借记前通知的时间。修改应包括发给偿付行的指示，说明偿付授权的所有变化。若修改了信用证有效期，但偿付授权却没有作相应的修改，则偿付行会对索偿行拒付。若偿付授权未规定有效期，当信用证的有效期修改时，则偿付授权不需要修改。

若使用 SWIFT 方式，修改偿付授权的实例如下：

SWIFT MT 747 Amendment to an Authorization to Reimburse

Mandatory/Optional	Field Tag	Field Name	Contents/Options
M	20	Documentary Credit Number	LC 081234
O	21	Reimbursing Bank's Reference	RA9865
M	30	Date of the Original Authorization to Reimburse	0412200

续表

Mandatory/Optional	Field Tag	Field Name	Contents/Options
O	32B	Increase of Documentary Credit Amount	USD 20 000.00
O	34B	New Documentary Credit Amount After Amendment	USD 345 000.00

四、偿付保证

依 URR725 第 9 条第 5 款，偿付行可以按照开证行在偿付授权中的要求，开立偿付保证（承诺）给索偿行。该保证除了注明保证条件外还必须包括以下内容：（1）信用证号及开证行名称；（2）偿付授权的货币及金额；（3）附加金额及增减幅度（如有）；（4）偿付保证的货币及金额；（5）索偿要求的最迟提示日期（包括远期索偿期限）；（6）若不是由开证行承担，应注明负担偿付保证费的承担者。若偿付行收取费用，还应注明其费用将从索偿金额中扣除；（7）注明其他保证的条件等。

偿付行的偿付保证附有索偿的最后期限，即偿付保证的有效日期，因此，偿付保证是不可撤销的。偿付保证通常具有以下特性：（1）偿付保证是偿付行支付索偿行的独立承诺文件，只要索偿符合保证的条件则必须履行偿付义务；（2）无论信用证项下的提示是否与信用证相符，偿付行均须向指名索偿行支付索偿金额；（3）由于偿付保证是开致指名的索偿行，因而它不适用于自由兑用信用证；（4）偿付保证不是偿付行对受益人的义务，受益人不是偿付保证的当事人，他不能通过偿付保证而获得利益。

常见的偿付保证实例如下：[①]

Irrevocable Reimbursement Undertaking

From: ×××××× (name and address of reimbursing bank)

To: ×××××× (name and address of claiming bank)

Upon the authorization of theissuing bank, we hereby issue an irrevocable reimbursement undertaking to you to honor your reimbursement claim subject to Uniform Rules for Bank-to-Bank Reimbursements under Documentary Credit, ICC Publication No. 725, provided the following terms and conditions of this undertaking have been complied with:

(1) Credit number and issuing bank: LC ××××××, ××× bank.

(2) Currency and amount of the reimbursement authorization: USD ××××××.

(3) Additional amounts payable, and tolerance, if any: USD ××××××, ×%.

(4) Currency and amount of the reimbursement undertaking: USD ××××××.

(5) Latest date for presentation of a claim including any usance period: ××××.

(6) Party to pay the reimbursement undertaking fee, if other than the issuing bank. The reimbursing bank must also include its charges, if any, that will be deducted from the amount claimed: ××× bank.

(7) (Other terms and conditions, if any.)

---

① 苏宗祥，景乃权，张林森．国际结算．3 版．北京：中国金融出版社，2004：424.

第三节　索偿的种类与处理

一、即期索偿

即期索偿通常以电讯传递方式向偿付行提出索偿要求。若开证行禁止电讯索偿，也可采用信函索偿。依 URR725 第 10 条和 11 条的规定，索偿必须独立地规定索偿的本金、附加金额和费用；不应是索偿行开致开证行的付款、承兑或议付通知书的副本；不能在同一索偿指示中包含多笔业务的索偿；若有偿付保证，索偿必须符合保证的条款；偿付行从收到索偿翌日起，在不超过 3 个银行营业日内处理索偿，营业时间外收到索偿将被视为在下一个银行营业日收到；偿付行对索偿行倒起息（早于索偿日起息）的请求不予理会。在实务中，向偿付行电索收汇较快，优于寄单索偿；若担心开证行不给偿付行授权，或撤销、修改授权，可以要求偿付行开立偿付保证。

常见的电讯索偿实例如下：①

A Claim for reimbursement at sight in the form of a teletransmission

A telex dispatched from Claiming Bank to Reimbursing Bank

TEST ××××× DOCUMENTS NEGOTIATED/PAID UNDER L/C NO. ×××× ISSUED BY（NAME OF ISSUING BANK）OUR BP ×××××AND TERMS COMPLIED WITH CLAIM FOR USD ××××× PLEASE REMIT THE SAID PROCEEDS TO（OUR NEW YORK BRANCH）FOR CREDITING OUR ACCOUNT WITH THEM UNDER ××××× ADVICE TO US QUOTING A. M. BP NO. ×××××.

常见的信函索偿实例如下：②

A Claim for reimbursement at sight in the form of an original letter

A letter addressed by claiming bank to reimbursing bank

（name of reimbursing bank，place.）

Dear Sirs,

Re：Claim for Reimbursement of USD

We have negotiated documents under L/C No. ××××× issued by ××× our BP ×××. Terms and conditions of the credit have been complied with，we claim for USD ×××××，please remit the said proceeds to ××× for crediting our account with them under ××× advice to us quoting above mentioned BP NO. ×××.

Kindly take note.

（name of claiming bank，place）Signature

使用 SWIFT 方式，电讯索偿实例如下：

SWIFT MT 742 Reimbursement Claim

Mandatory/Optional	Field Tag	Field Name	Contents/Options
M	20	Claiming Bank's Reference Number	RC1234

① 苏宗祥，景乃权，张林森．国际结算．3 版．北京：中国金融出版社，2004：425.

② 苏宗祥，景乃权，张林森．国际结算．3 版．北京：中国金融出版社，2004：425.

续表

Mandatory/Optional	Field Tag	Field Name	Contents/Options
M	21	Documentary Credit Number	LC 5678
M	52A	Issuing Bank	××××××××
M	32B	Principal Amount Claimed	USD 800 000.00
O	71B	Charges	USD1 234.00
M	34A	Total Amount Claimed	USD 801 234.00

二、远期索偿

依 URR725 第 10 条第 2 款，远期索偿包含开立以偿付行为付款人的远期汇票，索偿行必须将索偿要求连同汇票寄给偿付行。若信用证及/或偿付保证要求，索偿要求还必须包括货物及/或服务的一般描述、原产地、目的地/履约地、货物装运日和装运地。在信用证的偿付指示中，开证行必须提供包括上述资料的明确指示。

依 URR725 第 11 条第 3 款，远期索偿允许索偿行开立以偿付行为付款人、以索偿行为出票人和受款人，且固定付款到期日的远期汇票，连同注明约定偿付日的索偿要求一起寄给偿付行处理。索偿行开立远期汇票注明固定付款到期日，该日期就是受益人开立信用证项下的远期汇票承兑后的付款到期日，也是索偿要求的约定偿付日。就在这一天，偿付行偿付给被指定的承兑行，被指定承兑行付款给受益人。索偿要求不应先于约定的偿付日期 10 个银行营业日提示给偿付行。如果将索偿要求先于约定的偿付日期 10 个银行营业日提示给偿付行，偿付行可不予理会，但偿付行应以电讯或其他快捷方式无延误地通知索偿行。偿付行对索偿要求作出偿付时，若该索偿要求注明付款，承兑或议付是在有保留或保函的情况下作出的，则偿付行对此不负任何责任，并可对该注明不予理会。

常见的远期索偿实例如下：①

Claim for Reimbursement at A Tenor

In case of a claim for reimbursement at a tenor, a time draft together with the reimbursement claim must be forwarded to the reimbursing bank.

Reimbursement claim and time draft will be in the forms as follows:

(name of reimbursing bank, place)

Dear Sirs,

We enclose herewith a time draft drawn on you for USD ××××× payable on the predetermined reimbursement date i. e. 5 June, which is presented to you for acceptance.

On such predetermined reimbursement date, please reimburse us the above mentioned amount less acceptance charge for crediting our account with ××× under ××× advice to us quoting our Ref. BP No. ×××.

(name of claiming bank, place)

Signature

① 苏宗祥，景乃权，张林森．国际结算．3 版．北京：中国金融出版社，2004：427.

三、偿付信用证的优缺点

对受益人和索偿行而言，首先，偿付信用证的收汇时间比一般信用证快捷。在偿付信用证项下，被指定银行（索偿行）通常是在确认单证相符后，立即以电讯方式请求偿付行给予偿付，同时，将单据直接寄送开证行。因单据与索偿分离，偿付行不需要也不可能根据单据情况来决定是否偿付，他只能凭索偿行的要求决定是否偿付，且一般以电讯方式偿付款项。因此，这种结汇方式收汇速度较快，最短时间为 1 天，最长不超过 5 天。而一般信用证，被指定银行必须在将单据寄送开证行，由开证行在不超过 5 个营业日内审核并确认单据相符后，才能获得偿付。但寄单的邮程加上开证行审单及付款时间，其收汇少则一周，多则可能 20 天以上，平均收汇时间约为半个月。其次，收汇安全。因偿付行不须审单，仅凭索偿行的要求偿付款项，因此，索偿行可在开证行作出单据是否相符的决定之前取得款项。若开证行以非实质性不符点为由要求退款，此时，索偿行可能已收取了款项。若有争议，可依国际商会的有关规则和国际贸易惯例，通过有关方式加以解决，避免了开证行无理拒付的可能，因而收汇安全有较大的保障。此外，因偿付行一般为信用证货币清算地发达国家银行，外汇管制较少、资金充裕、信誉优良，因而各种风险较小，即使开证行信誉欠佳，但由于偿付款项的首先是偿付行而非开证行，所以，只要单据相符，索偿行的收汇则较为安全。

但在国际结算实务中，有时也会出现假偿付信用证，即虽然信用证中指定了偿付行，但开证行并没有给该偿付行有关偿付的授权或指示，偿付行也不知道自己为开证行的偿付行，或因其他原因，该行不愿接受开证行偿付授权，这是它的权利。当索偿行向所谓的“偿付行”索偿时，可能遭到拒绝，而不得不再转向开证行索偿。因此，当受益人接到偿付信用证后，必须对其加以核实。首先，受益人收到偿付信用证后，可以通过议付行书面联系信用证中的偿付行，要求偿付行对此加以确认；若偿付行不予确认，应要求开证行修改信用证，另选偿付行。一旦偿付行确认后，则不得推卸其偿付义务。其次，为了确保偿付行承担偿付义务，受益人可以要求开证行请求偿付行出具偿付保证。

偿付信用证对开证行而言却存在着一定风险，即款项已被索偿行索偿，但有可能收到的是不符的单据，进而有可能被开证申请人拒绝，得不到垫款。尽管 UCP600 和 URR725 规定，开证行不得要求索偿行向偿付行提交与信用证条款和条件相符的证明，但在实务中，开证行往往仍然在信用证中规定向偿付行索偿时，必须提交单据相符的证明。因此，索偿行有时不得不照办。

案例分析

1. 信用证议付条款不明确纠纷案①

中国 Y 出口公司与伊朗 F 公司以 CFR 条件签订一份电机出口合同，由伊朗某银行开立信用证。偿付行为开证行伦敦分行，通知行为北京 B 银行，到期日为 5 月 26 日，可分批，可转运。

① 资料来源：欧明刚．议付条款不明确引起纠纷．国际商报．2007-3-2.

信用证规定，商业发票由贸促会或其他公证机构证实，并由伊朗驻中国大使馆确认，产地证由贸促会签署并由伊朗大使馆确认。Y公司按以上要求办好手续，于5月10日备齐全套单据后，已是装船后20天了，该公司将全套单据交付当地C银行议付，该银行审单后，发现信用证一条款不甚明确："Sole Bank Authorized to Negotiate"，对此条款有两种理解：一是只能在一家银行办理交单议付（因信用证有可分批装运条款）；二是该条款应理解为限制议付条款，但信用证未说明哪家银行为议付行，而除了偿付行和通知行外未出现其他银行，故推测为限制B通知行议付。

鉴于距最后交单期只有1天时间，单据寄到北京或到北京议付都不可能。而受益人声称与申请人曾有多次合作关系，而且全套单据无其他不符点，因此，C银行缮制面函，单寄开证行并声称："我行随附单证相符的单据于贵行，并依信用证条款向偿付行索偿。"寄单当日，电传偿付行，要求偿付。

偿付行于5月11日将其给开证行的电传抄送一份给C银行，电文如下："我行收到C银行索偿指示，系你行××信用证项下，金额USD30 000，但我行记录索偿行为北京B银行，请速指示。"之后C银行多次电传偿付行，查询此笔款项结果，偿付行以尚未收到开证行指示为由拒绝付款。

6月3日，C银行致电开证行，要求其授权其伦敦分行付款。6月11日，开证行电复如下："Pls note Bank B is the sole bank authorized to negotiate relative docs not you. Therefore we treat docs on collection basis. Meanwhile the payment will be effected upon releasing the goods from customs house in Iran complied with L/C terms. In view of above, contact the bene. and let us know if we may deliver the docs to the buyer."（请注意是B银行而非你行被授权为唯一的单据议付行。因此，我们将单据按证下托收处理。款项将在单证一致、从伊朗海关释放货物后支付。根据上述情况，请洽受益人并告我方可否向买方放单。）

6月13日，C银行在取得受益人一致意见后致电开证行"贵行信用证中并未明确限制B银行为议付行，我行在受益人要求下，将单证相符的单据提示贵行要求付款，依UCP600第7条a款'只要规定的单据提示给被指定银行或开证行，且构成相符的提示，则开证行必须承付……'"，并提醒开证行参阅国际商会第535号出版物《跟单信用证案例研究》案例27银行委员会的意见："允许议付信用证下受益人没有到指定银行'议付'并不影响开证行和保兑行（若有）的责任，也不构成信用证条款的不符，只要受益人在信用证效期内并根据情况在UCP规定的期限内向指定银行或直接向保兑行（若有）或开证行提交相符的单据。"据此，要求开证行立即付款。

开证行收到此份电传后既未付款也未做任何答复。与此同时，受益人也积极地与申请人沟通并得知，开证行于6月11日曾电传B银行要求证实该行未做议付。

C银行于6月26日致电B银行请其协助尽快发电证实，以求收回货款。

6月28日B银行致电开证行证实B银行未做议付。

C银行于7月2日收到开证行的付款（只有本金），结束此笔业务。

试分析该案例。

（提示：该案例涉及以下问题。

第一，议付条款不明确；

第二，受益人本身的失误；

第三，通知行未尽其责。

信用证的议付条款必须清楚和明确规定，是自由议付还是限制议付。若开证行指示不明导致受益人的损失，应承担责任。UCP 对此类问题作出了明确的解释。受益人在收到信用证后应认真审证，对不能接受的条款或不清楚的条款应要求予以修改，以便保障自身的合法权益。

若受益人备单交单太慢，可能很难挽回局面。另外，通知行对信用证中的模糊之处也应向受益人提醒注意，否则违反国际惯例。）

2. 开证行、申请人拒付争议案[①]

案情简介

某年 4 月，湖北机电进出口公司与伊朗客户签订合同，出口成像仪到伊朗。伊朗商业银行于 5 月开立了 6 万美元的即期信用证，采用空运方式，限定中国银行议付，并指定东京三菱银行新加坡分行为偿付行。湖北机电公司于 7 月 7 日将信用证项下的单据提交中行北京银行（非武汉中行）请求议付。中行北京银行审单无误后（未议付），将全套单据寄往开证行。

7 月 28 日，湖北机电收到中行北京银行转来的开证行通知："Payment will be made after receiving applicant' s acceptance"（申请人接受单据后再付款）。湖北机电拒绝接受开证行的要求，并指出其行为违反开证行独立审核单据的原则。湖北机电还通过中行北京银行督促开证行及时付款。

8 月 5 日，中行北京银行应湖北机电要求致电开证行：（1）卖方已按信用证要求向开证行提交了全套相符的单据；（2）根据 UCP，信用证独立于其所依据的交易。银行在信用证项下所做出的付款、承兑、支付票据，或议付或履行其他义务，与开证申请人同开证行或同受益人之间的关系所引起的索赔或抗辩无关；（3）根据 UCP，在信用证业务中，各相关方处理的是单据；一旦收到单据，银行只能以单据为依据决定其表面是否相符，且银行只能以自己的判断为审单依据，而不能受其他方左右。因此，卖方认为拒付无效。

此电文没有任何回音。在中行北京银行与开证行交涉的同时，湖北机电也抓紧时间与伊朗客户联系，但客户一再寻找借口拖延付款。与此同时，湖北机电也与运输公司联系，要求运输公司指示其在伊朗的代理，一定要凭正本航空运单放货。在中行北京银行两次反驳乃至后来的越级申述的压力下，在湖北机电不断与客户交涉并同时采取了保障货物安全措施的情况下，开证行终于在 8 月 19 日，授权中行北京银行到东京三菱银行新加坡分行索偿。8 月 23 日，中行北京银行收到偿付行的付款。

试分析该案例的症结所在。

（提示：该案涉及开证行和申请人拒付信用证项下的单据的依据，指定银行议付，

---

① 资料来源：郑雨田．一起信用证案例引发的几点看法．Practice in Foreign Economic Relations and Trade，2007（1）．

该银行是否必须议付？若议付行拒绝议付，最终由谁承担付款责任？偿付行的付款是否等于开证行付款？出口商如何控制航空运单下的风险？该案中，申请人故意拖延付款时间，开证行回避信用证项下的责任，考虑到伊朗国家收汇的风险，中行北京银行作为议付行未做实际议付，仅作为寄单行向开证行传递了全套单据，没有向东京三菱银行新加坡分行索偿；受益人及时联系货物运输公司指示其在伊朗的代理，必须要凭正本航空运单放货。这样就有效控制了风险，保证了最终安全收汇。）

3. 国际商会咨询案例

案情简介

某议付银行收到了客户在信用证下提交的单据并根据信用证条款和条件议付。但开证行拒绝该单据。不符点为：

1. AWB 没有显示已装运批注；

2. 发票显示“FCA 新加坡樟宜机场”而非“FOB 新加坡”。

该议付银行不同意该不符点。然而，开证行坚持不符点，随后承兑但从款项中扣除了 100 美元的不符点费用。

该议付银行于是咨询国际商会关于开证行的不符点是否有效。

案例背景

1. 信用证要求的其中一个单据为“全套清洁已装运航空运输单，收货人凭开证行指示……”，航空分运单可接受。

信用证 44E 栏 和 44F 栏分别显示：

44E：新加坡樟宜机场（Singapore Changi Airport）

44F：孟买国际机场（Mumbai International Airport）

货物描述：XX 单位电脑芯片，FOB 新加坡，依据购买合同 No. ……

2. 受益人提交的航空运单符合 UCP600 第 23 条的规定。此外，航空运单规定了实际的飞行细节和航班。由于这是一个航空运单，没有“已装运”批注。

3. 由于是空运，发票显示“FCA 新加坡樟宜机场”。

受益人和议付银行认为，FOB 术语只适用海运和内陆水运，不适用航空运输。此外，从受益人处得知，购货合同中甚至没有引用 Incoterm。购货合同中只提出了运输应由申请人指定的航空货运代理人承担，且航空运输单据应记为运费到付。

4. 收到开证行拒绝通知后，议付银行抗辩且不同意其不符点。但开证行拒绝接受，坚持单据不符要求。

5. 开证行的理由是银行必须严格遵守信用证规定的条款。它甚至引用了国际商会银行委员会最近公布的“已装运文件”：已装运（on board）也可以意味着已装上卡车、火车和飞机。这意味着国际商会银行委员会也允许该做法。同样的，它声明信用证要求“清洁已装运”航空运输单据的做法并无问题。它还进一步认为，在 FOB 条件下，只有在货物已交付且装运至飞机上时，货物丢失或损害的风险才从卖方转移给买方。

这与 FCA 条件不同。在 FCA 条件下，卖方在其所在地或其他地点交付货物给承运人或者卖方指定的其他人时，货物丢失或损害的风险从卖方转移给买方。

这似乎是合理的，但实际上不是。目前，意见发生了分歧。一些人认为开证行的做法是正确的，受益人提交的单据必须严格符合信用证条款，无论该条款是否合理。一些人认为“已装运”批注应只适用于信用证下海运和内陆水运单据，FOB 不应用于航空运输单据。

若国际商会银行委员会能告知关于开证行拒绝通知是否合理的意见，我们将不胜感激。

国际商会分析

关于不符点 1：“AWB 没有显示已装运批注”

信用证要求的其中一个单据为“全套清洁已装运航空运输单，收货人凭开证行指示……”该措辞：(a) 更适合提单；(b) 不符合要求航空运输单据时惯用的或标准的措辞。在 UCP600 第 23 条中没有要求航空运输单据包含“已装运”批注。UCP 要求航空运输单据标明承运人已接收货物，其出具日期将被视为装运日期。信用证要求航空运输单据显示“已装运”批注不能被理解为，要求航空运输单据标注关于实际装运日期的特殊批注（包括航班号细节），此类要求将不予理会。

开证行在不符点的理由中，表明国际商会银行委员会发布的“已装运”批注文件涉及“已装运”批注也可以适用于已将货物装上卡车、火车和飞机。关于“已装运”批注文件的引用只是为了强调提单上的“已装船”（“Shipped on Board”）声明可能不与已装上单据中指定船舶有直接关系。该文件并不提倡航空运输单据标明“已装运”批注，或信用证应该或可以要求航空运输单据显示类似指示。

关于不符点 2：发票显示“FCA 新加坡樟宜机场”而非“FOB 新加坡”

基于 FOB 不是航空运输适用的 Incoterm 术语，购货合同也并没有采用 Incoterm，议付银行不同意该不符点。开证行柜台称信用证条款应被严格遵守，在 FOB 条件下，只有在货物已交付且装运至飞机上时，货物丢失或损害的风险才从卖方转移给买方。由于信用证要求“清洁已装运”航空运输单据，适用 FOB 作为 Incoterm 术语是正确的。

UCP600 第 18（c）条规定“商业发票中货物、服务或者履约的描述必须与信用证中的描述一致”。并且贸易术语“FOB 新加坡”是信用证中描述中的一部分，没有涉及应用“Incoterms® 2010”。

在信用证下提交的发票显示“FCA 新加坡樟宜机场”。在审核单据时，银行只负责审核单据表面信息而不进一步调查它是否正确或适合基础交易。由于信用证独立于基础合同（参照 UCP600 第 4 条 a 款），购货合同未引用贸易术语的事实并不影响审核单据。

同时应注意，受益人在交付货物并提交单据之前，有责任确保信用证中的条款和基础合同条款一致。若信用证与购货合同有冲突，根据 UCP600 审核单据时优先考虑信用证条款。

在该情况中，发票中显示的贸易术语与信用证中规定的术语不相符。

国际商会结论

第一个不符点无效。

第二个不符点有效。

第九章　信用证项下的提示与审单操作

信用证是有条件承付的保证，受益人只有提示相符的单据才能获得开证行或被指定银行的承付或议付。本章主要介绍受益人如何提示单据，以及开证行或被指定银行如何遵循信用证或其惯例与规则的相关规定和基本准则审核单据。[①]

第一节　提示到期日和提示地点

UCP600 第 2 条规定：“提示（Presentation），是指向开证银行或被指定银行交付信用证项下单据的行为，或按这一方式交付的单据。”该条又规定：“提示人（Presenter），是指进行提示的受益人、银行或其他有关方。”因此，“提示”，又称之为“交单”，它既包括提示行为，也包括单据本身。“提示人”包括进行提示的受益人、被指定银行等。

信用证项下的提示通常是指，受益人向被指定银行、开证行或保兑行的交单行为和单据，以及被指定银行向开证行或保兑行的交单行为和单据。

一、提示的到期日

依 UCP600 第 6 条的规定，信用证必须规定一个提示单据的到期日，规定用以承付或议付的到期日将被视为提示单据的期满日期。单据必须在到期日或到期日之前提示。

信用证项下的承付或议付是开证行或被指定银行对受益人的一种承诺，但这种承诺是有时间限制的。因此，信用证必须规定提示单据的到期日，受益人或有关方只有在该日期或其之前提示单据，才有可能获得开证行或被指定银行的承付或议付。只规定了提示的到期日而未规定最迟装运期的信用证是有效的，且是可执行的。因为这种情况下，可以视为货物可以在提示的到期日或其之前的任何一天装运。

提示的到期日不是承付或议付的最迟日期。在信用证业务中，有时某些银行在信用证中规定付款、承兑或议付的到期日，即必须在该到期日前进行或完成付款、承兑或议付。这种做法是不正确的。因为银行的付款、承兑或议付行为，行为延迟或不行为均是受益人无法控制的，使受益人的权利受制于它不能控制的行为或不行为是不公平的。对

---

① 苏宗祥，景乃权，张林森．国际结算．3 版．北京：中国金融出版社，2004（第十一章第三节：交单的有关问题）.

受益人而言，它所能控制的就是按规定时间提示单据。因此，UCP600 第 6 条明确规定：信用证中规定了承付或议付的到期日，则该到期日应被视为提示单据的到期日。换言之，若受益人在提示到期日最后一天，在银行营业时间的最后时刻提示了单据，则属于按规定提示了单据，银行可以在该到期日之后办理审单，决定是否承付或议付，只要不超过 5 个银行营业日。国际商会的案例也表明，银行有权声明单据不符，但无权声明“迟期议付”，即开证行不得以议付通知书（Schedule of Negotiation），又称“寄单面函”（Bill of Purchase，B. P.）的日期在信用证有效期之后，作为“迟期议付”的理由而予以拒付。

二、提示到期日的确定

依 UCP600 第 14 条第 3 款的规定，若信用证要求提示的单据中包括运输单据，则该信用证不仅应规定提示到期日，还应规定一个装运日期后必须提示单据的特定期限；若信用证中未规定此特定期限，则视该特定期限为 21 天，即单据的提示不能晚于装运日期后 21 天；但无论如何，单据的提示必须不晚于信用证有效期。

国际商会在相关的案例中建议，提示的到期日与信用证的有效日期相同为好。例如，信用证规定：最迟装运日为 9 月 15 日，最迟的提示到期日为装运日后 15 天内，信用证的有效期在 9 月 30 日终止。同时，国际商会还指出，提示到期日长于或短于信用证的有效期则是不好的信用证。如，信用证规定：最迟装运日为 9 月 20 日，最迟的提示到期日没有规定，信用证的有效期在 9 月 30 日终止。再如，信用证规定：最迟装运日为 9 月 3 日，最迟提示到期日为装运日后 15 天内，信用证的有效期在 9 月 30 日终止。

三、直接向开证行提示的风险

国际商会的案例表明，若信用证已授权另一银行作为被指定银行时，受益人既可向该被指定银行提示，也可直接向开证行提示单据请求承付，只要其提示符合信用证的规定即可。

若受益人选择了向被指定银行提示，则受益人不承担单据从被指定银行到开证行的寄送风险，而且受益人修改单据也较为方便，因为被指定银行一般与受益人处于同一城市。若受益人选择了直接向开证行提示，则受益人需承担单据从受益人到开证行的寄送风险，而且还必须保证单据在提示到期日内到达开证行。另外，若单据存在不符点，受益人修改单据时将产生诸多不便。

四、提示地点

提示地点是受益人提示单据请求银行承付或议付的地点。依 UCP600 第 6 条，信用证均须规定一个提示单据请求承付或议付（自由议付信用证除外）的地点。

自由议付信用证因可在任何银行议付，因此任何地点均可作为提示地点，但若限定在某一国家或地区议付，则提示地点应规定在该国家或地区之内。

受益人在上述提示到期日内在提示地点将单据提交给被指定银行，即使单据到达开证行时该期限已过，也属于符合提示到期日的要求。由此可知，提示地点是提示到期日计算到期的地点。因此，提示地点与提示到期日结合起来才是明确的，即提示到期日是以提示地点为计算依据。

在信用证业务中，提示地点通常规定在受益人所在地，即被指定银行所在地。若受益人接受以开证行所在地为提示地点，这将给受益人带来以下不利之处：

(1) 信用证的有效期和提示期限相对缩短。因为受益人要承担单据的在途时间，即以开证行收到单据为计算有效期和提示期限的依据。

(2) 受益人承担单据寄送开证行的在途风险。这一点在前面已有论述。

(3) 受益人承担单据不符的风险。依 UCP600 第 18 条的规定，审单银行（通常为受益人所在地银行）拥有一项选择权，而且其选择权对各方均有约束力，包括对开证行。因此，受益人在本国的被指定银行提示，若该银行接受了超额发票，则开证行也不得拒受。相反，若以开证行所在地为提示地点，有可能导致开证行拒受超额发票，这一风险完全由受益人自己承担。

第二节　审单的基本准则

当开证行、保兑行（若有）、议付行或其他被指定银行收到受益人或其他提示人提示的信用证项下的相关单据后，必须在 5 个银行营业日内对其审核，以决定是否承付或议付。上述银行在审单时，通常应遵守以下基本准则。[①]

一、独立审核

根据信用证的特点和国际商会的惯例，银行审核单据必须遵守独立审核的准则，即审单与下列事项无关：与作为信用证基础的买卖合同或其他合同；与申请人和受益人之间的关系；与货物、服务和（或）行为；与审单以外的其他知识和信息。

二、表面相符

UCP600 第 14 条规定，按照指定行事的被指定银行、保兑行（若有），以及开证行必须仅仅依据单据审核提示，以决定单据是否在表面上构成相符的提示。为此，银行必须审核信用证规定的单据，以确定单据在表面上（On their face）是否符合信用证条款。单据在表面上符合信用证条款应从以下几个方面加以解释。

（一）单据必须与信用证条款相符（单证相符）

例如，信用证规定货物应使用木箱包装（Goods packed in wooden cases），而包装单据却表明货物装于木条箱（Goods packed in wooden crates）。这属于单证不符。

（二）单据必须与国际惯例相符

由于规范信用证业务的国际惯例（UCP600）对信用证的许多问题，包括单据的问

---

① 苏宗祥，景乃权，张林森．国际结算．3 版．北京：中国金融出版社，2004（第十一章第一节：审单尺度）．

题均有规定，因此，银行审单时判断单据是否在表面上与信用证条款相符的另一依据是，单据还必须与 UCP600 的规定相符。例如，若信用证没有规定单据的最迟提示期限，则晚于运输单据签发日后 21 天才提示的单据属于单据不符。

（三）单据必须与既成事实相符

受益人所制作的各种单据必须与已完成的事实相符，而不能完全照搬信用证的文句，否则就是表面上不符合信用证规定。例如，信用证规定“Shipment from A（港口）or B（港口）”，而提单“装货港”（Port of Loading）一栏也照填了“A or B”，则属于表面上不符合信用证规定。提单应按照实际装运港口填写，如填写“A（港口）”或填写“B（港口）”。又如，信用证规定“Goods must be packed in cartons which effect to be indicated in the invoice”，而发票仍然填写“Goods must be packed in the cartons”，则也属于表面上与信用证规定不符。发票应填写“Goods have been packed in the cartons”。

（四）单据之间表面相符（单单相符）

UCP600 第 14 条第 5 款规定：“除商业发票外，单据中货物的描述、服务或行为（若有）可以使用与信用证中的描述不相冲突的统称”。因此，各种单据的主要内容，如货物名称、数量、金额、包装、唛头等，必须在表面上相同或一致，不得相互矛盾。特别是发票、提单、保险单等单据之间关于货物的主要内容必须保持一致。

（五）单据本身相符（单内相符）

UCP600 第 14 条第 4 款规定：“单据中的信息，当联系信用证上下文、该单据本身及国际标准银行实务（注：ISBP）时，不必与该单据、任何其他规定的单据或信用证中的信息完全相同，但不得与其相冲突。”

该款强调，银行审单的标准是：单证相符、单单相符及单内相符。但是，单证之间、单单之间及单内的信息无须“完全等同”（identical），仅要求“不得冲突或矛盾”（must not conflict with）即可。这与 UCP500 的审单标准“单证相符、单单不得互不一致”（notinconsistent with）相比，体现了审单标准宽松化的趋势。当然该款并不表明审单放弃了“相符”的基本原则。此前，许多银行依据所谓的“严格相符”的原则审单，导致大量的拒付，从而严重影响信用证业务的进行。因此，UCP600 与 ISBP 的实施无疑是拯救信用证业务的重要举措。由此可见，UCP600 实施后，受益人所提示的每一种单据本身的相关内容也要彼此相符。

三、审单依据

银行审核信用证项下的单据，其依据除了国际惯例的规定之外，其直接依据是信用证中规定的条款和条件。根据国际商会 511 的解释，条款（Terms）是指必然发生的事件，如信用证规定的装运期、提示到期日、有效期、单据种类与名称、单据内容等，是业务中必然发生的事情，通常可用独立的单据加以证明。条件（Conditions）是指未来不确定的事件，通常没有独立的单据可供银行审核，但需要一定的单据给予支持。如信用证规定提交已装船的、清洁的提单，“已装船和清洁”是一种条件，通常由提单（属于条款）中的批注或记载来加以支持，而没有独立的“已装船和清洁”单据以供银行审核。

四、不理会非单据条件

所谓“非单据条件”是指，虽然信用证规定了某一条件，但并没有同时规定受益人需要提示何种单据来支持这种条件。例如，信用证规定货物的产地是中国，但并没有要求受益人同时应提示产地证书，因此，“产地是中国”则是一个非单据条件。若信用证既规定货物的产地是中国，同时又要求受益人提示货物的产地证书，则“产地是中国”就不是非单据条件，因为产地证书可以支持货物“产地是中国”这一条件。常见的非单据条件还有：载货船舶的船龄不得超过×年；载货船舶不得悬挂某某国旗；装船后受益人应立即通知申请人，货物不得为某某国家所生产，等等。

依 UCP600 第 14 条第 8 款，银行在审单时对非单据条件不予理会，并将此条件视为没有声明。为此，申请人和开证行在开立信用证时，必须将非单据条件转化为单据条件。如上述“船龄不得超过×年”，应要求提示船舶规范证明复印件；“船舶不得悬挂某某国旗”，应要求提示船籍证明复印件等。关于“非单据化条件”问题，参见第八章的相关内容。

五、不审核未规定的单据

未规定的单据是指，信用证中没有提及的单据。在信用证业务中，有时受益人因种种原因，所提示的单据中，除规定的单据还有信用证并未要求的某些单据。对此，UCP600 第 14 条第 7 款规定，提示信用证未要求的单据将不予理会，可以将其返还提示人。这一规定表明了银行审单的范围，同时也暗示，即使这种单据与信用证要求的单据有不符之处也不应影响信用证的效力，换言之，银行不应以此为理由拒付。

六、在规定时间内审单

UCP600 第 14 条第 2 款规定，按指定行事的被指定银行、保兑行（若有）或开证行均享有自收到单据的次日起最多 5 个银行营业日的时间审核单据，以决定提示是否相符。国际商会规定银行审单应有一个时间限制，其目的在于，若超过 5 个银行营业日仍未作出是否接受单据，开证行、保兑行或被指定银行将失去拒受单据的权利，即使单据存在不符点，相关银行只能接受单据；但在 5 个银行营业日内，银行也不能被迫承付或议付。

UCP600 的上述规定表明，5 个银行营业日是审单的最长时间限制，因此，若超过该时间限制银行只能接受单据。但这并不意味着 5 个营业日全部用完才作出是否接受单据的决定就是合理的，若 2 个或 3 个营业日就作出了是否接受单据的决定也同样是合理的，而且时间越短，对各当事人越有利。因此，5 个营业日对银行而言，既是一种权利，也是一种义务。

关于银行审单时间还应注意几点：（1）若某一银行收到受益人的单据，只负责转递或寄单给开证行或保兑行，则该银行不是开证行或保兑行的被指定银行，因而它不享有 5 个营业日的时间，必须立即将单据寄出，以使单据在信用证有效期内到达开证行或保兑行。（2）寄单指示中，关于寄单次数和方式的规定，不是非单据条件。若寄单银行未按寄单指示规定的做法寄单，则视为不符点，开证行或保兑行可以拒受单据；

（3）开证行或保兑行拒受单据，发出拒受通知时，若信用证尚未到期，则允许受益人修改有关单据。当开证行或保兑行收到修改后的单据，仍然允许有5个营业日的审单时间；在修改后的单据中发现新的不符点，银行仍然有权再次拒受。

七、遵从国际惯例

银行在审单时，除了必须依据信用证中的条款和条件外，还必须遵从国际商会制定的与信用证业务有关的所有惯例和规则。这些惯例和规则主要有UCP600、eUCP600、ISBP、URR725、Incoterms® 2010以及UCP生效后国际商会关于UCP的各种出版物等。

第三节　银行审核单据及其处理

信用证项下的银行审核单据包括被指定银行的审核单据和开证行的审核单据。[①]

一、议付行的审单

（一）对相符单据予以议付

当议付行收到受益人提示的单据后，按前述的准则审核单据。若单据相符，则应向受益人预付或同意预付款项，并向开证行寄单索偿货款。

国际商会指出，若汇票上载有“无追索权”记载，议付该汇票的银行通常对出票人没有追索权，但在跟单信用证项下，该银行对受益人具有追索权。因此，议付行只要没有保兑信用证，对受益人均有追索权；若议付行保兑了信用证，则该“议付”是没有追索权的“议付”。[②]

（二）议付行遭拒付的处理

当议付行将相符单据提示给开证行或保兑行（若有）请求偿付时，开证行或保兑行若拒绝偿付，则议付行可以向受益人行使追索权，追回其预付的货款。但若保兑行“议付”后，开证行拒绝偿付，则保兑行不得向受益人行使追索权。同样，保兑行若遭受开证行拒付也不得向议付行行使追索权。

二、承兑行与付款行的审单

若承兑行与开证行分别为两家银行，当承兑行收到受益人提示的单据后，予以审核。如果单据相符，承兑行一方面承兑汇票（已承兑的汇票一般退还给受益人），另一方面寄单给开证行要求其在到期日偿付。一旦远期汇票到期，承兑行向受益人付款，且无追索权，同时获得开证行的偿付。若承兑行与开证行为同一银行，当收到受益人提示相符的单据后，先承兑汇票并向受益人发出承兑通知，汇票到期后再向受益人付款。

在付款信用证项下，一般由通知行兼任付款行。若通知行履行付款义务且没有表示

---

① 苏宗祥，景乃权，张林森．国际结算．3版．北京：中国金融出版社，2004（第十一章第五节：指定银行对于单据的处理；第七节：开证行对单据的处理）．

② 参见UCP600第8条第1款。

保留追索权时，则该银行不得对受益人行使追索权。但通知行兼任议付行时，则对受益人拥有追索权。

三、被指定银行如何处理不符的单据

根据国际商会的统计，约50%以上的单据在第一次提示时都在不同程度上存在着不符点。因此，被指定银行收到受益人提示的存在瑕疵的单据后，必须及时处理，以免给受益人造成损失。被指定银行通常采取以下措施处理不符单据。

（1）将存在不符点的单据退还提示人，要求其修改并要求其在信用证有效期内和提示到期日之前再次提示。这是被指定银行最常用的方法之一。

（2）将全套单据退还提示人，请其直接寄给开证行。

（3）依提示人的授权，将不符单据以等待批准的方式寄送开证行，请求开证行作出接受或拒绝单据的决定。

（4）依提示人的授权，以电讯方式请求凭不符单据授权承付或议付。这也是被指定银行常用的方式之一，俗称“电提”。常用的电文如：Documents Presented Under Your L/C No. ×××. Bill's Amount USD ××××. Our Ref No. ×××. All Terms Complied with Except

① No Unique P/L.

② Shipment Date 051122 Late Shipment.

……

Please cable us whether we may negotiate documents.

若开证行同意接受不符单据并授权议付时，通常在电文中说明单据在其他方面是相符的（If otherwise in order），以确保开证行在收到单据时不再存在其他不符点。对此国际商会指出，开证行接受了不符单据，并授权被指定银行承付或议付，则被视为对单据的不符点进行了修改，从而实现了单据相符的要求。

（5）凭受益人的保证或凭其他保函（Letter of Indemnity）向受益人承付或议付。这种方法是指，被指定银行取得了受益人的保证或由其他银行为受益人担保，若开证行拒受单据时，被指定银行向受益人的承付或议付以及相关利息和费用由受益人或担保人负责偿还。被指定银行在向开证行寄单时，一般在寄单面函中说明：Due to discrepancy（ies），we have negotiated documents against Letter of Indemnity。

四、开证行审单后承付或偿付

无论是收到受益人直接提示的单据，还是收到被指定银行寄来的单据，开证行都必须依据信用证和UCP600的规定以及前述的基本准则，对信用证项下的单据予以审核，以决定是否接受单据并承付或偿付。经审单后，开证行认为单据相符，则必须履行信用证项下的承付或偿付义务。

五、开证行拒付

开证行审单后，若认为单据不符，即单据存在不符点，则可拒受单据，即拒绝承付或偿付，并发出通知。

若开证行拒付，则必须依 UCP600 第 16 条的相关规定处理。

（一）拒受瑕疵单据

单据表面上与信用证条款不符，称之为有瑕疵的单据。依 UCP600 第 16 条第 1 款，若单据存在不符点（单据存在瑕疵），被指定银行、开证行或保兑行有权拒受受益人提示的不符单据。同时开证行或保兑行也有权拒绝偿付被指定银行。拒绝承付或议付不符的提示是银行的权利，而非义务。此外，该款还要求开证行、保兑行（包括被指定银行）"必须以单据为唯一依据"来确定单据是否在表面上符合信用证条款。换言之，银行没有义务就单据的瑕疵问题与开证申请人联系，银行有权仅以单据为依据自行决定拒受不符的单据。当然，若开证申请书已约定银行必须将不符点通知申请人征求意见的，银行则有义务这样做，这是另一个问题了。

（二）银行拒受单据必须发出通知

依 UCP600 第 16 条第 3 款，按指定行事的被指定银行、保兑行（若有）或开证行决定拒绝承付或议付时，则必须向提示人发出专门通知。因此，银行发出拒付通知是其义务，不得保持沉默。这一规定的目的是使受益人有机会和可能修改单据的不符点。银行在发出通知时要做到以下几点。

1. 发出通知的方式

依据 UCP600 第 16 条第 4 款规定，该通知必须以电讯方式，如电子邮件、电传、电报、传真，若不能时，应以其他快捷方式发出。

2. 发出通知的时间

银行必须在收到单据的次日起 5 个营业日内发出该通知。这一要求与 UCP600 第 14 条第 2 款关于审单时间的限制相衔接，以表明银行在规定的时间内完成审单义务。

3. 接受通知的人

若单据是由寄单银行发来的，则该通知也应发送给寄单银行；若单据是由受益人直接寄来的，则该通知也应直接发送给受益人。

4. 通知的内容

该通知必须声明：

（1）该银行将拒绝承付或议付。这是拒付通知的要素之一，即要有拒付的意思表示。

（2）该银行拒绝承付或议付的每个不符点。这是拒付通知的要素之二，即一次列出全部不符点，且不符点明确具体。关于"全部不符点"，银行和受益人应特别注意：银行在该通知中列明不符点的作用在于受益人修改单据，使其有机会进行第二次提示，以维护受益人的权益。银行在该通知中要将所有的不符点一次性地列出，即银行只有一次机会列出不符点，若还有第二次、第三次等，则均为无效，换言之，只有第一次列明的不符点才是拒付的理由，第二次、第三次等所列的不符点被视为已被银行接受，不能作为拒付的理由。受益人在修改了单据之后，再次提示单据必须在信用证的有效期内完成，且应在提示到期日内进行。

（3）该银行在获得提示人指示前代为保存单据。这是拒付通知的要素之三，即表明不符的单据如何处理。

（三）开证行或保兑行发出拒付通知后的权利

被指定银行有时接到受益人的单据后，经审核认为单据相符，并向受益人支付或预付了货款，随后在向开证行或保兑行寄单的同时要求偿付。有时开证行或保兑行在没有审单甚至还未收到单据时，被指定银行就已获得了偿付银行（不审核单据）的偿付。但当开证行或保兑行审单后发现单据存在不符点，且已向被指定银行发出了拒付通知。在这种情况下，UCP600 第 16 条第 7 款规定，开证行或保兑行有权要求被指定银行返还已获得的偿付款和利息。

（四）开证行或保兑行处理瑕疵单据不当的后果

依 UCP600 第 16 条第 6 款，若开证行或保兑行未能按本条规定行事，它将无权宣称单据不符，换言之，开证行或保兑行无权拒受单据，只能视为单据相符，履行承付或偿付义务。开证行或保兑行处理瑕疵单据不当的情况包括以下几种情况。

1. 未在规定的期限内向被指定银行或受益人发出拒付通知

开证行或保兑行拒受单据必须发出通知，若未发出该通知，则无权拒受单据。而且该通知还必须在自收到单据的次日起 5 个营业日内发出，若超过该时间限制，即表明未在规定时间内审单，则视为接受单据，也就无权再拒付了。

2. 虽然在规定时间内发出了拒受通知，但该通知中没有列出单据的全部不符点

若通知中未列明不符点，开证行或保兑行将无权拒受单据；若列明了不符点，但所列不符点不成立，也无权拒受单据；若列明了不符点，其中有成立的，但不是全部的，则开证行或保兑行有权拒受单据。因为未列明的不符点视为已被接受，而所列的不符点确实成立，拒付的理由是所列成立的不符点。

3. 未能保存单据听候处理或将单据退还提示人

在单据被接受之前，开证行或保兑行有义务为提示人保管好所收到的单据。银行处分单据的正确方式是：若单据相符，则应予接受并承付或偿付；若认为单据不符，依据 UCP600 第 16 条的规定，银行必须做到以下要求：银行在获得提示人指示前代为保存单据；或者，银行代为保存单据直到收到申请人的放弃通知，并同意接受该放弃为止，或在同意接受放弃之前从提示人处收到进一步的指示；或者，银行将退回单据；或者，银行将按照此前收到的提示人的指示行事。若没有做到以上要求，银行则被视为接受了单据，再无权拒受单据。

（五）开证行不当承付的后果

若开证行对受益人提示的表面不符的单据没有审核出存在的不符点，并对受益人进行了承付，在此情况下，开证行无权要求开证申请人偿还其错误的承付。相反，若开证行拒受受益人相符的提示，则由开证行自己向受益人承担其错误的后果。

六、相符单据丢失的后果

若信用证项下相符的单据，由受益人在信用证或惯例规定的提示期限和地点提示给被指定银行，且被指定银行确认提示相符，并将单据发送给开证行或保兑行。但该单据在该被指定银行寄送给开证行或保兑行的传递中丢失，或保兑行寄送给开证银行的传递中丢失，则无论该被指定银行是否已承付或议付，开证行或保兑行必须承付或议付，或

偿付该被指定银行。[1]

七、开证行寻求申请人接受瑕疵单据

UCP600 第 16 条第 2 款规定，若开证行确定提示的单据不符，它可以根据自己的判断与开证申请人协商，请求其放弃不符点。但上述规定并未强加给开证行任何义务，因为该条款中使用的是“可以”（may）而非“必须”（must）一词。因此，是否寻求开证申请人接受瑕疵单据是开证行的权利，由其自行决定。换言之，开证行的审单义务是其独立义务，不得将其转嫁给开证申请人。

在信用证审单操作中，开证行寻求申请人放弃不符点的原因有以下几点：

（1）有时开证行认为虽然单据存在不符点，但并不严重，开证申请人很可能会接受；

（2）或者开证行的习惯做法是先征求开证申请人的意见后，再决定是否接受单据；

（3）或者开证行对单据瑕疵是否成立没有足够的把握，以免因自己的决定损害开证申请人的利益；

（4）或者担心不当拒付带来争议等。

为此，开证行采取先征求开证申请人意见，请求其放弃不符点。但开证行请求开证申请人放弃不符点的行为并不能延长开证行的审单时间限制。换言之，若在开证行规定的时间内，申请人没有答复是否放弃不符点，开证行必须在 5 个银行营业日内作出接受或拒受单据的决定。

银行放弃不符点的后果包括以下几种情况：

（1）若开证行自己决定放弃不符点，则它必须接受单据。

（2）若开证申请人同意放弃不符点，接受有瑕疵的单据，但开证申请人的意见不能强迫开证行也放弃不符点，即开证行有权决定是否接受开证申请人放弃不符点的意见。对此，国际商会指出：开证申请人放弃不符点不能约束开证行接受单据。

（3）若开证行决定接受开证申请人放弃不符点的意见，则它必须接受单据，不论单据的瑕疵是否成立。

八、保留追索权或保函方式下开证行或保兑行的权利与义务

在信用证业务中，被指定银行收到受益人提示的单据，经审核后认为存在不符点，若同意受益人的付款、承兑或议付请求，则担心开证行或保兑行拒绝偿付以及无法向受益人追索，因此不愿接受不符单据。而受益人则认为开证行、保兑行或开证申请人可能会接受这种不符单据，或认为单据的不符点根本不成立，或认为无法修改不符点。为了及早收汇，受益人与被指定银行约定，以保函方式请求被指定银行付款、承兑或议付。若开证行或保兑行拒付，则被指定银行可向受益人追索或由担保人赔偿被指定银行。此时，被指定银行可能在寄单面函中，说明上述安排并提醒开证行或保兑行注意单据中的不符点。上述安排只是被指定银行与受益人或开立保函的人之间的关系，它与开证行或

---

① 参见 UCP600 第 35 条。

保兑行无关，换言之，开证行或保兑行仍应做到以下几点。

（1）若单据表面上相符，开证行或保兑行仍应接受单据，偿付被指定银行。因此，被指定银行所认定的不符点并不代表开证行或保兑行的观点。

（2）不能以被指定银行所认定的不符点为理由拒受单据。因为开证行或保兑行应以单据为唯一依据确定单据表面上是否相符。

（3）若开证行或保兑行认为单据存在不符点并决定拒受单据，则它必须按照前述的程序处理单据。

此外，在信用证业务中，还有一种处理不符单据的做法，即寄单托收。被指定银行将信用证项下带有不符点的单据寄送开证行，开证行征求开证申请人的意见，而开证申请人同意按托收方式接受不符单据。这样，信用证支付方式实际上转为托收支付方式，各有关当事人和关系人不再受信用证惯例与规则的约束，而受 URC522 的约束。开证行或保兑行实际上也变成了代收行，受益人能否获得货款完全依赖于进口商的商业信用了。因此，受益人不能轻易接受这种做法。

案例分析

1. 不符点争议案

A 银行于 4 月 9 日应 B 公司的申请开立了一笔金额为 USD700 000.00，允许 5% 溢短装，期限为提单日期后 90 天的远期信用证。4 月 26 日，该证受益人 C 公司将货物装船，总价值为 USD706 291.50。5 月 9 日，A 银行收到 D 银行（议付行）寄来的全套单据。

经开证行审核，发现以下三条不符点：

（1）重量单上，包装与裸装相矛盾。（In the presented packing list，it is stipulated both packing in bulk and gross and net weight of each package.）

（2）保险单上，只显示签发了 2 份保险单，而不是按信用证要求显示正本份数。[In our L/C，we required that number of the original（s）issued must be stated. But in the presented insurance policy，it shows No. of policies issued two.]

（3）在汇票上，付款人地址与信用证不符。 [In our L/C 42a，drawee is G Development Bank W Sub branch. But the presented draft（s），the drawee is typed as G Development Bank Building Y R Floor 1 W.]

A 银行于收到单据后的第 4 个营业日对外拒付。此后 A 银行与 D 银行关于此三条不符点进行了来回辩论，焦点集中在第 2、3 条不符点上，A 银行对此两条不符点理由如下：

（1）For the 2nd point，we think that it is a rule that every L/C term must be satisfied in the documents. Since the L/C specially and expressly requires the NO. of the original（s）be stated in the policies，the documentation must satisfy the requirement：stating the word "original（s）". The fact that you did present two originals does not change the meaning of the word.

（2）For the 3rd discrepancy，in the 42a field is written the drawee bank's address and it has not such an address as written in beneficiary's drafts. Although drafts are not shipping documents, they are documents-financial documents. The issuing bank only honors the drafts drawn under and in compliance with terms and conditions of the L/C.

试分析上述不符点是否成立？

（提示：

不符点1成立。

关于不符点2：① 信用证要求保险单显示正本份数——number of the original (s) issued must be stated。

② 提交的保险单显示签发了2份——in the presented insurance policy, it shows NO. of policies issued two。

③ 从开证行的电文“The fact that you did present two originals does not change the meaning of the word”中可以看到，所提交的两份保险单均系正本。

④ 保险单本身显示签发了2份，该2份均系正本，该2份全部提示，因此，可以推论保险单上显示的“NO. of policies issued two”系对正本份数的陈述和表示，满足了信用证关于“显示正本份数”的要求，同时也符合UCP600第28条的规定：“若保险单注明出具了一份以上的正本，必须提交全部正本保险单。”

因此，开证行所提的不符点2不成立。

关于不符点3：

① 汉语“在汇票上，付款人地址与信用证不符”的表达不正确。根据括号中的英文［In our L/C 42a, drawee is G Development Bank W Sub branch. But the presented draft (s), the drawee is typed as G Development Bank Building YR Floor 1 W］，可以看出，对不符点正确的提法应为：“信用证规定汇票drawee为G Development Bank W Sub branch，但提交的汇票drawee却打印为G Development Bank Building Y R Floor 1 W”。

② 从L/C 42a也可以得出这一结论。该信用证应该是以SWIFT MT 700格式开出的。在该格式中，42a为汇票的付款人名称，即drawee，不是付款人地址，本场的设定仅能输入付款人的SWIFT编码和名称，不能输入付款人的地址，能够输入付款人地址的是42D。

③ 从陈述“For the 3rd discrepancy, in the 42a field is written the drawee bank's address and it has not such an address as written in beneficiary's drafts”可以看出，问题是所提示的汇票缺少L/C 42a所规定的付款人drawee，即G Development Bank W Sub branch，而显示的仅仅是一个地址：G Development Bank Building Y R Floor 1 W。

不符点应为：

① 汇票的付款人与信用证规定的不同：The drawee of the draft differ from that stipulated in the L/C，或

② 汇票仅仅显示付款人地址，无信用证规定的付款人名称：The draft show drawee's address instead of its name as stipulated in the L/C，或开证行所提出的

③ In our L/C 42a, drawee is G Development Bank W Sub branch. But the presented draft (s), the drawee is typed as G Development Bank Building YR Floor 1 W。

若以上推论是正确的，则所述不符点中的任何一个均能构成拒付的理由。)

2. 单据是否表面相符争议案

2007年9月1日，某省H公司授权下属于独立法人的G公司办理进出口结算。2007年12月10日，G公司与某市物资公司签订进口代理协议，并约定：由G公司代理物资公司向银行办理申请开立信用证等事宜。同日，G公司向中国工商银行某省分行（开证行）申请开立信用证。12月22日，开证行开立了远期80天不可撤销跟单信用证。信用证的开证申请人为H公司，受益人为香港C公司，通知行为香港南洋商业银行。信用证条款48A第3条约定："由申请人签发的货物收据，申请人的签字必须与开证银行持有的签字样式相符。"12月31日H公司证实收到信用证项下货物并由G公司的工作人员李明哲在货物收据上签名。受益人C公司将信用证项下的单据提示给开证行，要求付款。开证行审单后发现，H公司预留在银行的信用证项下货物收据签字样本为"胡虎"的签字，而受益人提供的货物收据上的签名却是"李明哲"，遂于次年1月26日以货物收据上的签字与开证行持有的式样不同为由予以拒付，同时将拒付通知了信用证实际的开证申请人G公司。

本案涉及的另外一份相似的信用证是开证行于2008年1月15日开立的不可撤销跟单信用证。该信用证第2条约定："由申请人签发的货物收据申请人的签字必须与开证银行持有的签字样式相符。"H公司在开证行预留的货物收据签字样本为：在同一张样本上盖有两个H公司公章，其中一个章附有"胡虎"的签名，另一个章附有"李明哲"的签字。1月31日，H公司证实收到信用证项下货物并由G公司的李明哲在货物收据上签名。受益人将信用证项下的单据提示给开证行要求议付。开证行审单后发现受益人提交的货物单据只有H公司公章和李明哲一人签字，遂于2月26日以"货物收据上的签名有异于开证银行所持的签名样式"为由予以拒付，并通知了G公司。

受益人认为单证相符，开证行不当拒付，遂起诉开证行，要求其兑付信用证。

一审法院判决如下：

一审某省高级人民法院审理后认为：

(1) 开证行开立的信用证被受益人接受后即发生法律效力，对当事人各方均有约束力。

(2) 受益人提示的单据中存在着货物收据上的签字与开证行持有签字式样不符，违背了信用证相符的原则，开证行予以拒付是正当的。

(3) G公司是以H公司名义申请开证，开证行发出拒付通知后，联系的是实际的开证申请人G公司，并没有过错。一审法院根据《跟单信用证统一惯例》的规定，判决驳回受益人C公司的诉讼请求。

上诉双方意见如下：

受益人不服一审判决，上诉到最高人民法院，上诉人认为：

(1) 在签字样本通知书上两个授权章与其上的各自署名实际是两个独立签字样本，只要货物收据上盖有一个与样本通知书上相同的授权签字章，同时在授权签名处有一个受权人签名，则应认定其与开证行持有的签名样本一致。

(2) 受益人提示的第二个信用证项下的货物收据上，盖有一个与样本通知书上相同的签字章，同时在该章的授权签名处，有被独立授权人之一的“李明哲”的署名，应认定其与开证行持有的签名样本完全一致。

开证行则认为：

（1）开证行根据 UCP 的规定，在开证申请人不同意接受不符点的情况下，拒绝兑付是正确的。受益人只能要求购销合同的当事人支付货款；

（2）开证申请人在开证行留存的签字样本上有“李明哲”和“胡虎”两人的签名，两个人的签名是一个不可分割的整体，C 公司提供的货物收据上的签名仅有李明哲一人，属于不符点。开证行及时将不符点通知了开证申请人，开证行无过错。

（3）信用证的英文文本中“Applicant”是单数，因此无论从语法还是词义上，都不需要在“signature”，“specimen”后加“S”，受益人对此是断章取义。请求驳回上诉。

最高人民法院二审判决如下：

（1）开证行接受了开证申请人的开证申请，开立的信用证被受益人接受，上述行为是当事人各方的真实意思表示，不违反法律规定，应为有效，因此产生的法律文件对各方当事人均具有约束力。

（2）信用证条款中约定有“由申请人签发的货物收据申请人的签字必须与开证银行持有的签字样式相符”等内容，开证申请人留存给开证行的货物收据签字样本通知书上盖有两个 H 公司公章，在每个公章的授权签名处分别签有“李明哲”和“胡虎”的签名。而受益人提示给开证行的货物收据上仅盖有一个 H 公司公章并仅有“李明哲”一人的签名。该单据表面上与开证申请人的申请和银行留存的样本明显不符。根据信用证交易的特点及《跟单信用证统一惯例》的规定，银行只要发现单据表面上不符，则可以拒绝接受。本案开证行在发现不符点后，在通知开证申请人，开证申请人拒绝接受不符点的情况下，拒绝承付，符合统一惯例的有关规定，开证行并无过错，不应该承担责任，原审的判决是正确的。

（3）受益人辩称：银行留存样本通知书上两个授权章与其上的各自署名是两个独立的签字样本，受益人提示了其中一个与样本通知书上相同的授权人的签名，即应认定与开证行持有的签字样本一致。这一上诉理由于法无据，本院不予支持，应予驳回。

一审判决认定事实清楚，适用法律正确，判处得当，应予维持。判决驳回上诉，维持原判。

3. 可转让信用证的转让行拒付争议案①

2006 年 8 月，中国某出口企业（第二受益人）收到比利时 A 银行（转让行）开来的一份可转让循环信用证，金额为 5.8 万欧元。在转让信用证中显示：原开证行为比利时 B 银行，限制比利时 A 银行议付，第二受益人为中国出口企业，不保兑。在该证 SWIFT 格式 78 项规定偿付条款：收到与信用证相符的单据，我们将按议付行的指示付款。

---

① 资料来源：梅鸿．合理使用可转让信用证．http://www.sinotf.com/GB/136/1362/2009-09-01/wMMDAwMDAzNjMwMg.html.

之后，中国出口企业缮制单据交比利时A银行议付，该行提出不符点并拒付，且让第二受益人中国出口企业授权，中国出口企业认为不符点不成立并要求比利时A银行立即付款，双方产生争议，导致信用证过期。后经中国出口企业与比利时A银行进行多次交涉，因谈判金额未达到中国出口企业要求而无果。

试分析该案例。

(提示：转让行能否提不符点并拒付?

在本案中，转让行提出不符点，拒付并要第二受益人授权。在一般可转让信用证中，转让行是没有付款义务的，它完全可以通知第一受益人换单并寄往原开证行。转让行提出不符点，是因其负有注意义务，但在实践中，有些转让行出于各种目的，按普通信用证MT734格式习惯做法“拒付”。若转让行没有保兑或存在本案中的情形，只能提出不符点，提请第二受益人注意，并要其授权而不能“拒付”。

转让行如何处理第一、第二受益人提交的不符点单据?

在本案中，即使转让行认为第二受益人提交的单据存在不符点，在第二受益人坚持自己的观点时，转让行只要通知第一受益人换单并将单据提交原开证行，即使后来发生开证行拒付的情况，转让行也可摆脱自己的责任，但在本案中，转让行却没有这么做。

根据UCP600的规定，当第一受益人替换的单据有不符点而又不更换时，可以将第二受益人的相符单据直接寄往开证行，第二受益人凭此单据可以获得开证行的付款保障。

转让行是否存在付款责任?

一般可转让信用证都在信用证中加列：待收到开证行的付款后再付款给第二受益人。这也说明转让行在一般可转让信用证中的地位和身份，即若没有保兑或特别约定，转让行是不承担付款责任的。本案中，情况却不同。信用证中没有“待收到开证行的付款后再付款给第二受益人”字样，而是“偿付条款：收到与信用证相符的单据，我们将按议付行的指示付款”。比利时A银行以引用原证的条款为由来抗辩，是没有道理的。

第二受益人在一般情况下是看不到原证的，若转让行未在转让信用证中表明是引用原证的条款，则只能理解为转让行是对第二受益人承诺。对该条款的认识，是转让行应承担独立付款责任，或该条款是一种超出可转让信用证法律关系之外的明确付款承诺，在此情形下，转让行应承担付款责任，而不论其是否收到原开证行的款项。

原开证行与第二受益人的关系如何?

若本案中转让行将第二受益人的单据提交到原开证行，原开证行提出不符点并拒付，第二受益人是否可对原开证行直接交涉甚至提起诉讼呢? 答案是否定的。在可转让信用证中，原开证行与第二受益人之间没有直接法律关系，第二受益人要为许多自己不能控制的风险及并不是自己的失误引起的风险负责。

该案启示：

对中国出口企业而言，在收到可转让信用证时应认真审核，了解客户的信用、资信，若存在疑虑，则应考虑让其申请转让行在可转让信用证中删去“待收到开证行的付款后再付款给第二受益人”，加列“收到与信用证相符的单据，我们将按议付行的指示付款"，或者建议客户使用背对背信用证。若上述方法客户不同意，一定要随时观察货物的国际行情及第一受益人的动向，与其保持紧密联系，同时注意与第一受益人签订明确的合同，约定仲裁地点及适用的法律。

另外，出口企业委托银行对外开出可转让信用证时要注意，指定的转让行一定必须是信用卓著的银行，充分考核第一受益人的资信，并与第一受益人签订一份完善的国际贸易合同。

本案中，中国出口企业也可以采取另一种办法解决，直接授权转让行将单据交开证行，只要第二受益人提交的单据相符，开证行就有付款的责任。即使第一受益人提交了带有不符点单据，但其如未能在首次要求时修正，转让行有权将从第二受益人处收到的单据交开证行，并不再对第一受益人承担责任。

在可转让信用证因不符点成立被拒付情况下，需及时与第一受益人联系，了解拒收货物的真实原因。若谈判无效果，建议通知转让行退单，立即将货物转卖或运回国内，减少损失。若有明确的证据证明转让行在转让信用证操作中存在过错且与损失存在因果关系，或转让行已保兑或存在本案中的例外情形，可与其严正交涉直至诉讼。）

4. 承兑信用证纠纷案①

案情简介

2011年3月30日，中国银行为中国进口商A公司开立装运日后90天远期不可撤销信用证，限制在通知行B议付，金额为USD 630 000.00。通知行B于2011年5月9日和5月12日交单，单据金额分别为：USD 144 900.00和USD 246 468.60。中国银行对该两套单据进行了审核，均未发现不符点，遂于2011年5月13日和5月17日分别对此两套单证项下款项进行了承兑，到期支付日分别为2011年7月18日和2011年7月25日。中国银行于2011年5月26日收到通知行B交来第三批货物项下单据，金额USD 235 977.84。A公司在收到前两批单证后，分别与提单上显示的船运公司海南泛洋航运有限公司和上述三套单证中的CCIC证书的出具人新西兰CCIC公司进行了跟踪联系，该两家公司均表示上述单据系伪造单据，并出具了证明函。

中国银行于2011年5月27日接到A公司通知后迅速向通知行兼交单行B发报声明：根据申请人提供的上述信息，上述三笔到单均系伪造单据，并请交单行B回复。交单行B先是回复称，该行已于2011年5月4日、5月11日和5月24日分别对上述三笔单据进行了议付，并已将上述情况转告给了受益人；此后则多次来电催承兑项下付款，但却始终未提供其已叙做议付的有效证据。之后一段时间，开证行和交单行B之间就申请人在中国法院和澳大利亚新南威尔士州最高法院提起相关诉讼多次交涉。

2012年8月9日，交单行B来电回复称，受益人目前正在停业清理，请将单据寄至交单行B指定柜台地址，由交单行B将收到的单据转寄给受益人，用于停业清理。2013年4月9日，中国银行按照交单行指示通过DHL退单给交单行B。为防止交单行B依据票据法以开证行已承兑的汇票向开证行提出索款要求，中国银行在退单时并未将已

① 资料来源：廖起平．已承兑信用证涉嫌欺诈案启示．http://www.sinotf.com/GB/136/1362/2014-01-03/2NMDAwMDE2NjA2Ng.html.

承兑的汇票退还交单行B。2013年4月15日，交单行B来电称其已收到开证行退还的单据。2013年6月4日和6月13日，交单行B发来电报称，已收到广州某区法院要求其参加关于上述信用证业务诉讼案件的传唤通知。

法院判决

2013年9月30日广州市某区法院民事判决书对上述案件的判决如下：该信用证项下已承兑的USD 391 368.60货款应当停止支付，其余USD 238 631.40货款亦应停止承兑和支付。相关诉讼费用由申请人承担。

判决所依据的法律和惯例如下：中国《民法通则》第五十八条、第五十九条、第六十一条第一款，中国《涉外民事关系法律适用法》第二条第二款、第三条，UCP600第四条第一款第一项，中国《最高人民法院关于审理信用证纠纷案件若干问题的规定》第八条第一项、第九条、第十条第二项、第十五条。

法院适用上述法律和惯例的理由如下：交单行和受益人均是澳大利亚企业，故本案属于涉外纠纷。原告申请人根据被告开证行住所地提起诉讼，被告对此不提出异议并应诉答辩。本院是对涉外商事案件有管辖权的法院，有权对本案行使管辖权。涉案信用证中当事人约定使用UCP最新版本，即UCP600，根据中国《涉外民事关系法律适用法》第三条规定“当事人依照法律规定可以明示选择涉外民事关系适用的法律”，可以认定本案适用UCP600。另外由于本案关于是否因信用证欺诈终止付款的争议问题超出了UCP600规定的范围，按照《中华人民共和国涉外民事关系法律适用法》第二条第二款规定，“本法和其他法律对涉外民事关系法律适用没有规定的，适用与该涉外民事关系有最密切联系的法律”，因此补充适用我国法律为其准据法。

试分析该案例。

（提示：

本案涉及三个问题，一是关于受益人对申请人及开证行是否构成信用证欺诈，二是是否应当判决终止涉案信用证下的款项，三是信用证项下款项是否已议付涉及善意第三人。

关于受益人是否对申请人和开证行构成信用证欺诈。根据中国《最高人民法院关于审理信用证纠纷案件若干问题的规定》，受益人伪造单据或者提交记载内容虚假的单据，应当认定存在信用证欺诈。申请人提交的前述证据，证明了受益人提供的单据中三份提单、三份运往中国的废物原料装运前检验证书均系伪造单据，由此可认定本案确存在信用证欺诈。

关于是否应当判决终止涉案信用证项下的款项的支付。涉案信用证项下货款共计USD 630 000.00。由于澳大利亚新南威尔士州最高法院××号判决书/判令已做出该信用证无效或者用其他方法注销的决定，基于该证据，应当确认该信用证无效或者注销。因无效或者被撤销的民事行为从行为开始起无效，因此涉案信用证项下款项无论是否承兑均应终止支付。

关于该信用证项下款项是否已议付涉及善意第三人问题。按照举证规则，证明议付行善意地进行了议付的举证责任应由议付行澳大利亚银行承担，但第三人澳大利亚银行未对此做出举证，因此法院不能认可议付行澳大利亚银行已善意地进行了议付。）

5. 出口信用保险下的信用证争议案①

中国出口商A公司是一家大型民营企业，B公司是A在尼日利亚的重要商业伙伴，双方有长达4年的交易历史，且从未出现问题，年均交易额超过600万美元。

2008年年底，A公司向B公司出运一批价值106万美元的发电机组，结算方式为即期信用证。A公司通过国内交单银行向C开证银行提交单据后，C银行既未在审单时限内提出“不符点”，也未在规定时间内履行付款义务。因投保了出口信用保险，A公司遂向中国信保通报可能损失。

接到报损后，中国信保一方面立即着手调查拒付原因，另一方面指导被保险人积极减损。

经中国信保调查，B公司已提取全部货物。中国信保审理后认为，根据信用证UCP600的规定，开证行在未提出“不符点”、未付款的情况下，擅自将信用证下单据放给B公司，存在明显的信用问题。本案致损原因是开证行拖欠，属中国信保保险责任。鉴于B公司已提货，A公司通过交单银行向开证行C银行抗辩无果后，遂向B公司追索。B公司以尼日利亚奈拉贬值为由，要求A公司分担其部分损失（23万美元），并提出A公司在收到全额货款后，向其补发价值23万美元的货物，作为对B公司在本案交易项下所受损失的弥补。

考虑到涉案金额较大，从最大限度减损的角度考虑，经中国信保同意，A公司与B公司就上述债务解决方案达成书面协议。根据协议约定，B公司向A公司支付了本案下全部货款，A公司于12月向B公司补充出运了价值23万美元的货物。

试分析该案例有何启示。

（提示：

1. 信用证业务应主要考察银行信用风险和买方商业风险。理论上讲，信用证结算方式下，无疑应由开证行承担第一付款责任。但在银行资信较差的国家和地区（如尼日利亚、孟加拉、韩国等），银行信用往往会“异化”为买方商业信用，这都与出口商选择信用证交易方式的初衷相背离。在国际贸易竞争日趋激烈的背景下，若出口商选择信用证结算方式与资信较差的国家和地区的买方进行交易，必须首先做好开证行的资信调查工作，但同时也应兼顾对买方商业信用的评估。

2. 信用证业务出险后，出口商不必惊慌失措，而应本着损失最小化原则，尝试各种有效途径积极减损。中国信保对出口商在信用证下的减损工作提供如下建议：

（1）在开证行未提出“不符点”但拒不付款的情况下，应通过交单银行要求开证行履行付款义务。

（2）若开证行以“不符点”为由拒付，应立即调查核实开证行是否按UCP600的规定提出“不符点”，若发现开证行提出的“不符点”存在瑕疵，应积极抗辩。

（3）若开证行提出的“不符点”不存在瑕疵，应争取要求买方接受“不符点”，并指示开证行履行付款义务。

---

① 资料来源：何家林．开证行违约案例分析．http://www.sinotf.com/GB/136/1362/2011-08-05/xMMDAwMDA3MzMxMA.html

(4) 若开证行在提出“不符点”后又擅自放单，一方面应向开证行追究违约责任，另一方面应同时与买方保持沟通，要求买方履行付款义务。)

6. 交单期限争议案[①]

某年 9 月 29 日，A 银行收到某进出口公司提交的一套即期信用证项下出口单据，金额为 USD 31 257.60，开证行为北爱尔兰银行（ULSTER BANK LTD.，DUBLIN），信用证效期到当年 12 月 7 日。该 A 银行认真审核后认为单证相符，遂于当日寄单，向开证行索汇。10 月 8 日，A 银行收到开证行来电，称单据存在不符点：EARLY PRESENTATION，并告知持单听候指示。A 银行立即查阅了信用证，发现原证中规定有特殊的交单条款：“DOCUMENTS MUST BE PRESENTED WITHIN 15-21 DAYS AFTER THE ON BOARD DATE OF BILL OF LADING BUT WITHIN THE VALIDITY OF THE LETTER OF CREDIT.”，而且，该信用证中规定的有效地点为都柏林，这就要求单据必须在提单日后 15-21 天内到达开证行在都柏林的柜台。同时 A 银行与受益人进行了核实，其提交的提单日期为当年 9 月 19 日。A 银行于 9 月 29 日以快邮方式寄单。经查，开证行收到单据的日期为 10 月 3 日，邮程 5 天。因此单据到达有效地的日期为提单日后 14 天，与信用证的要求不符。

10 月 13 日，A 银行收到同一信用证项下的另一套单据，金额 USD 12 752.32。经审核确认无误后，该银行当天以 DHL 寄单。10 月 18 日开证行来电称单据存在不符点：LATE PRESENTATION。该银行再次进行了核实，发现受益人提交的提单日期为 9 月 24 日，开证行收到单据的日期为 10 月 16 日，邮程 3 天。因此，单据到达有效地的日期为提单日后 22 天，与信用证要求不一致。

就以上案例，A 银行认为开证行不能因此解除付款责任。首先，A 银行作为寄单行受一些客观因素的影响，根本无法准确估算邮程的时间；而且，国际商会银行委员会在 2001 年 11 月 29 日 DOCUMENT 470/TA 515 号意见书中对于同样案例的质疑给予了明确的答复：信用证中类似的条款，在受益人接受信用证后就说明默认接受了这种条款，但是这种条款并不能解除开证行凭受益人提交的与信用证相符的单据付款的责任。不论哪种情况，开证行均有义务在收到其他方面符合信用证规定的单据后履行付款责任。

鉴于国际商会的意见，A 银行就以上业务分别致电开证行阐述其观点及国际商会的答复，要求开证行履行付款责任。经过几次交涉，10 月 28 日，A 银行收到上述两笔业务的付款电报，开证行未扣不符点费。

试分析该案例的启示。

(提示：

通过本案的成功处理，说明在对外交涉的过程中一定要充分利用国际商会有关质疑的答复意见，以便在与国外银行产生意见分歧时我们能把握充足的论据，对外交涉起来有理可循、有据可依，从而有效地维护受益人及寄单银行的利益。这就要求作为国际结算人员应不断学习，加强沟通，除了熟练掌握国际惯例外，还要及时了解国际商会有关专家对质疑的答复。

---

① 资料来源：http://www.shlawyer.org/Article/Class13/Article_1408.htm.

同时，透过案情，也有另一个问题值得注意，即审证这一环节尤为重要。信用证中加列的此类关于交单期限的限定条款属于软条款，使寄单银行和受益人均陷入十分被动的局面。但由于现在从事国际结算业务的银行众多，且绝大多数信用证都是不限制议付的，所以通知行一般只承担审核信用证表面真实性的责任。这就要求出口商在接到信用证时要特别留意，遇到有类似软条款时，在交单前就须要求通知行洽商开证行或直接联系申请人进行修改，从而避免日后在议付、收汇时产生不必要的麻烦。）

7. 国际商会咨询案例

案情简介

某跟单信用证（通过付款向R国家的受益人银行押汇），连同其他条款和条件，做出如下规定（依据 SWIFT 格式 MT 700）：

31D：到期日和到期地：

111130 城市 M，国家 R（2011 年 11 月 30 日）

45A：货物描述：

符合合同规定的实验室设备（指定数量和日期）

交货条件：DDU 城市 A、国家 K（Incoterms 2000）

46A：要求的单据（以下只列出与该询问相关的单据）：

+发票——3 份俄语正本

+国际公路运货单（CMR）——1 份英语或俄语正本，其上有 K 国海关关于将货物置于 K 国 A 城市临时仓库的印章

47A：附加条件：

+CMR 中标明的货物总成本必须用欧元表示［特定金额］

48：交单期间：

+在信用证有效期内

受益人银行在信用证有效期内向开证行交付单据，指示后者按照 UCP 第 16 条给予通知。

单据出具为如下形式：

（1）发票使用俄语出具，显示货物描述：

“符合合同规定的实验室设备［指定数量和日期］”，未标明交货条件。

（2）命名为“CMR”的国际公路运货单使用英语出具，包含与信用证条款严格相符的 K 国海关印章。CMR 未标明货物成本。

2011 年 11 月 28 日，开证行鉴于发票未标明交货条件的不符点拒绝该交单。保留单据听候指示。

在信用证有效期内，受益人提示了修改后的发票，2011 年 12 月 1 日，受益人的银行将其连同汇款通知书寄给开证银行，对他们作出 SWIFT 建议，指示若接受（交单）则递送所附单据给申请人并支付款项。

2011 年 12 月 9 日，开证行通过 SWIFT MT 799 通知受益人银行，如下：“由于交单晚于信用证到期日，信用证申请人拒绝接受单据。由于信用证已到期，我们关闭了该信用证下的文件（file），我们通过邮递归还单据 。”

受益人银行的抗辩：

信用证在受益人银行柜台可使用，且信用证有效性在R国M城市到期。因此，开证行不能修改交单期。提交修改后的发票被视为信用证下的重新交单，开证行必须依照UCP600第16条之规定行事。开证行2011年12月9日的通知并未包含UCP600第16条c款要求的所有必要信息，即，未标明开证行拒绝承兑（只标明申请人拒绝），且未标明不符点（由于上述原因，到期日后提交修改后的单据不是不符点）。

开证行声称：

"我们已作为指示银行，根据你方银行说明信中的指示进行了确认。我们向申请人寄送了单据。申请人拒绝接受并返还该单据。由于信用证已到期，我们关闭了相关文件(file)，并向你方银行归还单据。"

受益人银行的抗辩：

开证行向申请人递送了单据。该行为与其2011年11月28日和2011年12月9日的通知相矛盾，且与UCP600第16条c（iii）款冲突。由于开证行未依照第16条之规定行事，这妨碍其声明单据不构成相符交单，必须予以承兑。此外，由于修改后的发票在适当的时间提交给了指定银行，即，在信用证有效期内，这一事实处理了开证银行的通知中显示的不符点，受益人银行坚持立即付款。

开证行声称：

"根据UCP600，我们已检查了发票并将不符点通知申请人，他们拒绝接受该单据。我们并没有将所有单据递交申请人。我们检查你方说明信和SWIFT信息未能发现任何单据在合适的时间提交的事实。我们只能看到说明信的日期为2011年12月1日。根据UCP600第6条d（i）款和第6条d（i）款，我们关闭了信用证下的文件。"

受益人银行的抗辩：

开证行不能在受益人银行未明确作出指示时递送任何正本单据给未付款的申请人，UCP600第16条c（iii）款并未给出相关规定，且与开证行拒绝通知中规定的信息矛盾。

开证行可以向申请人寄送单据副本。若申请人丢失或拒绝归还正本发票，银行应作何处理？2011年12月1日寄送的修改后的发票被视为信用证下的重新交单处理，开证行必须依照UCP600第16条之规定行事，但没有这么做。因为信用证在受益人银行柜台可用，且信用证有效性在R国M城市到期，指示银行有五个银行工作日来审核交单，开证行没有权利决定交单的时效性并表明"信用证到期"为不符点。

开证行声称：

"由于我们在2011年12月12日关闭了文件，我们不能在信用证下支付。根据你方2011年12月27日的说明信，你方声称已根据信用证条款和条件进行了相符交单，但请注意信用证下的单据有另一个不符点：'CMR中没有使用欧元标明货物总成本(特定金额)。'"

受益人银行的抗辩：

由于信用证是一种银行承诺，开证行已关闭相关文件不能成为其不支付的理由，并且没有现象表明不能从申请人得到偿付。根据UCP600第4条a款，受益人绝不可以利用银行间或申请人和开证行之间的合同关系。由于开证行未在拒绝承兑中表明不符点，

考虑 16 条 c 款，开证行不能在其后将该不符点作为拒绝付款的原因。（必须给出单独的拒绝通知）

我们希望关于以下问题询问国际商会银行委员会的意见：

1. 若银行拒绝该交单并表明保留单据，它可以依据 UCP600 第 16 条 e 款在任何时间返还单据给交单人，阻碍受益人替换任何单据吗？

2. 银行是否应将修改后的单据作为新的交单处理？

3. 在开证行的拒绝通知中，关于修改后的交单的说明是否有效？

4. 开证行关于修改后的交单提出的不符点“CMR 中没有使用欧元标明货物总成本（特定金额）”是否有效？

5. 信用证规定“CMR 中标明的货物总成本必须用欧元表示（特定金额）”并未明确要求 CMR 必须标明货物成本，我们假定这只是意味着若 CMR 标明货物成本则必须是特定金额。我们的观点是否正确？

6. 开证行是否必须承兑该提示？

仅供参考：该批设备已被提供给了申请人。

国际商会分析

首次交单被开证行于 2011 年 11 月 28 日拒绝，不符点为：“发票未标明交货条件。”并且指示银行得到通知单据被扣留。受益人在信用证有效期内向指示银行提交修改后的发票。指示行随后于 2011 年 12 月 1 日向开证行递送修改后的发票，并指示递送单据至申请人、支付货款（若接受交单）。看起来相关时间表并未证实单据是在到期日或之前提交。ICC 意见 R480 规定，参考 UCP500 第 44 条 c 款规定，建议议付行提供一份声明，显示单据是在规定时间提交的或声明符合所有的条款和条件。由于议付行未包含类似声明，可能使开证行做出拒绝通知具有合理性。然而，若不存在此类声明且开证行因信用证到期而拒绝（单据），随后议付行确认（交单）符合日期要求的信息使得开证行承兑单据的证据变得充足。在 UCP600 中，同样的建议和观点也被普遍认可。

2011 年 12 月 9 日，开证行通过 SWIFT MT 799 通知受益人银行，由于交单晚于信用证到期日，申请人拒绝接受修改后的单据。单据将通过邮递归还。

显然一些被提交的单据已被实际交付申请人。该信息不是根据 UCP600 第 16 条 c 款的要求发布的，因此，根据 UCP600 第 16 条 f 款将产生阻碍。

继之后的进一步沟通，指示行强调单据不应寄送至申请人这一事实，而且，无论如何，信用证在指示行柜台到期而非开证行。

作为最终观点，开证行提出了新的不符点。

UCP600 明确禁止进一步提出首次交单就显然存在的其他不符点，这在国际商会意见 R196、R328 和 R271 的规定中都有涉及。

国际商会结论

针对上述提出的问题：

1. 在交单人进一步指示期间，首次提交的单据被扣留。

受益人在信用证到期日之前必须替换或修改单据。根据 UCP600 第 16 条 e 款规定，扣留单据的银行可以在任何时刻归还。注意，在本案中，若开证行归还单据给指示银行，但同时受益人在信用证到期日前或交单期内修改或替换了不符单据，开证行应在所有单据随后返还后负承兑责任并承担责任。

2. 修改后的单据构成新的交单，应根据 UCP600 第 14 条 b 款进行审核。

3. 2011 年 12 月 9 日发送的 SWIFT MT799 信息不符合 UCP600 第 16 条 c 款的要求。结果，开证行声明单据未构成相符交单不成立。

4. 新加的不符点不被考虑，因为银行对于每次交单只有一次机会提出不符点。本案中，由于新增不符点是关于第一次交单就提交的单据，它应在第一次交单时就被提出，并作为首次拒绝通知的一部分。

5. 看起来信用证未明确规定 CMR 必须标明货物总成本。若货物总成本被标明，则必须为使用欧元表示的特定金额。

6. 开证行必须承兑。

第十章 信用证独立抽象性原则的欺诈例外

本章主要介绍美国《统一商法典》、国际公约和相关国家关于信用证独立抽象性原则的欺诈例外的相关规定和应用。

第一节 信用证独立抽象性原则与欺诈例外

信用证业务既是商务行为，又是法律行为。信用证的当事人和关系人应遵守信用证和相关国际惯例的规定。但由于信用证和国际惯例不可能规范所有有关信用证的问题，如信用证欺诈例外等。因此，信用证的当事人和关系人在处理信用证业务中，还必须借助有关的法律规定，妥善解决与信用证业务相关的问题。

独立抽象性原则（Independence Principle）是信用证制度的基石，它旨在保护受益人并避免银行被卷入基础合同的纠纷。当受益人提示了符合信用证的有关单据即应获得承付或议付，有关当事人或关系人不得援引基础买卖关系对此提出抗辩。但若绝对贯彻独立抽象性原则有时则会违背公平性原则。因此，世界上绝大多数国家的法律或判例允许以受益人的欺诈为理由，拒付受益人，从而突破信用证独立抽象性原则的限制，即将基础交易的欺诈行为作为独立抽象性原则的例外。美国《统一商法典》（UCC）第五篇对此作出了专门的规定，而国际间除了联合国公约外，国际商会 UCP 并未对此加以具体规范，它要求由各国国内法自行解决。其他国家通常依照判例解决这一问题。探讨美国及有关国家对此问题的规范，有助于在国际贸易和国际结算中正确处理信用证欺诈问题。

一、独立抽象性原则

信用证是一种以银行信用代替商业信用并在国际贸易中广为使用的支付方式。信用证交易具有单据买卖、文义性和独立抽象性的特征，这在信用证统一惯例（UCP）以及美国《统一商法典》（UCC）第五篇中均有明确规定，并在英美国家的许多判例中得到肯定。

独立抽象性原则是指，信用证的开立虽然是依据基础合同（如货物买卖合同），但信用证一旦开立则与基础合同相分离，则成为另一个完全独立的合同，不再受基础合同的约束。[①] 这一原则具体表现为以下三方面：（1）银行的地位和责任是独立的，银行不

---

① UCP600 第 4、第 5 条；UCC 第五编 108（a）和（c）。

得援引单据和信用证以外的任何抗辩拒绝承付或议付；（2）信用证的各当事人或关系人不得援引基础合同对信用证作补充解释，也不得援引基础合同的抗辩解除银行的承付或议付责任和申请人的补偿责任，或者强制银行承付或议付和申请人补偿；（3）只要受益人提示的单据相符，则银行的承付或议付责任和申请人的补偿责任就确定下来。

信用证交易的上述表现彼此之间相互联系，充分发挥信用证交易专业分工的效率和功能。但独立抽象性原则是信用证的最核心原则，对银行而言，它确立了银行承付或议付相符单据的绝对责任，即使涉及基础合同的违约也无法免除银行的责任。这一原则已成为国际贸易和国际结算惯例。但与此同时，这一原则也给不法商人带来可乘之机，某些受益人利用表面完全相符的单据，而实质上却是伪造的各种单据向银行提示并要求承付或议付。由于银行在处理信用证交易时，只负责对单据进行表面审核，而不过问事实，因此使得欺诈案件频繁发生，导致银行和申请人遭受严重损失。

信用证欺诈问题无法从信用证制度本身去解决，因为欺诈的根源正是信用证的制度，即独立抽象性。若为解决欺诈问题而否定独立抽象性就等于否定整个信用证制度。

国际商会 UCP 和国际备用证惯例（ISP98）均不涉及有关信用证欺诈问题，只能任由各国国内法，如美国《统一商法典》第五编的规定加以解决。但这种情况却被《联合国独立保函及备用信用证统一公约》打破，该公约在第 19 条对此予以规范，而非留由各国法律解决。

二、信用证欺诈例外

信用证欺诈例外是指，若能证明受益人的行为构成了对基础合同的实质性欺诈，则开证行可以拒绝向受益人付款，同时，申请人也可以向法院申请采取措施，禁止银行向受益人付款。这种以欺诈为理由，阻止开证行付款的规定和做法，实际上完全打破了信用证的独立抽象性原则，换言之，在信用证交易中不再适用独立抽象性原则，是信用证交易的当事人或关系人对独立抽象性原则的一种典型的抗辩，也是独立抽象性原则在信用证交易中的一种例外。

为了弥补国际商会 UCP 和 ISP98 对信用证欺诈及其救济规定的缺陷，近年来许多国家逐步制定了一种遏制信用证欺诈的重要法律制度，即信用证欺诈例外原则。这一原则旨在保护开证行和买卖合同中买方的合法利益，在特殊条件下赋予银行和买方可排除独立抽象性原则的适用，行使拒付权利。目前，多数国家，特别是英美法系国家基于诚信原则的考虑，通常允许这种抗辩或例外。信用证欺诈例外作为一种法律救济措施，实践中通常有两种做法：一是申请人（买方）向法院申请禁令即止付令，禁止银行付款；二是开证行一旦发现欺诈或确认了申请人所声称的欺诈行为存在时可主动拒付受益人。若法院发布止付令禁止银行付款通常要满足以下几个条件：第一，受益人确有欺诈的事实；第二，银行在付款或承兑前知道该欺诈事实；第三，申请人能举证证明该欺诈事实；第四，善意的持票人不适用该例外措施等。与其他国家相比，只有美国统一商法典在其第五篇专门而系统地规定了信用证欺诈例外原则。

第二节 美国《统一商法典》关于信用证独立抽象性原则的欺诈例外

美国是世界上最早确立信用证欺诈例外原则的国家，这一原则由来于著名的 Szetjn 判例，该判例创立了法院以欺诈为理由禁止开证银行向受益人付款的先例。在 Szetjn 诉 Henry Schroder Banking Corporation（1941）一案中，纽约的原告（进口商）Szetjn 向出口商印度的 Transea trading Co 购买猪鬃，并约定由被告银行 Henry Schroder 开立不可撤销信用证给印度的出口商（受益人）。受益人将单据备妥后，由开证银行的往来银行（Chartered Bank of India，Australia and China）代收，该银行即向开证行提示单据。尽管发票和提单上均载明货物为猪鬃（Bristle），但原告发现受益人所装运的并不是猪鬃，而是牛毛和其他毫无价值的物品。于是原告以受益人欺诈为由诉请法院宣布信用证无效，并发布止付令阻止银行向受益人付款。而受益人则坚持信用证具有独立抽象性，只要单据在表面上与信用证相符，银行就必须付款，原告以基础合同的抗辩并不足以禁止银行依信用证付款。而法院也承认并坚持信用证具有独立抽象性，但同时也认为本案受益人故意不交付合同约定的货物构成了欺诈，因此法院批准了原告的止付请求，换言之，上述情况构成了信用证独立抽象性原则的例外。

上述判例具有划时代意义，它确立了欺诈作为信用证独立抽象性原则的例外：(1) 以 欺诈为抗辩理由不是否定信用证的独立抽象性，也并不给予银行核查欺诈事实的义务；(2) 开证行在付款之前已经得知受益人欺诈的事实；(3) 欺诈例外的事实基础是受益人的欺诈，而不是受益人与申请人之间关于违反合同承诺的争议；(4) 银行或申请人必须确认受益人的欺诈行为成立，而不能只是声称有欺诈行为；(5) 如果银行已经以合理的注意审核了单据，即使单据存在欺诈或伪造，银行不承担责任；(6) 如果提示单据请求付款的是善意的持票人，则不适用欺诈例外。总之，只要符合上述六项条件即可适用欺诈例外原则，即不再适用信用证独立抽象性原则，换言之，即使单据表面与信用证相符，银行也可拒付受益人，或申请人拒绝付款赎单。

美国于 1962 年制定《统一商法典》（UCC）时将信用证独立抽象性原则的欺诈例外予以法典化，1995 年美国又将这一制度予以修订，并将信用证欺诈与救济规定于 UCC 第五篇 109 条（欺诈与伪造）。

一、欺诈范围扩大

修订前的 UCC 对于欺诈的界定并不明确，以致各界对于欺诈的定义存在较大分歧，美国法院的判例中也曾出现了各种宽严程度不一的欺诈标准，如“显著性欺诈”、“企图性欺诈”、“信用证欺诈”或“推定性欺诈”等各种标准。

修订后的 UCC 虽然仍未明确欺诈的定义，但却将过去的欺诈范围扩大，即包括单据是仿造的或实质上是欺诈的，或兑付该项单据将为受益人对开证行或申请人进行实质欺诈提供便利。这样，只要事实上卖方（受益人）在履行买卖合同时已存在欺诈，则他依据与该合同有关的信用证所提示的单据也同样构成欺诈。因此，在适用欺诈例外抗辩时，法院或申请人无须再区分买卖合同欺诈与单据欺诈，只要有其中之一的欺诈即可对受益人止付。

二、欺诈必须是实质性的

UCC 第五篇第 109 条规定，欺诈必须是实质性的，但并未进一步订立其具体标准。UCC 官方评论对实质性欺诈作过如下解释："对单据的购买者而言，单据的欺诈是实质性的，或对基础合同的当事人而言，欺诈行为的影响是深远的"，同时又举例说明，若合同要求卖方交付 1 000 桶沙拉油，提示的单据载明交付 1 000 桶，而实际上卖方仅交付 998 桶，则尽管卖方的行为可能是欺诈的，仍不视为实质性欺诈；反之，若卖方只交付 5 桶，则构成实质性欺诈。由于 UCC 没有赋予实质性欺诈可量化或便于量化的标准，因此，美国法院在实际判例中，对"实质性欺诈"有不同的理解和不同判决。例如，有的法院认为，欺诈的性质必须严重到侵害交易的目的，并且受益人的行为缺乏请求银行付款的事实基础；[①] 而有的法院主张必须是相当严重、显著，并足以破坏合同效力的欺诈才构成实质欺诈；[②] 还有的法院则采取较低的标准，认为当受益人违反了善意、合理注意、谨慎等义务，并对申请人进行欺诈，则构成实质性欺诈。[③]

鉴于每一个案例的复杂程度不同，UCC 官方评论解释说，欺诈是否具有实质性，由法院自行斟酌。因此，法院对欺诈是否是实质性的，具有较大的自由裁量权。尽管 UCC 倾向于对欺诈作较广的解释，但从美国近年来的判例看，多数法院在实务上仍然从严解释实质性欺诈。

三、欺诈例外不适用于善意的当事人

为了维护票据和信用证的流通性，保护包括正当持票人在内的善意第三人的合法权益，UCC 第五篇第 109 条将欺诈例外严格限制在只针对进行欺诈的受益人和非善意的第三人。因此，该条规定中欺诈例外不适用于以下情况：向开证行提示请求偿付的付款行、偿付行、指定的议付行、保兑行、汇票的正当持有人等，且这些主体对受益人的欺诈行为不知情，并已支付了对价。同时该条还规定，只要是出于善意且法院没有发布止付令，即使发生了欺诈，开证行也可以针对提示的单据决定付款或拒付，以保护善意的开证行。由此可见，UCC 的上述规定是欺诈例外的例外，它旨在平衡相关当事人的合法利益，尽可能地坚持和维护信用证的独立抽象性原则。

四、法院严格审查基础合同，止付令的标准严格

根据 UCP 的规定，开证行依据信用证独立抽象性原则，仅须依据信用证、国际惯例或银行标准实务（ISBP），审核单据表面记载是否相符，至于单据记载是否与实际装运情况相符则不属于银行的审查范围。因此，UCC 规定，由法院来审查基础合同，判定单据记载是否与事实相符，是否构成实质性的欺诈，从而决定是否发布止付令，即由法

---

① Western Surety Co. 诉 Bank of Southern Oregon（2001）；New Orleans Brass，L. L. C. 诉 Whitney National Bank（2002）。

② Synergy Center Ltd. 诉 Lone Star Franchising Inc.（2001）。

③ Mid. America Tire，Inc. 诉 PTZ trading Ltd.（2002）。

院对交易中的公平正义加以保护，对欺诈行为加以制裁。

由于法院必须承担对欺诈判断不准确的责任与风险，以免欺诈例外的滥用，因此，修订后的 UCC 对欺诈例外的规定比过去更加严谨与完善。修订后的 UCC 第五篇 109 条第 2 款规定，若申请人提出受益人有实质性的欺诈，请求法院发布止付令或采取其他类似的救济措施时，法院必须查明以下几点：（1）开证行所承担的已承兑汇票或延期付款的义务，其所适用的法律或惯例并不禁止这种救济措施；（2）因采取救济措施，可给予受到不利影响的受益人、开证行或被指定人足够的保护，使其免遭损害；（3）依据有关州法的规定，使某人获得救济的法律条件已经满足；（4）主张实质性欺诈或伪造的申请人，具有较大的胜诉可能性，而且提出付款要求的并非善意的当事人。

根据近年来美国的许多判例，法院在发布止付令时通常考虑以下两方面的因素：首先，若不发布止付令，申请人将会遭受无法弥补的损失；其次，发布止付令不会对他人造成严重的损害，也不会对公众利益产生负面影响。

在英美法系的国家里，法院发布禁令是一种非常谨慎的、比较少见的救济措施，除非能证明欺诈是非常严重的，若允许受益人获得付款将使信用证制度变得毫无公平可言，法院才会发布止付令，否则法院不会轻易发布止付令。因此，若申请人确信受益人存在欺诈或伪造行为，而又不能获得法院的止付令时，UCC 第五篇第 110 条提供了另一种救济方法，即“若提示获得付款，则受益人应担保下列事项：向开证行、申请人及任何其他接受提示的人保证绝对不存在欺诈或伪造；向申请人保证取款不违反申请人与受益人之间的任何协议，或任何符合申请人与受益人意图达成的其他协议。”这条规定实际上是受益人在信用证交易中所承担的一项担保（Warranty）义务，换言之，银行在向受益人付款之后，可以受益人违反担保（欺诈或伪造）为由，向受益人追索已付的款项。依 UCC 第五篇第 110 条的规定，申请人也有向受益人追索款项的权利。

当然，上述 UCC 关于受益人承担担保义务的规定也存在着较大的争议。反对者认为，信用证具有的“开证行付款是终局性的”特点将因“受益人违反担保，可向其追索已付款项”而遭到破坏，从而阻碍以信用证付款的贸易行为，且争议或诉讼案件会因此而增加。而赞成者则认为，受益人的担保义务可减少其欺诈或伪造行为，减少申请人的法院禁令申请，从而降低法律诉讼的可能性。但从目前的国际贸易惯例，如 UCP600、ISP98 等看，并没有受益人担保的规定，该规定将来能否被信用证制度所采纳并在信用证业务中得到应用仍会存在一定疑问。

五、承兑的汇票也可止付

UCC 第五篇第 109 条第 1 款规定：“开证行承担的已承兑汇票或延期付款义务，其所适用的法律并不禁止此种救济措施。”因此，在远期信用证下的远期汇票经开证行承兑之后，只要其所适用的法律并不禁止禁令或类似救济措施，法院仍可发布止付令。同时，UCC 官方评论也指出，只有在下列两种情况下法院不能发布止付令：（1）当事人在信用证中已经特别约定，不论日后是否付款，开证行对汇票的承兑视为承诺并如期付款；（2）当事人明确表示，在开证行承兑汇票后，申请人则无权请求发布止付令。

UCC 的上述规定既尊重了汇票的特性和票据法的规定，同时也考虑到信用证交易中的欺诈问题。就票据法而言，远期汇票承兑后，受款人的收款权利得到保护，汇票的信用功能得到加强，即只要付款人对汇票予以承兑，则承担了到期付款的确定义务。但若存在信用证受益人欺诈的事实，开证行是否也不得拒付已承兑的汇票，法院是否也不能发布止付令？UCC 的规定是否定的。另外，从各国票据法的规定看，基于票据的抗辩制度，汇票的付款人可以依据票据法的规定，提出相关的事实或理由，否定汇票权利人（受款人）提出的请求，拒绝履行付款义务。因此，无论远期汇票是否已承兑，当原因关系为不合法或无效时，付款人（承兑人）可以对出票人提出抗辩。具体到信用证交易关系中，当提示单据的是签发汇票的受益人（卖方），或知悉受益人欺诈的恶意持票人（汇票受让人），而非依法受让汇票的善意持票人，无论汇票是否已承兑，开证行都可以原因关系存在欺诈为由提出拒付抗辩，而有管辖权的法院也当然有权根据当事人的请求和欺诈事实，在开证行尚未付款之前发布止付令，阻止银行对已承兑汇票付款英国 Banco Santander S A 诉 Banque Paribas（2000）一案法院作出了相同的判决。[①] 当然，如果开证行在审核单据时，已尽了合理的注意，仍未发现单据潜在的瑕疵，且开证行已付款，则银行无过失，仍然有权要求申请人（买方）给予补偿。

第三节 其他国家和国际公约关于信用证独立抽象性原则的欺诈例外

一、其他国家关于信用证欺诈例外的规定

美国 UCC 第五篇关于信用证欺诈例外的规定是目前国内法对此问题最为具体的规范，其他国家通常仅在判例中解决这一问题。例如，在英国，法院在信用证独立抽象性的欺诈例外判例中采取非常谨慎的立场，若要发布止付令，必须满足以下三个条件：首先，申请人必须提出确凿证据证明受益人存在欺诈行为；[②] 其次，申请人必须充分证明受益人违反了合同法或侵权法的义务；[③] 最后，法院要权衡不发布止付令使申请人遭受的损失是否将超过发布止付令而使受益人遭受的损失，若不超过，则发布止付令即为不适当。[④] 因此，在英国，法院对于欺诈例外的适用采取较其他国家更为严格的标准。法国法院的判例表明，受益人的犯罪责任未确定之前，银行拥有不付款的权利。在 20 世纪 80 年代，法国法院也确立了信用证欺诈例外的规则，只要受益人存在欺诈或恶意时，银行则有权拒付受益人。在德国，原则上不允许以买卖合同中的抗辩理由对抗受益人信用证项下的付款请求权，但若受益人利用信用证破坏了交易的公平性，则银行可以拒付受益人。加拿大的判例表明，该国法院在审理此类案件时，既有遵循英国较为严格的标准，又有采用美国判例的规则的迹象，这与加拿大同英美两国具有特

---

① 英国 Banco Santander S A 诉 Banque Paribas（2000）一案法院作出了相同的判决。

② R D Harbottle（Mercantile）Ltd. 诉 National West minister Bank（1978）；Korea Industry Co.，Ltd. 诉 Andoll Ltd.（1990）等。

③ United Trading Corp. S. A. 诉 Allied Arab Bank（1985）；GKN Contractors 诉 Lloyd's Bank（1985）。

④ RD Harbottle（Mercantile）Ltd. 诉 National West minister Bank（1978）；United Trading Corp. S. A. 诉 Allied Arab Bank（1985）。

殊渊源有关。由上述国家的判例可以看出，目前多数国家的法院在处理此类案件时，基本上如美国 UCC 官方评论所指出的那样，对是否运用欺诈例外原则，法院具有较大的自由裁量权。

二、国际公约关于信用证欺诈例外的规定

如前所述，国际商会 UCP、ISP98 和 ISBP 没有具体规定信用证欺诈例外的适用条文，它们要求将其留待各国国内法去处理。由于 UCP 已在国际上被普遍接受，并具有较强的权威性，因此，近年来人们不断呼吁国际商会应在新的 UCP 条文中具体规范信用证欺诈例外的问题，消除国家之间对此问题的分歧。但在国际商会关于修订 UCP 的多次会议上，国际商会并不接纳这种呼吁，其原因主要是很难统一各国的相关法律规定和判例所确立的原则。

但 2000 年生效的《联合国独立保函和备用信用证公约》却首次在公约中，对信用证独立抽象性原则的欺诈例外问题作出了规定，试图统一各国对此问题的分歧。该公约承认保函独立性的欺诈例外原则，并在其第 19 条中将受益人的欺诈性索款称为“不适当索款要求”（Improper Demand），而不使用“失信”（Bad Faith）、“滥用权利”（Abuse of Right）和“欺诈”（Fraud）等术语，因为在不同的国家其概念不同，并且对其理解也有分歧。第 19 条（付款义务的例外）的规定主要包括以下内容：（1）若以下事由属实，保证人/开证人出于善意对受益人拥有指控并不予付款的权利：任何单证是伪造的或篡改的、依请求付款的单据所记载的理由付款义务不存在、根据承诺不具备预期付款的理由；（2）开证人付款时必须考虑到基础交易：基础交易已被法院或仲裁宣告无效或其已被履行且满足了受益人的要求，受益人利用非法手段阻挠基础交易的履行，使其无法实现，此时开证人不予以付款；（3）申请人在上述情况下有权请求法院发布临时救济措施（一般为法院禁令）。此外，该公约还在其他条文中，特别强调受益人请求付款时必须遵守诚信原则。

该公约的上述规定，是关于信用证欺诈例外原则的国际规范的首创，提供了各国统一的欺诈例外概念，避免各法系之间的争议，使不同法系对欺诈例外达成共识。

综上所述，独立抽象性原则是信用证制度的基石，也是信用证交易得以正常进行和被广泛运用的法律基础，其重要作用是将与信用证交易相关的贸易商和银行的分工限定在各自最熟悉的专业领域，以确保信用证机制的可靠性和有效性。独立抽象性原则已获得各国商业界、银行界和法律界的普遍承认和尊重，并满足了他们对其的各自需求。但正是这一原则给了非善意的贸易商可乘之机，利用它进行欺诈性交易，进而又损害了信用证机制作用的正常发挥。因此，许多国家基于公共利益和诚信原则的考虑，允许银行以欺诈为由突破独立抽象性原则，将欺诈作为独立抽象性原则的例外，拒付受益人。

根据欺诈例外原则，申请人可以向法院申请止付令，请求禁止银行向受益人付款，或者银行主动拒付受益人。但在实务中，银行较少主动拒付，因为要求银行去审查超出金融业务以外的信用证项下贸易中货物、服务等的真实性与合法性，则会产生增加成本、拖延付款、影响信誉等负面后果，甚至可能将银行卷入买卖合同纠纷的诉讼中。此外，银行还将承担错误拒付的赔偿风险。因此，大多数此类案件是申请人请求法院发布

止付令，通过司法程序来平衡信用证交易当事人的利益关系。但由于欺诈例外原则的适用具有较大的不确定性，是否构成欺诈，法官具有很大的自由裁量权。为防止该原则的滥用，美国统一商法典及各国法院的判例均表明，欺诈例外原则的适用条件相当严格，法院不会轻易适用该原则，尽可能地维护信用证交易的稳定性和可靠性。

案例分析

1. 信用证止付令案

中国某出口商W公司于2007年2月与国外K公司签订一笔货物出口合同。K公司在合同生效后向银行申请开立了远期信用证。但买卖合同约定货物装运前应由K公司进行检验，W公司在货物生产完毕后便通知K公司前来验货（注：典型的信用证软条款）。但K公司以种种理由为借口，迟迟不来验货。在W公司的多次催促下，K公司通知W公司直接将货物发至目的港。

货物到港后，K公司并未遵守事先的约定，未经验货程序即提取了货物。此后不久，K公司致电K公司：货物的质量存在严重问题，使K公司遭受了重大的损失。但并未指出具体质量问题。信用证应付款日到期后，开证行以K公司已申请“止付令”为由，拒绝付款。不久，W公司收到了来自国外法院的传票，通知其作为被告出席该案的审理。至此，W公司货、款两空，沦为被告。

试分析W公司应如何处理此案。

（提示：

依据各国立法及司法实践，通常认为法院发布“止付令”应满足下列条件：

（1）必须是重大的贸易欺诈行为，而并非是一般性的贸易合同纠纷；（2）欺诈必须是现实存在的、实质性的，而不是虚构的或可能要发生的；（3）判定受益人的欺诈应具备主观的欺诈心理以及客观的欺诈行为。

在本案中，货物交付后，K公司仅仅提出货物质量有问题，但未提供任何证据和具体损失，因此可以排除“实质性的重大贸易欺诈”的可能性，且W公司不存在欺诈的主观意图。

作为受益人的W公司应做到：（1）沉着应对，积极应诉；（2）及时委托专业的追偿机构，如请求中国出口信用保险公司参加庭审。）

2. 中止支付信用证项下的款项案①

案情简介

原告：漳州百业公司（简称“漳州百业”，买方；申请人）

被告：新加坡来宝谷物公司（简称“Noble公司”，卖方；受益人）

2004年2月9日，漳州百业公司与新加坡来宝谷物公司签订合同，约定漳州百业向Noble公司购买巴西产大豆55 000吨。合同签订后，经漳州百业申请，招商银行厦门分行为该合同开立了以Noble公司为受益人的信用证，付款期限为见票后90天。同年4月

① 资料来源：金赛波．中国信用证和贸易融资法律案例和资料．北京：法律出版社，2005：530-532.

16日，合同项下的大豆运抵厦门东渡港。

厦门检验检疫局于同年4月18日至22日对该批大豆进行了检验，发现含有毒物质杀菌剂萎锈灵，决定禁止该批大豆进口。漳州百业认为，因Noble公司交付的货物基本无价值，该公司的行为已构成信用证欺诈，该信用证尚未承兑或支付。

为避免遭受巨额经济损失，请求福建高级法院裁定中止支付信用证项下款项，漳州百业向法院提交其 自身与福建进发实业公司出具的担保书作为担保。为证明Noble公司的行为构成信用证欺诈，漳州百业提供了厦门检验检疫局出具的卫生证书作为证据。

法院判决

法院审理认为，信用证受益人Noble交付的大豆因含有毒物质杀菌剂萎锈灵，不适合作为食品原料，而被禁止进口，由此可认定该批大豆基本无价值，因而Noble已构成欺诈。调查表明，开证行招商银行尚未对外承兑汇票，也没有证据表明存在已善意付款或善意付出对价的第三人。此外，申请人已向法院提供担保。福建高院判定：中止支付招商银行开立的信用证项下货款。

试分析该案例。

（提示：中国进口商运用信用证独立性原则欺诈例外知识，成功地维护了自己的权益。此案的判决例完全具备信用证欺诈例外原则的要件：

（1）受益人交付的货物基本无价值，故可认定存在信用证欺诈；

（2）申请人向法院提交了检验检疫局出具的卫生证书，以及其自身与福建进发实业公司出具的担保书，故申请人提供了可靠的证据和充分的担保；

（3）开证行尚未对外承兑汇票，也没有证据表明存在已善意付款或善意付出对价的第三人，故不存在信用证欺诈例外的豁免情形。因此，通过司法程序，进口商的合法利益得到了可靠保障。）

3. 法院止付令可否成为开证行拒绝偿付保兑行的理由？

案情简介

在某一交易中，进口商为某跨国公司的子公司与出口商达成一笔钢铁买卖。买卖双方约定使用信用证结算货款。申请人（进口商）向开证行申请开立了经保兑的、不可撤销的90天延期付款信用证。

进口商收到货物后，认为其质量有问题，出口商提议降价但未被接受。进口商要解除整个交易。于是，进口商申请了法院止付令，阻止开证银行向出口商付款。

而保兑行就完全符合信用证条款的单据做出了延期付款承诺，并向受益人做了无追索权的付款。

开证行以加押SWIFT报文形式，确认接受单据并将在到期日付款。但在到期日前一天，开证行向保兑行连续发出了两份加押SWIFT报文，告知其以下信息：

报文1："根据法院止付令，本信用证被止付。特此告知。"

报文2："根据一审法院因采取诉前保全措施而在2008年5月14日发出的命令，计划中的付款被止付。我行因该司法令而无法进行上述付款。请立即通知受益人速与申请人联系。"

随后，保兑行又收到一份法院止付令的传真件及一份SWIFT报文，该报文要求保兑行告知开证行，保兑行是否已向受益人预付，保兑行予以确认。

2008 年 5 月 21 日，保兑行向开证行发出了以下 SWIFT 报文（摘录），但未得到答复：

我们提请贵行注意以下事实：

（1）一审法院于 2008 年 5 月 14 日出具的法院止付令，是向贵行出具的，目的在于根据信用证申请人的指示暂停付款。该止付令阻止贵行向受益人付款。

（2）根据 UCP600 第 7 条 c 款

a. 贵行有义务于到期日偿付指定银行，即保兑行；

b. 贵行对我行的付款承诺独立于贵行对受益人的承诺。

（3）根据 UCP600 第 12 条 b 款，贵行已授权我行预付或购买我行做出的延期付款承诺。

（4）正如贵行所知，我行已预付对受益人做出的延期付款承诺。

事实上，我行作为保兑行，是应收账款的所有权人，有权毫不迟延地收到对价。我行认为贵行是一家著名银行，在国际业务（包括信用证）方面经验丰富，信誉卓著。因此，我行期待贵行协助解决此悬而未决的问题，向法院上诉，申请撤销该法院止付令，并立即向我行付款。

在该案例中，保兑行认为，依 UCP600 第 12 条 b 款获得授权的指定银行在作出预付后，根据第 7 条 c 款，对开证行享有独立的索偿权。因此，开证行有义务在到期日立即承付指定银行的索偿要求，即使法院止付令禁止开证行向信用证项下的受益人付款，或禁止其做与信用证有关的付款，或禁止其从申请人处获得款项。

保兑行的国家委员会，代表保兑行寻求国际商会银行委员会对上述纠纷的意见。

试分析该案例。

（提示：

国际商会的分析

UCP600 第 12 条 b 款规定："开证行指定一家银行承兑汇票或做出延期付款承诺，即为授权该指定银行预付或购买其已承兑的汇票或已做出的延期付款承诺。"

其第 7 条 c 款包含以下条款："对承兑或延期付款信用证下相符交单金额的偿付应在到期日办理，无论指定银行是否在到期日之前预付或购买了单据。"

保兑行按照 14 条 a 款的要求审单，并据此确定单据相符。值得注意的是，虽然法院止付令阻止开证行向受益人付款，但实际上款项已被支付，而开证行尚未对保兑行偿付。

在开出向指定银行兑用的延期付款信用证时，该开证行就（根据第 12 条 b 款）授权了指定银行在接到相符交单时，做出延期付款承诺，并预付或购买该承诺。该开证行接受了单据并确认了到期日。显然，开证行不能对法院止付令置之不理，其不予偿付的抗辩理由仍基于止付令。然而，该止付令出具的依据似乎是与货物质量有关，因此，一家善意行事的指定银行应受到保护。货物质量问题不应损害指定银行从开证行获得偿付的权利。从这个角度讲，UCP600 第 4 条和第 5 条也应该参考。

国际商会的结论

正如国际商会意见 R519 所述，通常的原则是，该交易应适用当地法律。然而，该信用证是适用 UCP600 的，且显然没有排除第 12 条 b 款。依据第 12 条 b 款和第 7 条 c 款的规定，开证行应设法阻止这种止付令，以维护其开出的信用证和 UCP 的严肃性。我们期待开证行会提请法院参考 UCP600 的适当条款以及信用证的条件和条款，设法撤销该止付令。我们也强烈建议该开证行将第 12 条 b 款的内容及影响告知本信用证及未来信用证交易的申请人。要解决关于货物质量的问题，申请人的责任应该是在信用证中规定需提交的单据及其数据内容，而不是寻求会损害指定银行根据相符交单从开证行获得偿付的权利的救济方法。）

4. 国外贸易商滥用“欺诈例外”案①

中国某出口商 H 公司于 2005 年 10 月与意大利买家 P 公司洽商货物出口事宜，P 公司收到 H 公司传真的贸易合同后，在未于销售合同上签字的情况下，直接向银行申请开立了信用证，H 公司即按照合同约定生产货物。由于双方往来函电约定货物装运前应由买方进行检验，H 公司在货物生产完毕后便通知 P 公司前来验货。但 P 公司先后以圣诞节将至、签证未办妥等为借口，迟迟不到中国，同时要求 H 公司直接将货物发至目的港。H 担心日后 P 公司因为没有验货而在质量问题上进行纠缠，于是要求货运公司配合，通知 P 公司在目的港先行验货，认可货物质量后赎单；若 P 公司对货物质量不满意，则可以不提货，H 公司将自行安排货物退运事宜。

货物到港后，P 公司并未遵守事先的约定，未经验货程序即提取了货物。此后，P 公司致电 H 公司，声称此批货物的质量存在严重问题，且在之前的贸易合作中，H 公司的货物也存在很多质量问题，这些问题使 P 公司遭受了重大的损失。随后，H 公司立即询问 P 公司质量问题的细节、P 公司的要求并积极探讨解决方案。但 P 公司始终不予回复。信用证应付款日到期后，开证行以 P 公司已经成功申请“止付令”为由，拒绝付款。最后，H 公司收到了来自意大利法院的传票，通知其于 2006 年 5 月 3 日作为被告出席该案的审理。至此，H 公司货权已失、货款未回，沦为被告。万般无奈之下，H 公司将此案委托中国出口信用保险公司（下称“中国信保”）代为进行海外追讨。

在委托中国信保处理案件之前，H 公司处于以下原因的考虑，迟迟没有下定决心应诉。首先是对货物质量问题的担心。买卖双方合作多年，出运货物都是同类产品，H 公司确信此批货物不存在质量问题，但很难担保之前货物全部符合买方要求，且货物没有批次编号，一旦 P 公司找出非此合同项下的争议货物作为质量问题的证明，H 公司没有用以抗辩的证据。其次，双方曾经多次以函电形式确认，货物须经 P 公司检验。H 公司担心最终没有得到 P 公司的检验会成为对方拒付货款的说辞。最后，H 公司对于信用证“止付令”的性质了解甚少。“止付令”由谁签发？能否撤销？效力如何？H 公司毫无头绪。除此之外，更为重要的是，H 公司对于海外应诉毫无经验，且人力和财力均不允许 H 公司在意大利自行跟进诉讼，因此更促使他们萌生了放弃应诉的念头。

试分析该案例。②

---

① 资料来源：李亮萱．信用证“止付令”案例分析．国际商报，2007-07-20。

② 关于该案例的分析，详见姚新超编著．国际贸易惯例与规则实务．4 版．北京：对外经济贸易大学出版社，2016：471-472.

第十一章 eUCP和DOCDEX规则

本章简要介绍国际商会eUCP和DOCDEX规则的主要内容及其应用。读者应重点了解DOCDEX规则的适用范围、操作规程、决议效力及适用该规则的争议种类。

第一节 eUCP600

随着科学技术的不断进步和发展，电子商务快速兴起，国际贸易也出现了许多新的变化。国际商会以往颁布实施的部分惯例与规则，有些不能适应形势发展与变化的要求，从而给参与国际贸易的有关方带来诸多不便，甚至因此而产生了争议或纠纷。为此，近年来，国际商会不断努力，对已颁布实施的部分惯例与规则进行了补充，尽可能使已有的惯例与规则更加完善，使之更加符合贸易发展的客观需要。

近年来，随着电脑网络的快速发展，电子商务迅速普及，而在国际贸易中普遍使用的信用证交易方式中也补充了电子提示和电子签章。于是，跨国性的电子交易成为国际贸易的一种新模式，使用网络传递信用证和提示单据已成为国际潮流。为适应新的贸易模式，规范电子信用证交易，在UCP500的基础上，国际商会于2001年底，对电子信用证交易中的电子提示等问题制定了一个补充规则，即《跟单信用证统一惯例电子提示补充规则》（Supplement to UCP500 for Electronic Presentation in Force as of April I, 2002 Version 1.0，简称eUCP），并于2002年4月1日起正式实施。为了配合UCP600的实施，国际商会又将eUCP1.0版本改为eUCP1. 1版本。eUCP1. 1版本将与UCP600共同适用于信用证交易。

随着电子商务的快速发展，国际贸易出现了新的模式，传统信用证交易面临诸多挑战，许多国际性组织，如BOLERO、TTC等已经在实际业务中采取了有效的应对措施；同时，ISP98也对电子交易作出了相关规定。作为规范和指导国际商务活动的权威组织，国际商会对UCP补充了相关规则，以适应形势的发展变化。

2000年5月间，国际商会的银行技术委员会决定制定一套处理电子开立信用证和电子提示的国际惯例。之后，经多次讨论，国际商会最后决定，以当时的技术状况，在信用证之下，eUCP若要发挥实际作用，应该作为UCP的补充本，使电子和书面提示可以互补使用。所以，国际商会新实施的eUCP以1993年颁布的《跟单信用证统一惯例》为基础，针对UCP中某些用语加以调整并增加了一些新条款。这样，eUCP只是UCP的补充而不是代替UCP，两者将共同适用。但因为电子运作和书面运作经常有不同之处，所以，如果某一信用证适用 eUCP，在适用 UCP 和适用 eUCP 产生不同结果时，eUCP 将优先适用。在信用证交易中，有关当事人若愿意适用 eUCP，应在信用证中明确表明该信用证将适用 eUCP；同时，UCP 也将自动适用于该信用证，而无须另行表明适用 UCP。

eUCP 共有 12 个条款，架起了 UCP 使用书面文件提示与电子提示程序间的桥梁，eUCP 的实施开启了电子信用证交易的时代。以下将对 eUCP 的条款予以介绍和分析。

一、eUCP 的适用范围（Scope of the eUCP）

eUCP 第 1 条规定了电子信用证的适用范围，并且规定电子提示与书面提示可以混合使用。该条指出：eUCP 是对 UCP 的补充，以适应单独提交或与纸单据混合提交电子记录的情形。该条第 3 款特别规定，此版本为第 1.1 版，以说明信用证需要明确约定其适用于 eUCP 的何种版本，并作为执行交易的依据。若信用证未明确约定，则以信用证开立、修改时的有效版本为准。

二、eUCP 与 UCP 的关系（Relationship between the eUCP and the UCP）

eUCP 第 2 条将原本 UCP 的内容加以整合，作出需要以书面提示的例外规定。如果一份信用证受 eUCP 规范，虽然没有书面声明，也须同时受 UCP 规范；如果采用电子化单据方式提示，只有在 eUCP 与 UCP 的规定发生矛盾时，eUCP 的效力才优于 UCP。

三、有关定义（Definitions）

eUCP 第 3 条说明电子记录提示适用 eUCP 时，许多用语与 UCP 有不同的定义，如“电子记录”“电子签名”“接收”等。为了避免分歧，该条对在 eUCP 中使用的一些用语进行了解释。

四、格式（Format）

eUCP 第 4 条规范了 eUCP 之下的电子记录格式。当 eUCP 之下的信用证采用电子提示时，发送与接收必须以同一格式表示；若无特别规定时，可以用任何形式表示。

五、提示或交单（Presentation）

提示是 eUCP 的重点。在传统书面单据提示的情况下，如果没有另外规定，单据应该是以“同时提示”的方式向银行提示。在电子提示的情况下，电子单据的发送者可能是来自受益人之外的承运人或保险公司，它们分别将电子单据发送给银行；也可能是由受益人或其委托人同时将全部电子单据发送给银行。为此，eUCP 对电子提示作出了相关规定。

eUCP 在其第 5 条规定了电子提示的地点、提示时间、提示次数、提示通知、提示期间、提示有效期限和提示的确认等。同时规定，允许书面单据与电子单据混合提示，且原则上须有特别规定，才准许分别提示。电子提示究竟在何时已经完成，应由受益人或其委托人通知银行何时提示已经完成；若未通知，银行即认为提示尚未完成，并且不进入审查电子单据阶段；电子记录必须明确表明所提示的地点，并且与书面单据所提示的地点相同；电子记录因资料传送平台的差异，可以分别提示，并不需要同时提示；允许一个或数个电子提示。

电子提示偶尔有电脑感染病毒等情况发生，由此可能导致无法进行电子提示。eUCP 规定，此时可以适用有效期限展延的规定。

六、单据的审查（Examination）

eUCP 第 6 条主要规定在电子记录提示条件下，银行如何审查及何种情形的电子记录单据构成不符点。例如，开证银行或保兑银行按 eUCP 信用证所要求的电子记录格式审查，若未按要求提供连接提示的系统，将被视为不符点，而所提示的格式不能作为拒付的理由。

七、拒绝的通知（Notice of Refusal）

eUCP 的第 7 条主要规定有关银行审查单据的时间，如开证银行、保兑银行或指定银行对提示作拒绝通知的时间，以及通知拒绝后，电子记录单据如何处理。如果开证银行、保兑银行或指定银行发出电子记录及无法接受提示的拒绝通知，须在拒绝通知时起 30 天内加以处理。

八、正本与副本文件（Originals and Copies）

eUCP 第 8 条规范正本与副本文件的要求条件。UCP 或 eUCP 信用证要求提交一份或多份正本与副本的电子记录时，提示一份电子记录即满足该要求。

九、签发日期（Date of Issuance）

eUCP 第 9 条规定了单据的出具日期条件。除非电子记录中载有具体签发日期，否则出单人发出电子记录的日期即被视为出具日期；若无其他日期出现时，则电子记录的收到日期将被视为发出日期。

十、货物运输（Transport）

eUCP 第 10 条对电子记录上关于装运日期或发运日期（Date of Shipment or Dispatch）等问题予以规定。如果电子记录对运输单据没有明确显出其装运或发运的日期时，电子记录的发出日期将视为其装运或发运的日期；但如果电子记录载有证明装船或发运日期的批注时，该批注日期将被视为装运或发运的日期；显示附加信息内容的批注无须另行签字或以其他方式证实。

十一、电子记录提示后毁损（Corruption of an Electronic Record after Presentation）

eUCP 第 11 条规定，如果某一电子记录传递到开证银行、保兑银行或其他指定银行时受到毁损，则这些银行可以要求前手重新提示；如果审查单据的期限已中止，该期限在重新提示时恢复；如果同一电子记录在 30 天内未被重新提示，银行可以视该电子记录为未提交过，并且不得延展任何期限。

十二、责任豁免（Additional Disclaimer of Liability for Presentation of Electronic Records Under eUCP）

eUCP 第 12 条规定，有关银行对电子记录的发送者身份、信息来源、完整性或未被更改性不承担责任，但必须以一般商业可接受的电子记录审核方式，对其真实性予以确认。

第二节 DOCDEX 规则

一、DOCDEX 规则简介

在信用证争议中最常见的是不符单据的拒付问题。一般情况下，解决的方法不外乎由当事人自行协商、仲裁或提出诉讼由法院判决。但当事人自行协商很难达成和解，而诉讼所花的费用和时间过多，有可能得不偿失，且由于各国法院与律师对国际贸易惯例的理解和适用存在差异，误判的情况在所难免，也不易使当事人信服。为此，国际商会曾于 1996 年制定了《跟单信用证争议解决专家意见规则》（ICC Rules for Documentary Credit Dispute Resolution Expertise，简称 ICC DOCDEX RULES）（577 号出版物），以解决由于适用 UCP 和 URR 而引发的争议。随着国际贸易的不断发展，以及信用证争议和有关结算单据纠纷的大量增加，2002 年 3 月，国际商会对 DOCDEX 规则进行了修订，将其适用范围由原来的 UCP、URR 扩大到其他的国际商会规则，包括《托收统一规则》（URC522）和《见索即付保函统一规则》（URDG458）。DOCDEX 规则的名称也改为《跟单票据（金融产品）争议解决专家意见规则》（ICC Rules for Documentary Instruments Dispute Resolution Expertise，简称 ICC DOCDEX 规则），从而使该规则被确定为以专家意见为基础的解决国际结算纠纷的机制。

DOCDEX 最新修订版于 2015 年 5 月 1 日正式出版，其适用范围扩大到贸易贷款、银团贷款、议付工具、风险参贷等国际商会银行规则尚未覆盖的领域，制定了标准化处理流程，提高了争端解决的透明度和处理效率。新规则的执行将进一步提升 DOCDEX 规则在国际社会上的认可度和利用率。

依 DOCDEX 规则，信用证交易中任何一方当事人与其他当事人就信用证争议可以向国际商会设在法国巴黎的国际专业技术中心（International Center for Expertise，简称"中心"）提出书面申请，由该中心在银行委员会提名的一份专家名单中指定 3 名专家，依据当事人提交的书面材料，经与银行委员会的技术顾问协商后，作出如何解决争议的决议，并以该中心的名义对外发布该决议的结果。

二、DOCDEX 规则的主要内容及分析

DOCDEX 规则共有 12 个条款和 1 个附录。现将该规则予以分析，以便有关方面对

此有充分认识，并积极利用其解决相关争议。

（一）争议解决的适用范围（Dispute Resolution Service）

依 DOCDEX 规则第 1 条，凡因国际商会的规则而引起的争议均可适用 DOCDEX 规则加以解决，其中包括 UCP、URR、URC、URDG、贸易贷款、银团贷款、议付工具及风险参贷等。该规则的目的在于提供独立、公平及快速的专家决议，超然地解决争议案。当争议案件依据该规则向“中心”提出时，该“中心”从银行委员会持有的专家名单中委任 3 名专家组成专家小组。经与银行技术与实务委员会的技术顾问协商后，该小组依据 DOCDEX 规则，以“中心”的名义作出 DOCDEX 决议，并对外发布该决议。

（二）申请程序（Request）

与仲裁审理必须提交仲裁协议不同，DOCDEX 规则无须当事人间必须有解决争议的协议，即可将争议提交国际商会的国际专业技术中心，依该规则解决。无论对方当事人是否同意，“中心”最后都依 DOCDEX 规则和程序决定是否对争议案作出决议。

根据 DOCDEX 规则第 2 条，向“中心”提交申请，要求作出 DOCDEX 决议的申请人可以是争议的一方当事人，即单独提交申请，也可以是由争议双方或多方当事人共同提交一份申请。该申请包括所有文件及其附件一式四份提交国际商会设在巴黎的国际专业技术中心。申请书应包括所有必要的资料：申请人及争议当事人的名称、地址；申请人依 DOCDEX 规则，正式请求做成 DOCDEX 决议的声明书；申请人说明已将一份申请资料发送给争议当事人的声明书；申请人的诉求与争议的摘要，明确所有与信用证、托收或保函有关的事项以及确定决议所适用的国际商会的规则；说明申请人和被申请人在争议中所充任的角色等；以及申请书必须随附该规则附件要求的标准收费支付凭证。在此应注意，申请书中的申请主张（诉求）应简明扼要，不能长篇大论。

（三）被申请人答辩（Answer）

针对申请人的提案，被申请人在通常情况下可以提出答辩。被申请人可以是申请书中指明的争议的另一方或多方当事人，所以答辩书可由一个被申请人单独或多个被申请人共同提交。答辩书及随附所有文件一式四份提交给国际商会设在巴黎的“中心”。依 DOCDEX 规则第 3 条，答辩书内容应简单且明确地表述所有必需的资料：被申请人和申请人的名称及地址；依该规则，被申请人正式请求做成 DOCDEX 决议的声明书；被申请人提交一份诉求（申述主张）摘要，并且该诉求的论点应明确叙述所有与信用证、托收或保函有关的事项以及确定所适用的国际商会规则。诉求摘要对被申请人非常重要。另外，被申请人还应提交一份说明已将一份答辩书及所有附件都已寄发给申请人的声明。该规则还规定，若被申请人未声明请求提供一份 DOCDEX 决议，则定案的 DOCDEX 决议将不提供给被申请人。这将对被申请人极为不利，因为当申请人取得对其有利的决议后提起诉讼，法院通常会依据该决议作出合理的判决，即法院的判决一般与 DOCDEX 决议一致。

另外，DOCDEX 规则第 4 条还规定，若有必要，“中心”还可要求申请人或被申请人提交一定的补充资料（Supplements）一式四份。该资料应简明扼要，且包括准确的必要信息及有关文件的副本。

（四）“中心”受理或拒绝申请（Acknowledgements and Rejections）

并非只要申请人提出申请，国际商会就必定受理申请。依据 DOCDEX 规则第 5 条，国际商会“中心”通常应向申请人及被申请人确认收到申请书、答辩书及补充材料，并确定“中心”收到答辩书、补充材料的期限，该期限不得超过收到申请书确认受理日后的30天，或要求提交补充材料的通知日后14天。下列三种情况之一的，“中心”可以拒绝申请、答辩或补充材料：(1)“中心”或受任专家认为争议案与适用的国际商会规则无关；(2)争议案在形式上及/或实质上无法满足DOCDEX规则的要求；(3)提出申请次日起14天内，“中心”仍未收到按规定应收的标准费用。由此可见，要使“中心”受理争议案，必须满足三个条件，即：首先，必须在合理期间内提交有关材料；其次，争议案必须与国际商会规则有关；最后，必须及时交付费用，否则争议案将被拒绝受理。

（五）指定专家（Appointment of Experts）

为树立信誉并为争议案有关当事人所依赖，国际商会对于专家的指定有严格的规范。国际商会的银行委员会内部拥有对国际商会规则具有丰富经验和专业知识的专家名单。根据DOCDEX规则第6条，若“中心”决定受理争议案后，则从专家名单中指定3名立场超然的专家组成专家小组，并指定其中之一为主席。每一位受任专家必须声明其与争议案无利害关系，并且对任何与争议案有关的资料及文件承担全程严格的保密责任。但国际商会保留了在不泄露当事人身份的前提下，对外公布DOCDEX决议的权利。

（六）受任专家作业程序（Appointed Experts' Procedure）

有关受任专家的作业程序，争议案的当事人也应有所了解。DOCDEX规则第7条规定，“中心”将在确认收到标准费用后，将收到的申请书、答辩书及补充材料，提交受任专家。受任专家将公正、独立地依据申请书、答辩书或补充材料、有关的信用证以及UCP、URR、URC或URDG提出决议。受任专家在收到有关文件和材料后30天内草拟一份决议，其主席需将该决议提交“中心”。争议案的申请人和被申请人均不得要求公开审理或要求国际商会透露任何一位专家的姓名，或寻求指定专家或银行委员会的职员以证人、专家或类似身份参加争议听证会。该作业程序的最大特点是，草拟决议的期间仅为30天，这代表DOCDEX规则较之法院诉讼或国际仲裁有时限上的绝对优势，是有关各方在考虑争议解决方式时的一个重要因素。应注意，DOCDEX规则不仅可以解决银行间的争议，凡是与信用证、托收或保函有关的当事人均可通过该规则合理解决争议。

（七）DOCDEX决议（Decision）

DOCDEX规则第8条指出，在接到受任专家的决议后，“中心”即与银行委员会技术顾问或其指定的代表协商，以确定该决议与国际商会规则以及与银行委员会历年来的见解相符。此后，“中心”随即将DOCDEX决议结果公布并通知申请人和被申请人。该决议由“中心”以英文发出，其主要内容是申请人与被申请人的名称、争议案的说明摘要、决议结果、作出决议结果理由的简述以及发布日期和“中心”有权人员的签章。至此，争议案结束。在此应注意，DOCDEX决议不具有强制约束力，除非当事人另有约定。这一点与仲裁裁决具有法定约束力、一般为最终性，且不得上诉有所不同。换言之，有关争议案的当事人若对DOCDEX决议不服，可以提交仲裁或诉诸法院。但由于国际商会的决议具有极高的权威性，仲裁员或法官通常会采纳DOCDEX决议。此外，DOCDEX规则第9条（Deposit and Publication of the DOCDEX Decision）规定：“中心”

所作的每一 DOCDEX 决议都将在国际商会保存 10 年，在不披露争议当事人名称的情况下，国际商会对外公布 DOCDEX 决议。

（八）标准收费（Costs of DOCDEX）

依 DOCDEX 规则第 10 条和该规则的附件，每一 DOCDEX 案件的标准费用最高为 1 万美元。该费用由申请人支付。

三、运用 DOCDEX 规则的建议

随着越来越多的中国企业走向国际市场，参与国际贸易活动，有关的当事人对国际贸易中的跟单业务并不十分熟悉，在实务中不可避免地产生争议或纠纷。国际商会的 DOCDEX 规则为相关争议提供了一种快捷、公正、合理、有效的解决机制。DOCDEX 规则实施以来，国际商会的"中心"已作出很多 DOCDEX 决议。因此，笔者对如何充分运用该规则提出以下建议，以供有关当事人参考与借鉴。

（一）熟悉 DOCDEX 规则

国际商会在其制定的规则中，都强调遵循的对象不仅仅限于银行，凡贸易商、运输工作者、法律界、律师界、学术界等均与国际贸易息息相关，他们都应熟悉国际商会的有关贸易惯例和规则。DOCDEX 规则虽然实施时间较短，但它是解决贸易争议的一种有效途径，具有管辖灵活、程序简便快捷、费用合理等特点。因此，凡涉及国际贸易的有关方面，如进出口商、银行、法官、仲裁员、律师、学者等应尽快熟悉该规则，以便充分利用该规则，将其应用到各自的实际业务操作中，发挥其应有的作用。

（二）案情相对简单的争议应适用 DOCDEX

从前述的分析可以看出，DOCDEX 规则比较适合那些案情相对简单的争议，如关于信用证业务中的不符点是否成立，银行拒付是否有理或对国际商会有关规则的理解分歧等方面的争议。由于国际商会拥有像技术顾问 Gary Collyer、"中心"主持人 Dyala Jimemez Figueres 等一批谙熟国际贸易惯例与规则的世界顶尖专家，加之"中心"秉持公正合理的原则，对如何处理此类争议具有丰富的经验和专业知识。一般情况下，DOCDEX 决议一经公布，再大的争议也将因此平息。因此，在涉及信用证、托收或保函业务中的大多数争议最适合适用 DOCDEX 规则加以解决。从实践看，近年来越来越多的相关争议案的当事人选择通过 DOCDEX 规则解决有关单据业务的争议。但对于复杂的法律案件，如欺诈、合同效力等争议较大的案件则不太适合适用 DOCDEX 规则，因为此类纠纷涉及复杂的法律问题，如管辖权、调查取证等，国际商会难以解决这些问题。

（三）一般不应使用"DOCDEX 规则"条款

由于国际商会的 DOCDEX 规则为解决信用证等争议提供了一种简便、快捷、省费的途径，因而有些银行为避免因信用证争议而无休止地诉讼，则在信用证中加列了"DOCDEX 规则条款"，即事先在信用证中约定凡与信用证有关的一切争议必须提交国际商会的"中心"加以解决，如"Any dispute arising out of this credit shall be submitted to ICC International Center for Expertise for DOCDEX decision"（凡因该信用证而产生的任何争议必须提交国际商会的国际专业技术中心，以求获得 DOCDEX 决议）。国际商会曾指

出，银行不应将此类条款加列入信用证中；受益人也不应接受含有此类条款的信用证。DOCDEX 规则不仅具有上述所说的许多优点，而且它的适用无须当事人的事先约定，无论何种争议当事人均可随时将争议案提交“中心”要求作出 DOCDEX 决议，而无须征得其他当事人的同意。另外，DOCDEX 决议虽然具有极高的权威性，但它只是专家意见，对有关当事人并不具有强制约束力。若当事人不服 DOCDEX 决议，仍然可以通过其他法律途径寻求解决。这一点与仲裁协议排除法院的管辖权以及仲裁裁决具有最终强制约束力不同。因此，是否适用 DOCDEX 规则来解决争议案无须事先约定。

若银行和有关信用证的当事人、关系人等为避免因适用不同国家的法律而面临复杂的法律诉讼的可能，可以在信用证中加列“ICLOCA 条款”（国际信用证仲裁中心）。该条款是指一旦出现信用证等争议，必须通过设在美国华盛顿的国际信用证仲裁中心加以解决。该“中心”是专门为解决因信用证、保函、托收等产生的争议而设立的专业仲裁机构。该“中心”建议可在信用证中使用“ICLOCA 条款”，如“All dispute subject to arbitration under ICLOCA Rules of Arbitration（1996）”。

（四）熟悉和研究 ISBP

本书前述内容已对国际商会制定的 ISBP 进行了深入的分析。虽然 ISBP 在前言中强调：本出版物没有修订 UCP，而是解释信用证业务中单据处理人员应如何使用 UCP 中所反映的实务做法，但 ISBP 所规范的内容实际上许多是 UCP 中没有的。这意味着审单人员不能完全依赖 UCP 审核单据。若要完全杜绝信用证纠纷，仍需要结合 ISBP 才能在信用证业务中对 UCP 作出正确解释，进而避免争议发展到通过 DOCDEX 规则加以解决的地步。因此，凡参与国际贸易的有关方面还应尽快熟悉并研究 ISBP 的相关内容，尽可能做到防患于未然。

案例分析

国际商会 DOCDEX 案例

案情简介[①]

2013 年 5 月，中国银行客户 R 公司作为信用证受益人向中国银行提交两套信用证项下的单据，出口商品为热轧钢卷，开证行均为越南 S 银行，信用证申请人均为越南 T 公司，其中：A 套单据金额 280 多万美元，包括一套汇票、十套发票、十套提单、十套装箱单、十套装运通知和十套受益人证明；B 套单据金额 400 多万美元，包括一套汇票、七套发票、七套提单、七套装箱单、七套装运通知和七套受益人证明。

开证行收到单据后拒付，其理由是：（1）A 套单据中有“一套发票显示的船名与提单上的船名不符（提单上的船名为‘SHAN DONG HAI DA’，发票显示为‘SHAN DONG DA’）”；（2）B 套单据中有“一套发票未显示信用证号码及开证日期”。

经查业务档案，确实存在上述问题。其中 B 套单据在受益人初次交单时发票并未漏打信用证号码及开证日期，而是在中国银行审单人员发现其他不符点后将单据退回受益

① 连俊，孙宇豪．利用 DOCDEX 机制解难．中国外汇，2014-09-05；http：//news. hexun. com/2014-09-05/168226406. html。

人更改后产生了问题，由于七套单据属于套打性质，审单人员未发现其中一套发票原先正确的内容发生了遗漏。

从受益人处得知，由于钢材价格下跌，申请人不愿承担损失，故拒付单据，而受益人也不接受申请人过分的减价要求，买卖双方谈判解决问题的大门因此关闭。

鉴于两份信用证中的附加条款中都有“Any minor typing mistake which will not affect quality，quantity，price，value and expiry date and shipment date shall be acceptable（任何小的打字错误只要不影响质量、数量、单价、金额、有效期和装运期均可接受）”，中国银行首先据此对开证行的拒付进行了反驳。开证行立即回复，“A套单据，‘HAI’的缺漏不能被认为是打字错误，单据间存在不符”；“B套单据，信用证要求所有单据显示信用证号码和日期，发票没有满足该要求”。开证行在回电当日将单据退寄中国银行。

基于开证行的强硬态度，中国银行积极寻求更为有力的论据支持，参考了国际商会银行委员会在以往案例咨询中的意见。国际商会R698意见的分析和结论为：打字错误但能够通过与其他单据一起解读的，不被认为是不符点。R289和R635的分析和结论为：信用证条款要求单据显示信用证号码，只是为了将单据归入正确的信用证项下，因此，若开证行已将收到的单据归入相应的信用证项下，单据缺少信用证号码甚至引用错误的信用证号码都不足以构成不符点。据此，中国银行向开证行发电要求其参见国际商会的上述意见，并指出：“A套单据，除一套发票外，其他所有单据都显示了正确的船名，该套发票中错打的船名可以从其他单据中的相应信息补充获得，并不会引起任何的歧义；B套单据，一套发票缺少信用证号码并不会影响开证行对整套单据的处理归档。”

对于中国银行的反驳，开证行坚持以单据之间存在矛盾、单据不符合信用证要求为由拒绝接受。2013年7月，受益人与中国银行共同商议后，决定联合向国际商会发起DOCDEX裁决申请。

专家裁决

根据DOCDEX规则，受益人与中国银行作为发起人向位于巴黎的国际商会专家中心寄送了DOCDEX裁决申请。在申请中，发起人详细叙述了事件经过以及观点，并按规定提交了信用证、全套单据、银行间来往函电等资料的复印件。

在发起人提交DOCDEX裁决后，开证行作为答辩人也在规定时间内向国际商会提交了答辩意见。

2013年10月，国际商会做出了DOCDEX裁决，专家们给出完全一致的结论，即“两票信用证拒付均不成立，开证行应承付”。

在分析中，国际商会首先阐明：ISBP681和ISBP745中所允许的“拼写或打字错误”并不适用于数据或信息缺漏，因此未显示信用证号码和开证日期、船名中部分内容的缺漏都不属于“拼写或打字错误”。

对于A套单据，国际商会的分析指出：

“提交的十套单据包括十套发票、十套提单和十套装运通知，除了一套发票船名有缺漏外，都显示了正确的船名；从提交单据的整体来看，货物装到了提单所显示的同一条船上；根据UCP600第14d条，单据中的数据，在与信用证、单据本身以及国际标准银行实务参照解读时，无须与该单据本身中的数据、其他要求的单据或信用证中的数据等同一致，但不得矛盾；其中一套发票中船名字母‘HAI’的缺漏并不会引起混淆，从单据整体看有足够的信息可以反映信用证的要求。”

从国际商会对A套单据的分析看，发起人关于单据整体性的观点得到了国际商会的认可，且从理论依据看，UCP600第14条d款的阐述也是对这一观点的有力支持。

对于B套单据，国际商会的分析指出：

“国际商会R289意见已经说明了在铁路运单上显示信用证号码这一要求的目的是仅在单据误寄时便于查询，既然开证行已收到这些单据，所以缺少这一参考号码，就其本身而言，既不能增加也不能减少单据的效用，似乎无关紧要，不足以构成有效的拒付理由。关于信用证的号码，ICC曾在多种场合声明不赞成这种做法，特别是在涉及运输单据的情况下；国际商会R578意见再次重申了上述观点；国际商会R635意见又再次重申了上述观点，在国际商会质询TA774的意见中，也引用了R578的意见；根据上述意见，国际商会银行委员会认为，单据中缺少信用证号码不构成拒付的理由；唯一的例外是：若国家或海关的规定在一些单据上显示信用证号码，则以上的观点将不适用。”

从国际商会对B套单据的分析看，发起人对国际商会以往意见的引用起到了十分重要的作用，被国际商会完全采纳，并引领了最终结论的得出。

后续处理

A套单据的处理：

在收到DOCDEX裁决后，中国银行首先向开证行发报：“DOCDEX已出具裁决，不符点不成立，开证行必须承付。请通知你行地址及联系人以便我行重新寄单。”开证行回电：“我们将尽最大努力按UCP600和国际惯例解决问题。考虑到双方银行的合作关系，同意你行重新寄单。”之后，开证行在收单后立即进行了付款。至此，A套单据在中行顺利结案。

B套单据的处理：

在向国际商会发起DOCDEX裁决申请期间，受益人出于商品市场价格、仓储费用等因素的考虑，转卖了B套单据项下的货物。在收到DOCDEX裁决后，中国银行应受益人要求向开证行发报：“DOCDEX已出具裁决，不符点不成立，开证行必须承付。因为你行的无理拒付，你行应承担相应的货物价值损失、DOCDEX裁决的相关费用以及相关法律费用。”开证行回电：“（1）我行对DOCDEX的裁决有异议并已向DOCDEX提出；（2）考虑到双方银行的合作关系，在申请人仍不接受单据的情况下，我行已就A套单据进行了付款；（3）从申请人处得知，B套单据在未预先通知我行、未征得我行同意的情况下已转卖，这表明受益人已接受我行的退单，由此引起的货物价值损失不应由我行承担；（4）受益人发起的DOCDEX费用及其他相关服务费用也不应由我行承担。”中国银行回电：“（1）按照DOCDEX的裁决，你行的拒付不成立；（2）很高兴看到你行已就A套单据进行了付款，但并未支付由于你行迟付而产生的利息；（3）受益人为避免进一步的损失而处理货物完全是由于你行的无理拒付和退单而引起的，我方没有义务通知或预先征得你行同意；（4）在发起DOCDEX申请前已通知你行，因为无理拒付而引起的相关费用及损失应由你行负担；（5）你行理应支付相应的损失及费用，否则受益人将采取进一步的法律措施。”开证行继续回电：“（1）DOCDEX的裁决对我行并无约束力；(2) DOCDEX 的申请由谁发起，相关费用就应由谁承担；(3) UCP600 规定，开证行偿付指定行以收到相符单据为前提。我行愿意以积极的态度解决相关纠纷，但因为货物已经转卖，付款应在信用证之外解决。”由于受益人投保了出口信用保险，受益人表示将通过保险公司出面解决后续问题。至此，B 套单据也在中国银行结案。

第十二章 备用信用证

本章主要介绍备用信用证的基本知识及其应用。重点掌握备用信用证的定义、种类、特点及其应用范围以及备用信用证与跟单信用证的区别和备用信用证国际惯例（ISP98）的主要内容。

第一节 备用信用证概述

一、备用信用证的定义

备用信用证曾经引起法律界和银行界以及国际社会的广泛讨论，但直至目前也没有统一的公认定义。国际商会早在 1977 年，将备用信用证纳入《跟单信用证统一惯例》调整的范围。除了国际商会，联合国贸易法委员会也致力于制定一项统一备用证的国际公约，但该委员会认为备用信用证与银行独立保函有共同的特点和作用，因此 1995 年 12 月 11 日联合国大会通过了《联合国独立担保和备用信用证公约》（United Nations Convention on Independent Guarantees and Standby Letters of Credit）。但该公约也没有对备用信用证下定义。

经过多年的国际间相互合作与努力，《国际备用证惯例》（International Standby Practice，简称 ISP98）终于在 1998 年 4 月 6 日以国际商会第 590 号出版物的形式公布，并于 1999 年 1 月 1 日起正式实施。从此有了独立适用于备用信用证的国际惯例。但是，ISP98 也没有对备用信用证作出明确的定义，之所以如此，最重要的原因在于备用信用证自其产生以来，在其含义的界定上就存在较大的争议。因此，ISP98 只好回避了备用信用证的明确定义，而是通过规定备用信用证的性质来实现对其含义的界定。

从目前使用的状况看，备用信用证主要有充当担保工具和充当支付手段两大类型，两种不同性质的备用信用证很难用一个定义来完全清晰地表达其含义。但鉴于备用信用证多数情况下作为担保工具，因此备用信用证应定义为：备用信用证是依照第三方（开证申请人）的请求，由担保人或开证行向另一方（受益人）开立的，规定在开证申请人不履行有关合同时，担保人或开证行承担第一性付款责任的一种信用证。

二、备用信用证的种类

备用信用证作为一种金融创新工具，在实践中使用的范围很广，因而其种类也较多，通常以使用目的来划分其种类。ISP98 在其前言中，根据在基础交易中备用信用证的不同作用，对备用信用证进行了描述性分类，共分为八种类型，它们分别是：

（一）履约备用信用证（Performance Standby）

它支持一项非款项支付的履约义务，包括对由于申请人在基础交易中不履约所致损失的赔偿。它是用于担保履行责任而不是担保付款义务，在履约备用信用证有效期内，若发生申请人违反合同的情况，开证人将根据受益人提交的符合备用信用证的单据代申请人赔偿该备用信用证规定的金额。

（二）预付款备用信用证（Advance Payment Standby）

这种备用信用证用于担保申请人对受益人的预付款所应承担的义务和责任。它通常用于国际工程承包项目中业主向承包人支付的合同总价10%～25%的工程预付款，以及进出口贸易中进口商向出口商支付的预付款。

（三）招标/投标备用信用证（Bid Bond/Tender Bond Standby）

它用于担保申请人中标后履行合同的义务和责任，若投标人未能履行合同，开证人则按备用信用证的规定向受益人履行赔偿义务。

（四）反担保备用信用证（Counter Standby）

反担保备用信用证又称对开备用信用证，它用于对其受益人开出的另一单独备用信用证或其他承诺提供担保。

（五）融资备用信用证（Financial Standby）

它用于担保付款，包括任何偿还已借款项义务的证明性文件。

（六）保险备用信用证（Insurance Standby）

它用于担保申请人的某一保险或再保险的义务。

（七）商业备用信用证（Commercial Standby）

它用于申请人若不能以其他方式付款，开证人为申请人对货物或服务的付款义务予以担保。

（八）直接付款备用信用证（Direct Payment Standby）

它主要用于担保到期付款，特别是与融资备用信用证有关的基础付款义务的到期付款，而不论是否涉及违约。通常用于担保企业发行债券或订立债务合同时的到期支付本息义务。这种备用信用证已突破了备用信用证“备而不用”的担保性质。

此外，依ISP98第1.01条第1款的规定，若根据备用信用证申请人在基础交易中所要履行的义务是否为金钱给付义务，还可将备用信用证分为履约（performance）、融资和直接付款（financial，and direct pay）三种备用信用证。

三、备用信用证的特点

备用信用证通常具有以下特点。[①]

（一）独立性（Independence of Standbys）

如前所述，信用证的独立性原则是信用证制度的基石，这一特点既适合于跟单信用

① 周辉斌．银行保函与备用信用证法律实务．北京：中信出版社，2003（第一章第三节：备用信用证的法律特征）．

证，也适合于备用信用证。UCP 对此已有明确规定，《联合国独立担保与备用信用证公约》也在第 3 条确认了独立担保与备用信用证的独立性原则。

作为专门调整备用信用证的国际惯例，ISP98 对备用信用的独立性原则的规定完全继承了 UCP 的规定。备用信用证的独立性具体表现在，备用信用证中开证人的义务的履行不受以下情况的影响。

（1）开证人从申请人那里获得偿付的权利和能力。换言之，银行的付款义务独立于申请人和开证人之间的开证委托合同关系，即不管信用证是否经申请人授权，开证人是否超越申请人的授权范围，也不管开证人是否收取了申请人的保证金和手续费以及开证人付款之后是否能够从申请人那里获得赔偿，甚至信用证的开立是由于申请人的欺诈行为导致的，都不能免除开证人对受益人的付款义务。

（2）受益人从申请人那里获得偿付的权利。

（3）在备用信用证中提及的任何偿付协议或基础交易。

（4）开证人对任何偿付协议或基础交易的履约或违约是否了解。

由此可见，备用信用证同样独立于受益人与申请人之间的基础交易合同，即基础交易关系虽然是备用信用证产生的原因，但是它对备用信用证的法律效力不产生任何影响。

（二）不可撤销性（Irrevocability of Standbys）

备用信用证的不可撤销性是指，在未征得有关当事人同意的情况下，备用信用证一旦开立，开证人不能修改或撤销该证。ISP98 在第 1.06 条第 2 款明确规定了备用信用证的不可撤销性，即“除非备用证中另有规定或经相对人同意，开证人不得修改或撤销其在该备用证下的义务。”ISP98 规定所有的备用信用证均为不可撤销信用证。

（三）强制性（Enforcement of Standbys）

英美法系国家的合同对价理论规定，若合同缺少对价将无法强制执行。为了摆脱这种理论的束缚，英美法系国家在司法实践中又确定了“信用证无需对价”的原则，以此促进信用证在商业交易中的广泛应用。ISP98 为了克服合同对价理论的弊端，在其第 1.06 条第 5 款规定：无论申请人是否授权开立，开证人是否收取了费用，受益人是否收到或接受备用信用证或修改，备用信用证或修改对开证人都具有约束力（binding）。同时 ISP98 第 2.03 条强调，备用信用证或原证无自动修改条款时的修改，在其脱离开证人控制之时起开立，并对开证人产生约束力。这一规定与 UCP600 的相关规定一致。

（四）单据性（Documentation of Standbys）

备用信用证所要求的单据通常只是由受益人出具的关于申请人违约的证明文件。ISP98 第 1.06 条第 4 款规定，开证人的义务取决于单据的提示，以及对所要求的单据的表面审核。但备用信用证下的单据即申请人违约的证明是由受益人自己提供的，单据是否伪造全凭受益人的良心和诚实，即使规定开证人对单据的审核义务，也难以避免受益人伪造单据的问题。因此，为了改善开证申请人的不利地位，只能由申请人在与受益人进行谈判时，规定除了应提交一份简单的违约声明外，还应提交最好由无利害关系的第三人出具的证明，证实备用信用证的兑付条件已经成立。因此，ISP98 第 4.03 条规定，开证人或其指定人应只在备用信用证规定的限度内审核单据之间是否一致。

第二节 备用信用证的应用范围

备用信用证从最初的美国银行作为替其客户担保的替代形式发展到现在，其应用范围十分广泛，不仅在贸易领域中使用，更是扩大到几乎所有经济领域都可以使用。只要某人对他人承担一项义务，若他人认为某人的承诺不足以为自己提供足够的安全保障，则可以使用备用信用证，由开证人作出承诺，在申请人未能履行其义务时，凭受益人开立的汇票和有关申请人未履行义务的证明，向受益人支付信用证规定的金额。由此可见，备用信用证几乎与银行担保具有相同的功能。

一、备用信用证在国际贸易中的应用

尽管备用信用证主要不是应用于国际贸易中，但它在国际贸易中也发挥着一定作用。它与跟单信用证相辅相成，共同促进国际贸易的发展。

（一）预付货款可使用备用信用证

在国际贸易中，有时货源紧缺，或卖方具有较强的议价能力，买方必须预付全部货款或部分货款。但买方最为担心的是，卖方是否按时供货以及货物质量如何。为了保证买方不因卖方违约而遭受损失，防止货、款两空，买方通常在贸易合同中约定，要求卖方向银行申请开立备用信用证作为保证。当然，卖方也可为保证自身利益，在备用信用证中加列一个生效条款，即规定只有当卖方收到预付货款后，该备用信用证才能生效。若卖方未履行贸易合同（未按时、按质、按量交货），买方则可依备用信用证从开证行索回其预付货款；若卖方履行了其合同义务，则该备用信用证自动失效。

（二）短距离货物运输可使用备用信用证

若买卖双方所处的两国距离较近，使用跟单信用证付款因银行审核单据和传递单据需要一定时间，从而可能出现单据（包括提单）晚于货物到达卸货港的现象。这样就会给收货人提货和承运人放货带来麻烦。于是收货人提出，由卖方将一份正本提单邮寄给收货人，避免将单据先提交给银行审核再转给收货人而造成时间的耽误。为了防止收货人收到提单提货后不付款，又便于承运人放货和收货人提货，卖方此时可要求在买方开立备用信用证后才能将正本提单直接邮寄给买方。

（三）买卖合同订有违约金时可使用备用信用证

在国际货物买卖中，卖方的基本义务之一就是按合同约定交付货物。但买方担心卖方违约，不按时交货、迟延交货或交货与合同不符。为此，买方一般会在买卖合同中订有违约金条款，若卖方违约，则需向买方支付一定金额的违约金。但是，大多数国家的法律都规定，违约金不得具有惩罚性质，换言之，违约金的高低应与实际损害相当，若违约金明显超出实际损害，法院有权判定该条款无效。因此，当卖方违约时，买方不可能获得高于实际损害的违约金，只能就实际损害请求卖方赔偿。若使用备用信用证则可能解决这一问题。在买卖合同中有违约金条款时，买方可以要求卖方开立备用信用证，其金额相当于违约金，这样可以不局限于实际损害的金额且有可能超出实际损害的金额。这是因为备用信用证也具有独立性原则，即备用信用证独立于基础合同，一旦开立

即与基础合同无关，银行则可不受基础合同约束，按备用信用证金额向买方支付约定的违约金。

（四）商业汇票付款可使用备用信用证

在国际贸易货款支付中，有时卖方开立以买方为付款人的商业汇票，发货后将有关商业单据和汇票委托银行向买方收取货款，或将所有单据（包括代表物权的提单）直接邮寄给买方要求付款。为了防止买方不付款，此种情况下，卖方可以要求买方先开立以卖方为受益人、与货款相当金额的备用信用证。若买方按汇票金额付款，该备用信用证则备而不用；若买方不付款，则卖方可使用该备用信用证请求开证银行履行赔偿义务。

总之，在国际贸易中，只要为防止对方不履行其义务均可使用备用信用证来维护自身的利益。

二、备用信用证在非贸易中的应用

实际上备用信用证在非贸易中的应用更为广泛，现仅举几例加以论述。

（一）投标中可使用备用信用证

在各种项目招标中，为保证投标人不撤回报价，中标后不拒绝签订合约，使投标人的投标对其具有约束力，招标人往往在招标说明书中规定，所有投标者必须同时缴纳一定的金额作为担保。此时，招标人可在招标文件中规定，保证金的缴纳可用备用信用证来办理。投标人首先申请开立备用信用证，连同其投标书一起送给招标人。根据信用证的规定，如果投标人撤回其报价或中标后拒不签约，招标人作为受益人即可开立汇票连同信用证规定的投标人未遵守其诺言的书面声明，请求开证行支付保证金。若投标人恪守诺言，未撤回报价，中标后及时同招标人按其报价签订了合同，备用信用证则备而不用，由招标人退回开证行注销，或因期限已过而失效。这种备用信用证一般都规定了一个银行承担责任的最高限额。因为投标人的报价往往不是一个确定的金额，而是一个滑动价格，此时作为该价格一定百分比的保证金也就不很确定，可能会变动很大，银行为安全起见则规定了最高责任限额。

（二）履约担保可使用备用信用证

履约担保是指合同一方为确保对方在签订合同后履行其合同义务，要求另一方缴纳一定金额作为履约的保证。履约保证金的缴纳可通过备用信用证来办理。例如，在工程承包中，工程所有人为防止承包人不履行承包合同，往往要求承包人缴纳承包价的一定百分比金额作为保证。在此情形下，承包人可以不实际缴纳保证金，而开立以工程所有人为受益人的备用信用证。若承包人未能按合同履行义务，受益人即可根据备用信用证请求银行支付保证金；若未发生承包人违约的情况，备用信用证则失效。

（三）资金融通担保可使用备用信用证

在国际信贷中，贷款人往往要求借款人提供各种担保，以确保其贷款本息能如期收回。这种担保一般由借款人提供银行的保函，但作为保函的代替，借款人可以申请银行开立以贷款人为受益人，相当于担保债务金额的备用信用证，以此作为对贷款的担保。根据备用信用证，在借款人（开证申请人）违约时，受益人（贷款人）可开立汇票并随附有关借款人违约（如到期不偿还本息）的声明，请求开证行按信用证规定支付约定的金额。

（四）押汇担保可使用备用信用证

当中国企业在国外投资设厂，制造产品外销他国时，中国企业可能在第三国申请押汇，但由于在该第三国无法提供担保物品而不能获得当地银行同意押汇。此时，中国企业可以在中国向其往来银行申请开立备用信用证，以中国银行的信用向该第三国押汇银行进行担保，若该押汇银行所垫付的中国企业的款项遭受损失时，该银行则开立汇票，连同声明书向中国开证银行要求偿付其垫款及有关损失。

此外，备用信用证还可以用于支持公司发行商业票据或在长期证券市场上发行公司债券、分期付款担保、房地产交易担保以及各种服务担保等。

第三节　备用信用证与跟单信用证的区别

备用信用证既然可以适用 UCP，则必然与跟单信用证有相似之处，如两者均属银行信用，开证银行都承担第一性付款责任；两者都具有独立性原则，是独立于基础合同之外的自足文件；两者都以受益人提交规定的单据为付款条件等。但毕竟它们是两种不同的信用证，因此也存在着不同之处。[①]

一、适用范围不同（Different Scopes of Application）

跟单信用证主要适用于国际贸易领域，它从其产生时起就与国际贸易紧密联系在一起；而备用信用证不仅可以适用于国际贸易，还广泛适用于包括国际贸易在内的许多领域，特别是已发展成为适用于各种用途的融资工具等。

二、在贸易中的作用不同（Different Functions in Trade）

跟单信用证一般以清偿货款为目的，属于买卖合同的结算方式之一，在此银行在受益人履行交货义务后付款，承担了债务人的义务。因而，跟单信用证首先充当的不是担保合同履行的手段，而是充当合同货款支付的手段。它常常作为货款收付形式出现在基础合同的支付条款之中。

备用信用证在贸易中一般作为货款收付的保证手段，并且作为贸易合同所规定的托收、汇款、寄售等商业信用结算方式的一种信用补充手段和额外担保形式载入基础合同。货物发运后，首先卖方根据基础合同规定，通过汇款、托收等形式来收取货款，只有在这种商业信用的支付方式未能奏效时才能寻求备用信用证的收款保护。由此可见，备用信用证一般是以融通资金并起到担保作用为目的，它是在买方未能付款时银行负赔偿责任，备用信用证充当的不是支付手段，而是发挥了一种担保的作用。

---

① 周辉斌．银行保函与备用信用证法律实务．北京：中信出版社，2003（第一章第三节：备用信用证与跟单信用证比较）．

三、付款责任不同（Different Payment Liabilities）

在跟单信用证业务中，开证行承担第一性付款责任，只要受益人提示了相符单据，开证行必须履行其付款义务，而不论开证申请人的状况如何。因此，跟单信用证是受益人履行交货义务后银行首先付款；而备用信用证下尽管开证人在形式上也承担见索即付的第一性付款责任，但它是在申请人未能履行其基础合同义务时由开证人负赔偿责任，具有银行担保的性质。

四、信用证的目的不同（Different Objectives of Credits）

在国际贸易中使用的跟单信用证，以信用证被使用为目的，即进口商希望使用信用证让卖方放心地交运货物，以达到获得所需货物的目的。而出口商接受信用证的目的是希望交货后能及时安全收回货款。因此，进出口双方都希望跟单信用证生效而被使用；但开立备用信用证的目的正相反，以该备用信用证不被使用为目的，所有当事人都希望基础合同能被履行，该信用证则可“备而不用”。

五、开立信用证的主体不同（Different Parties Who Issue Credits）

依 UCP，开立跟单信用证的主体为银行；而依 ISP98，开立备用信用证的主体并不限于银行，还可以是自然人、合伙组织、保险公司等非银行机构。因此，ISP98 以“开证人”（Issuer）替代了“开证银行”（Issuing Bank）。

六、信用证要求的单据不同（Different Documents Required in Credits）

跟单信用证一般要求受益人提示包括正本运输单据在内的货运单据。而运输单据，如提单是一种物权凭证，它代表货物的所有权或占有权。开证行在支付货款后便控制了该物权凭证，申请人必须付款赎单，才能提货。因此，跟单信用证能切实保障开证行取得偿付的权益；而在备用信用证下，要求的单据既可以是货运单据，也可以不是货运单据，通常仅仅为受益人出具的书面声明加附汇票、发票或简单的收据等。故备用信用证不能较好地保障开证人取得偿付的权益。银行开立备用信用证的风险比开立跟单信用证的风险大得多。正因为如此，银行一般只给具有良好信誉的客户开具备用信用证。

七、信用证的转让不同（Different Transferability of Credits）

信用证的转让是信用证项下支款权的转让。依 UCP600 的规定，可转让信用证只能转让一次，但只要信用证不禁止部分装运或部分支款，可转让信用证可以分为若干部分分别转让，但其总额不得超过信用证金额。这种部分转让使得第一受益人在作为中间商时可以直接将信用证用作几个供货商（第二受益人）获得付款的保障，而不必向银行另行申请开立信用证。与此相反，备用信用证的转让通常是多次的全部转让。由于受益人并不需申请人履行义务，因而多次转让对申请人并无不利。而部分转让在备用信用证中是极为罕见的，因为多个第二受益人各自凭其受让的部分支款权向银行支款将产生诸多问题。所以，ISP98 第 6.02 条第 2 款规定，若备用信用证中只写明其可转让而未有进一步规定，这表明支款权可以整体多次转让，但不能部分转让，并且只有在开证人（包括保兑人）或被指定人同意并实施转让时才能转让。

第四节 备用信用证国际惯例（ISP98）

ISP98 由前言和规则两部分组成，前言主要介绍了制定备用信用证的理由，对备用信用证进行了描述性分类，并从整体上描述了 ISP98 与 UCP 及《联合国独立担保与备用信用证公约》的关系；规则部分共包含 10 条 89 款。

以下就 ISP98 的主要内容予以论述。

一、总则（General Provisions）

ISP98 总则包括“适用范围、定义及规则解释”、“一般原则”和“定义”三个部分。

（一）适用范围（Scope of Application）

总则首先明确了本规则的适用范围是备用信用证或其他类似承诺，无论如何命名和描述，可用于国内或国际，只要在正文中明确表明是根据 ISP98 开立的备用信用证，均可适用此惯例。也就是说，本规则是经由当事人的选择作为备用信用证的组成条款而适用的，因此，当事人可以变更或排除某些条款的适用。

（二）ISP98 与法律或其他惯例的关系（Relationship to Law or Other Rules）

当各国法律规定存在冲突时，许多法庭或仲裁机构往往优先考虑相关的国际统一惯例的原则。但 ISP98 作为一项国际惯例，并不当然具有法律约束力，而是需要得到当事人或各国法律的认可才有效。因此，ISP98 强调，本规则只是对适用法律的补充且不应违反法律的强制性规定，更不能代替法律；当其他规则与 ISP98 相互抵触时，即在备用信用证也受其他规则制约，而其规定与 ISP98 相冲突时，则以 ISP98 为准。若一份备用信用证表明同时适用 UCP 和 ISP98，究竟以哪个惯例为准？一般原则是，只有在 ISP98 没有规定时，或信用证明确表示 ISP98 的某条款不适用时，才可依 UCP 进行解释和处理，即应以 ISP98 为准，并优先适用 ISP98。①

（三）ISP98 的解释原则（Interpretative Principles）

ISP98 第 1.03 条强调了对该规则进行解释的原则，即 ISP98 应作为商业惯例进行解释，解释时应考虑以下四个方面：在商业实践中，备用信用证的付款可靠性及有效性；日常业务中银行及商业实务与标准术语；全球银行操作及商业体系内的一致性和在解释与适用上的全球统一性。

（四）ISP98 的排除事项（Exclusion of Matters）

ISP98 无法制定出全球统一适用的标准，因此需要将某些事项排除。为此，ISP98 在第 1.05 条列举了该规则不予处理或不涉及的问题：开立备用信用证的权力或授权，使用备用信用证的格式要求以及基于欺诈、滥用权利或类似情况的抗辩等。上述问题留

① 张燕玲，邱智坤．ISP98 理论与实务研究．北京：中国经济出版社，1999：14.

待适用法律解决。

（五）备用信用证的特点（Characteristics of Standbys）

ISP98 在第 1.06 条明确界定了备用信用证具有不可撤销性、独立性、单据性和强制性等基本特点。关于这一问题前面已有论述。

（六）对名词术语的解释（Interpretations of Defined Terms）

ISP98 在第 1.09 条至 1. 11 条中对备用信用证业务中可能出现的有关名词、术语进行了解释和界定。

二、开证人等对受益人的责任（Obligations on Issuer, etc. to Beneficiary）

本条共包括开证人和保兑人对受益人的担保，不同分支机构、代理或其他机构的义务，开证条件、指定代理、备用信用证或修改的通知，修改生效并产生约束力的时间以及修改的传递等内容。

（一）开证人和保兑人对受益人承付的担保（Undertaking to Honour by Issuer and Confirmer to Beneficiary）

依 ISP98 第 2.01 条，开证人承担向受益人兑付按本规则及标准备用信用证实务表面符合备用信用证条款的单据的义务；备用信用证还可规定，以承兑受益人开出的以开证人为付款人的汇票的方式，或规定以对受益人的索款要求承担延期付款，或规定以议付方式承担承付义务。开证人如果是在被允许审核单据的期限内即期付款、承兑汇票或承担延迟付款的义务，即为以及时方式完成；开证人偿付时应以备用信用证中指定的币种支付可立即使用的资金，但也可在备用信用证中注明以货币记账单位付款或交付其他有价凭证的方式付款。在此应注意的一点是，UCP 要求汇票的付款人为开证银行而不能是开证申请人，但 ISP98 对此没有任何要求。

保兑人对受益人的义务与开证人基本一致。

（二）不同分支机构、代理或其他机构的责任（Obligation of Different Branches, Agencies, or Other Offices）

ISP98 第 2.02 条规定，备用信用证开证人的分支机构、代理或其他办事机构，在备用信用证业务中承担开证人身份之外的责任，并且仅承担其所担任角色的责任，应视其与开证人为不同当事人。因此，不论是否在同一国家、同一城市，开证人的分支机构等应被视为与开证人身份不同及承担不同于开证人的责任。这一点与 UCP600 相同，但仅在此适用。

（三）备用信用证从开立之时起生效（A standby Is Effective When Issued）

依 ISP98 第 2.03 条，从备用信用证已离开开证人控制之时起即属于开立，除非该证明确表示尚未“开立”（Issued）或“实施”（Enforceable），自该时起即具有不可撤销性和约束力。这与 UCP600 采取相同做法。另外，声明备用信用证尚未“available”、“operative”或“effective”，或类似说法，并不影响该证的不可撤销性和对开证人自离开其控制时起即产生的约束力。如，备用信用证规定：“Drawing not available with 31 December 2004.”或“Drawing not available until advance payment USD ××× is made to applicants account no. ×× with us.”这些规定仅被视为付款“条件”而已，并不影响该证的不可撤销性。

（四）被指定人（Nominated Person）

依 ISP98 第 2.04 条，开证人可以在备用信用证中指定另一方进行通知、代收单据、转让、保兑、代理付款、议付、代理承担延期付款或承兑汇票。但这种指定仅构成被指定人执行的权利，并不构成被指定人必须负有如此执行的义务，只有被指定人承诺进行此种行为时才负有执行义务。

（五）通知人的责任（Obligation of the Advisor）

ISP98 第 2.05 条规定，通知人应按标准备用信用证实务审查所通知的内容的表面真实性，并确保通知准确地反映了其收到的内容；被要求通知备用信用证或其修改的人，决定不通知时，应告知提出要求的一方。这与跟单信用证的通知行义务相同。

（六）修改生效并产生约束力的时间（When an Amendment is Authorized and Binding）

ISP98 在第 2.06 条对备用信用证的修改生效及产生约束力的条件作出了具体规定。首先，当备用信用证明确规定该证是其金额可自动增加或减少、有效期可自动延长的"自动修改"信用证时，该证的修改可在满足条件时自动生效并对各方当事人自动产生约束力，无须另行通知或表示同意。这种自动修改也被称为"未经修改"即生效的修改。另外，某些担保将随着基础合同的履行，责任有可能随着递减或递增，因此，信用证可能规定有自动增减金额的条款，表明开证人的义务将因某一事件的发生而随之增减。其次，当备用信用证没有"自动修改"的规定时，修改自其离开开证人控制时起即对开证人产生约束力，对保兑人也是如此。第三，当备用信用证没有"自动修改"的条款时，受益人必须通知其接受该修改并受其约束；若受益人所提交的单据与修改后的条款相符且与修改前的条款不符，则构成受益人对该修改的接受。第四，部分接受修改视为不接受整个修改。这一原则与 UCP 相同。

（七）修改的传递（Routing of Amendments）

ISP98 第 2.07 条规定，若开证人指定另一方通知备用信用证，则必须通过该被指定人通知信用证的修改；若被指定人在接到修改或取消通知之前已执行了原证授权或指示，则对该证的修改或取消并不影响开证人在原授权项下对被指定人的义务；当开证人决定停止自动展期备用信用证再次延期时，若被指定人在接到不展期通知之前已执行了原证的授权或指示，则对该证的停止展期并不影响开证人在原授权项下对被指定人的义务。

三、提示（交单）（Presentation）

依 ISP98，提示，又称交单，包含"提交单据"和"单据"两层含义，即根据备用信用证条款，向开证人或其指定人提交备用信用证项下的单据以供审核的行为和其所提交的单据。ISP98 第 3.01 条规定，备用信用证必须表明提示的时间、地点及详细地址、收单人和交单方式，否则应依本惯例的相关规定提示。

（一）提示的构成（What Constitutes a Presentation）

ISP98 第 3.02 条规定，收到备用信用证要求的单据即构成提示，开证人应审核该单据是否与备用信用证条款相符，不需要提示全部所要求的单据。

（二）备用信用证的确认（Identification of Standby）

受益人在提示时必须确认该单据是某备用信用证项下要求的单据，确认的方式可以是注明备用信用证的完整号码、开证人的名称和地址或附以备用信用证原件或副本。在此应特别注意，在开证人收到无法确认与某一备用信用证关系的单据时，因尚未构成提示，所以开证人没有必须在 7 个工作日内答复的义务，有可能导致单据过期。因此，建议受益人在交单面函上将有关信息予以明确，以免备用信用证与单据分离。

（三）提示的地点和对象（Where and to Whom Complying Presentation Made）

ISP98 第 3.04 条强调，为了保证提示与备用信用证相符，一项提示必须在备用信用证中表明的或本惯例规定的地点作出；若在备用信用证中没有注明向开证人提示的地点，则提示必须在备用信用证开立的营业处所作出；若备用信用证是保兑的，但在保兑书中没有注明提示地点，则向保兑人（和开证人）的索偿提示必须在保兑人的营业处所或向开证人作出；若没有注明提示地点的具体位置，提示可以向在备用信用证中注明的常用邮政地址或指定接受信函或单据的地点的任一位置，或在提示地点实际上或表面看来被授权为接受提示的任何人作出。

（四）及时提示的时间（When Timely Presentation Made）

及时提示的规定是为了保护申请人的利益。为此，ISP98 第 3.05 条规定，若提示是在开立备用信用证之后、到期日之前作出的，则该提示即为及时的；若提示是在提示地营业结束后提出的，应视为是在下一个营业日提出的；若备用信用证注明的提示的最后一天，不是提示地点开证人或指定人的营业日，则依第 3.13 条，在随后第一个营业日作出的提示将被认为是及时的；若在允许提示的最后一个营业日，备用信用证中注明的提示地点由于任何原因关闭，因此没有及时地作出提示，则依第 3.14 条，允许提示的最后一天，自动延期到提示地点重新开业后的第 30 个日历日，除非备用信用证另有规定；在提示地点停业或预计到该停业时，开证人可以在备用信用证或受益人收到的通知中授权在另一个合理地点提示。

（五）相符的提示方式（Complying Medium of Presentation）

ISP98 在第 3.06 条中对提示方式作了非常详细的规定，这是过去其他国际惯例所不具备的特点，为减少争议提供了可靠依据。

若备用信用证对提示方式有明确规定，单据的提示必须完全符合该证规定的方式；若备用信用证对此没有规定，则所有单据必须以纸单据的形式提示，除非仅要求提示一份索偿书。在此情况下，若受益人是 SWIFT 的成员，则可以通过 SWIFT、加押电传或其他类似的经确认的形式提示索偿书；若通过电子方式传送单据，则不能视为是以纸单据的形式提示的，尽管开证人或其指定人可以从中产生一份纸单据；若注明以电子载体的方式提示，单据必须以“电子记录”的方式进行提示，并能为接受提示的开证人或其指定人证实。

（六）每次提示的独立性（Separateness of Each Presentation）

在 UCP 下，当开证行未能在有效时间内对某次带有不符点的提示提出该不符点时，是否构成开证行对于该信用证项下其他次提示的同类不符点的接受，一直存在争论。ISP98 在第 3.07 条对此作出了明确规定：（1）无论备用信用证是否禁止部分或多次支款或提示，受益人当次提示不符的单据，撤回所提示的单据，或没能按计划或按备用信用证所允许的时间提示，并不放弃或有损另一次准时提示或及时重新提示的权利；（2）开证人无理拒付某次相符的提示并不构成对备用信用证项下其他次提示的拒付或对备用信用证责任的否定；（3）开证人对某次不符单据的付款无论是否已通知该不符点的存在，都不构成其放弃对该备用信用证项下其他次不符单据拒付的权利。

因此，在 ISP98 之下，同一备用信用证项下的每次提示之间完全独立，换言之，每次提示均依照备用信用证当期的规定，不受以往提示的情况约束和影响。

（七）部分支款、多次提示和总金额（Partial Drawing and Multiple Presentation; Amount of Drawings）

ISP98 第 3.08 条对部分支款、多次提示的问题给予了明确规定。部分支款是指，提示交单的金额可少于可使用的全部金额；多次提示是指作出一次以上的提示。备用信用证可以部分支款和多次提示。当备用信用证规定“禁止部分支款”或有类似的表达时，该备用信用证项下只允许一次性提示索偿，且所提交单据的金额必须是该证的全部金额，即全额交单；当备用信用证规定“禁止多次支款”或有类似的表达时，只能作一次性提示，但其金额可以少于信用证可使用的总金额。换言之，“禁止多次支款”并不排除“部分支款”的可能性。若索偿金额超出备用信用证可使用的总金额，该索偿视为不符，但索偿之外的其他单据金额超出索偿金额不视为不符。若使用“approximately, about 或 circa”（大约）或类似的词语时，允许所指金额有不超过 10% 的增减幅度。

（八）不展期则赔的要求（Extend or Pay）

“不展期则赔”是指，备用信用证可以按受益人要求的期限而展延，若开证人未能或不愿展期或申请人未能协助，则开证人应立即向受益人承付，受益人不必另行提出第二次承付要求。ISP98 第 3.09 条对上述问题作出了规定。

（九）开证人没有义务向申请人通知单据已收到（No Notice of Receipt of Presentation）

ISP98 第 3.10 条强调，开证人收到备用信用证项下的单据无须通知申请人。但对于贸易项下的申请人而言，他们往往希望开证人能及时通知其单据到达时间，以便在市场需要时决定放弃拒付，立即提货。因此，在涉及贸易问题时，有关当事人在必要时可对上述规定加以修改或排除。

（十）单据不符，放弃拒付（Issuer Waiver and Applicant Consent to Waive of Presentation）

根据 ISP98，若受益人提示的单据不符，开证人放弃拒付的情况有三种：

1. 开证人单方面放弃拒付

ISP98 在第 3.11 条对此作出了规定：在遵守备用信用证条款和 ISP98 规定的前提下，开证人可以选择对所提示单据的某些不符点放弃拒付的权利，无须通知申请人或征得其同意，且不影响申请人对开证人的义务。

2. 开证人自行请求申请人放弃拒付

根据 ISP98 第 5.05 条，若开证人通过审单认为受益人所交单据与备用信用证条款不符，且提示人没有其他指示时，开证人可自行选择要求申请人接受不符点，或要求申请人授权开证人在应发出拒付通知的合理时间内对受益人付款。但开证人的要求并不构成申请人必须接受不符点的义务；反之，申请人放弃拒付也不构成开证人必须接受不符点的义务。

3. 开证人按提示人的要求请求申请人放弃拒付

ISP98 第 5.06 条对这一问题作了非常详细的规定：若提示人收到拒付通知后，要求将所提示的单据转交开证人，或要求开证人请求申请人同意放弃拒付，则被要求的一方（一般为开证人的被指定人）没有转递不符点单据或请求申请人放弃拒付的义务。若单据被转递，或应提示人要求向开证人提出了放弃不符点的请求，则提示人就不能拒绝开证人通知的不符点；开证人没有解除审单的义务；即使申请人放弃拒付，开证人也无义务放弃拒付的权利；开证人必须保留单据，直到收到申请人的答复或提示人要求其退回单据。若开证人在其通知拒付后的 10 个营业日内没有收到上述答复或要求，可以将单据退回提示人。

不论是开证人的被指定人将单据转递开证人，还是开证人请求申请人放弃不符点单据，只要提示人的要求被接受了，则提示人就完全丧失了对开证人在此后的拒付通知中所提出的不符点进行反驳的权利。

（十一）备用信用证正本丢失或损毁的处理（Original Standby Lost，Stolen，Mutilated or Destroyed）

ISP98 在第 3.12 条对备用信用证的丢失或损毁等情况的处理给予开证人较大的权利。在这种情况下，开证人有两种权利：首先，开证人无义务补发或放弃该备用信用证项下索偿需提示正本备用信用证的权利；其次，若开证人同意为受益人补发或放弃上述权利，则开证人可以提供一份补发的正本或副本备用信用证，但必须在其上面注明补发证或副本字样。

（十二）到期日为非营业日或营业日休业（Expiry Date on a Non-Business Day）

ISP98 第 3.13 条和 3.14 条对备用信用证下的到期日为非营业日和营业日休业的问题予以详细规范。

四、审核单据（Examination of Documents）

关于备用信用证下的单据审核，开证人必须按照 ISP98 惯例的解释和信用证的规定，对提示的单据按是否表面相符予以进行。ISP98 关于单据的审核问题具体体现在第 4 条的规定中，其内容包括以下几方面。

（一）备用信用证项下单据的种类

1. 索偿要求（Demand for Payment）

当备用信用证规定既要提示索偿要求，又要提示汇票时，受益人可否将两者合二为一？ISP98 在第 4.16 条对此予以明确规定：备用信用证明确规定索偿要求必须单独出具时，该索偿要求不能与其他单据，包括汇票合二为一。若备用信用证没有明确规定时，则两者可以合并，但此时联合单据在满足要求的同时，必须有受益人在备用信用证项下向开证人或其指定人索偿的语句。因此，索偿要求可以是汇票或其他指示、命令或付款要求的形式。若信用证要求提示汇票，则汇票无须做成可转让形式，除非另有规定。

2. 违约及其他支款事由声明（Statement of Default or Other Drawing Event）

违约声明是备用信用证业务的核心单据。备用信用证通常都规定受益人向开证人提出索偿要求时，必须提示一份由受益人签发的申请人未履约或违约的声明文件，或是其他证明存在支款事由的声明文件、证明书或其他陈述资料。若上述声明文件、证明书等单据没有载明具体内容，只要含有“由于备用信用证中规定的支款事由已经产生，应予付款”的意思，并含有单据的出具日期及受益人的签字，则这些单据就是相符单据，开证人在付款时没有义务对这些单据内容的真实性进行调查和确认。（ISP98 第 4. 17 条）

3. 可转让的单据（Negotiable Documents）

依 ISP98 第 4. 18 条，若备用信用证要求提示一份通过背书或通过交付进行转让的单据（如汇票）且未规定该单据是否、如何或必须向谁作出背书，则该单据可以不加背书，或若背书可为空白背书。无论属于上述哪种情况，该单据的开立或转让（包括有或无追索权）都符合要求。为防止争议，有关当事人应在备用信用证中对背书事宜加以明确。

4. 法律或司法文件（Legal or Judicial Documents）

ISP98 第 4. 19 条强调：若备用信用证要求提交官方出具的文件、法院命令、仲裁裁决书或类似的文件，则一份文件或单证无论是正本或副本均视为是相符的，只要其由政府机构、法院、仲裁机构或类似机构出具，有适当的称号或名称，经过签署，注明日期，经上述机构官员的原始证明或证实。

5. 其他单据（Other Documents）

根据 ISP98 第 4. 20 条，若备用信用证要求提示的是 ISP98 没有规定内容的单据，且也没有指明其出单人、资料内容或措辞，则当其看起来有适当的标题或起到了标准备用信用证实务下该单据所应起的作用时，该单据即为相符单据；即使该单据是属于 UCP 对其有规定的那类单据（如商业发票、运输单据、保险单据或类似单据），备用信用证项下提示的单据也应依本惯例项下标准实务予以审核。

6. 要求受益人出具独立担保书（Separate Undertaking）

用作向当地的担保提供反担保的备用信用证中有时会包括对当地担保的相关规定。此时当地的担保人（即备用信用证的受益人）在交单时不仅提示了信用证要求的单据，还提示了当地担保所要求的单据（如保证书、履约保证责任的证明等）。对于后一种单据，依 ISP98 第 4. 21 条规定，受益人出具的独立担保书及与其有关的单据与备用信用证没有直接关系。

（二）备用信用证项下审核单据的主要内容

依据 ISP98 的相关规定，备用信用证项下审核单据的主要内容一般包括以下几项。

1. 单据使用的语言（Language of Documents）

ISP98 第 4. 04 条明确强调，受益人出具的所有单据均应使用备用信用证所使用的语言。但在业务中有时受益人使用两种以上语言出具单据，如，英语和信用证语言，或母语与信用证语言。此时能否视为不符点“官方解释”认为，若信用证没有明确强调，则第三方单据可使用任何语言。

2. 单据的出具人（Issuer of Documents）

ISP98 第 4.05 条规定：除非备用信用证中规定单据由第三方出具，或单据是属于标准备用信用证惯例所要求的由第三方出具的，所有备用信用证要求的单据必须由受益人出具。在备用信用证业务中，通常不需要受益人以外的第三方出具单据，因此单据的出具人一般都是受益人，即备用信用证的索偿人。但若需要第三方出具单据，依据上述规定也是可以接受的。

3. 单据的出具日期（Date of Documents）

依 ISP98 第 4.06 条，备用信用证所要求的单据，其出单日期可以早于但不得晚于提示的日期。一般情况下，单据的出具日期不会晚于提示日期，除非该单据是伪造的或属于明显笔误或是补交更正的单据。[①] 但依 ISP98 第 3.11 条，开证人有权未经申请人同意而放弃拒付此类单据。

4. 单据的签字（Required Signature on a Document）

有关单据的签字问题，ISP98 第 4.07 条给予了详细的规定，总体而言要依信用证规定，若无规定则其要求较为宽松。

5. 默示的索偿单据（Demand Document Implied）

ISP98 在第 4.08 条特别强调，即使备用信用证没有明确要求提示任何单据，受益人仍必须在索偿时提示单据化的索偿书。由此可见，此时的索偿书就是备用信用证项下的单据。这样，备用信用证项下的汇票和索偿书可以合并在一起，即汇票本身可以当作索偿书。

6. 同一的措辞与格式（Identical Wording and Quotation Marks）

根据 ISP98 第 4.09 条，若某备用信用证要求提示一份声明，但没有具体规定该声明的措辞，则提示的单据的措辞必须看起来与备用信用证要求的措辞表达的是同一意思。在审单实务中，由于各国银行对审单标准上的宽严程度不同，因而产生许多争议或纠纷。为此，为防止争议，ISP98 明确规定了不同情况下的审单标准。

7. 正本、副本及一式多份的单据（Original，Copy，and Multiple Documents）

ISP98 在第 4.15 条中，对正本、副本及一式多份单据予以详细规定，其内容与 UCP600 和 ISBP 的规定类似。

（三）审核单据的其他事项

除了上述内容外，在备用信用证项下审单还包括以下几点事项：

（1）在备用信用证中不应规定单据须由申请人出具、签字或复签的要求；若在备用信用证中包含了这种要求，开证人不可以放弃这种要求，也不对申请人扣单或拒绝复签负责。（ISP98 第 4.10 条）

（2）对非单据化条款的处理。UCP 已经明确了各方当事人对非单据化条款不予理会，但没有明确何谓非单据化条款。ISP98 在第 4.11 条中第一次对这一概念予以界定：若备用信用证未要求提示单据以证明条款内容，或开证人无法通过自身记录或正常业务操作来判断信用证条款是否得到满足，则该条款为非单据化条款。同时，ISP98 特别强

① 张燕玲，邱智坤．ISP98 理论与实务研究．北京：中国经济出版社，1999：81.

调，不论非单据化条款是否影响到开证人对于所交单据是否相符的判断，或是否影响到开证人对于备用信用证的开立、修改或终止义务，开证人均必须不予理会。

（3）单据中声明的形式。声明（包括其他单据中的证明）是备用信用证业务中的核心单据，受益人在提出索偿时一般需要同时提示有关的声明或证明。为此，ISP98 在第 4.12 条作了专门规定：受益人在提示有关的声明时，无须采用庄重、正式或任何其他专门形式作出。但开证人对单据签字的真伪性和有效性没有义务和可能进行鉴别。若备用信用证要求声明必须经受益人之外的政府、司法机构、团体或其他机构的代表副签、确认、签证或类似行为，但未具体规定形式或内容，则当其包含受益人之外的另一人签字，且同时注明该签字人的代表身份及其所代表组织的名称，即为相符。

（4）对验明受益人身份的免责。ISP98 第 4.13 条规定，当备用信用证要求以电子方式之外的其他方式提示单据时，付款人对申请人没有义务去鉴别、确认作出提示的任何人或款项受让人的身份；向指定的受益人、受让人、确认的受让渡人、依法产生的继受人付款，或向备用信用证规定的或受益人或指定人发出的面函指示（Cover Instruction）中注明的账户或账号付款，即履行了备用信用证项下的付款义务。但这一免责一般不适用于电子提示，因为付款人可以通过密押系统鉴别单据真伪，所以，受益人身份的鉴别较容易。但即使有人盗用受益人密押提示，依据凭单付款原则，付款人对此也不承担责任。

（5）被收购或合并后的开证人或保兑人的名称及处理。ISP98 第 4.14 条对此规定：若开证人或保兑人被重组、合并，或更改名称，在提交的单据中要求提及开证人或保兑人名称时，可以援引原名称或者其继受人的名称。

五、拒付通知、放弃拒付及单据的处理（Notice，Preclusion and Disposition of Documents）

ISP98 在第 5 条中对拒付单据的权利、义务及履行予以了规范。

（一）及时的拒付通知（Timely Notice of Dishonour）

当开证人或其指定人准备拒付备用信用证项下单据时，ISP98 第 5.01 条规定，必须在收到单据后的合理时间内将拒付决定及其理由通知提示人。

（1）拒付通知必须在收到单据后的合理时间内发出。合理时间，依 ISP98 第 5.01 条，是指在 3 个营业日内发出通知视为合理，超过 7 个营业日则视为不合理。

（2）拒付通知发出的方式。若有可能，拒付通知应以电讯方式发出，否则以其他可能的快捷方式发出；若在发出通知所允许的时间内收到拒付通知，则视为已使用了快捷方式发出。

（3）拒付通知的发给对象。拒付通知必须发送给从其处收到单据的人（不论是受益人、指定人、还是投递人以外的其他人），除非提示人有不同的要求。

（二）拒付理由声明（Statement of Grounds for Dishonour）

依 ISP98 第 5.02 条，拒付通知应声明其凭以拒付的全部不符点。这一点 ISP98 与 UCP 采取了相同的原则。

（三）没有及时发出拒付通知（Failure to Give Timely Notice of Dishonour）

依 ISP98 第 5.03 条，若没有依备用信用证或按本惯例规定的时间和方式，在发出的拒付通知中列明不符点，则开证人不能再对包含该不符点的单据，包括重新提示的同一单据提出该不符点，但这并不影响对在不同备用信用证项下或同一备用信用证项下的不同提示提出该不符点；若没有通知拒付或承兑或作出延期付款的确认，则构成开证人到期付款的义务。结合第 5.02 条可以看出，若没能提出全部不符点，则放弃了对未提出的不符点予以拒付的权利。但不同的提示，不管是同一备用信用项下还是其他备用信用证项下，都不再受其影响，因为每次提示都是独立的。ISP98 的上述规定可以防止开证人通过一次只提出其中部分不符点，使得单据在多次修改中超过最后交单期限而免除其付款义务。

（四）有效期已过的通知（Notice of Expiry）

ISP98 第 5.04 条规定：没有发出关于提示是在到期日之后作出的通知，并不影响因此而拒付。

根据上述规定，若提示单据时备用信用证的有效期已过，则无论开证人或其指定人是否发出或及时发出拒付通知，也不论其拒付通知中是否提出了全部不符点，开证人或其指定人均可以保留拒付的权利。在此情况下，开证人的拒付并不是基于不符点，而是基于备用信用证的有效期已过这一事实。

（五）不符单据的处理（Disposition of Documents）

一旦受益人提示的单据被拒付，该单据应如何处理？ISP98 第 5.07 条规定：被拒付单据必须退回、保留或按提示人的合理指示进行处理；未在拒付通知中告知单据的处理情况并不排除开证人使用任何本可以主张的抗辩权来拒绝承付。

（六）面函指示/发件函（Cover Instructions/Transmittal Letter）

UCP 没有对面函指示作出专门规定，而 ISP98 在第 5.08 条中对此给予了明确的规定：

（1）与备用信用证项下所提示的单据一起的指示，在与备用信用证条款或条件、索偿书或 ISP98 的规定不相矛盾时可以作为依据。此处的“指示”（Instructions），一般包括开证人或其指定人连同单据一起收到的指示，也包括受益人的指定人从受益人处获得的指示。这些指示均不得与信用证等不一致，否则，被指示的一方可以不予考虑。但 ISP98 并没有允许被指示的一方（如开证人）可以因此而提出拒付，因为与单据一起的指示并非单据，开证人凭以拒付的依据是单据中的不符点。

（2）与提示一起的被指定人在提示单据时的陈述，在与备用信用证条款或条件或 ISP98 不相矛盾时可以作为依据。此处的“陈述”（Representations）既包括开证人的指定人向开证人交单时的陈述，也包括受益人的指定人在提示时的陈述。

（3）即使收到指示，开证人或其指定人也仍可以自行选择直接向提示人付款、通知拒付、退回单据，或以其他方式直接与提示人联系。由此可见，提示时发给开证人或其指定人的指示，并不构成开证人或其指定人必须履行的义务。

（4）面函中关于单据不符点的声明并不解除开证人审单的义务，即开证人仍应按前述的规定审核单据是否相符，并决定是否拒付。

（七）申请人拒受单据的通知（Applicant Notice of Objection）

当开证人准备向受益人承付，通常先请求申请人的同意。但有时申请人并不同意开证人的付款，此时应如何处理？ISP98 第 5.09 条对此作出了答复：

（1）若申请人不同意开证人对不符单据承付，则必须以快捷方式及时通知开证人。

（2）若申请人在收到单据后的合理时间内通知开证人其拒绝接受不符点及其内容，则该通知就是及时的通知。

（3）若没有通过快捷的方式及时向开证人发出拒绝的通知，则申请人就不能就其收到的该单据对开证人提出任何不符点或其他单据表面可见的瑕疵，但不影响其对同一或不同备用信用证项下的其他提示提出拒绝的权利。

六、备用信用证的转让、让渡和法定转让（Transfer，Assignment and Transfer by Operation of Law）

ISP98 在第 6 条中对备用信用证的支款权转让、款项让渡及法定转让问题作了详细规定。

（一）支款权的转让（Transfer of Drawing Rights）

备用信用证的转让是指信用证项下支取款项权利的转让，即由原受益人以外的他人享有备用信用证的权益。对此，ISP98 在第 6.01 条至第 6.05 条作出了相关规定。

1. 请求转让支款权的适用规则（Request to Transfer Drawing Rights）

当受益人要求开证人或其指定人对受益人之外的另一方提出的索偿即支款，视同受益人的索偿进行承付，即受益人请求转让支款权时，适用 ISP98 关于转让支款权（简称“转让”）的相关规定。

2. 支款权转让的时间（When Drawing Rights are Transferable）

除非明确注明，否则备用信用证不可转让；即使备用信用证规定其可转让，也不可以部分转让，但可以不止一次地整体转让，且转让还应得到开证人（包括保兑人）或备用信用证中特别指定人的同意。这与 UCP600 的规定不同。

3. 转让的条件（Conditions to Transfer）

当受益人提出转让备用信用证项下支款权的要求时，开证人或其指定人没有必须转让备用信用证的义务，除非受益人所要求转让的正本备用信用证确实存在且为真实有效的；若备用信用证可以转让，则受益人必须提示一份为开证人或其指定人所接受的转让请求。但 ISP98 对是否允许第一受益人保留拒绝或同意转让人将信用证修改通知第二受益人的权利没有明确规定。若有需要，第一受益人应明确保留这一权利。

4. 转让对所要求的单据的影响（Effect of Transfer on Required Documents）

当支款权全部转让时，汇票或索偿书必须由受让的受益人（即第二受益人）签发；并且，在其他所要求的单据中，受让的受益人名称可以替代原受益人的名称。

5. 转让后的付款偿付（Reimbursement for Payment Based on Transfer）

一旦对符合规定的受让受益人付款，被指定付款的人有权从开证人那里获得偿付，开证人有权从申请人那里得到偿付，即开证人的付款义务及申请人的偿付义务不变。

（二）款项的让渡（Assignment of Proceeds）

备用信用证项下的款项让渡，是指受益人将其在备用信用证下获得的全部或部分款项转让给第三人，该人除了对该让渡的款项享有权利外，并不享有信用证的其他权利。因此，这里的款项让渡并未导致受益人的变更，开证人只是同意向受益人指定的人付款而已。

在备用信用证交易中，备用信用证项下获得支付的款项经常发生让渡。为此，ISP98 在第 6.06 条至第 6.10 条给予了规范。

（三）因法律规定而转让（Transfer by Operation of Law）

在备用信用证中，因法律规定而转让，是指受益人在行使支款权之前因死亡、合并、破产等原因，其在备用信用证项下的权利和利益由其法定的继受人以继受人本人的名义继受的情形。在出现因法律规定而转让的情形时，开证人应如何处理？ISP98 第 6.11 条至第 6.14 条予以了详细规范。其内容包括：（1）法定的受让人；（2）以继受人名义支款时的附加单据；（3）继受人提示时义务的暂停履行；（4）对法定转让的付款的偿付。

七、备用信用证的撤销（Cancellation）

根据 ISP98，备用信用证为不可撤销信用证，因此，备用信用证的撤销或终止必须以不影响各方的权益为前提条件。为此，ISP98 第 7.01 条和第 7.02 条对备用信用证的撤销问题作出了规定。

（一）不可撤销备用信用证被撤销或终止的时间（When an Irrevocable Standby is Cancelled or Terminated）

依 ISP98 第 7.01 条，备用信用证下受益人的权益未经其同意，开证人不可单方面撤销；若受益人同意撤销其权益则可以提交书面文件，也可以通过一些行为表示，如通过归还正本备用信用证表明受益人同意撤销。受益人对撤销的同意一经传达给开证人则不可撤销。若申请人要求撤销，受益人应明确表示是否同意。但若受益人单方面放弃，则可能不作明确表示，如放弃索偿等。

（二）开证人同意撤销备用信用证（Issuer's Discretion Regarding a Decision to Cancel）

根据 ISP98 第 7.02 条，若在备用信用证有效期内取消受益人的权益，开证人则必须确定受益人已同意取消，并且，在此之前没有任何转让或付款的发生，否则，开证人将承担受让的受益人在其后提出索偿或被指定人要求偿付的风险。因此，开证人有权要求受益人提示各项必要的文件以证明受益人的要求。

八、偿付责任（Reimbursement Obligations）

ISP98 在第 8.01 条至第 8.04 条中对备用信用证下的获得偿付的权利、偿付的范围、退还偿付款及银行间偿付的问题作了明确规定。

（一）获得偿付的权利（Right to Reimbursement）

获得偿付是开证人及被指定人的正当权益，也是申请人或其委托人应尽的义务。依 ISP98 第 8.01 条规定，若对相符的单据进行了付款，申请人对开证人有偿付义务；另外，开证人也应向其指定作出付款或以其他方式作出给付的被指定人偿付。申请人必须对由下述事由而产生的请求、义务和责任（包括律师费用）向开证人负赔偿担保责任：(1) 开证地所适用的或备用信用证所选择的法律之外的其他法律或惯例的规定；(2) 其他人的欺诈、伪造或其他非法行为；(3) 由于保兑人无理拒付其保兑，开证人代为履行保兑人的义务。

ISP98 在偿付问题上适用国际商会《跟单信用证项下银行间偿付统一规则》(URR725)。但由于备用信用证下的开证人或被指定人不限于银行，为此，该条进一步说明该条是对适用于偿付或补偿的协议、条例或惯例等的补充。由此可见，该条是对 URR725 及其他惯例的进一步补充。

（二）费用和成本的偿付（Charges for Fees and Costs）

根据 ISP98 第 8.02 条，申请人必须支付开证人费用，并且，对于申请人同意其通知、保兑、付款、议付、转让或开立独立担保的被指定人，开证人对其所应支付的任何费用均应从申请人那里获得偿付；开证人也有义务支付其他各方的费用；根据备用信用证条款规定应由开证人支付的费用，以及若被指定人应开证人要求通知、付款、议付、转让或开立独立担保，但由于索偿没有发生致使被指定人的费用无法从受益人或其他提示人那里得到补偿，则被指定人可以从开证人那里获得偿付。

（三）偿付的退还（Refund of Reimbursement）

ISP98 第 8.03 条规定，若被指定人在开证人及时拒付之前已得到偿付，当开证人提出拒付时，该被指定人必须将已偿付款及利息退还，这种退款并不影响被指定人指控开证人的无理拒付并请求偿付。依据上述规定，当开证人的被指定人对受益人的议付有追偿权时，受益人及其指定人同样有退还本息的义务。

（四）银行间的偿付（Bank-to-Bank Reimbursement）

根据 ISP98 第 8.04 条，有关从另一银行获得偿付的指示或授权的规定，依据国际商会银行间偿付标准规则（URR725）执行。该规则完全适用于备用信用证项下的银行间偿付。

九、备用信用证的有关时间（Timing of Standby）

ISP98、UCP600 及 ISBP 关于时间问题的规定基本相同，但 ISP98 在第 9 条中对此更加明确和细化。

（一）备用信用证的有效期间（Duration of Standby）

ISP98 第 9.01 条规定，备用信用证必须包含到期日；允许开证人经合理的提前通知或付款而终止备用信用证。

在备用信用证条款中通常都规定一个到期日。备用信用证的到期日可分为自动和非自动到期两种情况。自动到期是指，除非受益人先期放弃备用信用证，一份备用信用证将于证内规定的一个确定的到期日自动到期。非自动到期是指，备用信用证中可以规定，若备用信用证到期前申请人已按合同履约，则受益人应向开证人提示一份单据以免除开证人在备用信用证下所承担的责任，或申请人及开证人可以在备用信用证中订立一特别条款，规定若申请人已在备用信用证外向受益人付款，受益人可先期放弃备用信用证或相应削减备用信用证的可用金额。当备用信用证不可撤销且不自动生效时，开证人关于终止备用信用证的通知必须提前发出，且必须在受益人同意时才可终止；当备用信用证为自动生效时，开证人也必须提前发出通知，且在受益人尚未使用当期备用信用证的前提下才可终止备用信用证；若受益人已按自动生效条款提示了单据，则开证人终止备用信用证的通知自下期起生效。

（二）到期日对被指定人的影响（Effect of Expiration on Nominated Person）

依 ISP98 第 9.02 条，被指定人的权益不受随后的备用信用证到期日的影响。

这是因为，备用信用证的到期日是针对受益人或其指定人的提示索偿而言的，一旦完成提示，对于接受单据并付款的开证人或被指定人只有合理时间（7 个营业日）的问题，而没有到期日的问题。因此，被指定人在其授权范围内履行义务和享有的权利不受之后备用信用证超过到期日的影响。

（三）时间的计算（Calculation of Time）

如何在备用信用证涉及或某一可以确定的时间基础上计算出新的时间？ISP98 第 9.03 条和第 9.04 条作出了规定：在 ISP98 之下必须作出某一项行为的时间期限，是从该行为应开始的地点的营业日之后，第一个营业日开始起算；延展的期限开始于所注明的到期日之后的第一个日历日，即使该日或到期日可能是开证人停业的一天；若备用信用证没有规定到期日的具体到期时间，则视其为在提示地点该日营业结束之时。此外，ISP98 第 9.05 条强调，在要求付款的权利终止以后，保留正本备用信用证并不能使备用信用证项下的任何权利得以保留。

十、共同开证/参与（Syndication and Participation）

共同开证是指备用信用证由一个以上的开证人联合开立。参与是指，由开证人将其在备用信用证下的权利部分出售给其他人，而使他人参与到备用信用证业务中。UCP 对上述两个问题没有规定。但在大宗交易，尤其是大型融资活动中，银团开立备用信用证的情况越来越多，共同开证和参与开证的现象也逐渐增加。为了适应实践的需要，ISP98 在第 10 条中对此作出了规定。

依 ISP98 第 10.01 条，各共同开证人对受益人承担连带责任，即若备用信用证有一个以上的开证人，且没有规定可向谁作出提示，则向其中任何一个开证人提示对所有开证人均有约束力。因此，开证人在开证时应考虑是否适用这一条款。

ISP98 第 10.02 条规定，除非申请人和开证人有其他约定，否则开证人可以有偿地邀请他人共享其对申请人和任何提示人的权益，并可不公开地向潜在的共享人披露有关申请人的信息。开证人对其权益共享的出售，并不影响备用信用证下开证人的义务或在受益人与任何共享人之间设立任何权利和义务。

由此可见，权益的出售不等于开证人在备用信用证项下保证付款义务的转移，对受益人负有第一付款责任的总是开证人或保兑人。这种出售与购买体现的是开证人与购买人之间的关系，购买人并非备用信用证的当事人，因而它与受益人没有关系。

案例分析

1. 备用信用证索赔案①

中国C公司与美国出口商签订进口钢材贸易合同，使用信用证付款。由于货物数量多、金额大，担心美国出口商不履行合同而导致损失，C公司要求美国出口商先开立备用信用证。美国出口商请求纽约A银行开立了备用信用证。该备用信用证规定：This credit is available by beneficiary's draft drawn on ourselves at sight when accompanied by the following documents: Beneficiary's statement stating that the applicant has failed to fulfill the obligations under the contract No. ST113-817。同时该备用信用证还要求：This credit is not operative unless beneficiary open an irrevocable letter of credit for USD 5 610 000.00 in favor of applicant under contract No. ST113-817 and will be expired on July 21st 2002 within 13 days after advising bank receipt of this L/C and such L/C must be advised through us and restricted to us for negotiation。于是C公司2002年5月31日，向B银行申请并通过A银行向美国出口商开立了跟单信用证，金额为USD 5 610 000.00，受益人是美国出口商，装运期为2002年7月6日，有效期为2002年7月26日。但美国出口商迟迟不履行贸易合同，于是C公司请求B银行根据A银行2002年5月20日开立的担保出口商履约的备用信用证向A银行索赔，金额为USD168 300.00，有效期为2002年7月21日。

7月21日，B银行向纽约A银行寄单索赔。7月30日，A银行来电称：不接受B银行的单据和索赔，理由是B银行开出的信用证未注明“限制A银行议付”条款。经查，C公司申请开证时并未要求B银行在信用证中加注“限制A银行议付”条款。

试分析该案例的症结所在。

（提示：

（1）导致A银行拒付备用信用证的索赔的直接原因是，C公司申请的跟单信用证未加注“限制A银行议付”条款。否则，在出口商不履约时，C公司可利用备用信用证索回损失。

（2）通常备用信用证的有效期应长于跟单信用证的有效期，这样才能在备用信用证申请人（美国出口商）不履约时有合理时间向备用信用证开证人索赔。而本案的备用信用证有效期为2002年7月21日，但跟单信用证的有效期却为2002年7月26日。

（3）在进口贸易中，若使用备用信用证，最好先由出口商以托收方式向进口商交单，若出口商违约，再使用备用信用证。）

2. 备用信用证欺诈案②

2000年6月26日，I银行（通知行）通过电传接收到由其总行转发的一份备用信用证，该证开证行显示为美国M银行，金额为500万美元，期限自2000年6月21日到2001年6月21日，申请人（借款人）为H公司，受益人（贷款银行）为I银行的分行。该备用信用证用于H公司向I银行的F分行申请外汇担保项下的人民币贷款之用。但由于该证没有密押，I银行无法确认其表面真实性，因此于当天以MT799格式，通过

① 蒋先玲．国际贸易结算实务与案例．北京：对外经济贸易大学出版社，2005：367-369.

② 蒋先玲．国际贸易结算实务与案例．北京：对外经济贸易大学出版社，2005：367-369.

SWIFT 系统向 M 银行发出查询，要求其通过 SWIFT 系统对该证进行确认。6 月 27 日，I 银行又通过电传接收到据称从 M 银行发来的，金额为 500 万美元的加押电传。经 I 银行核实，密押相符，但电传报文不完整、措辞含糊，且未直接回答 I 银行提出的查询内容。为了对受益人（贷款银行）负责，I 银行又于当天第二次通过 SWIFT 系统以 MT799 格式要求 M 银行再一次确认该备用信用证的真伪并要求一定通过 SWIFT 格式回复。经过两天的等待，6 月 30 日 I 银行收到 M 银行通过 SWIFT 系统以 MT799 格式的回复，声称该证不是 M 银行所开，是伪造的信用证，且 M 银行所引用的参考号和受益人有误。

为了对申请人（借款人）负责，I 银行又于当天继续通过 SWIFT 系统以 MT799 格式向 M 银行发出第三次查询，以进一步明确该备用信用证的真伪以及 M 银行的回复中参考号和受益人引用是否有误。一个星期后，未见 M 银行的答复，I 银行又于 7 月 7 日通过 SWIFT 系统以 MT799 格式第四次发出查询，要求 M 银行尽快回复。7 月 10 日，I 银行收到 M 银行通过 SWIFT 系统以 MT799 格式发来的查询回复，明确答复该备用信用证系伪造的。至此，I 银行成功地堵截了一起伪造备用信用证的案件，并及时制止了一起拟以伪造的备用信用证申请人民币贷款的金融诈骗活动。

试分析该案例症结所在。

（提示：

I 银行前后两次收到的两份电传可否被视为确认备用信用证表面真实性的依据?

信用证通过通知行通知受益人的最大优点就是安全，开证行与通告行建立代理关系后，一般要互换密押及签字样本，以保证不受信用证中可能出现的欺诈侵害。而由于备用信用证不是以清偿商品交易的价款为目的，而是以贷款融资或担保债务偿还为目的，因此审核备用信用证的表面真实性显得格外重要。

本案例的关键在于如何合理谨慎审核所通知的信用证的表面真实性。在本案例中，M 银行的第一次电传没有密押，第二次电传有密押，且相符，但内容不完整，M 银行没有直接回复 I 银行的查询，I 银行没有简单地认为第一次电传格式规范、条款清晰，第二次电传密押相符，因此可以确认该备用信用证的表面真实性。国际商会曾指出：即使通知行未对信用证加以保兑，但通过转递该证，即默示了开证行签署的真实性。在第 411 号出版物上又指出：远东地区不少通知行在转递所收信用证时不作印鉴检查，有些通知行甚至对开证行的情况全然不知，而受益人总是认为通知行在审核信用证后才会通知该证。因此，通知行不合理谨慎地审核信用证的表面真实性，会使受益人遭受莫大风险而最终损害银行的信用。I 银行由于合理谨慎地审核了所通知的备用信用证的表面真实性，成功地堵截了一起伪造备用信用证的案件，并及时制止了一起拟以伪造的备用信用证申请人民币贷款的金融诈骗案。）

3. 备用信用证的单证要求争议案[①]

I 银行开立了一张不可撤消备用信用证，该证经由 A 银行通知受益人。A 银行告知受益人该证的到期地点在 I 行。该证要求提交的单据有：（1）开证行为付款人的即期汇票。（2）未支付的商业发票副本。（3）受益人授权代表的声明书，声明所附发票已向

---

① 引自 http：//www. 10588. com/forum/thread-29776-1-1. html，浏览日期：2014-01-19。

申请人要求支付，但已过期至少 30 天还未获得支付。

在该证到期前 5 天，申请人通知开证行称：证下已没有应付而未付账款，开证行不得再在证下付款。

通知行在有效期的前一天用快邮代受益人寄给开证行下列单据：（1）以开证行为付款人的即期汇票。（2）未获支付的商业发票副本，该发票副本未注明日期，所列交运货物的日期在交单前 15 天内。（3）备用信用证所要求提供的违约声明书。

在审核了全套单据后，I 银行贷记了 A 银行账，借记了申请人之账。

尽管申请人早已掌握了货物，他不同意借记其账。申请人称：（1）他已事先通知 I 银行，对受益人已没有欠款，因此 I 银行不应支付。（2）I 银行应意识到，尽管有如信用证要求的违约声明书申请人违约，但显然不可能有超过 30 天尚未付款的事情发生。（3）申请人要求立即冲回账款。

I 银行拒绝冲账，该行认为该证的一切条件已予履行。

试分析该案例。

（提示：开证行不理会申请人的反对，坚持凭受益人提交的单单、单证一致的单据付款是完全正确的，符合 UCP600 的规定。

发票是否载有日期并不重要。备用信用证没有要求发票注明出具日，付款条件是提交违约声明证明发票已过期 30 天，也没有规定这个时段是从出票日、装运日还是交货日开始的。尽管申请人声称并无违约，开证行也只能支付，这是根据 UCP600 的规则行事。至于申请人在备用信用证到期前 5 天对开证行预先止付，开证行应对申请人说明，若确实有理由相信将发生误述或欺诈行为，应依据法律取得禁令或冻结令阻止开证行的支付。

国际商会银行委员会专家对此案的看法是：开证行的做法是正确的，并称在开立、通知及支款之前，有关方面应予注意、纠正、通知或修改如下问题：（1）此证在开证行处可即期支款，并且不可议付。（2）受益人必须明确，此证的有效期在开证行，故所有单据必须在有限期内提交给开证行。（3）此证要求一份商业发票副本。通常在一般的跟单信用证中有此要求，备用信用证一般无此情况。在备用信用证项下要求商业发票会引起发票和申请人违约声明书的矛盾。银行由于对 UCP600 条款有不同的解释，即使存在违约情况且声明书也符合备用证要求，有时也不予支付。因此，在备用信用证中加列商业发票副本条款，极易产生迟付、拒付等事情，开证、收证时必须审慎对待。（4）违约声明书在字面上不够严谨。声明书要求由受益人授权代表出具。那么由谁来决定谁是授权代表？是否认为是公司官员？或者是任何代表公司授权签署的人？签署者是否必须声明其为授权代表？即使备用信用证并无要求声明书必须签署，由于该声明书是证明违约情况的，所以必须签署。违约声明书的措辞应用引号的形式在信用证上列明，以使各方决定该违约声明书是否与信用证规定的要求相符。（5）声明书要求声明：已向申请人要求付款。它并未要求声明：申请人在发票到期日未予付款。）

4. 备用信用证开证行拒付案[①]

某银行开出不可撤销的备用信用证，经 A 银行加保并通知受益人。该证要求：

---

① 引自 http：//www.10588.com/forum/thread-29776-1-1.html，浏览日期：2014-01-19。

(1) 提供一份违约证书，声明“根据X公司与Y公司某年1月1日签订的第111号合同，我们在某年2月2日装运S毫升油。按照上述合同条款要求，我们从装船日起已等待Y方付款达120天，Y方未付应付款。因此Y方已违约，应在备用信用证项下向我方支付X美元。”(2) 商业发票副本一份，注明装运商品的细目。(3) 运输单据副本一份，证明货物已装运及注明装运日期。

受益人按合同发运了货物，并按销货条件向Y开出了120天到期付款的发票。在发货后的120天，由于未直接从Y方收到款项，受益人缮制了备用信用证所要求的文件，提交给保兑行。

保兑行审核了违约证书、商业发票副本和运输单据副本，认为单证相符，即向受益人付了款，并以快邮向开证行寄单索款。

收到单据后，开证行以下述理由拒绝付款，并将付款情况通知了A行。该不符点为晚提示。根据UCP600第14条c款，单据不得迟于装船后21天提示，而货物早已于2月2日装运，单据迟至3月6日才提示。

A银行对此拒付不同意，复电如下：“来电拒付无理。UCP600第14条c款适用于商业跟单信用证，而非备用信用证。后者是担保你客户履约而立的。只要你证明你客户违反和受益人之间的商业合同条款，即为有效。此外，为了履行商业合同，受益人必须在发货后等待120天，以便你客户付款。如后者违约不付，则受益人将使用备用信用证取得该证项下的付款。因此，在装运后，做出必要的违约证书以前，受益人既要给予120天的融资，同时又要按信用证要求，在发货后21天之内，提交信用证要求的单据是不可能的。据此，我行认为你行拒付无根据，并即希望偿付我行已付的款项，加上我行付款日到你行偿付我行之日的利息。”

试分析该案例。

(提示：此案中保兑行的解释是正确的，开证行的拒付无理。因为在备用信用证项下，受益人在做违约证书之前，需有一段必要等待的时间，以证实开证申请人确已违约。因此UCP600第14条c款对本案不适用。但假设开证行拒绝偿付保兑行，保兑行能否向受益人行使追索权？回答是否定的，因为作为保兑行，在已做出付款的情况下，不得行使追索权。

备用信用证下只凭违约证书有效，不应附加任何副本商业单据的要求，否则将导致不恰当的银行业务做法，引起所谓“单证不符”的纠纷。在此案中，由于申请人已破产，其资产已由法院控制。开证行即以所谓的不符点延迟付款,，以便其有足够的时间与法院协商，解除对申请人资产的部分冻结，以便付款。在等待4个月后，开证行终于偿付了通知行，但未支付利息。)

第十三章　独立保函

本章主要介绍国际商事中独立保函的相关知识及其应用。重点掌握独立保函主要条款内容；直接独立保函关系人的权利与义务；间接独立保函关系人的权利与义务。

第一节　独立保函概述

一、独立保函的概念

经济全球化的不断深入发展，其最突出的特征之一是贸易金额和投资金额越来越大，同时，其风险程度也在提高。为避免或减少风险，保障贸易与投资的安全，在国际商事中出现了担保制度。

担保分为物权担保和信用担保两大种类。物权担保是指以债务清偿为目的，以债务人或第三人的特定财产（包括有形财产或权利财产）来保证债权人债权的实现；信用担保是指由自然人或法人等第三人，以其自身的资产和信誉为债务人提供一定的担保，保证债权人债权的实现。国际商事中主要使用信用担保。信用担保根据它与主合同的关系以及保证人的权利和义务，可分为保证、备用信用证和独立保函。独立保函是一种新型的担保方式，它克服了保证的不足和缺点，可以满足贸易方式多样化、复杂化、金额大、履约期长等现代国际经济发展的需要。关于备用信用证已有论述，不再赘述。在此主要论述独立保函。

独立保函（Independent Guarantee）又称独立保证、独立担保。依据国际商会《见索即付独立保函统一规则》（URDG758）和《联合国独立担保与备用信用证公约》，独立保函是一种不同于传统从属性保函的新型信用担保方式，是指由银行、保险公司或其他组织或个人以书面形式出具的，表示只要凭索款声明或符合保函文件规定，即可从它那里获得付款的保证、担保或其他付款承诺。独立保函与基础合同相分离，一旦出具后其效力不依附于基础合同，其付款义务仅以独立保函自身的条款和条件为依据。

在独立保函关系中，实际上存在着三个合同关系。首先，保函申请人（主债务人）与受益人（主债权人）之间的基础合同关系。这种关系主要表现为货物买卖、工程招投标、工程承包、预付款的支付、借贷等合同关系。这种合同关系是独立保函关系产生的原因和前提，但两者却是相互独立的，即基础合同关系的无效并不影响保证人与受益人之间的保证合同关系的效力。一旦保证人出具保函并经受益人接受，保证人与受益人间即产生了独立于基础合同之外的另一合同关系，两者的权利、义务完全以保函内容为依据，不受基础合同内容影响。所以，在独立保函关系中，保证人可以摆脱基础合同的复杂关系，只依据保函内容本身的规定决定是否履行其责任。其次，保证申请人（主债务人）与保证人之间的委托合同关系。尽管保函是应申请人的要求并为其利益而出具的，但保函一旦出具，则与申请人和保证人之间的委托合同相互独立。因此，受益人向保证人提出索款要求，则无论其原因如何，保证人也不得以申请人违反委托合同为由拒绝付款。由此可见，独立保函存在受益人欺诈性索款的风险。最后，保证人与受益人（主债权人）之间的独立保证合同关系。这种独立关系一旦成立，即独立于上述两种合同关系之外，只要受益人提出的索款要求符合保函的条款与条件，保证人则须履行付款义务。①

正是由于独立保函具有上述特性，所以，它可以满足国际商事有关当事人的需求。

二、国际商事中独立保函的种类

国际商事中所使用的保函依不同的标准可以有不同的种类。实务中，常见的分类标准和种类一般有以下几种。②

（一）按独立保函运作机构的不同划分

按独立保函运作的机构不同，分为直接独立保函和间接独立保函。

1. 直接独立保函（Direct Independent Guarantee）

直接独立保函是指，受益人直接接受外国银行开立的保函，无需由受益人所在国银行代替外国银行出具保函。这种保函也同样涉及三方相关人和三个合同关系。但有些国家的法律规定，以该国居民为受益人的直接保函必须经本国的银行转递，以确保该保函条款与条件符合其本国的法律规定。在此情况下，受益人国家往往要求由本国的一家银行作为通知人将保函转递给受益人，但该通知人对受益人不承担任何保函义务，只承担审查保函真伪性的义务。因此，通知人不是直接独立保函的相关人，它的参与并不改变保函的性质和特征。

2. 间接独立保函（Indirect Independent Guarantee）

间接独立保函是指，保函申请人通过委托其本国的一家银行作为指示行向保函受益人所在国的一家银行发出开立保函的指示，再由受益人所在国（地）的充当保证人的银行向受益人开立保函。间接独立保函与直接独立保函相比较，又多了一个合同关系，即指示行与保证行之间的委托代理关系，使保函的相关人由通常的三个变为四个，从而使保函关系更加复杂。在实务中，指示行一般与保证行之间存在业务往来关系，当指示行向保证行发出担保指示时，保证行通常要求通知人，以保证行为受益人出具保函或备用信用证，作为对保证行向受益人开立保函的反担保。这种反担保的相关人分别处在不同的国家，他们之间的反担保关系才是真正的国际担保关系。

（二）按独立保函的付款条件不同划分

按独立保函的付款条件不同，分为见索即付独立保函、提交第三方单据付款独立保

---

① 周辉斌．银行保函与备用信用证法律实务．北京：中信出版社，2003：35-37.

② 周辉斌．银行保函与备用信用证法律实务．北京：中信出版社，2003（第一章第二节：独立保函的分类）；宜恺．国际贸易中银行担保法律问题研究．北京：法律出版社，2000（第一章第二节：国际贸易担保的种类）.

函和提交仲裁裁决或法院判决付款独立保函。

1. 见索即付独立保函（Demand Guarantee）

见索即付独立保函在实务中表现为两种形式。第一种为简单见索即付独立保函，是指受益人除需向保证人提示一份书面形式的索款要求外，不需要任何其他条件，保证人则应毫不迟延地履行付款义务。保证人不得要求受益人提示申请人违约的证明、提示受益人依基础合同有权获得赔偿的证据，以及提交受益人实际损失的证明等。同时，保证人也无权对基础合同进行调查，除非他能证明受益人的索款存在着欺诈。第二种为附带申请人违约声明的见索即付独立保函，是指受益人在索款时除了提示一份书面形式的索款要求外，他还必须提示一份关于申请人违约的声明。但关于申请人违约的声明只是受益人单方面的表述，对保证人的银行而言，在它与受益人之间的关系中，不容许它对该声明的真实性进行调查；在它与申请人之间的关系中，它也没有义务去对该声明的真实性进行调查。这也正是国际贸易中使用这种独立保函最多的原因之一。URDG758 不承认简单见索即付保函，而认可附申请人违约声明的见索即付保函。

2. 提示第三方单据付款独立保函（Guarantees Payable on Submission of Third Party Documents）

提示第三方单据付款独立保函是指，受益人只要提示了保函所规定的单据即有权获得保证人的付款；在保证人与受益人之间，保证人无权要求任何其他证据，也不得援引基础合同抗辩，而在保证人与申请人之间，保证人也无义务向受益人要求进一步的证据；保证人的权利与义务就是确定受益人所提交的单据，与保函中规定的单据在表面上是否相符。这种独立保函所要求的单据通常有两类，一是要求受益人提示证明申请人违约的某种单据，如在付款保函中，可能规定提交由银行出具的买方已经申请开立了信用证，而卖方没有提交运输单据，即没有履行交货义务的证明；二是要求申请人提示某种证明自己已经履行了基础合同的单据，如在付款保函中，卖方提示了证明自己已经完成交货义务的运输单据（如提单）。一旦申请人提供了自己已履行基础合同的证明，受益人的索赔权随即终止。

3. 提示仲裁裁决或法院判决付款独立保函（Guarantees Payable on Submission of an Arbitral or Court Decision）

提示仲裁裁决或法院判决付款独立保函，是指受益人向保证人索款时，需要提示一份证实申请人对受益人负有义务的仲裁裁决或法院判决，作为要求付款的条件。这种独立保函在欧洲国家使用得较多。这种独立保函与传统的从属性保函有相似之处，即受益人只有提示了能够证明申请人负有义务的仲裁裁决或法院判决，才有权向保证人索款，这在一定程度上削弱了保函的独立性原则。但这种保函还是与传统的从属性保函不同：若受益人提示了保函中规定的仲裁裁决或法院判决，则保证人必须付款，保证人的权利只是确认所提示的裁决或判决与保函的规定在表面上是否相符，而不必卷入基础合同当事人的争议或法律诉讼中。因此，银行通常愿意接受这种类型的保函以取代传统的从属性保函。

（三）按独立保函的用途不同划分

按独立保函的用途不同，可分为付款保函、预付款保函、借款保函、透支保函、补偿贸易保函、履约保函、租赁保函、投标保函、质量保函、维修保函、关税保付保函等。

1. 付款保函（Payment Guarantee）

付款保函，是指银行等机构依申请人（买方）的请求向受益人（卖方）出具的保证买方在收到符合合同规定的货物后向卖方支付全部货款，若买方违约，则由保证人赔偿卖方损失的一种保函。这种保函适用于进出口贸易，其担保金额为货物的价款及有关费用和利息，其有效期从保函开立之日起至卖方收到货款或双方约定的具体时间为止。

2. 预付款保函（Advanced Payment Guarantee）

预付款保函，是指保证人依申请人（收到预付款的一方）的要求向受益人（支付预付款的一方）开立的，保证如果申请人不按合同规定履行义务，也未将受益人预付给申请人的任何金额以其他方式偿还时，由保证人向受益人赔付一定金额的款项。预付款保函可适用于国际货物买卖、工程承包和技术贸易中一切预付款和带有预付款性质的分期付款业务。预付款保函的担保金额视预付款的金额而定，一般为合同金额的 10% 左右。保函从申请人收到预付款之日起生效。为避免在此之前遭到无理索赔，保函一般在申请人履行了合同规定的义务或预付款全部扣减完时失效。

3. 借款保函（Bank Guarantee for Loan）

借款保函，是指银行按借款人的请求向贷款人开立的保证借款人在到期日还本付息，否则应由保证人向贷款人予以赔偿的一种保函。这种保函的担保金额通常为贷款总额及其利息之和。保函自开立之日起生效，至借款人偿还全部本息之日失效。但保函的担保责任随借款人的偿还而自动递减。

4. 透支保函（Overdraft Guarantee）

透支保函是借款保函的一种特殊形式，是指充当保证人的银行应申请人的要求向被透支银行开立的，保证借款人到期如数偿还透支金额及相应利息，否则由保证人进行赔偿的一种保函。透支保函的担保金额一般为透支协议规定的金额和利息，期限由双方约定或至透支偿清时为止。

5. 补偿贸易保函（Guarantee under Compensation Trade）

补偿贸易保函，是指在补偿贸易下，出口设备、技术的一方为避免因进口设备、技术的一方违约而不按时补偿设备款、技术使用费而遭受损失，通常要求进口方提交的一种保函。该保函担保进口方在合同规定的期限内补偿设备款、技术使用费及相应利息，否则由保证人承担赔偿责任。补偿贸易保函的保证金额由出口方提供的设备及转让的技术的价款来决定，有效期从进口方收到设备，并安装调试完毕，进行试生产时开始，至保函项下全部价款清偿完毕或双方约定的具体日期止。

6. 履约保函（Performance Guarantee）

履约保函，是指保证人依申请人的请求向受益人开立的保证申请人依照合同的规定履行各项合同义务，否则应由保证人赔偿受益人损失的一种保函。这种保函应用范围最广，可适用于各种合同的履行，如国际货物买卖、工程承包、融资租赁合同等等。其有效期自相关合同生效之日起，至合同失效之日或双方约定的时间为止。

7. 租赁保函（Leasing Guarantee）

租赁保函，是指保证人依承租人的请求向出租人开立的保证承租人按约定支付租金，否则，由保证人赔偿出租人损失的一种保函。这种保函的有效期通常自承租人收到租赁设备并验收合格后生效，至承租人支付完全部租金或双方协商的时间失效。这种保函比较适合于办理长期、大型、巨额的设备租赁的担保，如飞机、船舶、建筑机械、成套设备等。

8. 投标保函（Bid Bond，Tender Guarantee）

投标保函，是指保证人依投标人（申请人）的要求向招标人（受益人）开立的一种保函。该保函的保证人向招标人保证投标人在开标前不中途撤标、不片面修改投标条件、中标后不拒绝交付履约保证金、不拒绝与招标人签订合同，并承诺当投标人出现上述违约行为时，由保证人赔偿招标人的全部损失。投标保函一般自开立之日起生效，在开标后一定时期内，若投标人未收到中标通知，则保函失效；若收到中标通知，则保函自动延续到投标人与中标人订立合同并提交规定的履约保函时失效。在招标业务中，招标人通常要求投标人在投标时，递交一定的投标保证金。但投标人通常不交保证金，而是由承包商的担保人开立投标保函直接交给招标人，即视为交付了保证金。若投标人未中标，则招标人应退回该保函，以解除保证人的担保责任。

9. 质量保函（Quality Guarantee）

质量保函通常适用于对商品质量有极高要求的国际货物买卖中。进口商为了确保货物品质符合要求，往往要求出口商提交质量保函，即保证按照合同规定的质量标准交货，若发现货物质量不符合规定，由出口商负责退换或补偿损失，否则，由保证人进行赔付。质量保函的担保金额一般为合同金额的5%～10%，有效期由双方根据交易需要协商确定。

10. 维修保函（Maintenance Guarantee）

维修保函多用于工程项目或大型设备的国际交易中。该保函保证人担保工程项目或设备在使用期内或保修期内出现问题，由承包人或出口商负责维修并承担相关费用，否则，由保证人负责赔偿业主或进口商的损失。该保函的担保金额一般为合同金额的5%左右，其有效期自工程完工或设备启用开始，至保修期或保用期届满为止。

11. 关税保付保函（Customs Guarantee）

关税保付保函，又称海关保函，是指为在国外进行承包工程，在施工过程中，需要向国外运送施工设备；或在国外举办海外展览，施工设备或展品进入国外海关未缴纳海关关税时，须向当地海关出具的一种保函，保证施工设备或展品在规定的时间内撤离该国，否则，由保证人向该国海关交纳一定数额的关税。

以上是依据不同的标准，从不同的角度对保函进行分类。实际上还可以从其他角度予以分类，此处不再赘述。在实务中，一种保函有时同时属于几种类型的保函。

三、独立保函的特点

从以上论述可以看出，独立保函具有以下特点。

（一）保证人付款义务的抽象性（Abstraction of Guarantor's Payment）

独立保函的保证人的付款义务来源于保证人开立保函这一抽象行为，只要受益人不拒绝保函，该保函即产生约束力。大陆法系国家认为，独立保函与作为其产生前提的基础交易合同是相互分离、相互独立的，不因基础交易合同无效而受到影响。这一特点被称之为保证人付款义务的抽象性。

（二）保证人担保的独立性（Independent Guarantor's Undertaking）

独立性是独立保函的最明显特点，它与上述的抽象性有密切联系，即独立保函中保证人的担保义务不依赖于基础合同，它本身是独立的，即使基础合同无效，保证人的担保义务也不因此而解除。这也是独立保函被广泛应用的主要原因之一。

（三）保证人担保的单据化（Documentation of Guarantor's Undertaking）

国际惯例与规则和多数国家的法律通常规定，受益人提出索款要求时，应提交一定的单据，即索款要求和/或有关证明必须表现为单据的形式。只要有关单据符合保函的要求，保证人即应履行其付款义务。

（四）单据与担保条款的一致性（Identity of Documents and Terms）

独立保函的保证人，在保函项下处理的只是受益人提示的单据，只要该单据与保函中的担保条款相符，即两者具有一致性，则保证人应履行担保义务，除非保证人能证明受益人存在欺诈行为。但两者的一致性会因不同国家、不同惯例与规则，其严格程度有所不同。

（五）清偿债务的第一性（Primary of Guarantor's Acquittance）

在独立保函项下，保证人清偿债务的义务总是第一性的，即只要受益人在满足了保函规定的条件后，保证人必须承担第一性的清偿债务义务。

（六）保证人审查义务的表面性（Examination of Documents on the Face）

根据国际惯例和大多数国家的法律，独立保函的保证人对受益人所提示的有关单据只负有表面审查义务，即只要表面上符合保函的要求，保证人就应承担其付款义务，保证人没有权利也没有义务对单据的有效性或真实性进行进一步的调查。国际商事中广泛地使用独立保函，其根本原因就在于，这种保函在运作中遵循独立性原则。国际商会的URDG758 在其第 19 条中，就独立保函的独立性原则给予了明确的规定。因此，独立性原则也是独立保函的精髓，正确理解这一原则对其在国际商事中的应用具有重要的理论与现实意义。

但独立性原则也存在着例外的情形，最典型的例外就是欺诈。若申请人知道受益人对保函有欺诈性的索款行为时，他可以向法院寻求保护，要求法院签发禁令阻止保证人向受益人付款，或阻止受益人向保证人索款。但由于各国对此有不同的规定，申请人的这一要求有时很难被法院接受。

尽管独立保函真正作为国际贸易中的一种有效担保工具和手段始于 20 世纪 70 年代，但在此后，无论是从地域范围还是从业务范围及其总量与个案数额等方面都获得了巨大的发展。目前，独立保函已经成为国际贸易领域中最重要的新型信用担保工具和手段，并且发挥了不可替代的作用。例如，独立保函可以防范日益增大的国际贸易风险；成为重要的融资工具；将商业信用转化为银行信用；有利于优化国际贸易环境等。

正是由于独立保函的上述作用，目前它已经成为一种被世界大多数国家所承认并采用的新型信用担保工具。中国目前在国际商事交往中广泛使用的银行保函具有独立保函的性质，而且，中国《担保法》事实上也承认独立保函的法律效力。随着中国外贸经营规模的不断扩大，中国企业和个人的经济活动进一步融入国际贸易全球化的大潮。特别是随着中国专业担保公司的发展壮大，以及银行、保险业的开放，其国际担保业务将会进一步增加和扩大。因此，独立保函将会在中国的国际经济交往中发挥重要作用。

第二节　独立保函的主要条款

独立保函涉及三方相关人，即申请人（债务人）、受益人（债权人）和保证人（通常为银行）。他们对保函都拥有权利和义务，但其利益各不相同。对申请人和受益人而言，尽管保函独立于他们之间的基础合同，但保函实际上又是基础合同的产物，因而保函条款的内容对他们的利益至关重要。所以，他们对保函条款的内容会认真对待；对保证人而言，保证人在提供担保业务时，也存在自身利益，同时必须承担相应的付款义务。因而，保证人最关心的是它对受益人付款义务的内容和方式。由此可见，保函条款的内容对申请人、受益人和保证人都具有重要意义并能为他们接受。

独立保函因各国不同的要求，其格式有所差异，但其主要条款及内容通常是一致的，一般常见的条款包括以下几条。[①]

一、保函独立性条款（Independence of I/G）

无论是由申请人向银行（保证人）提交的保函文本，还是银行的自有文本，都必须清楚地表明保函是独立保函还是从属性保函。这对三方相关人而言是非常重要的，否则，将会引发争议甚至法律诉讼。

为了准确表达保函的独立性，最简单的办法是在保函文本的标题中或在其文本内容中明确使用“Independent Guarantee”，即“独立保函”这一术语。但在“履约保函”、“投标保函”等独立保函中，由于保函标题中含有“Performance”和“Tender”词语，足以表明该保函是独立保函的性质，因而不须再对“Guarantee”作进一步解释。另外，有些只在从属性保函中使用的条款或词语不应在独立保函中使用，如“We hereby guarantee proper performance of the principle contract. ”（我们担保主合同的适当履行）或“Payment will be made in the event of failure of principle debtor. ”（若主债务人违约，我方将保证付款）。上述条款表述的是具有很强的从属性保证的含义，不能在独立保函中出现。目前，国际上关于表明保函的独立性条款一般为：“We undertake to pay to you on first demand notwithstanding any contestation accompanied by your statement regarding the supplier's default. ”（我方承诺，只要贵方提出索款请求，并随附提交有关主债务人违

---

① 周辉斌．银行保函与备用信用证法律实务．北京：中信出版社，2003（第三章第二节：独立保函的基本内容）；笪恺．国际贸易中银行担保法律问题研究．北京：法律出版社，2000（第三章第二节：银行担保的主要条款）．

约的声明，尽管有主债务人的反对，我方仍将向贵方支付保函项下的款项）。但在英国，表明独立保函的独立性，其保函文本中经常使用“Primary”（第一位的）表明担保人承担第一位的责任，以便与从属性保证人承担的“第二位”（Secondary）责任区别开来；在美国，因为使用备用证替代保函，因此不会导致混淆；在大陆法系国家，如法国、比利时等，也开始将从属性保函转向独立保函；但在拉美国家、西班牙、意大利等，许多独立保函文本继续沿用传统的从属性保函文本。

二、基础交易关系参照条款（Referring to Basic Transactions）

尽管独立保函与基础交易合同是两个相互独立的法律文件，但为了说明提供保证的目的以及防范风险，独立保函通常要提及参照基础交易合同的条款。一般在独立保函的前言或其标题中，使用简短的描述，包括基础交易当事人的名称（主债务人和受益人）、合同订立日期与编号或有关合同的重要概括文字等。

三、先决条件条款（Conditions Precedent）

独立保函中的先决条件，是指在满足保函中规定的某些要求的前提下，保函才能生效，受益人才能要求保证人履行付款义务，这些要求被称为先决条件。因此，保函的先决条件对申请人（债务人）十分有利。在保函业务中，经常存在这样一种现象：在基础交易合同尚未订立时，关于基础交易合同的履约保函已经开立。例如，在预付款保函中规定，保证人（银行）收到预付金并转到申请人在担保银行的账户，保函才能生效。在基础交易合同订立之前就开立保函是因为，受益人希望与一个谨慎的、值得信赖的交易伙伴合作，为此，他希望对方能对其履行能力提前作出担保；而申请人（债务人）也愿意这样做，以便在与受益人（债权人）进行谈判时增加自己讨价还价的能力。但在这种情况下，债务人必须在保函中订入先决条件，如“This independent guarantee does not become operative unless and until ××× contract has been concluded.”（除非×××合同已经订立，否则该独立保函不产生效力）。

四、担保义务条款（Responsibilities of Undertaking）

担保义务条款是保函的核心内容条款，这是保证人向受益人作出的不可撤销的承诺，对保证人具有约束力。由于保函的种类不同，因而担保义务也不相同，所以保证人的担保义务条款应依据担保的不同情况具体规定于保函中。

五、有效期条款（Terms of Validity）

如同其他合同一样，大多数保函都规定了有效期条款，只有在有效期内各方的权利、义务才能得以享受和履行，超过有效期，保函即失去效力。

保函的有效期条款通常包括生效日期、失效日期和无有效期等规定。

（一）生效日期（Effective Date）

关于保函的生效日期，若保函中没有相反的规定，保函在开立之日起开始生效。在这种情况下，履约保函、还款保函和付款保函一旦生效，则有可能依据基础合同的规定，基础合同还未开始生效，受益人就可以在保函开立之后立即提出索款要求。因此，为了防止这种风险，保函应规定生效的先决条件，或明确规定，在某一时间之前不得依该保函提出索款要求。

（二）失效日期（Expiry Date）

依 URDG758 第 2 条，保函的失效日是指保函中指明的最迟交单日期。保函的失效日期可采用以下三种方法之一加以规定。首先，可以规定一个日历日期为失效时间，如该保函的失效时间为 2014 年 5 月 31 日。这种规定方法明确具体，不会产生歧义。但应注意，这一时间应同基础合同的有效期相适应，或者保函的有效期可适当长于基础合同的有效期，以保证受益人有足够的时间行使其索款权利。其次，保函的失效日期可以依据某一与基础交易相关联的事件加以确定。如在投标保函中规定，其失效日期为基础合同订立后加上一段时间；维修保函可以规定，其失效日期为维修合同的有效期加上一段时间等等。这种规定方法因没有一个非常明确的固定日历日期，极易在当事人之间就保函的效力何时终止产生争议。解决这一问题的办法是，将决定保函失效日期的事件转变成以某种单据加以确定。如在履约保函中规定："The guarantee cease to be in force two month after completion as evidenced by the beneficiary's acceptance."（保函在受益人已接受基础合同的履行得到证明之日起两个月后失效）。这种证明一般用某种单据来表示，如由独立的第三方出具的书面声明等。但这种单据必须提示给保证人之后，决定保函失效事件才对保证人生效，且一般由债务人向保证人提示这种单据。第三种方法是将上述两种方法结合在一起使用，可以克服其各自的弊端，如保函规定，在基础合同被证明已履行完毕后再过若干时间保函失效，但最迟不能超过某一具体日历日期。在两个日期中，以先失效的日期作为保函的失效日期。

但在凭仲裁裁决或法院判决为付款条件的保函中，保函的有效期条款与上述有所不同。这种保函的有效期条款通常规定，受益人应在保函失效日期之前向保证人发出申请人（债务人）违约的通知或开始仲裁、诉讼程序。其目的是使保证人知道在将来是否会面临受益人提出索款要求，而且受益人也不会因诉讼时间而丧失保函项下的索款权。

（三）无有效期（Not Stating Terms of Validity）

有些保函在开立时并没有规定有效期，这种保函一般被视为无期限的保函。在下列情况下，保函通常不规定有效期：一是以提示仲裁裁决或法院判决为付款条件的保函，通常在开立保函时没有规定有效期。此种保函一般规定，受益人必须在一定时间内如在基础合同履行期结束后半年内提出索款要求，但只能在提示了裁决或判决后才能付款。若受益人在规定的时间内没有提出索款要求，则可免除保证人的责任。二是以税务机构或财政补贴的政府机构为受益人的付款保函，以及担保银行为其客户的持续授信能够得到归还的以银行为受益人的付款保函，通常也不规定有效期。在后一种付款保函中，一般规定，允许保证人撤销保函。若债务人不能重新提供新的担保，受益人就不再继续提供原来已承诺的授信额度。上述第二种情况下的保函，往往有延期条款。其原因是有些国家的政府机构只接受当地银行开立的保函，其他国家的申请人必须通过申请人所在地的银行委托受益人所在地银行开立保函。这种间接保函，由于原保函未规定有效期，因此反担保保函通常规定，直到原保函清偿之前或归还反担保之前，反担保保函一直有效。

六、延期条款（Extension of the Validity）

在某些保函中，保证人有时允许受益人依据其要求延长保函的有效期，这一条款称为延期条款。该条款通常表述为“若依你方的判断，基础合同尚未履行完毕，保函的有效期可延至某年某月某日。”同时该条款又附加一条说明：“若有效期未因任何理由而被延长，则保证人将予付款或将款项存于受益人的账户。”延期条款在投标保函或履约保函中经常使用。因为在这种保函中，投标人一时难以确定或基础合同的最后履行期限在开立保函时难以确定，因此，延期条款可以较好地保护受益人利益。但与没有规定有效期的保函相比，延期条款对保证人和申请人也有利，如该条款可以促使受益人在有效期结束时表明是否延长有效期，以便使申请人和保证人知道他们是否会面临受益人的索款要求；若受益人在有效期结束时没有提出延期，保证人和申请人将免除其责任，受益人不得再提出索款要求。

七、保函文本退还条款（Returning Guarantee）

在保函实务中，通常的做法是：一旦保函失效，受益人有义务将保函文本退给保证人。对此，保函中一般采用以下几种方法规定受益人退还保函文本：（1）受益人在保函失效后退还保函文本；（2）受益人在保函失效后退还保函文本，但另附条款规定，不论是否退还保函文本，保函均在失效日期无效；（3）保函在有效期结束后，无论保函文本是否退还，保函均在失效日期无效；（4）保函仅规定“请于保函失效日退还保函文本”，但对于未返还保函文本的法律后果未有明确规定。

保函失效后或保函中规定的决定保函失效的事件发生后，无论保函文本是否退还，保函不再具有任何效力。

八、担保的最高金额及支付货币条款（The Maximum Amount & Currency Payable）

保证人在保函中的责任只限于当申请人不履行基础合同义务时，负责支付一定数额的货币。因此，保函中通常规定担保的最高数额和货币种类。一般情况下，担保金额只是担保债务的一定百分比，而不是全额债务，如为国际货物买卖合同开立的付款保函，其担保金额一般为货款的10%左右。在任何情况下，受益人依保函的索款金额不能超过保函的最高担保金额，即使受益人能证明申请人的违约给他造成的损害超出了担保金额。但有些还款保函规定提前还款时，从还贷之日起到贷款期限结束时的利息要由保证人从最高担保金额之外支付，而在以担保银行提供给申请人的融资便利得到偿还的付款保函中，可以规定保函的最高金额随着基于融资所产生的利润，以及应支付的成本的增加而相应增加，即最高担保金额不是一个事先固定的数额。另外，保函规定的担保金额的货币种类可以不同于基础合同所使用的货币。若保函依据受益人所在国的货币规定了最高金额，则应允许受益人在提出索款要求时，要求与最高担保金额价值相等的另一种货币。

九、担保金额递减条款（Reduction of the Guarantee Amount）

有些保函中可能会有担保金额递减条款，即担保的最高金额随着基础合同的逐步履行而相应地减少，从而使保证人和申请人的未来责任也随之减轻。依担保金额递减条款，最高金额递减到零的事实本身并不能导致保函失效，因为这是两个不同的问题。但可以通过保函的其他条款将两者联系起来，如在还款保函中规定，只要依担保金额递减条款的规定，最高担保金额递减到零后，该保函即可失效。

十、付款时间和延迟利息条款（Payment Time & Interest Deferred）

在有些保函中，有时规定保证人付款必须在受益人索款要求提出之后的某一时间内实施，这一时间通常不超过1个月。该时间一般从保证人确认索款要求与保函规定的条件相符时起算。这一条款对受益人比较有利。当保证人延迟付款时，保函也会规定延迟支付的利息比率或参考标准。

十一、基础合同的变更对保函的影响条款（Effect of Shift of B/C on Guarantee）

在保函业务中，有时会出现这样一种现象，即基础交易可能因种种原因需要进行适当的修改或变更。此时，这种修改或变更是否对保函的权利和义务规定构成影响?

有人认为，在独立保函中，保证人对受益人的付款承诺是独立的，因此，保证人不能以基础合同的变更为理由来对抗受益人的索款要求；也有人认为，即使是独立保函，若基础合同的变更导致保证人的利益受损，使保证人面临更大的风险，则应允许保证人减轻或免除其付款义务。但多数观点认为，既然是独立保函，就应坚持独立性原则，即保证人不能以基础合同的变更来对抗受益人的索款要求。国际商会URDG758和《联合国独立担保和备用信用证公约》都没有对这一问题作出规定。为了避免争议，受益人最好在保函中坚持确定，基础合同的修改或变更不能使保证人免除其保函项下的任何义务。

十二、保函转让及基础合同转让条款（Transfer or Assign the Right to Demand，Proceeds and B/C）

保函转让分为保函权利的转让和保函收益的转让。保函权利的转让是指，受益人将保函项下向保证人提出索款的权利转让给他人。按各国的合同法，一般情况下，合同权利可以不经债务人的同意而转让。但在保函这种特殊的合同中，是否遵循合同法的一般原则，以及保函权利转让是否仅限于索款权利转让而不涉及基础合同的转让?独立保函因其独立于基础合同，因而从理论上看保函权利可以单独转让。但由于保函权利转让的复杂性并可能给保证人与申请人带来风险，因此，国际商会URDG758第33条、《联合国独立担保和备用信用证公约》第 8 条和第 9 条均规定，只有在保函中规定了索款权利可以转让时，受益人才能转让其在保函项下的这种权利，并且，任何实际的转让都必须征得保证人的同意，且依照保函中允许的方式进行转让。

保函收益的转让一般称之为保函让渡，是指受益人让渡其在保函项下可能有权拥有的或将可能有权拥有的款项的权利。保函让渡实际上是受益人处分自己财产的一种方式。从合同法的观点看，保函让渡可以不经保证人和申请人的同意，受益人有权将其在保函项下的收益转让或让渡给他人。依照国际惯例，这种保函让渡也是允许的。国际商会 URDG758 第 33 条、《联合国独立担保和备用信用证公约》第 9 条均规定，允许受益人进行保函收益转让或让渡。

若保函的有关当事人和关系人同意受益人转让其保函项下的索款权利，受让人是否获得了单独向保证人行使索款的权利？换言之，受让人是否仅凭自己提示的一份书面索款要求而不需要受益人（转让人）的索款要求即可向保证人行使索款权利？特别是保函规定受益人提示申请人违约声明时，在保函权利转让后，该违约声明是由受益人（转让人）出具并提示还是由受让人出具并提示，或由受益人出具，而由受让人提示？在实践中，法院从保护当事人合法权益的立场出发，对不同的案件可能采取不同的判决。为了避免争议或避免损害受让人的利益，受让人应争取在保函中订入授予受让人直接行使保函索款权而无须受益人合作的条款。

在保函权利转让中，还可能涉及基础合同转让的问题。基础合同转让是指，基础合同的当事人由新的当事人取代，并承接了基础合同所产生的权利和义务，即基础合同的主体发生了变更。在这种情况下，依据基础合同而开立的保函的履行是否会因基础合同的变更受到影响？通常情况下，若申请人转让了基础合同，即由新的债务人取代了保函的原申请人，此时，一般不影响保函的效力，也不影响受益人的权利。

十三、抵消条款（Set-off）

抵消是指避免双重清偿，消灭债的一种方式，其好处是简化清偿程序。在保函业务中，是否允许银行（保证人）以其对受益人享有的债权对受益人的索款要求行使抵消权，各国法律对此有不同的规定，这也是一个比较复杂的法律问题。《联合国独立担保和备用信用证公约》第 18 条规定，除了银行的债权是从申请人那里受让而来的之外，允许银行以其享有的对受益人的债权而对受益人的索款要求行使抵消权。抵消一般认为也是履行保函的一种方式。在实务中，银行以反请求抵消受益人的索款要求也是银行所采取的有效救济措施之一。为了避免产生争议，有关当事人最好在保函中对抵消问题作出明确规定，既可以规定排除银行的抵消权，也可以规定银行有权行使抵消权。

十四、司法管辖权与法律适用条款（Judicial Control & Applicable the Law）

国际商事中的保函通常涉及不同国家的相关人，因此，保函就涉及到司法管辖权和法律适用问题。

在开立以外国当事人为受益人的直接保函时，银行（保证人）一般坚持规定本国法院对保函具有排他性的管辖权，同时规定保函应适用其国内法。这种条款当然对受益人不利。若受益人不接受这种条款，则受益人坚持只接受由其本国银行开立保函，这种保函一般不会规定由第三国法院管辖并适用第三国法律。在由受益人所在国家的银行开立的间接保函中也会有管辖权和适用法律条款，但保函受本国法院管辖并适用本国法律。从表面上看，这种条款在间接保函中没有必要，因为间接保函中，双方当事人都处于一个国家中，该保函通常只适用该国法律，不存在司法管辖权和法律适用争议。但这种间接保函也规定管辖权与法律适用条款的真正目的是提请保函申请人与国外的委托银行注意，原保函受开立银行本国的法律所支配，与反担保保函的法院管辖权和法律适用问题无关。

第三节　直接独立保函相关人的权利和义务

在直接独立保函中，保函的相关人为申请人（基础合同的债务人）、受益人（基础合同的债权人）和保证人（一般为国外银行）。保函双方当事人实际上是保证人和受益人。但在直接独立保函业务中，有时也有通知人的参与，但这并不改变保函的性质，也不改变保函相关人之间的权利和义务。通知人一般是作为保证人的代理人，他在某种程度上履行保证人的义务。现将直接独立保函的相关人在保函业务中各自的权利和义务作如下分析。[①]

一、申请人的主要义务

作为直接独立保函的相关人之一，申请人的义务主要是向保证人提供反担保和偿付保证人的付款。

（一）向保证人提供反担保（Counter-guarantee Given to the Guarantor）

在保函业务中，保证人在开立了保函后即承担了可能向受益人付款的义务。为了避免因此而遭受损失，保证人一般要求申请人提供以保证人为受益人的反担保，即保证人若向受益人履行了付款义务后，要由申请人向保证人赔偿。反担保的作用，首先是证明申请人与保证人之间的关系，其次是为保证人向受益人付款之后获得偿付提供保障。反担保既可以用物的担保方式，如抵押、质押等，也可以用信用担保，如反保函。通常情况下采用反保函作为反担保的方式。

（二）向保证人支付有关费用（Relative Expenses Paid to the Guarantor）

在独立保函中，申请人必须向保证人支付与保函业务有关的费用。这些费用通常包括手续费、额外费用和可能产生的诉讼费等。申请人请求银行为其开立保函必须向保证人支付相关的手续费，一般是保证人所担保债权总额的一定比例，在其比例高低上各银行有所不同。

---

① 周辉斌．银行保函与备用信用证法律实务．北京：中信出版社，2003（第五章：直接独立保函当事人的权利与义务）．

二、保证人的主要义务与权利

保证人是保函的双方当事人之一，其能否适当地履行其付款义务直接影响受益人的权益，同时其还应对申请人承担相应义务，因此，保证人所承担的义务是整个保函业务的核心内容。另外，保证人也享有其权利。

（一）严格履行申请人的委托（Fulfilling the Instructions of Applicant）

在保函业务中，保证人必须严格履行申请人的委托，按申请人的要求开立保函，这一要求被称为保证人的严格遵守委托原则。

但在保函业务中，作为保证人的银行经常发现申请人所使用的付款条件在国际贸易中很可能被受益人拒绝，有些条件可能对申请人极为不利。在此情况下，银行是否有义务为申请人着想，帮助其修改申请内容？作为保证人，银行必须坚持最基本的原则，即无论如何，只要未征得申请人的许可，银行不能自作主张改变申请人的申请内容，其利害完全由申请人自己加以判断。另外，当受益人拒绝接受保函时，保证人同样应遵守上述原则。尽管受益人拒绝接受保函可能是正当合理的，如当保函中的条件与受益人和申请人之间的协议不符，但此时保证人仍然要遵守申请人的委托，按申请人的指示办理，对受益人的要求可以不予理会。因此，保证人在没有获得申请人指示的情况下，应拒绝受益人对保函修改的要求，这一点保证人应特别注意。

作为保证人的银行在受理申请人的委托时，经常会发现申请人的委托内容笼统、模棱两可，甚至是矛盾的。为此，有些保证银行经常会提请申请人区分独立保函与从属性保函的不同，以及注意根据某些国家的法律规定，一些保函条款存在一定的风险，建议申请人修改申请书的内容。但需要强调的是，银行向申请人提出建议的做法不是银行通常的法律义务。只有当申请人对保函业务毫无经验或银行确切地知道对申请人来说是否了解某项信息具有重要意义时，银行才有义务向申请人提出建议或将有关信息告知申请人。如当保函或反保函中没有规定有效期时，银行有义务将未规定有效期的法律后果告知申请人。

（二）审核义务（Examination Obligations）

保证人严格遵守申请人的委托原则并不等于保证人可以被动地遵从申请人的所有委托，只有在申请人的委托清楚、明确、具体的前提下，保证人才有义务遵守这一原则。换言之，在申请人的委托模棱两可、含糊不清，甚至存在矛盾的情况下，保证人应对委托内容予以澄清。此外，保证人的最主要义务是对受益人的索款要求进行审核，并应尽合理注意义务。

1. 对申请人的委托的准确性、完整性进行审核

保证人在接到申请人的委托后，有义务向申请人指出含义不明确的用语、不能明确确定保证人是否应承担向受益人付款的条件等，并应建议申请人对此加以修正，以确保委托内容的准确性和完整性。

2. 对受益人的索款要求是否符合保函条款和条件进行审核

保证人对受益人的索款要求进行审核是保证人在保函业务中最主要的义务之一。这一义务既关系到保证人和受益人的利益，也涉及到保证人与申请人之间的关系。依照URDG758 第 20 条和《联合国独立担保和备用信用证公约》第 15 条的规定，若受益人

的索款要求已经得到满足，则保证人应履行其付款义务；若索款要求不符合保函的条款和条件，则保证人有权拒绝付款。而依照上述规则的第 19 条和上述公约的第 16 条，保证人有义务审核保函规定的和提示的包括索款要求在内的所有单据，以确定其表面上是否与保函的规定相符。若这些单据在表面上与保函不符或相互间表面上不相符，保证人可以拒绝付款。

（三）合理谨慎义务（Reasonable Care）

《联合国独立担保和备用信用证公约》第 14 条规定，保证人在审核受益人的索款要求和所提示的有关单据是否与保函的条款和条件相符时，还应尽到合理谨慎义务。这一义务的含义是指，尽管保证人在履行审核义务时，采取的标准是表面相符，但保证人还应以一个谨慎的保证人的态度和责任感来审查受益人的索款要求和有关单据，不应该违反最起码的职业责任。但 URDG758 第 19 条删除了"合理谨慎"的措辞，其原因是该措辞在实务中无法准确界定，可操作性不强。

（四）保证人的主要权利（Main Rights of Guarantor）

若保证人在遵守前述标准的前提下，向受益人履行了付款义务，则保证人有权要求申请人给予偿付，即申请人对保证人向受益人的付款给予赔偿。

三、受益人的主要权利和义务

受益人是保函的双方当事人之一，也是保函的权利人。他所享有的权利是当索款要求与所提示的有关单据表面上与保函的条款和条件相符后，有权要求保证人履行付款义务。与此同时，他也相应地履行其相关义务。

（一）索款要求的提出与形式（Issue & Form of Demand）

对保函提出索款要求的通常为保函的受益人，但保函中也可以规定由受益人之外的其他人提出索款要求。如为了确保保函的适当使用，维护申请人的合法权益，也可以指定公证人而非受益人对保函提出索款要求。若保函权利被转让，受让人有权提出索款要求，但此时受让人提出的索款要求同样应满足保函的条款和条件；若受益人宣布破产并指定了接管人时，接管人有权对保函提出索款要求。

通常情况下，受益人提出索款要求和提示的有关单据必须存放于开立保函的银行。受益人也可以向通知人提示索款要求和有关单据，由通知人将其转交给开立保函的银行。在直接独立保函下，受益人直接向保证人提示索款要求和有关单据非常重要，因为保证人与受益人分别处于不同的国家，在提出要求的时间上极易产生争议。若受益人将索款要求和单据向其在本国的该银行的分支机构提示，并请其转交保证人，当保证人是在保函失效后才收到索款要求和单据时，则索款要求有可能被拒绝。

在保函中通常都规定索款要求应采取书面形式，包括书信、电报、电传和传真等。为了确保索款要求的真实性，保证人一般只接受带有密押的电传信息。若对索款要求的真实性有怀疑时，保证人有权要求受益人提示由其签字的确认书。

（二）索款要求与基础合同有关（Any Demand Relative to B/C）

在有些保函中规定，索款要求应在基础合同的直接范围内提出，或规定受益人提示基础合同没有被履行的违约证明。尽管此类规定与保函的独立性不符，但若受益人接受了此类规定，则保证人有权要求受益人确认其索款要求与基础合同有关。当然，若受益人提示了这种确认，则不允许保证人有进一步的要求，应予付款。

（三）提示单据（Presentation of Documents）

若保函规定受益人提示第三方出具的单据证明基础合同没有被履行，则受益人必须提示包括这一内容的单据，否则保证人可以拒付。但有时保函中并没有具体规定单据的内容或只是对单据的内容作了简单的说明。在这种情况下，保证人具有一定的自由裁量权，可以以合理的注意来决定具体的单据是否满足了保函规定的索款条件。受益人若不能提示保函所规定的单据，则也不能要求保证人同意他通过其他方式来证明申请人没有履行合同。因此，受益人也承担了在申请人违约的情况下不能获得单据的风险。

第四节　间接独立保函相关人的权利和义务

在间接独立保函下，申请人要求其国内银行（称为指示行）向受益人所在国（地）的银行（称为保证人）发出开立保函的指示。因此，在间接独立保函中，其相关人为申请人、指示行、保证人和受益人。

在间接独立保函中，有两个不同的委托合同，即申请人与指示行之间的委托合同、指示行与保证人之间的委托合同。如同直接独立保函一样，保证人以自己的名义向受益人承担保函义务，接受指示行委托办事。为了避免因向受益人付款后而遭受损失，保证人一般要求指示行提供反保函，一旦受益人向保证人提出索款要求，保证人履行付款义务后，有权依反保函向指示行要求赔偿，而指示行在向保证人赔偿之后，再向申请人要求偿付。而指示行与受益人之间没有合同关系，因此，受益人不能直接向指示行提出索款要求。

与直接独立保函相比较，间接独立保函关系中多出一个指示行与保证人之间的关系，而且它们分别处于不同国家，从而导致间接独立保函的关系更加复杂。保证人向受益人提供的保函通常称为“基础保函”（Primary Guarantee），以区别于指示行提供的反保函。在间接独立保函中，多数情况下各相关人是相互独立的，但在有些情况下，这些相关人又是相互关联的。申请人与受益人的主要权利与义务与前述基本相同，不再赘述。这里仅对指示行与保证人的主要义务进行分析。[①]

一、指示行的主要义务

虽然出具保函的委托通常是由申请人自己拟定的，指示行只起到向保证人转递该委托的作用，但指示行是以自己的名义向保证人提交委托的，因此，指示行必须承担相应的法律义务。

（一）向保证人转递保函委托（Transmitting Guarantee to the Guarantor）

在间接保函的情况下，申请人通常对本国的保函问题比较熟悉，因而在委托书中要

---

① 周辉斌．银行保函与备用信用证法律实务．北京：中信出版社，2003（第六章第一节：指示行的主要义务；第二节：开证行的主要义务）．

求保证人依据他提出的某些条款或条件拟定保函文本并开立保函。在此情况下，指示行应针对申请人的一些要求向申请人提出某些建议。

指示行有义务准确无误地转递委托申请。指示行在接受申请人的委托请求时，有义务对委托申请内容进行合理谨慎的审查，以防出现错误或遗漏。依 URDG458 第 12 条和其第 15 条，指示行若遵守了诚实信用原则，并履行了合理注意义务，不承担委托在转递中不因其自身过失而出现错误的责任。

（二）调查基础保函的付款条件是否满足（Investigating Payment Conditions in Primary Guarantee）

在间接独立保函业务中，由于反保函独立于基础保函，因此，保证人依据反保函向指示行提出索款要求时，无须证明它已经履行了审核基础保函索款要求与保函的付款条件相符的义务。指示行也不需要承担这一义务。从理论上看，指示行对申请人不承担调查基础保函的付款条件是否得到满足的义务。但在目前的间接独立保函业务中，关于这一问题存在较大的随意性。实践中通常有两种做法得到银行的普遍认可。第一种做法是指示行对申请人有关基础保函项下的索款要求与保函规定的付款条件是否相符的询问不是一概不过问，而是与外国的保证人共同处理这一问题。指示行通常向保证人要求一份受益人针对基础保函提出的索款要求的副本，以及受益人提示的有关单据的副本。第二种做法是，若外国保证人对指示行的处理要求不作任何反应，指示行则对保证人不支付反保函项下的款项，而是等待一定时间或作进一步的调查。在此期间，指示行既要避免向保证人明确表明他将拒付，也要避免向申请人表明其付款将会受到限制。等到保证人最后坚持认为基础保函的付款条件已经得到满足，但又不能提供有关证据以供指示行证实时，指示行通常不会要求进一步的调查，而是向保证人支付款项。

以上银行界的做法表明，若申请人对基础保函的付款条件得到满足存在疑问时，指示行承担了对申请人提供一定帮助的义务，即指示行有义务对基础保函项下的付款条件是否已经满足进行一定程度的调查。但最好是各相关人在事前对此作出明确的约定。

（三）向申请人通知反保函的内容（Advising Applicant of Counter-guarantee）

在间接独立保函中，申请人面临来自两方面的风险，即关于基础保函的风险和反保函的风险。关于基础保函的风险，与直接独立保函下的风险相同。而反保函的风险则与直接独立保函不同。在间接独立保函下，反保函独立于基础保函，并且，反保函中的付款义务通常以更为简捷的条件加以规定。一般反保函都规定，一旦保证人提出索款要求，反保函项下的款项应立即获得支付；指示行不能要求保证人证明基础保函的付款条件已经满足，他必须向保证人支付反保函项下的款项。当指示行履行了反保函的付款义务后，则会转向申请人要求偿付。这意味着即使基础保函的索款要求不符合保函的付款条件，申请人也必须向指示行承担赔偿责任，因而又增加了申请人风险发生的可能性。

但申请人对指示行出具反保函的事实，以及反保函的具体内容有可能并不知道和了解，而指示行是否有义务将反保函的内容告知申请人？从反保函与基础保函是相互独立的观点看，指示行似乎并无此项义务。但由于反保函是为了申请人的利益才出具的，因此，指示行有义务将反保函及其内容通知申请人。在实务中，指示行通常将含有反保函条款的副本文件或反保函的最后文本的副本寄送申请人，以便申请人对此有所了解。

（四）向保证人提供反保函（Giving Guarantor Counter-guarantee）

指示行在向外国银行提交开立保函委托时，一般应明确表明两方面的意思，一是要求保证人依据一定的文本格式和条件开立保函，二是表明对保证人因开立保函向受益人付款而遭受的损失保证给予赔偿的意思。这种赔偿一般采用反保函的方式加以具体规定。

1. 反保函的主要内容（Main Contents of Counter-guarantee）

（1）关于赔偿的条款（Indemnity Terms）。反保函中关于赔偿的条款可以用灵活多样的形式表述，常见的表述有："不论申请人（债务人）有何争议，或与受益人之间有任何争端，只要你提出要求，我们将偿还你依据保函所支付的款项"，或"无论基础合同是否被受益人履行，只要你提出请求，我们将立即对你作出赔偿"等类似的表述。

（2）关于反保函的有效期条款（Validity of Counter-guarantee）。反保函通常规定一个有效期，其目的是使保证人有时间履行基础保函的索款要求，并有时间依反保函提出赔偿要求。反保函的有效期应与基础保函的有效期相衔接。若基础保函的有效期为一个固定的到期日，则反保函应在基础保函到期日的基础上另增加一段时间，如一个月左右，作为反保函的有效期；若基础保函中有"要么付款，要么延期"的规定，受益人提出延长基础保函有效期，则反保函也应自动延长相同的时间；若基础保函没有规定固定的到期日作为有效期，而以某个事件的发生日作为基础保函的到期日，则反保函应提及同样的事件，并增加一段提出并邮寄索款要求的合理时间作为反保函的有效期；若基础保函既没有固定的有效期，也没有规定某个决定到期日的事件，则反保函可以规定，在反保函被撤销之前，该反保函有效。

（3）关于担保金额、币种及转账的条款（Amount, Currency and Transfer of Accounts）。反保函的担保金额通常与基础保函规定的最高金额相同。保证人只能在该范围内主张赔偿。在实务中，基础保函的担保金额一般以保证人本地货币表示，但保证人也可以要求以其他货币支付反保函项下的赔偿。此时，反保函应明确规定有关货币的兑换汇率、兑换的具体日期等问题。有时外国保证人要求指示行提供一项声明，表明国外转账不受指示行所在国家的外汇管制的控制，或若受外汇管制的控制，则要求表明已经得到转账的许可。

2. 反保函的性质及其效力（Nature and Effect of Counter-guarantee）

在国际商事中所使用的保函多数为间接独立保函，而其中又往往包含了反保函。保函的性质及其效力是指反保函是否具有独立性质，即保证人从指示行获得赔偿的权利是仅限于反保函的规定，还是要考虑基础保函条款的履行情况，或者要考虑保证人是否适当地履行了指示行委托的义务，尤其是严格遵守委托义务，以及对基础保函付款条件是否满足的审查义务。

关于反保函的性质与效力问题，目前国际惯例以及各国法律的规定和审判实践对此的看法并不完全统一，其主要观点表现为以下几方面：（1）反保函独立于基础保函，可以与一般独立保函相同的方式运作；（2）反保函独立于指示行与保证人之间的委托关系，可以与一般独立保函相同的方式运作；（3）反保函是一项独立的补偿合同，可以与一般独立保函相同的方式运作，但应受到一定限制；（4）反保函独立于基础交易。

综观国际惯例和有关的观点，原则上均承认反保函具有独立性。

二、保证人的主要义务

在间接独立保函的情况下，外国保证人要同指示行和受益人产生直接的联系，同时它的作为或不作为也将影响到申请人的利益，尽管它与申请人不发生直接的联系。因此，间接独立保函下保证人是否适当地履行其义务对间接独立保函的其他关系人具有重要意义。间接独立保函项下的保证人通常应履行以下义务。

（一）履行指示行的委托请求（Fulfilling Instructions of Instructor）

外国银行是否接受指示行要求其开立保函的委托请求是它的权利，但若接受了指示行的委托请求，则该外国银行应履行相关的义务。若该银行拒绝接受委托而又没有及时通知指示行，或接受了委托却拖延开立保函，或开立了与委托请求不符的保函，则该银行（保证人）将可能要承担相关的法律责任。在间接独立保函中，保证人对指示行所承担的义务类似于直接独立保函中保证人对申请人所承担的义务。但指示行对保证人是否履行委托请求和其过失通常不承担责任。当然，保证人没有履行指示行的委托请求往往会导致申请人的损失，一般不会导致指示行的损失。但申请人与保证人之间又不存在合同关系，申请人可能只有以侵权为由要求保证人予以赔偿。

（二）对指示行提出合理建议（Giving the Instructor Reasonable Suggestions）

在分析直接独立保函关系人的权利、义务时，已经论述过银行没有向申请人提出建议的通常法律义务。但在间接独立保函的情况下，由于保函的关系人分别处于不同国家，各国法律、惯例有所不同。在此特殊情况下，保证人是否能向指示行，尤其是那些以往从未与外国保证人有过业务关系的指示行提供合理建议，将直接影响保函能否发挥其应有的作用。在实务中，一些间接独立保函的保证人通常会向外国指示行提出一些合理建议，尤其是关于保函有效期的问题，因为这关系到保函能否充分使用的问题。但遗憾的是，保证人提供合理建议的做法并未成为统一的国际惯例，也没有被各国法律规定为一项法律义务。尽管人们呼吁这种做法应该成为检验保证人是否尽到合理注意义务的标准，但目前还没有成为各国和国际惯例普通接受的做法。因此，保证人向指示行提出合理建议的做法只能视为保证人的一项道义责任，是一种非价格竞争的手段之一。

（三）审核索款要求与保函是否相符（Examination of Demand in Guarantee）

审核受益人所提示的索款要求是否与基础保函的条款和条件相符，这是保证人的一项重要义务。该义务的主要内容与直接独立保函中保证人的义务相同。URDG758 第 19 条和《联合国独立担保和备用信用证公约》第 16 条并没有将直接独立保函与间接独立保函中保证人的该项义务加以区分。因此，保证人若没有履行上述义务，有可能无法从指示行那里获得补偿。

（四）提示反保函规定的有关单据（Presentation of the Documents Stated in Counter-guarantee）

有些反保函可能规定，保证人向指示行要求补偿的前提条件之一，是提示一项基础保函因其付款条件已经满足而被履行的声明和有关单据，只有提示了该声明和有关单据，保证人才有权获得反保函项下的款项。

案例分析

1. 履约保函纠纷案①

出口商H公司与进口商D公司签订了金额为UDS870 000.00的货物买卖合同，支付方式T/T，同时合同要求“样品须交由D公司确认”。进口商D公司要求出口商H公司出具银行保函，担保合同的履行。K银行（担保人）应H公司申请开立履约保函。考虑到H公司为大型外贸专业公司，K银行并未向其收取保证金，只是落实了有关财务抵押措施。该保函规定：“……若因H公司主观原因导致未能按合同规定的最迟装运期按时装船交货，银行保证赔款；该保函自签发之日起生效；保函生效后180日或申请人装船交货后保函失效，以较早者为准。保函金额为UDS870 000.00（与买买合同金额相等）。”

合同生效不久，H公司告知K银行：D公司对H公司的样品无端指责，过分挑剔，总是不予确认。在交货期临近时，K银行建议H公司立即要求D公司延长装运期。但D公司既不确认样品，又不同意延长装运期，并坚持若不按时交货则按违约处理。装运期过后，K银行收到国外B银行（通知行）的索赔电传，称H公司未按合同规定的最迟装运期按时装船交货，K银行必须在7日内赔偿。K银行立即与H公司联系，H公司一再表明：未能按时装船的原因不是由于其主观原因所致，而是因D公司故意刁难，H公司的样品完全达到了合同规定的标准，并随附了中国检验检疫机构出具的检验证明。K银行据此电复D公司：（1）中国检验检疫机构已经出具了样品符合合同规定标准的检验证明，D公司不确认样品是造成H公司无法装船交货的原因。因此，H公司未按合同规定的最迟装运期按时装船交货的原因，不是由于其主观原因造成的。（2）对于买买合同的纠纷，建议买卖双方协商解决，至于样品是否符合标准，在买卖双方协商不成的情况下应诉诸法律，由法院裁决。银行暂不承担赔偿义务。

经过多次协商，买卖双方终于达成协议：签订新的合同，进口商暂不索赔，原保函失效。

试分析从该案例中应接受哪些教训。

（提示：

（1）担保银行不应卷入基础合同。保函索赔条款中的“……若因H公司主观原因导致未能按合同规定的最迟装运期按时装船交货，银行保证赔款”，属于非单据条款。该条款使银行卷入本应避免卷入的买买合同纠纷中，处于相当被动的地位。因为受益人索赔时，只要声明H公司是因主观原因违约，则可要求银行赔偿，若K银行对外偿付，则无法向申请人追索对外偿付的款项，因为申请人可能会想尽办法提出各种证据表明并非其主观过错。而要证明是主观原因还是客观原因都是十分困难的。K银行被迫去证实，则不可避免地被卷入到买买合同纠纷之中。

（2）保函金额过高，风险较大。履约保函的金额通常不超过合同金额的10%，但也有例外，如开往美国的履约保函常常要求其金额与合同金额相等，但保函金额绝不应

① 张建国．国际业务案例分析．北京：中国金融出版社，2002：203-206.

超过合同总价。本案例中担保金额与合同总金额相同，K银行在未收取保证金的情况下出具担保，承担了较大的风险。

(3) 买买合同条款应合理。出口商必须坚持样品由出口国的相关机构或由第三者（如信誉度比较高的国际性商检机构）确认，并由其出具证明，以避免进口商无理挑剔。

(4) 不能接受“软条款”。出口商在对进口商的信誉不甚了解的情况下，不应同意采取T/T的结算方式，而应采取L/C的结算方式，保函的生效日期可改为“THIS GUARANTEE SHALL COME INTO FORCE WIEH THE GUARANTOR HAS RECEIVE A L/C ACCEPTABLE TOTHE SELLER”（该保函从担保行收到卖方能接受的L/C时开始生效），出口国银行及出口商对L/C条款应严格把关，特别注意不应加入“样品由买方确认”的软条款。

该案例属于国际贸易中的履约保函，这种保函通常是保证卖方履行贸易合同项下的交货义务，即卖方按时、按质、按量交付合同规定的货物。有时买方要求的履约保函不仅保证卖方按期发货，而且保证其所发运的货物质量完好，后者以履约保函代替了质量保函。银行在处理这种业务中，应采取适当措施，尽可能避免卷入贸易纠纷：(1) 使用单据条款代替非单据条款。如上述案例索赔条款中的“由于H公司的主观原因”可改为“在D公司向K银行提交了经法定程序裁决D公司索偿的仲裁裁决后，银行保证赔偿”的单据条款，以避免银行陷入贸易纠纷之中。(2) 对担保金额占合同总金额比例比较大的保函，应要求申请人交存100%的保证金，并加列控制受益人无理索偿的单据条款，即该类保函不应出具无条件的见索即付保函。)

2. 投标保函效期敞口案[①]

2004年，保函申请人J公司参加法国B公司（受益人）的设备购买竞标，并要求A银行（担保人）向B公司出具投标保函。保函的有效期条款规定“THIS GUARANTEE WILL REMAIN IN FORCE UP TO INCLUDING 30 DAYS AFTER THE PERIOD OF BID VALIDITY. THIS GUARANTEE IS EXTENDABLE FOR THE PERIOD OF REQUESTED BY THE BENEFICIARY. IF THE GUARANTOR NOT BE ABLE OR WILLING TO EXTEND THE VALIDITY HEREOF, THEN THE GUARANTOR UNDERTAKES TO PAY IMMEDIATELY THE SAID GUARANTEED AMOUNT TO THE BENEFICIARY”（保函将在投标有效期后的30天内有效，此保函可依受益人所要求的期限而延展，若担保人未能或不愿办理展期，则担保人在此许诺将立即向受益人赔付此保函的担保金额）。银行在未修改该保函条款也未审查招标文件的情况下，对外出具了保函。

由于B公司一直无法落实购买货物所需资金，开标后难以定标，在原标有效期届满前，B公司不得不要求J公司延长投标有效期及保函效期。

A银行出具的保函由于作出了“要么展期，要么赔款”的明确保证，被迫办理了保函的展期手续，使保函有效期一拖再拖。最后，国际市场行情变化，J公司无法按原报价成交，否则，亏损额将远远超出保函项下的索赔金额。展期后的保函到期，J公司不

① 张建国．国际业务案例分析．北京：中国金融出版社，2002：211-213.

同意继续展期，银行从J公司保证金账户扣款对外赔付。

试分析该保函条款是否妥当？担保银行和申请人有何失误？

（提示：

（1）该保函为明显的效期敞口保函，而且将展期作为银行赔款的前提，风险较大。银行对于这样的效期条款，一般应改为：若受益人要求展期，则必须经过担保银行书面确认。而且，避免将偿付条款与该条款联系在一起。

（2）投标保函中，担保行的担保义务通常规定："若投标人在投标书中规定的投标效期内撤回投标，担保行则见索即付。"投标人却误认为只要其撤回投标，即构成违约，造成担保行从其保证金账户扣款向受益人赔付。投保人没有仔细推敲该条款中所指"招标文件"，其有关规定如下："在原投标有效期满之前，招标人可征得投标人同意延长投标有效期，投标人可以拒绝招标人的这种要求而确保其保证金（指保函）按时返回。"投标人却未真正理解并使用该条款保护自身合理权益。特别在市场行情发生变化后，对招标方提出延长保函效期的要求本可予以拒绝，这样既不构成违约（向招标人赔偿保函项下的款项），也不会造成投标人的价格损失。同时担保银行也未仔细审查招标文件中的有关条款，出具了保函条款严于招标文件中有关条款的投标保函。

一般来说，投标保函的格式通常由买方在招标文件中事先拟定。在实际业务中，投标方几乎没有余地与招标方协商修改保函格式中对其显然不利的条款，否则，就有丧失中标的可能，所以担保银行为了避免业务流失，也不得不承担此风险。但担保银行事先必须认真审核主合同及保函条款，及时向申请人言明保函中潜在的风险，并由申请人出具保证书，保证若保函条款引起保函项下的索赔，申请人将承担一切责任。对于信用欠佳的申请人要求出具效期敞口的保函一定要收足100%的保证金。）

3. 见索即付保函"欺诈例外"判例①

案情简介

原告：安徽省技术进出口股份有限公司（以下简称"安徽技术进出口公司"）。

被告：印度奥斯沃化工肥料有限公司（以下简称"奥斯沃公司"）。

第三人：中国银行安徽省分行。

第三人：印度国家银行。

2001年11月3日，被告为订购磷矿砂向原告发出编号为OCFL/2001/RP/CH/2102的订单，原告接受了该订单。订单约定，原告于2001年12月31日在南京港以FOB条件一次性装运40 000吨磷矿砂，数量允许增减10%，每干吨FOB为25美元；卖方在规定的装船期内提前15天通知买方（被告），以便买方派船，此通知需随附英斯贝克检验公司的预检报告确认符合要求的40 000吨货已备妥。订单还载明了磷矿砂的具体规格，其中水分含量不超过2.5%；对货物的重量以英斯贝克检验或SGS检验为准，并由英斯贝克或SGS检验机构在装运港进行取样分析核实是否符合约定的质量要求。订单中约定了信用证支付方式，并要求信用证随附单据如下：（1）发票一式三份；（2）三正三副

① 该案例的案号：（2002）合高新民二初字第123号；（2006）合民四终字第03号。引自 http://www.hgx-court.gov.cn/menu4/anshow3.htm；作者：刘净。

全套清洁提单；（3）英斯贝克检验机构在装船时出具的重量证书；（4）英斯贝克检验机构在装船时出具的质量分析证书；（5）卖方在装船后48小时内发给买方的载有船名、装货数量及装船时间的装船通知的副本；（6）商会出具的产地证。该订单同时要求原告提供银行履约担保，约定：买方在收到卖方的履约保函后立即通过一类国际银行开出以卖方为受益人的不可撤销即期信用证，卖方保证在2001年12月31日前发出第一批货，因卖方原因造成不能实现此约定的所有费用由卖方承担，从履约保证金中扣减，不足的另行补偿；卖方必须在此订单生效后7日内向买方提供不可撤销履约保函，保函金额为信用证的3%，其后每批发货均重开同样的保函，此履约保函有效期为自开出起六个月，此履约保函应由国际性银行开出，见索即付；此履约保函在买方开出信用证后才可生效。

2001年11月12日，被告向原告回函确认合同的装运日期由原定2001年12月31日延至2002年1月15日。2001年11月21日，被告申请印度东方商业银行开出以原告为受益人的编号为ID/FLC/USD/144/2001的信用证，金额为100万美元，到期日为2002年2月5日，特别条款规定货物从南京港运至印度巴拉帝浦港，装运日期不迟于2002年1月15日，最迟装运期和到运期为2002年1月15日和2002年2月5日，货物重量以及信用证金额可上下浮动10%。后应被告（开证申请人）的申请，上述信用证多次修改，装运港由“南京”改为“镇江”，最后装运日期和到运日期分别改为2002年1月25日和2002年2月15日，货物描述条款中每公吨25美元改为24.7美元，水分最高含量由最高2.5%改为最高3%。2002年1月8日，英斯贝克检验机构出具装船前检验报告。2002年1月13日，中国国际贸易促进委员会出具原产地证，证明从镇江港到印度巴拉帝浦港的43 555公吨散装磷矿砂的原产地为中国。2002年1月21日，43 555公吨散装磷矿砂从镇江装运，提单上载明托运人为原告，卸货港为印度巴拉帝浦港，信用证号为ID/FLC/USD/144/2001。同日，英斯贝克检验机构出具了重量证书和质量分析证书，证明检验地点为镇江港，磷矿砂重量为43 555公吨；质量符合约定要求。原告将信用证所要求的单据提交银行后，于2002年1月31日，收到编号为ID/FLC/USD/144/2001的信用证项下款项1 043 534.25美元。

基于原、被告上述基础合同的约定，2001年11月13日，原告向第三人中国银行安徽省分行申请开立保函。中国银行安徽省分行接受原告的申请，于2001年11月13日请求第三人印度国家银行开出以被告为受益人的履约保函，并同时向印度国家银行出具LG780169/01号反担保保函，该反担保保函承诺在保函有效期内收到印度国家银行提交的已被受益人索赔的书面声明时即付给印度国家银行金额不超过33 000美元的款项。印度国家银行据此开出以被告为受益人的0480301CG002291号履约保函，载明在受益人（被告）索赔时向受益人支付最高为33 000美元的款项，保函有效期自2001年11月14日至2002年3月31日，条件是卖方未按合同履行义务，印度国家银行收到受益人书面索赔函及所附的确认卖方未按合同履行的声明。2001年12月25日，中国银行安徽省分行应原告请求，致函印度国家银行，将上述履约保函的金额提高至66 000美元，保函有效期展至2002年6月30日。2002年2月20日，中国银行安徽省分行应原告请求，再次致函印度国家银行，将上述履约保函的金额再度提高至99 000美元，保函有效期展至2002年9月31日。印度国家银行亦两次按照中国银行安徽省分行的修改要求修改了履约保函。

2002年6月11日，奥斯沃公司向印度国家银行确认卖方未履行2001年11月3日所签订的编号为OCFL/2001/RP/CH/2102的合同，要求印度国家银行支付0480301CG002291号履约保函项下的99 000美元。2002年6月13日，印度国家银行要求中国银行安徽省分行履行反担保义务。

法院判决

合肥高新技术产业开发区人民法院经审理认为：本案系因保函欺诈引起的纠纷，其性质属于侵权，是中国最高人民法院确定的集中管辖的涉外案件，本院是安徽省高级法院指定的有权审理集中管辖涉外案件的基层法院，又因本案的侵权行为结果发生地和可供扣押财产所在地均在合肥，故本院对本案有管辖权。侵权案件应当适用侵权行为地法律。侵权行为地法律包括侵权行为实施地法律和侵权结果发生地法律。本案中侵权结果发生地在中国境内，可选择适用中国法律。中国法律和中国缔结或者参加的国际条约没有规定的，可以适用国际惯例。本案中的见索即付履约保函在中国法律中并无明确的规定。根据国际商会《见索即付保函统一规则》（URDG）的规定，该种保函是独立保函，独立于基础合同，不受基础合同约束，只要符合保函规定的索赔条件，担保行就应当支付保函项下款项。但国际上普遍接受“欺诈例外”原则，即在保函受益人存在欺诈的情况下，担保行不应履行保函项下的付款义务。本案中，从基础合同的履行情况看，原告已在合同约定的地点、时间交付了合乎约定质量、数量要求的货物，并按约定申请开立了保函、提供了信用证所要求附随的单据，应认定原告已完全履约。在此情况下，被告奥斯沃公司作出虚假陈述，以原告没有履行合同规定的义务为由向印度国家银行索赔履约保函项下款项，违反了诚实信用原则。此外，根据《见索即付保函统一规则》第20条a款规定，受益人索赔时应当说明：（1）主债务人未履行有关合同项下应尽义务；（2）主债务人违约的具体方面；第20条c款规定，除非在保函条款中明确排除a款，否则a款即适用。[①] 而本案中，在保函条款中既未排除a款的内容，被告的索赔中亦未明确卖方违约的具体事项，加之被告在诉讼过程中的长期沉默，加深了法庭对被告欺诈的确信。据此，本院认为，被告的索赔行为构成欺诈，应属无效的民事行为，因而不能以保函独立为由，置基础合同于不顾而支付保函项下款项。综上，第三人中国银行安徽省分行和印度国家银行的辩称观点，本院不予支持。据此，依照《中华人民共和国民事诉讼法》第一百三十条、《中华人民共和国民法通则》第五十八条第一款第（三）项的规定，判决如下：

一、被告奥斯沃公司主张银行保函权利（金额99 000美元）的民事行为无效；

二、第三人中国银行安徽省分行不得支付LG780169/01号反担保函项下款项；

三、第三人印度国家银行不得支付0480301CG002291号保函项下款项。

案件受理费15 170元，诉前财产保全费4 610元，合计19 780元，由被告奥斯沃公司承担。

---

① 这是URDG458第20条的规定，URDG758在第15条作出了类似规定。

判决后，第三人中国银行安徽省分行及印度国家银行提起上诉。合肥市中级法院经审理认为，关于欺诈的认定，国际上普遍接受根据基础交易关系来确定是否构成欺诈，即认为，若受益人没有对申请人主张索款的权利，则索款要求就具有欺诈性。衡量受益人有无主张索款的权利，必须结合基础交易合同的履行情况来加以判断。因此，原审法院根据基础交易合同的履行情况来审查认定欺诈，并无不当。经严格审查，原告提供的证据足以证明其已完全履约。在此情况下，被告违反诚实信用原则，作出虚假陈述，仍以原告没有履约为由索取保函项下款项，显已构成欺诈，应认定无效。综上，原审认定事实清楚，适用法律正确，处理并无不当应予维持。依据《中华人民共和国民事诉讼法》第一百三十条、第一百五十三条第一款第（一）项的规定，判决如下：驳回上诉，维持原判。

试分析该案例。

（提示：

见索即付保函在国际贸易中发挥着重要作用。依据国际惯例，见索即付保函是独立保函，不受基础合同约束，只要符合保函规定的索赔条件，担保行就应当支付保函项下款项。但这种独立性为受益人进行欺诈性索款提供了方便。因此，国际惯例同时确立了“欺诈例外”原则，即在保函受益人存在欺诈的情况下，担保行不应支付保函款项。而如何认定欺诈，应根据基础交易情况来确定。本案认定权利人在对方完全履约的情况下，作出虚假陈述，以对方未履约为由请求支付保函项下款项的行为构成欺诈，行为无效，担保行不得支付保函项下款项。

本案中的保函属履约保函，是银行应申请人的请求，向受益人开立的保证申请人履行合同项下义务的书面保证。在进出口贸易中，履约保函主要是保证出口商（保函的申请人）履行合同的交货义务，即按时、按质、按量地交运合同规定的货物。若出口商未按约履行，则买方（保函的受益人）有权向银行索要保函项下款项。见索即付保函是独立保函，独立于基础合同，故银行无须审查基础合同的履行情况，只要符合保函规定的索赔条件，银行就应当支付。本案中，保函所规定的索赔条件仅是受益人的书面索赔函及确认卖方未按约履行的声明，十分容易达到，客观上为欺诈提供了便利。

目前，各国法律几乎都承认担保行必须履行担保合同下的付款义务的唯一例外是受益人的欺诈行为，即“欺诈例外”。如何认定保函欺诈，是本案的焦点问题。在审理过程中，合议庭从以下三方面认定欺诈成立。

（1）一般原则。当申请人能够清楚地、毫无疑义地证明，根据基础合同受益人无权要求付款，则欺诈成立，这是确定欺诈的一般原则。本案涉及的是履约担保，对合同的履行情况必然要进行审查。由于“未履约”可理解为完全未履行和不完全履行两种情况，为了确保见索即付保函的独立性，对合同履行的情况应当是严格审查，即申请人应当严格按约履行。

（2）索赔程序。国际商会的URDG中专门规定了担保中的一个重要问题——索款要求①，以便在不公正索款要求下对申请人提供一些保障。而本案中，在保函条款中未

---

①　参见URDG758第15条。

排除受益人索赔时应当说明（1）主债务人未履行有关合同项下应尽义务；（2）主债务人违约的具体方面的内容，则被告在索赔中应按照上述规定明确说明卖方违约的具体事项。但被告在索赔中没有明确这一点。这说明被告的索款要求在程序上是有瑕疵的。对于该瑕疵，银行负有审查责任。通常情况是，银行应告知受益人完备索款请求，但本案中银行未提供这方面任何证据。那么，面对一个有瑕疵的索款请求，银行应当付款吗？当然不应当。但银行的过错并非本案要认定的问题，本案要考察的仍然是受益人的行为是否构成欺诈。鉴于被告未能说明原告违约的具体方面，从反面证明了原告的完全履约。

（3）自由心证。本案最初是采用了外交送达途径，被告已签收了诉状、开庭传票等材料，但未作任何答辩或陈述，其在诉讼过程中的长期沉默，加深了法庭对被告欺诈的确信。

以上三点中，关键是第一点，只要查明原告已完全履约，被告的索款请求就是不正当的，具有欺诈性，而后两条起着强化作用。在涉外案件审判中，法官尽可能地考虑一切相关因素，审慎地作出判断，是有必要的。）

4. 混合型保函减额条款风险防范案①

A公司为中国一家生产和销售各种电焊钢管的大型制造企业。B公司为阿曼一家从事工程分包业务的私人有限责任公司。B公司为采购在阿曼承建某工程项目所需钢管，与A公司签订了购销合同，合同规定A公司须向B公司提供由阿曼当地银行开立的银行保函。因此，A公司向本国G银行递交间接独立保函（转开保函）业务申请，即A公司向G银行申请开立以N银行为受益人的反担保函（下称反担保函），再由N银行开立以B公司为受益人的银行保函（下称保函）。鉴于B公司在购销合同谈判中的强势地位，A公司将B公司要求的保函文本提交G银行审查。G银行审查保函文本后发现其中关于有效期和减额的描述比较特殊："...THIS GUARANTEE SHALL VALID UNTIL MAR. 20, 2011. BUT FROM THE DATE OF SEP. 21 2009, THE AMOUNT OF THIS GUARANTEE SHALL BE REDUCED TO USD8 166 102. 00."（……保函有效期至2011年3月20日，但自2009年9月21日起，保函金额将减至8 166 102美元）

经调查得知，虽然根据购销合同规定，A公司必须向B公司分别提供一份金额为16 322 204美元的预付款保函和金额为8 166 102美元的履约保函，但B公司却坚持要求将预付款保函和履约保函两个保函内容合二为一地体现在同一个保函文本中，担保金额为16 322 204美元。因预付款保函与履约保函金额相差8 166 102美元，到期日也各不相同，故B公司提供的保函文本中出现自某一具体日期起保函金额自动调减的条款：在保函金额调减前，保函性质为预付款保函，在保函金额调减后，保函性质为履约保函。

G银行在经过认真分析业务背景、审查保函金融条款后认为，购销合同真实有效，担保事由清晰，担保金额在主合同金额的合理比例内，担保有效期按照主合同的履行期限确定，不出现金额及/或期限敞口问题，担保人承担的风险基本可控，即便是担保人

① 原擒龙．国际结算与贸易融资案例分析．北京：中国金融出版社，2010：142-144.

将预付款保函和履约保函混合开立在同一保函文本中，也不会增加担保人实际承担的风险。但是，保函文本中关于金额自动调减条款，仅仅以预付款保函到期日作为履约保函生效日，并据此自动调减保函金额，没有将金额调减前保函被索偿的可能性考虑在内，造成作为第一担保银行的G银行在保函金额调减前后两个时段内有可能遭遇重复索赔的风险，届时G银行在其开立的反担保函项下应对外赔付金额远超过保函文本中描述的最高担保金额16 322 204美元，极大地危害G银行信贷资产的安全。

针对上述可能产生的风险，G银行采取了相应的风险防范措施：

（1）保函中增加以下条款："ANY DEMAND OR DEMAND UNDER THIS GUARANTEE SHALL NOT EXCEED THE GUARANTEE AMOUNT. THE GUARANTEE AMOUNT SHALL BE DECREASED AUTOMATICALLY AND PROPORTIONALLY IN ACCORDANCE WITH THE PAYMENT MADE BY US."（本保函项下索偿不超过保函金额，保函金额将根据担保人对外赔付金额自动递减）

（2）修改保函减额条款，在保函文本中约定：①"FROM THE DATE OF SEPTEMBER 21, 2009, THE AMOUNT OF THIS GUARANTEE SHALL BE REDUCED TO USD 8 166 102, OR THE ACTUALLY EFFECTIVE BALANCE IN THE CASE OF ANY CLAIM OCCURRED UNDER THIS GUARANTEE WHICHEVER SMALLER."（自2009年9月21日起，本保函金额将减至8 166 102美元，或为本保函的有效余额（在发生索偿情况下），以金额小者为准）；② 无论保函减额前后，保函项下总赔付金额不超过16 322 204美元。

（3）在反担保函中，G银行向N银行明确反担保的总金额不超过16 322 204美元，且索偿电文内容必须包括以下声明：① N银行在保函项下已被索偿；② N银行要求赔付金额正好等于其在保函项下被索偿金额；③ N银行已收到保函受益人书面索偿，且该索偿与保函条款要求严格相符。

最终在各方同意下，反担保函顺利开出，N银行也据此开立了以B公司为受益人的保函。A公司在保函开立后不久就收到了B公司汇入的预付款，钢管生产如期进行。

试分析该案例的成功之处。

（提示：

实务中，买卖双方在购销合同中对保函性质、保函金额以及保函有效期均有明确的规定，保函绝大多数情况下都被要求单独开立，极少出现如本案中混合开立保函的情形，尤其是本案中G银行开立的是间接独立保函，较直接独立保函多出了反担保开立银行与转开银行之间关系的环节。N银行作为转开银行，其原意承担的责任建立在对G银行资信及其所在国家地域风险评估的基础上；同样，G银行因向N银行提供了不可撤销的反担保而对自身实际承担的风险总量非常关注。如果反担保函中约定的索偿条件不够清晰详尽，且反担保函与保函索偿条款之间没有相互对应关系，尤其是在对保函金额调减条款考虑不周的情况下，作为混合保函的第一开立银行，G银行实际承担的风险可能会超过其愿意承担的风险限额。

本案中出现保函金额调减条款的原因是处于贸易强势一方的B公司要求保函必须混合开立，从而将付款保函和履约保函合二为一。从保函性质看，预付款保函被索偿的前提条件是保函申请人没有履行合同规定的义务，而既然保函申请人不履行合同约定，履约保函项下被索偿的前提条件也会同时成立。当申请人不履行合同约定时，混合开立保函实际上授予了受益人重复索偿的权利。一旦预付款保函和履约保函都被受益人索偿，N银行在混合保函项下必须赔付的累计总额必将高于保函约定的担保金额，相应地，N银行依据反担保函向G银行索偿的总金额也会高于反担保函约定的担保金额。

鉴于此，为避免因B公司重复索偿导致N银行向G银行重复索偿的风险，G银行在反担保函文本中加入了N银行索偿时必须向G银行作出书面声明，明确N银行的索偿条件，强调反担保函与保函两者之间金额方面的对应关系；与此同时，修改保函减额条款，明确保函的赔付总金额不超过16 322 204美元，从而有效地防范了反担保函与保函被重复索偿的风险。)

第十四章 国际结算中的贸易融资

本章主要介绍和分析国际结算中常见的贸易融资种类、业务程序及其应用，重点掌握出口结算与进口结算中的贸易融资种类及其业务程序。

第一节 出口结算中的贸易融资

随着金融业开放力度的加大，各国银行之间的竞争日益激烈，为企业提供优质便利的服务成为银行业提高竞争力水平的重要措施之一。常见的伴随着出口结算的贸易融资方式有以下几种。①

一、出口商业发票贴现（Discount against Export Commercial Invoice）

（一）概念及含义

出口商业发票贴现，是指在“货到付款”支付方式（俗称“后 T/T”）下，出口地银行以出口商的发票作为抵押向出口商提供资金融通的一种融资方式。

在此融资方式下，银行在发票全额的本金内，扣除预计利息和有关的费用后，将余额贷给出口商，因此出口商实际获得的金额少于货款的金额。出口商还款的来源是“货到付款”项下的货款收汇。若出口商不能从进口商那里收回货款，则必须偿还贴现的本金及其利息，或者银行从出口商的账户上扣划贴现的金额及有关费用。

银行办理该项业务的利息计算公式为：

贴现利息=本金×融资年利率×贴现天数/360

贴现天数的计算办法是：办理贴现日到“货到付款”项下预计的收汇日或发票的到期日的天数加上 30 天。

这种融资可使出口商在发运货物，并向出口地银行提示包括商业发票在内的各种货运单据之后，即可向该银行申请融资，在收到进口商的货款之前，提前从银行得到垫款，便利资金周转使用。

（二）业务程序

1. 对进口国和进口商进行风险和资信调查

出口商在申请融资之前，首先应对进口国的风险状况进行调查。由于“货到付款”

① 庄乐梅．国际结算实务精要．北京：中国纺织出版社，2004（第八章第一节：出口贸易融资）．

的支付方式是一种商业信用，因而出口商应及早要求进口商向当局申请外汇额度，以防被动。与此同时，出口商应在融资前对进口商的资信、履约能力等通过各种渠道予以调查。

2. 对出口商和进口商进行资信调查

若出口商在履约中存在违约行为，则货款的收回就存在极大风险。为此，贴现银行在融资前，应对出口商的经营状况、资信、履约能力等有所了解。同时贴现银行还应从各种渠道了解进口商的经营状况、资信及履约能力等，将风险降到最低程度。

3. 对市场行情进行调查

影响银行收回贷款的因素还与出口货物的市场行情有关。当出口货物的市场行情看涨时，其风险相对较小，因而贴现的条件、额度可以适当放宽。相反，贴现条件应从严、额度不易过大，甚至应拒绝贴现。因此，贴现银行需对市场行情进行调查。

4. 提出融资申请（要约）

出口商在完成上述调查之后，认为进口国和进口商的风险在可控制范围内，则可向当地银行提出融资申请。出口商填写银行提供的《出口商业发票贴现申请书》和《出口商业发票贴现额度申请书》，向银行发出融资要约。

5. 订立融资协议（承诺）

银行在完成上述调查之后，认为出口商和进口商的经营状况良好、资信可靠、履约能力较强，则可以与出口商签订《出口商业发票贴现协议》。

6. 交单贴现

出口商发货后将买卖合同复印件、商业发票、运输单据复本和其他货运单据提交给贴现银行，办理融资手续，取得贴现资金。

二、出口跟单托收押汇（Advance against Documentary Collection; Collection Bill of Purchased）

（一）概念及含义

出口跟单托收押汇，是指在跟单托收方式下，出口商发货后将货运单据提交给出口地托收行，请求托收行预先支付部分或全部货款，待托收款收妥后偿还银行垫款的一种出口贸易融资方式。

此种融资方式下，托收银行买入出口商开立的以进口商为付款人的跟单汇票和随附的商业单据，将货款扣除利息和有关费用后，余额付给出口商，其还款资金为进口商支付的货款。若出口商无法从进口商那里收回货款，则出口商必须使用自有资金偿还本金和利息。

（二）业务程序

（1）对进口国和进口商进行风险和资信调查。这一程序与上述“出口商业发票贴现”中的程序相同。

（2）选择适当的交单方式。在跟单托收中，交单的方式有付款交单（D/P）和承兑交单（D/A）。在 D/P 方式下，由于进口商必须在付款后才能取得货运单据提货。若不存在进口国的政治风险，出口商收汇的风险相对较小，因而比较容易取得托收银行的押汇；在 D/A 方式下，由于只要进口商承兑了汇票即可取得货运单据提货，汇票到期日进口商是否支付货款则存在较大的风险，因此，托收银行的押汇若没有其他措施配合，银行通常不愿接受。

(3) 选择经营作风较好的代收银行。在跟单托收中，出口商能否及时收回货款与代收行的经营作风有密切关系。经营作风良好的代收行能够严格遵守国际惯例（URC522）和托收指示办事，充分保护出口商利益，因而收汇的风险相对较小。为此，在可能的情况下，出口商可以向托收行提出适当的代收行作为在进口国收汇的代理行。

(4) 对出口商和进口商进行资信调查。这一点与"出口商业发票贴现"相同。

(5) 对市场行情进行调查。这一点与"出口商业发票贴现"相同。

(6) 提出押汇申请。出口商在完成上述程序后，认为进口国和进口商的风险在可控制范围内，可向托收银行提出出口跟单托收押汇申请，填写银行《押汇申请书》。

(7) 接受申请。押汇银行在完成上述程序后，认为进出口商的经营状况良好、资信可靠、履约能力较强，则可以接受出口商的申请，并与之订立协议，承诺办理出口跟单托收押汇。

(8) 交单押汇。出口商发运货物后，将货运单据提交给托收银行，办理押汇手续，取得押汇款项。若以 D/A 方式押汇，出口商还应将进口商确认付款日期等有关承兑的单据、函件等提交押汇银行。

三、出口打包放款（Packing Loan）

（一）概念及含义

出口打包放款，又称打包贷款，是指在信用证结算方式下，出口商以信用证为抵押向银行申请发货前取得一定资金融通的一种融资方式。

这种融资方式，其融资金额比例一般不足信用证金额的全额，是以信用证项下的收汇作为还款资金，若出口商无法收回货款，则必须以自有资金偿还打包放款的本金和利息。在中国，打包放款可以使用人民币，也可以使用外汇作为贷款的币种。近年来，由于人民币的利率高于外汇贷款利率，国家允许打包放款结汇成人民币使用。为此，出口商为减轻利息负担，通常使用银行的外汇打包放款，在需要使用人民币时，再把打包放款的外汇资金兑换成人民币使用。出口商办理外汇打包放款的利息负担，远远低于人民币的打包放款的利息。

银行办理打包放款的利息计算公式是：

$$\text{打包放款利息}=\text{信用证金额}\times\text{融资比例（70\%～90\%）}\times\text{融资年利率}\times\text{放款天数}/360$$

放款天数的计算办法是：办理放款日至信用证规定最迟装运日的天数加上 30 天。

（二）业务程序

1. 申请打包放款

当出口商收到国外开来的信用证后，若决定申请打包放款融资，填写《打包放款申请书》，并向银行提交信用证正本作为抵押，向银行申请办理贷款。

2. 审核贷款条件

打包放款的抵押品为信用证，但信用证本身仅仅是银行有条件的承付保证，即若受益人履行了信用证的条款和条件，银行才予承付，打包放款才有可靠的还款资金；若受益人无法满足信用证的条款和条件，则打包放款就可能失去了还款的来源，这将对银行构成风险。为此，银行在贷款之前，将严格审核与贷款有关的情况。银行审核的范围包括：出口商的经营状况和资信程度；信用证的条款和条件。若信用证的装运期、有效期已过，银行一般不予贷款；若信用证含有软条款，银行将谨慎办理贷款或降低融资比例；若出口商为信用证的第二受益人，银行将从严控制融资比例；融资期限通常不超过360天。

3. 订立贷款协议

银行在完成上述审核程序后，认为贷款风险在可控制的范围内，同意出口商的申请，则可以订立打包放款协议，向出口商提供贷款。

4. 发运货物，偿还贷款

出口商按信用证规定发运货物，制作有关单据并向银行提示，向开证行收取货款，及时偿还打包放款的本金和利息。

四、出口信用证押汇（Negotiation under Documentary Credit）

（一）概念及含义

出口信用证押汇，是指在出口贸易中，以信用证方式结汇，出口商以信用证项下的出口单据作抵押，请求出口地银行在收到开证行的付款之前，向出口商垫付信用证金额的一种融资方式。

这种方式的融资金额比例通常为信用证金额的全额，以信用证项下的收汇作为还款资金来源。但若出口商无法从开证行获得货款，出口商必须以自有资金偿还押汇银行的本金和利息。由于押汇银行在垫付信用证金额时预先扣除利息和有关的费用，将其余额贷给出口商，因此，出口商获得的融资金额将低于信用证金额的全额。

押汇银行的利息计算公式为：

押汇利息=信用证金额×融资年利率×押汇天数/360

押汇天数的计算一般为：办理押汇日至预计信用证的收汇天数再加上5～7天。与其他融资方式相比，这种押汇通常不需要出口商提供担保、抵押或质押或保证金。

（二）业务程序

1. 发货制单、提示单据并提出押汇申请

作为信用证的受益人，出口商按信用证的规定发货后，制作有关单据，在向出口地银行交单的同时向该银行提出信用证押汇申请，填写银行提供的《押汇申请书》。

2. 审核押汇条件

出口信用证押汇是在出口商发货后办理融资的，受益人不履行信用证的规定的可能性较小，因而押汇银行的风险相对较小，但银行同样也要对押汇条件予以审核，以防风险和损失发生。出口地银行在接受押汇申请之前，通常要审核以下内容：

（1）开证行的经营作风及所在国的政治和经济状况。开证行的经营作风和所在国的政治与经济状况如何，对押汇银行能否安全地收回贷款十分重要。若开证行经营作风不佳、所在国政局不稳、经济状况恶化、外汇储备不足，银行将不予押汇。

（2）出口商的经营状况及资信程度。尽管出口信用证押汇的还款资金为信用证项下的货款，但若出口商无法获得开证行的付款，则必须以自有资金偿还贷款。因此，押汇银行也有必要对出口商的经营状况和资信程度有所了解。

（3）审核信用证条款和条件。出口商能否获得开证行的付款，银行的押汇款能否得到偿还，关键是出口商能否履行信用证规定的条款和条件。若信用证中含有限制性条款、附加条件等，则有可能导致出口商无法满足。对此类信用证，银行一般不予押汇。

（4）审核信用证项下的单据。开证行付款的条件是单据在表面上符合信用证的规定。若出口商提示的单据存在不符点，将会遭到开证行的拒付。为此，出口地银行在接受押汇申请前必须严格审核单据，若单据存在不符点且无法修改，银行将不予押汇。

（5）确认远期信用证的承兑或付款到期日。在远期信用证项下的押汇，银行将确认远期信用证下的汇票是否承兑，或开证行是否承诺了付款到期日。为此，出口商须向押汇银行提示相关的电文或有关证明文件且加注密押和签字，银行对其真实性予以确认。若信用证使用 SWIFT 系统开证，但没有使用“7”字头的加密押格式而是使用“9”字头的无密押格式，银行将会谨慎地接受押汇。

（6）控制物权凭证。为了防范风险和损失的发生，押汇银行通常要控制信用证项下的物权凭证（如提单），成为其合法持有人，若一旦押汇款出现风险，银行可以通过变卖提单项下的货物以补偿押汇款的损失。但若运输单据为铁路运单、航空运单或邮政收据等，因其不是物权凭证，所以押汇银行将非常谨慎地处理此类单据下的押汇。

此外，押汇期限在 180 天以上、出口商为信用证的第二受益人、被限制在其他银行议付（自由议付除外）的信用证，银行通常不予押汇或谨慎地押汇。

3. 订立押汇协议

出口地银行在完成上述程序之后，认为押汇风险在可控制的范围内，则可以接受出口商的押汇申请，与其签订押汇协议，有效期一般为 1 年。

4. 办理押汇手续

出口地银行接受出口商的押汇申请，并订立了押汇协议之后，向开证行提示信用证项下的单据，同时在扣除利息和有关费用后，向出口商垫付押汇款。

5. 偿还押汇款

出口地押汇银行收到开证行贷记报单后，自动扣划，作为出口商偿还押汇款的资金。

第二节　进口结算中的贸易融资

在进口贸易结算方式下，银行也可以向进口商提供一定的资金便利，为进口商解决资金周转的困难。常见的进口结算中的贸易融资方式有以下几种。①

一、信托收据（Trust Receipt，T/R）

（一）概念及含义

信托收据是进口商与开证行或代收行订立的处理进口货物的一种合同，依据该合同，进口商在付清货款之前将代表该货物的所有单据及权益抵押给银行。进口商凭信托收据，并办妥有关手续后，在未付清货款前可向银行借出货运单据（提单），办理报关、提货及销售，取得的货款也归银行所有。货款到期后，进口商向银行付款，赎回信托收据。这种做法实际上是开证行或代收行向进口商提供的一种资金融通便利。在信用证进口押汇、提货担保、D/P 远期等业务中均可使用这种融资方式。

进口商凭信托收据借单提货，其物权仍属于开证行或代收行，进口商只是被信托人（Trustee）或代保管人（Bailee）。

（二）信托收据下的权利与义务

1. 权利

若开证行或代收行接受了进口商的请求，双方之间订立了信托收据合同，则开证行或代收行即成为信托人（Truster），并拥有以下权利：

（1）根据进口商的实际情况，随时可以取消信托，收回借出的货物；

（2）若货物已被销售，可以随时收回货款；

（3）若进口商破产被清算，开证行或代收行对货物或货款拥有一定的优先受偿权，但不同的国家对此有不同的规定。

2. 义务

进口商作为信托收据的被信托人或代保管人，在信托收据融资中必须承担以下义务：

（1）必须将信托收据项下的货物与自有货物分别存仓、投保，其物权归属于开证行或代收行。该货物一旦出险，保险人的赔偿也归开证行或代收行所有。

（2）若将信托收据项下的货物出售，所得的货款归开证行或代收行所有。在远期 D/P 支付方式下，若付款尚未到期，该货款由开证行或代收行保管或另立账户，与进口商的自有资金分别记账。进口商也可以办理 D/P 远期的提前付款，赎回信托收据，其利息按借单天数计收或双方协商办理。

（3）不得将信托收据项下的货物抵押给他人。由于在付清货款之前，货物不属于进口商，因此进口商不得将货物抵押给他人。为了防止进口商擅自将货物抵押给他人，开证行或代收行在放单时，通常在代表物权的提单上加注“Under Lien to ××× Bank（开证行或代收行名称）”字样，以表明开证行或代收行对该货物拥有留置权，并有权随时监管、查看该货物。

（三）开证行或代收行对信托货物或货款的监管

由于仅凭信托收据办理融资的风险较大，因此，开证行或代收行无论是融资前或融

---

① 庄乐梅．国际结算实务精要．北京：中国纺织出版社，2004（第八章第二节：进口贸易融资）.

资后都必须加强风险防范管理，以防押汇款的损失。为此，开证行或代收行应做到以下几点。

1. 控制额度

在信用证方式下，开证行可以在信用证中规定信托收据仅允许进口商使用一定比例的额度，如信用证金额的50%。究竟应规定多大的额度，银行可根据进口商的具体情况而定，而且该额度在进口商付清信托收据项下的货款之前不得恢复使用。

2. 控制还款期限

这种融资的目的主要是允许进口商及早提货、转售或加工使用，但因其风险相对较大，所以开证行或代收行应适当控制进口商的还款期限。根据进口商提货、转售或加工使用的时间长短，银行应确定出进口商还款的具体时间，通常不超过半年时间。

3. 适当的担保或抵押

为防止风险或损失，开证行或代收行可依据进口商的经营状况、资信程度等情况，适当地要求进口商提供一定的担保、抵押或质押等。

4. 加强对货物或货款的跟踪管理

开证行或代收行在借出单据后，还应加强对货物的存仓、投保或销售、收款等一系列过程的跟踪管理，直到进口商赎回信托收据为止，绝对不能放任自流，否则可能造成货、款两空的后果。

5. 了解进口商所在地关于信托收据的法律规定

尽管理论上，信托人（开证行或代收行）在被信托人（进口商）破产清算时对信托收据项下的货物或货款享有优先受偿权，但不同国家的法律对此有不同的规定或判例。

例如，有的国家规定，破产清算按照收支两条线的原则处理，不论信托收据如何订立，货物拍卖所得均作为破产企业资产的增加，若破产企业仍资不抵债，则按比例依优先程度偿付债权人。这有可能使开证行或代收行不能全额收回货款。有的国家虽然承认信托收据具有优先权，但也规定有超越一切优先权的优先项目，即破产企业拖欠的税款、拖欠职工的工薪、国家规定的福利保障份额等，必须先扣除上列拖欠项目，其后，若仍有剩余款才能偿还享有优先权的债权人，即若当优先项目都无法偿还时，则根本无余额可归还开证行或代收行，信托收据的优先权也就变得毫无意义了。但大多数国家承认开证行或代收行的质押权。若进口商破产清算时，质押权归属于开证行或代收行，则信托收据项下的货物不在清算的范围内。但若货物已出售，而货款并未掌握在开证行或代收行手中，且与进口商的其他资金混在一起，一旦被清理人封账作为破产企业的资产之一时，就难以将其分出，则开证行或代收行有可能遭受损失。为此，开证行或代收行，包括托收项下的出口商对此应有清醒的认识，必须采取适当的措施加以防范。

二、进口开证额度（Limits for Issuing Letter of Credit）

进口开证额度，是指开证行对资信状况良好、有充足的清偿能力、业务往来频繁的进口商，在开立信用证时规定一定的金额以供进口商循环使用。进口商在该金额限度内申请开证时，开证行免收或收取较低的保证金，且一定时期内保证金的比例不变。这种做法实际上是开证行给予进口商的一种资金融通便利。

在实际业务中，开证行根据进口商缴纳保证金的比例、担保种类或抵押品的状况不同，其授信额度有所不同，通常有以下两种额度。

（一）一般信用证额度（General L/C Limit）

这是指开证行确定了开证申请人的开证额度后，允许进口商循环使用，而且开证行可以依据进口商的资信变化和业务需要随时调整开证额度。

（二）一次性开证额度（One time L/C Limit）

这是指开证行根据进口商的特定需求，如某项大额进口货物，一般信用证额度不能满足货款的需求，或占用一般信用证额度将会影响进口商的正常进口，专门为特定的进口货物所核定的一次性额度。这种特定的开证额度不能循环使用，且须依进口商所提供的担保、抵押等情况而定。

三、信用证项下的进口押汇（Inward Bill Receivables）

（一）概念及含义

信用证项下的进口押汇，是指开证行在收到议付行或其他被指定银行寄来的信用证项下的单据后，为进口商垫付货款的一种融资方式。

在信用证方式下，开证行收到符合信用证的单据后，本应向受益人付款或向被指定银行偿付，此后由进口商付款赎单提货。但有时由于进口商资金困难，无法向开证行付款赎单，于是开证行以信用证项下的单据为质押，并要求进口商提供一定的抵押或担保，由开证行先行对外付款，一定时期后，进口商再偿付开证行。这种信用证项下的融资，一般称之为进口押汇。

进口押汇的融资比例为国外来单（汇票或发票）金额的全额，而且收取利息的办法不是一般押汇的“预收利息法”，而是采用“后收利息法”，即在还款到期后，押汇银行从进口商的账户上扣收利息。这种融资方式的还款资金是进口商的自有资金（企业利润），其押汇货币为信用证的货币，不能兑换成人民币使用。

开证行计算押汇利息的公式是：

押汇利息=本金×融资年利率×押汇天数/360

押汇天数的计算比较简单，视进口商筹措资金的时间而定，但一般不超过 90 天。例如，进口商需要 60 天才能筹措全部的偿还资金，则押汇天数为 60 天。

（二）业务程序

（1）向开证行提出进口押汇申请。当信用证项下的单据到达开证行之后，进口商向开证行提出进口押汇申请。进口押汇须逐笔申请，逐笔使用，通常不设额度，押汇期限一般不超过 90 天，即使为 90 天以内的远期信用证，其押汇期限与远期期限相加也不得超过 90 天。而且押汇款仅用于信用证项下的对外支付使用，不得用于其他项目使用。

（2）审核押汇条件。由于进口押汇的还款资金是进口商的经营利润，风险较大，因此开证行必须对进口商的经营状况、资信程度有所了解。为防范风险和损失，开证行可适当要求进口商提供一定的担保、抵押或质押。此外，开证行还应对进口货物的市场行情有所了解，若货物的变现能力较强，则可适当放宽押汇条件，否则应从严控制押汇条件。

(3) 签订进口押汇合同。开证行完成上述程序后，认为进口商的风险在可控制范围内，则可以与进口商签订进口押汇合同，列明申请人名称、信用证编号、押汇金额和期限、押汇利率、还款日期以及还款责任与违约处理等。

(4) 提交信托收据。订立进口押汇合同之后，进口商应向开证行提交信托收据，将货物的所有权转让给开证行。

(5) 开证行押汇并对外付款，进口商提货。完成上述程序后，开证行向受益人付款或向被指定银行偿付，进口商取得货运单据提取货物。

(6) 进口商依照押汇合同的规定，到期后向开证行还款，赎回信托收据。

四、托收项下的进口代收押汇（Negotiation against T/R under D/P）

这种融资是指，在付款交单（D/P）方式下，进口国的代收行以包括物权的提单在内的货运单据为质押，向进口商提供垫款的融资业务。

当进口国的代收行收到出口国托收行寄来的托收项下的货运单据之后，根据进口商的请求，与其订立押汇协议，进口商提交信托收据，由代收行先行对外付款，同时将货运单据交给进口商办理存仓、保险、转售或加工使用。到期后，进口商向代收行还本付息，赎回信托收据。这种融资的业务程序与信用证项下的进口押汇程序类似。

五、提货担保（Guarantee for the Release of Goods; Delivery against Bank Guarantee）

（一）概念及含义

提货担保，是指在信用证支付方式下，载货船舶早于运输单据到达卸货港时，进口商请求开证行开立的凭以向承运人（船公司）办理提货手续的一种保函。由于进口商在向开证行偿付之前即取得了代表物权凭证的单据（提单），因此这种提货担保其本质是开证行对进口商提供的融资便利。

在正常的贸易中，通常是货运单据早于载货船舶到达进口国，进口商付款赎单后，凭正本提单向承运人或其代理提货，货款结算流程结束。但因种种原因，有时货运单据晚于载货船舶到达进口国。为了早提货，于是进口商向开证行提出请求，由开证行出具担保函，请求承运人凭此放货，保证日后及时补交正本提单，同时保证赔偿承运人因无单放货而可能遭受的损失及有关费用。

（二）业务程序

1. 提货担保申请

当进口商收到承运人的到货通知后，若还未收到货运单据，则可以向开证行提出申请，请求开证行出具担保函，凭以向承运人提货。

在此应特别注意，只有运输方式为海运，信用证规定提示全套提单且仅限于信用证项下的进口货物，才可以申请这种担保；若运输方式为非海运或海运方式下信用证规定提示2/3提单的，通常不能申请这种担保。在实务中，采用空运、陆运等运输方式时，由于此类运输单据不是物权凭证，承运人放货不须凭运输单据，而是凭到货通知，验明收货人身份即可。此种情况下，为了控制交货，出口商通常要求信用证规定开证行为收货人，货物抵港后，开证行出具放货单或交货单，指示承运人向进口商交货。

2. 审核担保条件

尽管开证行在开证时对进口商的经营状况和资信程度已有所了解，但若进口商的经营状况有所变化，且在出具提货担保后失去货物控制权（提单），进口商的风险因素则会比开证时更大。为此，开证行在出具担保之前，还应进一步了解进口商的有关情况，必要时可要求进口商提供反担保、增加保证金、抵押或质押或采取其他防范措施。

3. 出具提货担保函

开证行在完成审核担保条件之后，认为进口商的风险在可控制范围之内，则可以向进口商出具提货担保函。

4. 提交信托收据并提货

进口商与开证行签订信托收据，按前述的要求办理提货、存仓、保险等事宜。

5. 向承运人提交提单换回提货担保

开证行收到信用证项下的货运单据后，根据进口商的授权对外承付货款，即开证行可以借记进口商账户取款，或用进口押汇款向指定银行偿付。进口商或开证行将提单交给承运人换回提货担保。开证行通常在提单上背书，且注明："To Release Our Guarantee Only"，换回提货担保函之后，归档注销。

在此进口商应特别注意：进口商凭提货担保函提取了货物后，则丧失了拒付的权利，即使单据存在不符点也不得拒付。因为，进口商若要拒付，必须将单据退回指定银行或受益人，但正本提单已经交给了船公司，无法退单，所以只能放弃拒付权。

第三节　保付代理

保付代理（Factoring），简称保理。它起源于美国，之后逐渐成为一种国际贸易短期融资方式。①

一、保理的概念

保理是指在国际贸易中，作为保理商（Factor）的银行，买进出口商或销售商或供应商以商业信用（如 OA、D/A 等）出口或销售商品后的发票、汇票和提单等有关单据，即出口商等对进口商（债务人）的应收账款债权，该银行并向该出口商等提供销售账务处理、信用销售控制、债务回收、坏账担保和出口贸易融资等综合性的金融服务。出口商等也可以根据自身的实际需要，要求保理商提供上述全部或部分业务服务。

二、保理业务的主要项目

（一）销售账务处理（Maintenance of Sale Ledger）

销售账务处理又称销售分户账管理，是指保理商（银行）为出口商设立有关分户

① 庄乐梅．国际结算实务精要．北京：中国纺织出版社，2004（第八章第四节：保理业务）；苏宗祥，景乃权，张森林．国际结算．3版．北京：中国金融出版社，2004（第五章：国际保理业务）．

账，处理账务管理工作，如记账、催收、清算、计息、收费、统计报表及打印账单等会计财务业务。

（二）债款回收（Collection from Debtors）

债款回收又称收取应收账款（Collection of Receivables），是指保理商为出口商负责收取账款，解决营运资金占压在应收账款上的问题。

（三）坏账担保（Full Protection against Bad Debts）

坏账担保又称买方信用担保（Protection for Buyer's Credit），是指保理商对在核定的信用销售额度内已核准的应收账款提供担保，当出现坏账时负责赔偿。

（四）信用销售控制（Credit Control）

信用销售控制是指保理商为出口商了解贸易伙伴的资信状况，制定切实的信用销售限额，采取必要的防范措施，避免或减少收汇风险提供服务。

（五）出口贸易融资（Export Trade Financing）

出口贸易融资是指出口保理商在出口商发货后，购买其发票金额的一定比例（一般不超过发票金额的90%）的应收账款，立即向出口商支付该比例的金额，使出口商及时获得所需的资金，解决在途和销售资金占压问题。

三、保理业务种类

保理业务依据不同的标准可划分为以下几种类型。

（一）依据保理商的不同，保理业务可分为单一保理商模式和双保理商模式

1. 单一保理商模式

单一保理商模式是指出口商与进口地的保理商（进口保理商）签订保理合同，进口保理商再与出口地的一家银行（非保理商）订立协议，出口地银行只负责传递信息和划拨款项，不承担保理商的责任。因此，这种保理业务只有三方关系人：出口商、进口商和进口保理商。由于这种保理业务存在诸多不便和缺点，因而目前极少使用。

2. 双保理商模式

双保理商模式是指出口商与出口地的保理商（出口保理商）订立保理合同，出口保理商再与进口保理商订立协议，相互委托代理业务，出口保理商向出口商提供保理业务服务。因此，这种保理业务包括四方关系人：出口商、进口商、出口保理商和进口保理商。由于这种保理业务对各方关系人均为有利，因而使用较多。通常所说的保理业务一般是指双保理商业务。

（二）依据追索权，保理业务可分为有追索权保理和无追索权保理

1. 有追索权保理（Recourse Factoring）

有追索权保理是指保理商不负责为出口商核定信用额度和提供坏账担保，只提供包括融资在内的其他业务。若因进口商偿付能力不足而形成坏账时，保理商有权向出口商追索。

2. 无追索权保理（Non-Recourse Factoring）

无追索权保理是指保理商负责为出口商核定信用额度和提供坏账担保，在额度内因进口商的资信等问题形成的坏账损失由保理商承担。

（三）依据是否提供融资，保理业务可分为到期保理和融资保理

1. 到期保理（Maturity Factoring）

到期保理是指保理商根据出口商给予进口商的付款期限计算出到期日，在该到期日将应收账款付给出口商。

2. 融资保理（Financed Factoring）

融资保理是指保理商一旦收到出口商的应收账款单据立即预付不超过90%的发票金额给出口商，其余10%的货款在收妥后结算。

（四）依据货款支付对象，保理业务可分为公开保理和保密保理

1. 公开保理（Disclosed Factoring）

公开保理是指出口商必须以书面形式将保理商参与结算的情况通知其进口商，并指示进口商将货款直接付给保理商。

2. 保密保理（Undisclosed Factoring）

保密保理是指保理商参与结算的事实对进口商保密，进口商直接向出口商支付货款，融资与清算的费用由出口商承担。

四、保理业务程序

（1）出口商与出口保理商签订出口保理业务合同。

（2）出口商填写《信用额度申请表》，向保理商申请信用额度。

（3）出口保理商将《信用额度申请表》传送给进口保理商。

（4）进口保理商对进口商进行信用评估，确定和批准进口商的信用额度，并通知给出口保理商，然后再通知给出口商。

（5）出口商与进口商签订贸易合同，并规定采用OA或D/A或类似的支付方式。

（6）出口商按贸易合同发运货物，将货运单据直接寄送进口商；同时将发票副本和《应收账款转让通知书》送交出口保理商，转让债权。

（7）出口保理商签署《应收账款转让通知书》，并在发票上加盖“再让渡”章，将该笔应收账款再转让给进口保理商。

（8）进口保理商于付款到期日向进口商收取应收账款。若进口商无力付款，依《国际保理惯例规则》第13条的规定，应收账款在到期日后90天内仍未由债务人（进口商）偿付时，进口保理商应于第90天对出口保理商付款。

（9）进口保理商将汇款信息传递给出口保理商。

（10）出口保理商为出口商办理货款的收款，将已融资的预付本息从收汇金额中扣除。

五、保理业务的特点

从上述论述可以看出，保理业务具有以下特点。

（1）进口商依贸易合同受领货物，承担第一性付款责任，在到期日支付发票金额。

（2）进口保理商承担第二性付款责任，对于其核准的信用额度并已转让给它的应收账款承担进口商的付款信用风险。

（3）若进口商在付款到期日后90天内提出交易争议而拒付时，该笔应收账款即被视为未经核准，进口保理商的付款责任随之解除。

（4）出口保理商负责解决纠纷并将其进展情况通知进口保理商，并请求其给予协助。

（5）若出口保理商未按《国际保理惯例规则》行事，进口保理商有权将争议的应收账款再反转让给出口保理商。

第四节 福费廷（包买票据）

现代福费廷业务起源于第二次世界大战后的欧洲。20世纪70年代，美国、英国和加拿大等发达国家也开始办理此项业务。目前，该业务已逐渐扩展到亚洲、非洲、中南美洲和中东等发展中国家，成为一种贸易融资工具。

一、概念及特性

Forfaiting一词源自法语“a forfeit”，意指“放弃权利”（To Surrender One's Rights），通常译为“福费廷”、“包买票据”或“收买应收账款”等。

福费廷业务是指，在大型成套设备等资本货物的出口中，当出口商以赊销等方式出口货物后，由贴现商或买断银行（Forfaiter）以固定利率的贴现方式，在无追索权的条件下，买入出口商因出口货物而产生的远期付款票据（如汇票或本票），并预付现金给出口商。远期付款票据不论是由出口商签发（如远期信用证或D/A项下的汇票），还是由进口商签发（如分期付款的本票），原则上都要先由进口国的金融机构加以承兑或保证。因此，福费廷是一种兼具融资和规避风险的中长期贸易融资工具。

综上所述，福费廷业务具有以下特性：

（1）福费廷是在无追索权（Without Recourse）的基础上，向出口商提供贴现贸易融资，即出口商放弃对所出售债权的一切权益，贴现商也放弃对出口商的追索权，换言之，贴现商承担债权的风险和责任。

（2）福费廷不仅可以结合远期信用证操作，也可以用在非信用证付款的中长期延付方式，如承兑交单（D/A）、赊销（OA）或分期付款（Installment）等的贸易融资。

（3）贴现商所贴现的票据必须先经过进口国银行或政府机构的承兑或保证。

（4）福费廷主要用于资本货物或技术的出口中，票据的开立均以国际贸易为背景。

（5）福费廷的融资期限多以中长期为主，通常在半年以上，有的长达10年。

二、福费廷业务程序

（1）出口商向贴现商询价，贴现商报价（贴现率及支付净款）。

（2）贴现商承诺贴现价格，给予宽限期和承担期限；出口商接受报价，达成贴现交易。

（3）贴现商向出口商发出承担书，承诺无追索权地购买远期票据。

（4）出口商向进口商发运货物，同时向贴现银行提交全套货运单据。

（5）贴现商寄单给进口地银行（代收行或开证行）。

（6）进口地银行收到单据，承兑汇票，或通知进口商签发本票，换取货运单据。

（7）进口地银行担保本票，并提交进口商。

（8）进口商将已承兑或担保的远期票据交给当地银行，换取全套货运单据。

（9）进口地银行寄送远期票据给贴现行。

（10）贴现商将远期票据交给出口商，出口商背书票据无追索权地转让给贴现商。

（11）贴现商支付净款给出口商。

（12）远期票据到期日，提示承兑人或担保人（保证人）要求其付款，担保人借记进口商账户，付款给贴现商，债务全部结清。

目前，在中国的各中资银行、外资银行办理的福费廷业务暂局限于信用证项下的包买票据业务，对于其他票据不予办理。

三、福费廷业务对出口商的积极作用

在当前买方市场的国际竞争中，出口商提供卖方信贷争取订单的情况日益普遍。有效地利用各种贸易融资工具来确保交易债权的安全，并提高资金周转的效率，已成为出口商参与国际竞争的重要目标。福费廷业务可以为此发挥积极作用。

（一）增强出口竞争力

通过福费廷业务，出口商可以为进口商提供优惠的付款条件，如远期信用证、D/A或分期付款，争取更多的出口机会，尤其是对开拓资金不足的发展中国家来说更具竞争力。

（二）提高出口商资金运用效率

与一般出口押汇不同，福费廷并不占用出口商在银行的信用额度。通过贴现国外银行承兑或担保的票据，提前取得票款，出口商不仅可以增加资金运用的灵活性，减轻资金周转压力，改善账务结构，而且可以解决信用证押汇额度不足的问题。这对资金不足的出口商更具现实意义。

（三）增强避险功能

出口商以无追索权方式贴现票据，将买方的信用风险、进口国的政治风险转移给贴现商，这使出口商在开拓金融体制不健全或资信程度不高的发展中国家市场时，可以比较放心地进行交易。

（四）控制汇率与利率变动风险

出口商的中长期外币票据以固定利率贴现，可以有效地控制融资期间汇率与利率变动的风险，特别是当国际利率处于低水平、本币有升值压力时，福费廷的这一作用更加显著。

（五）帮助进口商争取低利率的国际性通货融资

若进口国的利率水平较高，通过福费廷业务可以帮助进口商取得较优惠的国外融资利率，降低进口利息成本，从而提高进口商的积极性。

四、福费廷的局限性

尽管福费廷具有上述的积极作用，但它的运用也存在着一定的局限性，出口商对此应采取一定措施加以克服。

（一）融资成本相对较高

由于福费廷业务的贴现商需承担各种风险（包括信用、政治、汇兑、汇率、利率等风险），因而其融资成本相对较高。福费廷的融资成本由利息、承诺费和付款宽限期三部分构成，其中利息是主要成本。计算利息的贴现利率由伦敦或新加坡金融市场银行间拆借利率（LIBOR 或 SIBOR）与风险加码（Risk Margin）构成。进口国银行的担保、进口商的信用评级、进口国的政治及商业风险等都会反映在风险加码上。

（二）无追索权的例外

在福费廷业务中，通常情况下贴现商对出口商无追索权，但下列情况除外：(1) 出口商对进出口交易的错误陈述；(2) 出口商履行商务合同有违约行为；(3) 出口商提交的票据无效；(4) 进口商的风险评级未被接受等。

（三）票据承兑与保证严格

贴现商要求票据必须先由进口国银行承兑或保证，其目的不仅是保护其债权，同时也是为了评估贴现商所承担风险的大小。为此，贴现商在承作福费廷时，以票据获得信誉良好的银行的承兑或保证为前提。

五、福费廷与保理的比较

尽管福费廷与保理都是通过债权转让，由第三者（贴现商与保理商）向进出口商提供融资，但两者在实务操作中还存在着不同之处。现将两者以表 14-1 的形式予以分析比较。

表 14-1　福费廷与保理的比较

比较内容	福　费　廷	保　　理
1. 付款方式	远期信用证、承兑交单、分期付款等	非信用证付款方式，如承兑交单、赊账等
2. 商品类别与特性	机械设备等资本货物出口、金额较大、付款期限较长	消费性商品、金额较小、付款期限较短
3. 融资期限	中长期：半年以上至数年不等（大多承作 180 天以内的信用证买断）	短期：通常半年以内
4. 债权形式	以本票或汇票贴现的方式移转	短期应收账款转让
5. 债权确保金额	票据金额的 100%	应收账的 100%（无追索权）
6. 对出口商有无追索权	无追索权	分为有追索权与无追索权两种
7. 融资金额	票据金额的 100%	若有需要，保理商可预付应收账款金额的 80% 给出口商

续表

比较内容	福　费　廷	保　理
8. 是否有第三者保证	进口国银行或政府机构对票据保证	无
9. 风险的移转	由贴现商承担：进口商的信用风险、进口国政治风险、汇兑风险及交易币别的汇率风险、利率风险	由保理商承担进口商的信用风险
10. 承作地区	包含信用风险较高的发展中国家	以金融体系较健全稳定的欧美国家为主

六、福费廷与信用证出口押汇的比较

福费廷与信用证出口押汇都是购买出口商的债权，向出口商提供融资便利，但两者之间同样存在着许多差异。现将两者以表 14-2 的形式予以分析比较。

表 14-2　福费廷与信用证出口押汇的比较

比较内容	福　费　廷	保　理
比较内容	福　费　廷	信用证押汇
1. 付款方式	远期信用证、承兑交单、分期付款等	即期信用证、远期信用证
2. 融资期限	中长期：半年以上至数年不等（大多承作180天以内的信用证买断）	短期：通常为180天以内
3. 融资票据	汇票或本票	汇票（有时不需汇票）
4. 融资方式	贴现商对出口商提示的本票或汇票贴现	银行依出口押汇、融资开证、远期信用证、预付信用证、备用信用证等不同方式，给予进出口商融资
5. 融资银行的追索权	买断银行对出口商无追索权	押汇银行对出口商有追索权 开证银行对出口商无追索权
6. 货物买卖债权是否转让	是：出口商将债权转让给贴现商	否：银行在信用证上的权利义务与贸易合同的债权债务分开而独立
7. 是否占用厂商在银行的信用额度	出口商：否 进口商：是（因票据要经进口国银行保证）	出口商：是（押汇额度） 进口商：是（开证额度）
8. 付款的保证方式	进口国银行或政府机构对票据保证或在票据上承兑	开证银行在汇票上承兑（有汇票的远期信用证时），或开证银行在信用证上面注明保证付款的字句

续表

比较内容	福　费　廷	保　　理
9. 风险的移转	由贴现商承担：进口商的信用风险、进口国的政治风险、汇兑风险及交易币别的汇率风险、利率风险	由开证银行附条件承担：进口商的信用风险（以出口商提示的单据符合信用证规定为条件）
10. 融资银行安全考虑的重点	贴现商关注进口国保证或承兑银行的信用	押汇银行关注出口商、开证银行的信用；开证银行关注进口商的信用

案例分析

1. 出口押汇纠纷案[①]

2006年5月14日，N银行（通知行，议付行）收到I银行开出的受益人为B公司（出口商）的一份信用证，并在审查信用证的表面真实性无误后通知了B公司。7月30日，N银行应B公司申请，在审核其提示的单据无误后，同意为其承作出口押汇。B公司在与N银行签订的押汇协议中约定："1. 全套单据及货权均转让你行（N银行），你行（N银行）有权根据情况自行处理单据和货物，并可向我公司（B公司）补收不足之差额。2. 如属于你行（N银行）直接过失（单据中的差错未能审出者除外），造成对方拒付、迟付、扣付者，应由你行承担责任。……"7月31日，按照B公司指示，N银行将押汇款扣除费用及利息后结汇入B公司账户，押汇到期日为8月20日。同时，N银行向I银行寄单索汇。8月8日，开证行以单据有不符点（样品与质量确认书中开证申请人的签字不恰当）为由拒付，N银行就此通知B公司。8月21日，开证行通知了N银行，开证申请人不接受不符点。11月8日，开证行将全套单据退回N银行，N银行即通知B公司还款，但B公司未能返还押汇款。此时，B公司的出口货物已因滞期而被国外港口强行拍卖处理完毕。

在此期间，N银行诉至法院，要求B公司返还押汇款及利息。B公司辩称，N银行未尽合理谨慎的审单义务，致使单据不符被拒付，依据出口押汇协议第2条约定及国际惯例，此属N银行的直接过失，应由其自行承担责任；此外，拒付发生后，N银行未能及时有效地处理货物，导致货物被强行拍卖，依照出口押汇协议第1条的规定，N银行亦承担处理不当的责任。

试分析本案应如何处理。

（提示：

法院判令B公司返还N银行押汇款及利息。

（1）本案是因信用证结算引起的纠纷。依据有关法律规定，并根据当事人在信用证的约定，可以适用《跟单信用证统一惯例》的有关规定。

（2）本案存在信用证关系和出口押汇关系，两种法律关系既相互交叉又相互独立。

① 张建国．国际业务案例分析．北京：中国金融出版社，2002：161-164.

就信用证关系而言，信用证条款并未明确规定样品与质量确认书需同时由申请人签字。因此，N银行审单时，根据样品与质量确认书中的开证申请人董事长的签字，确认单据表面相符并无不当；议付行的审单义务是针对开证行而非受益人而言的，因此，若因单据不符被开证行拒付，其法律后果是已议付款项不能从开证行得到偿付，受益人不能以此要求议付行承担责任。就押汇关系而言，B公司将全套单据转让给N银行，实质上是对N银行收回押汇款本息提供的一种担保。从而N银行享有多种救济手段：既可以行使票据上的追索权，也可以根据押汇协议主张合同上的债权，还可以自行处理货物。因此，N银行选择直接向B公司讨还押汇款（行使债权）并无不妥。根据以上理由，法院判令B公司返还N银行押汇款及利息。）

2. 进口押汇纠纷案①

2005年4月7日，I银行（开证行）应A公司（进口商）申请，开出金额为HKD 2 000 000.00不可撤销即期跟单信用证。4月10日，N银行（议付行）向I银行寄单索偿。4月16日，I银行向A公司发出进口付汇通知。4月17日，A公司向I银行表示同意付款。4月18日，I银行支付信用证项下款项，同时将信用证项下单据交A公司提货。4月30日，A公司向I银行申请对该笔信用证叙做金额HKD1 800 000.00、期限三个月的进口押汇。5月8日，G公司（担保人）向I银行出具进口押汇额度担保承诺书，承诺对I银行为A公司垫付的进口信用证项下押汇款项承担连带担保责任。同日，I银行与A公司、G公司签订进口押汇协议书，约定I银行同意为A公司提供一年期限的进口押汇额度HKD1 800 000.00，G公司对A公司的还款承担连带保证责任，保证期限为押汇期限届满之日起两年。I银行对进口押汇信用证项下货物享有质权，若A公司到期不能偿还I银行债务，I银行依法处分该批货物。合同签订前，I银行和A公司未告知G公司I银行已将信用证项下进口货物的单据交A公司提货之事。合同签订后，I银行即于当天向A公司出具一份借款借据，借据载明借款人为A公司，金额为HKD 1 800 000.00，借款用途为信用证项下押汇，到期日为次年8月8日。A公司在借据上盖章确认。此后，A公司将信用证项下进口货物加工生产并出口销售。I银行在此过程中，未对货物实行有效监管。还款期限届满后，A公司未偿还I银行的借款。9月9日，I银行向A、G公司发出催收函，要求其尽快还款。9月12日，A公司向I银行偿还部分押汇款HKD 590 000.00。同年12月12日，I银行将A公司尚欠押汇款HKD 1 210 000.00转入逾期贷款项目。此后，I银行追讨欠款未果，遂诉至法院。

试分析法院应如何判决。

（提示：

法院认为，原告和两被告签订的进口押汇协议合法有效，原、被告应切实履行各自义务。被告A公司应在本判决生效之日起10日内偿还原告HKD 1 210 000.00，并向原告支付利息（从4月19日计起至应还款之日止）及逾期利息。同时，驳回原告对G公司的诉讼请求，G公司不再承担担保责任。

本案中，造成G公司保证失效的原因有两点：（1）根据《担保法》，I银行未能按

① 张建国．国际业务案例分析．北京：中国金融出版社，2002：167-169.

照进口押汇协议的约定行使质权，被视为放弃了物的担保，致使G公司保证责任在I银行放弃权利的范围内得以免除；（2）I银行和A公司在签约时未告知G公司I银行将信用证项下进口货物的单据交给A公司提货之事。进口押汇的内在要求必然导致银行将质权货物交予进口商，这种交予行为被视为放弃物的担保，从而信用担保得以免除。）

3. 打包放款被骗案[①]

2003年7月18日，N银行（议付行）收到澳门I银行开立的一份信用证。通知受益人B公司后，受益人即向N银行提出办理打包贷款申请。N银行审核信用证后，发现该证有一项软条款，即在信用证规定提示的单据中，除正常的货运单据外，还要求一份由申请人出具的确认船名的证明。因此，N银行未同意办理。此后，澳门I银行对该证进行增额修改，将开证金额增加。7月25日，开证行又修改该证，将全套正本提单改为副本提单，全套正本提单直接由受益人寄开证申请人，并增加受益人的寄单证明。7月30日，N银行按照受益人的要求答复开证行，拒绝接受修改。8月11日，受益人将申请人出具的确认证明连同信用证正本提交N银行，再次申请打包贷款。N银行研究后，同意办理打包贷款。8月19日，N银行收到开证行的第三次修改：（1）将信用证的有效地点由议付行改为开证行；（2）任何银行议付有效改为开证行的议付有效；（3）要求申请人出具确认船名的证明并签字，且其签字必须与开证行的预留样本相符，开证行在收到单据后将核实确认船名证书上的申请人签字。经与B公司接洽，N银行于8月27日答复开证行，受益人拒绝接受修改，并告知上述信用证项下的单据已于8月21日前寄出。

9月1日，澳门I银行发电传，提出如下不符点：（1）信用证要求质量和数量证，而提交的是质量证和数量证；（2）申请人确认船名证明未注明正本；（3）发票和装箱单上受益人地址与信用证不符。N银行研究上述不符点后，于9月4日予以反驳，同日N银行又收到了开证行已强行退单的电文。9月15日，受益人向N银行提交了开证申请人澳门A公司致该公司的传真。原文如下："今接船公司传真，告知信用证项下货物仍在香港码头，而开证行已于9月3日将上述货物的全套单据退回。为避免贵公司的进一步损失，请贵公司接洽船公司，提出对货物的处理意见。此信用证是经深圳某公司进出口部某先生介绍，为贵公司打包贷款开出，此证仅供贵公司申请贷款之用。"

N银行了解到：（1）该批货物是滞销产品，其内地采购价却大大低于港商进口报价；（2）与受益人签订合同的不是澳门A公司，而是一家港商，而此前该厂商曾向港商支付过高额佣金，在开证行提出不符点后，受益人又与港商联系不上。

由于港澳地区银行对开立信用证实施授信额度制，开证十分便利。因此，某些港澳公司为充分利用开证行给予的授信额度，串通内地客户，用本公司未用完的额度为其开证，以此向银行骗取打包贷款，从中收取手续费。

试分析银行如何控制打包放款业务的风险。

（提示：

显然此案系内地厂商为推销积压商品而与境外不法商人勾结，以高额利润为诱饵，

---

① 张建国．国际业务案例分析．北京：中国金融出版社，2002：170-173.

以开立软条款信用证佯为付款保证，引诱外贸公司上当，进而骗取银行办理打包放款。

银行办理打包放款属贸易融资，信用证的有效执行为贷款的还款保障。因为信用证本身只是一个有条件的银行信用保证，如果开证行的条件得到全部满足，则能够实现打包贷款的款项。反之，如果客户未能满足信用证的全部条件和要求，或客户根本就未能履约，那么就无法使开证行的付款承诺得以实现，信用证在这种情况下无异于废纸，在此情况下办理的打包放款实质上是无信用放款。因此，办理打包贷款，银行首先应审查买卖双方的进出口合同，掌握信用证背后合同交易的真实背景和进出口双方资信状况、履约能力等。其次，银行在办理打包放款前，应对信用证的开证行进行审查，对出口商提交的正本信用证及有关的修改进行严格审查，凡是妨碍信用证有效执行的条款，如信用证中的软条款或超出出口商控制力之外的条款均应特别引起注意，并采取措施。第三，对在办理了打包贷款之后收到的信用证修改，银行应完全掌握接受与否的自主权，不能任由受益人意见左右。第四，受益人提交的单据存在不符点，是导致本案最终结果的关键，也是导致议付行最终处于被动局面的根本原因，议付行必须高度重视单据的审核，尽可能避免给予开证行以拒付的理由。）

4. 出口保理诈骗案例①

2003 年 5 月，国内某出口商向某出口保理机构（A 银行）申请出口保理业务，要求为其在美国的进口商申请 20 万美元的信用额度。在获得 A 银行批准后，出口商立即向进口商发出价值约 20 万美元的货物，然后将有关账单转让给 A 银行，并从中获得了预付款。

但到了 6 月份，A 银行收到进口商通过进口保理机构（B 银行）发来的拒付电，声称：① 货物质量不合要求；② 交货太迟。按照国际保理商联合会制定的《国际保理业务规则》第 14 条规定："只要进口商提出抗辩，进口保理商就可解除担保付款责任，一切纠纷将由进出口商自行协商解决。"于是 A 银行将此情况迅速通知出口商。随后，出口商声明："货物经中国商检局检验合格，且按双方商定的时间交货，故进口商拒付理由不成立。"

经进一步了解，A 银行得知买卖双方交易极不规范，既没有正式签订贸易合同，也没有直接进行业务联系，而是通过某代理商洽谈业务。为了体现保理业务的优势，A 银行数次去电 B 银行，请求协助调查、催收货款。B 银行复电称："进口商希望货款折扣 50%或退货解决纷争。"但出口商拒绝接受。因双方都未能提供足够的证据，故 A 银行建议出口商尽快收集有利证据，以便必要时诉诸法律，同时，委托代理商寻找新客户，处置货物。

最终，经各方积极配合，买卖双方达成协议：买方支付货款的 80%，了结此案。至此，这场长达半年之久的纷争结束。但显然，出口方已蒙受了一定的经济损失。

试分析该案例。

（提示：本案例中，出口保理诈骗呈现出如下特点：① 诈骗者（进口商）打着正常

① 引自 http://www.inter-factoring.com/Factoring/law08/Factoring_47.html，作者：刘思明，浏览时间：2014-01-19.

贸易的幌子，通过出口商向当地保理机构（A 银行）申请 20 万美元的保理信用额度；② 进出口双方交易极不规范，业务联系是通过中介代理进行的；③ 出口商在保理机构核准买方信用额度后，即向进口商发货，并将债权转让给出口保理商以取得相应的预付款；④ 诈骗者收货后，谎称货物质量不符或迟交货物，刻意制造"贸易纠纷"的假象，并以此为借口，拒付或推延付款责任；⑤ 受害者包括出口保理机构（A 银行）和出口商。

可见，保理业务并非十分安全，针对目前出口保理业务中出现的诈骗案，应注意采取以下一些防范措施。（1）企业在选择进出口保理机构时，应尽量选择信誉卓著、资信良好、海外机构较多、帐务管理严格的国际性大银行，避免出口保理商督促收汇不力及进口保理商无理迟付货款或在诉讼时偏袒进口商或自身无力支付破产倒闭的风险。(2) 在与进口商订立符合国际惯例的贸易合同时，出口商应详细注明进口商提出抗辩或反索时所需要的法律书面证明。如货物品质不合格时，由进口国的商检机构或国际性的商检机构 SGS 出具的检验证等，以便在履约按质按量出货后发生纠纷或法律诉讼时，使自己能够处于有利地位。(3) 出口保理机构不仅要严格审核买卖双方的贸易合同、了解交易背景，还应在保理合约中订明："在买方付清货款之前，一切货权仍归属卖方和保理商所有。"以免遭拒付时，陷于被动或不利局面。(4) 出口商应严格在进口商的信用额度内出货。进口保理商在核准进口商信用额度申请时，已详细调查了进口商的资信情况，因此，在额度内出货时，如发生合同纠纷，进口保理商在收汇有保障的情况下，会尽快付款或协助出口商收回货款。(5) 出口商要与出口保理机构经常保持联系，经常沟通进口保理商和进口商的最新信息，在信用额度即将用尽或合同即将到期的情况下，采取措施，保护自身利益不受损失。）

5. 出口双保理争议案①

某公司在 2007 年 3 月在 A 银行叙做买断型出口双保理业务。按约定卖方向英国的买方出货后于 9 月在 A 银行办理了一笔保理业务，将该笔发票项下的应收账款转让给 A 银行，而 A 银行又将发票转让给英国的 B 银行，发票到期日为 11 月，应收账款到期后，买方未付款，于是 A 银行致电 B 银行要求尽快向买方催收。2008 年 1 月下旬，B 银行要求 A 银行提交 COPIES OF INVOICE AND P. O. D 供其向买方催款，A 银行通知卖方后，向 B 银行递交了发票复印件，同时告知 B 银行卖方早已将正本发票等单据附上 B 银行规定的保理业务介绍信寄送买方。

2008 年 2 月下旬，B 银行以卖方未在发票上注明款项转让条款和 A 银行未在其提出要求的 30 天内提供单据副本等行为违反了国际保理统一规则为由，将发票进行了反转让，解除了发票项下的担保责任，最终 A 银行未收回此保理项下的货款，造成损失。

试分析进口保理商 B 银行的反转让理由是否成立吗？A 银行在此案中有哪些过失？

（提示：依据保理通则，在进口保理商的要求下，如确属账款催收所需，出口保理商必须立即（最迟不得超过下述规定期限）提供下述任何一种或全部单据：(a) 在收

---

① 引自 http://www.inter-factoring.com/Factoring/law08/Factoring_47.html，作者：刘思明，浏览时间：2014-01-19.

到请求后10天内，向债务人签发的发票副本；(b) 在收到请求后30天内：

① 装船证明；② 履行销售合同及/或服务合同的证明（如有）；③ 任何其他装船前要求提供的单据。

若出口保理商在规定的时间内未能提供上述所述的单据；或说明延迟提供单据的原因及提出延期提供的要求，且该说明和要求为进口保理商所接受，则进口保理商有权反转让相关账款。

因此，若A银行确实未能在30天内提供单据，又未说明原因并得到B银行认可，则B银行的反转让是有理由的。应收账款的转让是保理业务的关键，依据保理通则，正本发票带有说明，表示与该发票有关的账款已经转让并应仅付给作为该账款所有人的进口保理商或者这种说明已于发票到期日前以书面形式另行通知。任何类似转让说明必须采取进口保理商规定的格式。）

6. 成功运用国际保理案①

厦门某出口企业A公司，主营大型机械出口业务，产品主要出口至俄罗斯。考虑到俄罗斯当地的政治经济形势及国外客户的具体情况，A公司的负责人一直在寻求合适的金融工具，以防范出口收汇风险。根据企业具体情况，建行为其设计了国际保理服务方案。在国际保理的支持下，A公司2007—2008年度出口量同比新增400%。

2008年下半年，随着国际金融危机逐步向实体经济蔓延，俄罗斯成为信用风险的重灾区，2008年9月A公司出口一批机械设备至俄罗斯B公司，货值27万美元，结算方式T/T90天，于2008年12月份知悉B公司由于财务困难无法正常支付货款。建行立即就该情况与俄罗斯进口保理商联系，由其向B公司催收欠款。在进口保理商的催收下，俄罗斯B公司于2009年1月份支付了部分货款5万美元；其余欠款在确认该贸易无争议的前提下，由进口保理商于2009年2月份足额支付共计22万美元。

试分析该案例。

（提示：在该案例中，A公司借助银行的国际保理金融工具，成功地转“危”为“安”。出口商可在采用赊销（O/A）、承兑交单（D/A）等信用方式向进口商销售货物时，由出口保理商和进口保理商基于应收账款转让而共同提供的包括应收账款催收、销售分户帐管理、信用风险担保以及保理预付款等综合性金融服务。

中国的银行在进口保理商给予进口商核定信用风险担保额度的前提下，向出口商A公司提供应收账款融资，为公司业务的扩展提供了有力的信贷资金支持。在危机来临时，通过国际保理的应收账款催收功能成功追讨欠款。在当前环境下，这项服务功能对国内出口商来说，有着不容忽视的重要作用。进口保理商身处国外买家所在国，熟悉当地的法律法规，了解当地的商业习惯，掌握了适应当地的催收手段，能第一时间对国外买家形成更为有效的催款压力。如进口保理商在实施催收后，进口商在发票到期日90天后仍未付款，在贸易不存在质量等争议问题的前提下，进口保理商须承担付款责任。

---

① 引自 http：//www.inter-factoring.com/Factoring/law08/Factoring_47.html，作者：刘思明，浏览时间：2014-01-19.

建议：

在当前世界经济普遍衰退、贸易保护主义日渐抬头、交易对手信用风险迅速上升的形势下，为了更好地保障出口收汇安全，我们建议出口企业采取以下措施：(1) 加强买家资信调查。企业可通过国际征信机构或国内商业银行的海外分支机构，对国外买家进行资信调查。国际保理服务方案中，进口保理商将提供买家资信调查服务。(2) 适当调整结算方式。在结算方式的选择上要充分考虑交易对手的信用状况，尽量选择L/C、D/P 等相对有利的结算方式。在 D/A 结算方式项下，建议选择建行海外分行或资信良好的国外银行作为代收行。(3) 充分利用金融工具。中国的银行可提供国际保理、信保项下融资、福费廷等多种帮助企业规避风险的金融工具。在国际保理服务中，进口保理商将对国外家进行资信调查并提供信用风险担保、应收账款催收等服务，银行可在此基础上为出口企业提供无追索权的保理预付款融资服务。借助国际保理，企业既可以规避收汇风险，又可以解决资金周转问题，而且还能提前办理核销及退税手续。)

7. 福费廷业务风险案①

瑞士某汽轮机制造公司向拉脱维亚某能源公司出售汽轮机，价值 3 000 000 美元。因当时汽轮机市场很不景气，而拉脱维亚公司坚持延期付款，因而瑞士公司找到其往来银行 ABC 银行寻求福费廷融资。该银行表示只要拉脱维亚公司能提供拉脱维亚 XYZ 银行出具的票据担保即可。在获悉拉脱维亚 XYZ 银行同意出保之后，ABC 银行与瑞士公司签署包买票据合约，贴现条件是，6 张 500 000 美元的汇票，每隔 6 个月一个到期日，第一张汇票在装货后的 6 个月到期，贴现率为 9.75% p.a.，宽限期为 25 天。瑞士公司于当年 12 月 30 日装货，签发全套 6 张汇票寄往拉脱维亚公司。汇票于次年 1 月 8 日经拉脱维亚公司承兑并交拉脱维亚 XYZ 银行出具保函担保后，连同保函一同寄给 ABC 银行。该银行于 1 月 15 日贴现全套汇票。由于汽轮机的质量有问题，拉脱维亚公司拒绝支付到期的第一张汇票，拉脱维亚 XYZ 银行因保函签发人越权签发保函并且出保前未得到中央银行用汇许可，而声明保函无效，并根据拉脱维亚法律，保函未注明"不可撤销"，即为可撤销保函。而此时，瑞士公司因另一场官司败诉，资不抵债而倒闭。

试分析该案例。

(提示：此案例中的包买商 ABC 银行受损基本成为定局。按照福费廷业务程序，ABC 银行在票据到期首先向担保行拉脱维亚 XYZ 银行提示要求付款。但由于该银行签发的保函因不符合本国保函出具的政策规定及银行保函签发人的权限规定而无效，并根据该国法律的规定，即便有效，因未注明"不可撤销"，该银行如不愿付款，也可随时撤销保函下的付款责任。因此，ABC 银行通过第一收款途径已不可能收回款项。若转向进口商要求付款，进口商作为汇票的承兑人，应履行其对正当持票人——包买商的付款责任，该责任不应受基础合同履行情况的影响。但由于拉脱维亚属于外汇管制国家，没有用汇许可，进口商也无法对外付款，因而，虽然包买商在法理上占据优势地位，但事实上从进口商处收款同样受阻。福费廷属于无追索贴现融资，即使为了防范风险，ABC 银行已与出口商瑞士公司事先就贸易纠纷的免责问题达成协议，但由于瑞士公司已经倒

① 引自 http://www.10588.com/forum/thread-29776-1-1.html，浏览日期：2014-01-19.

闭，从而，即使 ABC 银行重新获得追索权，也难以通过追索弥补损失。

该案例的启示：

福费廷公司在签订福费廷协议、办理福费廷业务之前，必须重视对出口商、进口商以及担保人本身资信情况和进口商所在国情况的调查。这些情况对于福费廷公司判断一笔业务的风险、确定报价、甚至决定是否接受这笔业务都具有非常重要的意义。担保人的资信尤为关键，因而在实务中，担保人通常由包买商来指定。此案中，ABC 银行也是自己指定了一家担保行，但实际上对这家担保行的资信并非特别重视。至本案发生时，该银行成立也才两年多时间，办理业务的时间非常短，业务经验包括业务办理程序方面都不是很成熟，对于福费廷这样的复杂业务，接触更少。也正是因为此种原因，办理过程中出现了许多违反政策及业务规定的问题。其次，本案中的包买商对进口国的相关政策法律也不十分清楚，对基础交易情况、货物情况不具足够的了解，对客户资信也未作必要的审查和把握。另外，还有一点很重要的是，在包买时，包买商对一些重要的单据文件如用以了解交易背景的合同副本、用以防范进口国政策管制风险的进口及用汇许可证等也未做出提交的规定和要求。此案中包买商的教训是，风险的发生就源自于对风险的疏于防范。）

8. 信用证项下的押汇争议案①

案情简介

原告：中国甲银行

被告：A 中国公司

2005 年 10 月，中国 A 公司与乌克兰 B 公司签订了一份洋葱种子的出口合同。随后，A 公司所在地的甲银行收到一份由乌克兰斯拉夫商业银行开出并经德国法兰克福银行加保兑的不可撤销信用证。申请人是 B 公司，受益人 A 公司，金额为 84 万美元。甲银行在审查了信用证的印押后通知了 A 公司。A 公司由于首次使用信用证结算，不熟悉操作，口头委托甲银行具体指导及代制有关单据，自己始终未对信用证条款提出任何修改意见。之后，A 公司按信用证的要求备妥了出口货物，并于同年 11 月 22 日向甲银行提交了信用证项下的有关单据，请求议付。

甲银行在审单时发现，信用证中对运输单据的要求一栏内用括号注明应使用 CMR（国际公路货物运输合同公约）运输单据，便向承运单位查询，在得到是 CMR 运输单据的答复后，即结束审单，将单据寄送国外保兑行。同时，甲银行接受 A 公司的申请，向其提供了人民币 6 965 952 元、为期三个月的出口押汇。次日，A 公司给甲银行提交了内容为“该笔 84 万美元属甲银行预垫资金，若甲银行以信用证与法兰克福银行结算中出现不属贵行业务范畴内的意外情况，我公司愿承担该款的偿还责任”的书面承诺。此后，甲银行寄送保兑行的单据，被保兑行以运输单据与信用证要求不符为由拒付。A 公司也拒绝向甲银行返还代垫的资金。甲银行于次年 12 月 24 日提起诉讼。请求判令被告 A 公司偿付代垫的资金本息以及其他经济损失，共计人民币 10 031 627.78 元。被告 A 公司辩称：此笔信用证交易被保兑行拒付，是由于原告在业务中没有履行合理地审单

① 资料来源：郑顺炎，信用证结算纠纷案，上海国际贸易法律网，2012-08-07.

的职责，以致单证不符。原告应对此承担责任。另外，原告基于票据关系要求还款，却没有在规定期间内提出拒付证明，已经丧失追索权。

法院判决

法院经审理认为，本案是因国际贸易中信用证结算引起的纠纷。依照有关法律规定，并依当事人在信用证中的约定，可以适用UCP的规定。

(1) 信用证中要求使用《国际公路货物运输合同公约》规定的CMR运输单据，而中国没有参加该公约，所以中国的承运人无法出具CMR运输单据。被告A公司使用国内公司承运，信用证中的这一条款则无法履行。A公司不能按照信用证条款的要求履行出口贸易中自己承担的义务，且从未对此条款提出修改异议，致使后来被保兑银行以单证不符为由拒付。对此，A公司有过错，应承担主要责任。

(2) 原告甲银行接受委托，为被告A公司具体指导及代制有关单据。在作为通知行期间，甲银行接到国外银行寄来的信用证，经检查印押无误才通知受益人，保证了信用证的表面真实性，已履行了通知行应尽的谨慎地审核的职责。甲银行在审单阶段，也注意到信用证要求CMR运输单据，但仅用电话向承运人查询，未向具有专门知识的人予以核实，而轻信单证相符将单据发往保兑行确认，结果遭到拒付。甲银行是有过失的，应承担相应的责任。

(3) 原告甲银行在审单后，虽然向A公司支付了人民币6 965 952元，但这并不是银行购买信用证下的单据，而是以单据为质押给A公司提供的出口押汇。该行为不是UCP规定的议付行为，而是甲银行为A公司代垫资金行为。因此，该笔押汇的所有权属于甲银行，双方之间只形成了民法上的关系，不是票据关系。

据此，法院于2007年7月28日判决：A公司偿还甲银行垫付的资金人民币6 965 952元；甲银行垫付资金期间的利息损失计人民币1 332 238元，由A公司承担80%，即1 065 790元；甲银行承担20%，即266 448元。

试分析该案例的症结所在。

[提示：本案是因单证不符遭到拒付而在信用证指定银行和受益人之间产生的信用证结算纠纷。双方当事人争议的焦点在于"单据不符被拒付的责任应由谁来承担"和"押汇的性质及其权利义务承担"问题。

分析甲银行作为信用证的通知银行和议付银行应承担的责任；从本案的案情看，信用证遭到拒付的原因是，运输单据与信用证规定不符。A公司对中国承运人无法出具CMR运输单据的条款未提出修改要求，等于接受了一个其根本无法履行的信用证条款，由此导致单据不符而被保兑行拒付。可见，单据不符的根本原因是，A公司没有正确履行自己的义务，所以作为受益人的A公司应对单据不符承担主要责任。

本案当事人的另一争议焦点在于，押汇行为是否为议付行为。从本案的信用证关系看，甲银行作为议付行具有在开证行拒付时对受益人（A公司）的追索权；从押汇关系看，甲银行根据押汇协议对押汇申请人（A公司）也享有债务追索权。甲银行可择一行使。A公司即使主张甲银行作为议付行在票据关系上的追索权已超过行使期限，但甲银行仍可根据押汇协议行使合同上的债务追索权。]

参考文献

1. 姚新超．国际贸易惯例与规则实务．4 版．北京：对外经济贸易大学出版社，2016.

2. 姚新超．国际结算与贸易融资．北京：北京大学出版社，2010.

3. 姚新超．国际结算．北京：对外经济贸易大学出版社，2008.

4. 王小能．中国票据法律制度研究．北京：北京大学出版社，1999.

5. 梁宇贤．票据法新论．北京：中国人民大学出版社，2004.

6. 张燕玲，王仲和．国际结算业务指南．北京：中华工商联合出版社，1996.

7. 庄乐梅．国际结算实务精要．北京：中国纺织出版社，2004.

8. 苏宗祥，景乃权，张林森．国际结算．3 版．北京：中国金融出版社，2004.

9. 张燕玲，邱智坤．ISP98 理论与实务研究．北京：中国经济出版社，1999.

10. 笪恺．国际贸易中银行担保法律问题研究．北京：法律出版社，2000.

11. 周辉斌．银行保函与备用信用证法律实务．北京：中信出版社，2003.

12. 蒋先玲．国际贸易结算实务与案例．北京：对外经济贸易大学出版社，2005.

13. 张建国．国际业务案例分析．北京：中国金融出版社，2002.

14. 林建煌．品读 ISBP745. 厦门：厦门大学出版社，2013.

15. 周红军，蔡俊锋．解读 URDG758. 北京：中国民主法制出版社，2010.

16. 黄得炳．信用状交易之陷阱及风险规避．台北：宏典文化出版股份有限公司，2012.

17. 黄得炳．非信用证交易 T/T、OA、D/A、D/P 操作实务与风险规避．台北：宏典文化出版股份有限公司，2012.

18. 陈贤芬．信用状交易纠纷解决暨最新案例研讨．台北：台湾金融研训院，2012.

19. 原擒龙．国际结算与贸易融资案例分析．北京：中国金融出版社，2010.

20. 中国国际商会/国际商会中国国际委员会组织翻译．国际商会银行委员会意见汇编（2005—2008）. 北京：中国民主法制出版社，2009.

21. 中国国际商会/国际商会中国国际委员会组织翻译：国际商会银行委员会意见汇编（2009—2010）：1 版．北京：中国民主法制出版社，2014.

22. 中国国际商会/国际商会中国国际委员会组织翻译．DOCDEX 裁决汇编（2009-2012）. 北京：对外经济贸易大学出版社，2017.

23. Clive M. Schmitthoff. Export Trade, The Law and Practice of International Trade. London：Sweet & Maxwell，2000.

24. International Standard Banking Practice for the Examination of Documents under Documentary Credits（ISBP）ICC Publication NO. 745 Paris：ICC Publishing S. A.，2013. 25

25. Gao，Xiang. The Fraud Rule in the Law of Letters of Credit，Kluwer Law International，2002.